Vergleichende Verbraucherschutzrichtlinienumsetzung in europäischen Mitgliedsstaaten

Salzburger Studien zum Europäischen Privatrecht

Herausgegeben von Prof. DDr. J. Michael Rainer

Band 11

PETER LANG

Frankfurt am Main · Berlin · Bern · Bruxelles · New York · Oxford · Wien

Gerhard Pöttler

Vergleichende Verbraucherschutzrichtlinienumsetzung in europäischen Mitgliedsstaaten

Anhand ausgewählter Beispiele der Pauschalreise-, Timesharing- und Produkthaftungsrichtlinie

PETER LANG
Europäischer Verlag der Wissenschaften

Die Deutsche Bibliothek - CIP-Einheitsaufnahme

Pöttler, Gerhard:

Vergleichende Verbraucherschutzrichtlinienumsetzung in europäischen Mitgliedsstaaten : anhand ausgewählter Beispiele der Pauschalreise-, Timesharing- und Produkthaftungsrichtlinie / Gerhard Pöttler. - Frankfurt am Main ; Berlin ; Bern ; Bruxelles ; New York ; Oxford ; Wien : Lang, 2001
(Salzburger Studien zum Europäischen Privatrecht ; Bd. 11)
Zugl.: Salzburg, Univ., Diss., 2000
ISBN 3-631-37428-3

Für die Abbildungen dieses Bandes standen uns
leider nur unzureichende Vorlagen zur Verfügung.
Wir bitten um Verständnis, daß wir sie aus
dokumentarischen Gründen dennoch abgedruckt haben.

Gedruckt mit Unterstützung der
Österreichischen Forschungsgemeinschaft
und des Evers-Marcic-Fonds der Universität Salzburg.

ISSN 1435-6090
ISBN 3-631-37428-3

Vorwort

Ein Brüssel-Aufenthalt im vergangenen Juli, Tätigkeiten in den unterschiedlichen Abteilungen in der Arbeiterkammer Salzburg, dazu noch mein Interesse am Europarecht; dies alles sind die Gründe, die mich zu diesem hier vorliegenden Dissertationsthema gebracht haben.

Nach intensiver Durchforstung der anliegenden Fälle in der Arbeiterkammer Salzburg zeigte sich, dass es im Verbraucherschutz viele Probleme und Fragen im Zusammenhang mit folgenden drei Richtlinien gibt:

→ der Pauschalreiserichtlinie: 90/314/EWG
→ der Timesharing-Richtlinie: 94/47/EG
→ der Produkthaftungsrichtlinie: 85/374/EWG

Mir geht es im Folgenden vor allem darum, die Umsetzung der Richtlinien in den Mitgliedsstaaten zu vergleichen, und darzulegen, welcher Mitgliedsstaat die erwähnten Richtlinien auf welche Weise umgesetzt hat und ob sie dem Konsumenten hinreichend Schutz bieten. Dabei möchte ich vor allem auf misslungene Umsetzungen aufmerksam machen.

Im Mittelpunkt der Arbeit steht natürlich die Umsetzung in Österreich, auf die ich besonders eingehen, einige detaillierte Fragen beleuchten möchte und auch einige Beispiele aus der Praxis bringen werde. Anschließend werde ich auf Deutschland Bezug nehmen und möchte zum Abschluss jeder Richtlinie eher kürzer auf andere Mitgliedsstaaten blicken bzw. einige ins Auge stechende Probleme genauer beleuchten.

Die Arbeit soll so aufgebaut sein, dass jede Richtlinie für sich eine geschlossene Einheit bildet. Nach genauerer Beleuchtung jeder europäischen Richtlinie werden die Umsetzungen in den Mitgliedsstaaten aufgezeigt und miteinander verglichen.

Im Schlusskapitel versuche ich noch, die Frage einer Vereinheitlichung eines europäischen Verbraucherschutzrechtes näher zu untersuchen und Anregungen, wie dies erreicht werden könnte, zu geben.

Danken möchte ich ganz herzlich meinem Erstbegutachter Univ. Prof. DDr. Michael J. Rainer für die Anregung des Themas, die Förderung des

Dissertationsvorhabens, die zahlreichen Gespräche und die Betreuung der Arbeit insgesamt.

Großen Dank richte ich auch an meinen Zweitbegutachter Univ. Prof. DDr. Thomas Eilmansberger für die Anregungen und Verbesserungsvorschläge sowie für die zahlreichen neu erlangten Kenntnisse im Europarecht.

An dieser Stelle möchte ich mich bei meinen Eltern, meiner Freundin Petra und den vielen anderen Menschen in meinem Umfeld bedanken, die mich in den vergangenen Monaten unterstützt haben.

Ein besonderer Dank gilt auch Hrn. Abg. z. NR Mag. Johann Maier von der Arbeiterkammer Salzburg für seine Unterstützung und die Möglichkeit, die praktisch relevante Seite anhand einiger praktischer Fälle und Beispielen genauer kennengelernt zu haben.

Salzburg im Juli 2000 Gerhard Pöttler

Inhaltsverzeichnis

A Pauschalreiserichtlinie

Abkürzungsverzeichnis

aA	anderer Ansicht
Abg	Abgeordneter
ABGB	Allgemeines Bürgerliches Gesetzbuch
Abl	Amtsblatt
Abs	Absatz
AGB	Allgemeine Geschäftsbedingungen
AMG	Arzneimittelgesetz
Anm	Anmerkung
AnwBl	Anwaltsblatt
ARB	Allgemeine Reisebedingungen
Art	Artikel
AusÜVRb	Verordnung über Ausübungsvorschriften für Reisebüros
BeurkG	Beurkundungsgesetz
BGB	Bürgerliches Gesetzbuch (Deutschland)
BGBl	Bundesgesetzblatt
BGH	deutscher Bundesgerichtshof
BlgNR	Beilage zu den stenographischen Protokollen des Nationalrates
BM	Bundesministerium
BMfJ	Bundesministerium für Justiz
BMfW	Bundesministerium für Wirtschaftliche Angelegenheiten
BT-Drucks	Bundestagsdrucksache
BTVG	Bauträgervertragsgesetz BGBl 1997/7
B-VG	Bundes-Verfassungsgesetz
bzw.	beziehungsweise
CC	Código Civil (spanisches Zivilgesetzbuch); Código Civil (portugiesisches Zivilgesetzbuch); Codice Civile (italienisches Zivilgesetzbuch)
DAR	Deutsches Autorecht
DB	Der Betrieb (deutsche Zeitschrift)
d.h.	das heißt
EAGV	Vertrag zur Gründung der Europäischen Atomgemeinschaft
EBzRV	Erläuternde Bemerkungen zur Regierungsvorlage
ecolex	„ecolex" – Fachzeitschrift für Wirtschaftsrecht
EFTA	Europäische Freihandelszone
EG	Europäische Gemeinschaft
EGBGB	Einführungsgesetz zum Bürgerlichen Gesetzbuch
EGKSV	Vertrag über die Gründung der Europäischen Gemeinschaft für Kohle und Stahl
EGV	Vertrag zur Gründung der Europäischen Gemeinschaft
etc	et cetera

EU	Europäische Union
EU-BV	Beitrittsvertrag zur Europäischen Union
EuGH	Europäischer Gerichtshof
EuGVÜ	Europäisches Übereinkommen vom 27.9.1968 über die gerichtliche Zuständigkeit und die Vollstreckung gerichtlicher Entscheidungen in Zivil- und Handelssachen
EuZW	Europäische Zeitschrift für Wirtschaftsrecht (deutsche Zeitschrift)
EvBl	Evidenzblatt
EVÜ	Europäisches Vertragsstatutübereinkommen
EWG	Europäische Wirtschaftsgemeinschaft
EWGV	Vertrag zur Gründung der Europäischen Wirtschaftsgemeinschaft
EWR	Europäischer Wirtschaftsraum
EWRA	Abkommen über den Europäischen Wirtschaftsraum BGBl 1993/909
EWS	Europäisches Wirtschafts- und Steuerrecht (deutsche Zeitschrift)
(f)f	der (die) folgende(-n)
gem	gemäß
GewO	Gewerbeordnung
hA	herrschende Ansicht
HausTWG	Haustürgeschäftewiderrufsgesetz
HGB	Handelsgesetzbuch
(h)L	(herrschende) Lehre
hM	herrschende Meinung
Hrsg	Herausgeber
idF	in der Fassung
idR	in der Regel
immolex	„immolex", Entscheidungs- und Informationsdienst für neues Miet- und Wohnrecht
InfVO	Verordnung über Informationspflichten für Reisebüros
insbes.	insbesondere
IPRax	Praxis des internationalen Privat- und Verfahrensrechtes
IPRG	Internationales Privatrechtsgesetz
iSv	im Sinne von
iVm	in Verbindung mit
JAP	Juristische Ausbildung und Praxisvorbereitung
JBl	Juristische Blätter
KSchG	Konsumentenschutzgesetz
LGVÜ	Übereinkommen vom 16.9.1988 über die gerichtliche Zuständigkeit und die Vollstreckung gerichtlicher Entscheidungen in Zivil- und Handelssachen

lit	litera
LVC	spanisches Pauschalreisegesetz
mE	meines Erachtens
MietSlg	Mietsammlung
MRG	Mietrechtsgesetz
NJW	Neue Juristische Wochenschrift
NR	Nationalrat
Nr	Nummer
NZ	Notariatszeitung
OGH	Oberster Gerichtshof
ÖJZ	Österreichische Juristen Zeitschrift
OM	Orden Ministerial
PHG	Produkthaftungsgesetz
PHI	Produkthaftung international
ProdHaftG	Produkthaftungsgesetz
RD	Real Decreto, königliche Verordnung von 1988 in Spanien
Rdn	Randnummer(n)
RdW	Österreichisches Recht der Wirtschaft
RIW	Recht der internationalen Wirtschaft
RL	Richtlinie
Rspr	Rechtsprechung
RSV	Reisebürosicherungsverordnung
Rz	Randzahl
S	Seite
Slg	Sammlung
spTzWrG	spanisches Teilzeit-Wohnrechtegesetz
TNG	Teilzeitnutzungsgesetz
TzWrG	Teilzeit-Wohnrechtegesetz
u.a.	unter anderem
u.a.	und andere
udgl	und dergleichen
usw.	und so weiter
uU	unter Umständen
UWG	Gesetz über den unlauteren Wettbewerb
VerbrKrG	Verbraucherkreditgesetz
VersR	Versicherungsrecht (Zeitschrift)
vgl	vergleiche
VO	Verordnung
VuR	Verbraucher und Recht
WBl	Wirtschaftsrechtliche Blätter
WEG	Wohnungseigentumsgesetz
WoBl	Wohnrechtliche Blätter
Z	Ziffer

z.B.	zum Beispiel
ZEuP	Zeitschrift für Europäisches Privatrecht
ZfRV	Zeitschrift für Rechtsvergleichung
ZIP	Zeitschrift für Wirtschaftsrecht
ZMR	Zeitschrift für Mietrecht
ZVR	Zeitschrift für Verkehrsrecht

A Pauschalreiserichtlinie

I. Einleitung

Am 17. Juli 1989 stellte die Republik Österreich die formellen Anträge gemäß den Art 237 EWGV, Art 205 EAGV und Art 98 EGKSV auf Beitritt zu den drei Europäischen Gemeinschaften, wobei die eigentlichen Beitrittsverhandlungen erst im Jahr 1993 begannen. Seit 1.1.1995 ist Österreich Mitglied in der Europäischen Union.

Mit Unterzeichnung des Beitrittsvertrages zur Europäischen Union verpflichtete sich Österreich zur Einhaltung der in den Gründungsverträgen der EU enthaltenen Bestimmungen.[1] Dazu zählt auch der EGV, dessen Art 249 neu (Art 189 Abs 3 alt) die Richtlinie (RL) regelt.

Eine Richtlinie ist neben mehreren anderen Möglichkeiten eine Form der europäischen Rechtssetzung. Sie ist hinsichtlich ihres Zieles verbindlich, überlässt aber den jeweiligen Mitgliedsstaaten die Wahl der Art und Weise der Umsetzung der rechtlichen Vorgaben.[2]

Eine RL ergeht zunächst an die Mitgliedsstaaten und hat grundsätzlich keine unmittelbare Geltung im nationalen Recht. Die Mitgliedsstaaten sind jedoch binnen einer in der RL genannten Frist verpflichtet, das in der RL festgesetzte Ziel rechtlich umzusetzen.

Sollte ein Staat diese Frist verstreichen lassen, können ihn entweder Schadenersatzpflichten treffen oder die RL kann ausnahmsweise unmittelbare Wirkung entfalten.

Parallel zu den Beitrittsverhandlungen entstand dazu ab 1990 das Abkommen über den Europäischen Wirtschaftsraum (EWR), das bereits am 1.1.1004 in Kraft trat. [3]

---

[1] Art 1 EU-Beitrittsvertrag (EU-BV; BGBl 1995/45), gemäß Art 2 EU-BV in Kraft seit 1.1.1995.

[2] Art 189 Abs 3 EGV: „Die Richtlinie ist für jeden Mitgliedsstaat, an den sie gerichtet ist, hinsichtlich des zu erreichenden Zieles verbindlich, überlässt jedoch den innerstaatlichen Stellen die Wahl der Form und Mittel."

[3] BGBl 1993/909 und 1993/917.

Durch dieses Abkommen wurde Österreich verpflichtet, noch vor Erlangung der Mitgliedschaft in der Europäischen Union, die in den Anhängen zum EWR-Abkommen genannten Rechtsakte der EU zu übernehmen bzw. umzusetzen (Art 7 EWRA).
Im Anhang IX zum EWR-Abkommen (Verbraucherschutz) wird unter anderem die Richtlinie 90/314/EWG des Rates vom 13.6.1990 über Pauschalreisen[4] als zu übernehmende Norm genannt.[5]

II. Reiserecht vor der Umsetzung der Pauschalreiserichtlinie

Im österreichischen Recht gab es weder einen Reisevertrag als eigenen Vertragstyp, noch ein eigenes Reiserecht. Es gab in der Lehre sehr unterschiedliche Begriffsbildungen. Verwaltungsrechtliche Regelungen fanden und finden sich in der GewO.

1. Reisevertrag im Zivilrecht

Die hM unterscheidet einen Reisevermittlungsvertrag und einen Reiseveranstaltungsvertrag.[6] Im ersten Fall verspricht üblicherweise ein Reisebüro die Vermittlung einer Reise. Im Gegensatz verpflichtet sich der Reiseveranstalter selbst zur Erbringung der vereinbarten Leistungen.

Der Reiseveranstaltungsvertrag wird als ein mit einer Geschäftsbesorgung verbundener Werkvertrag und somit als gemischter Vertrag qualifiziert.[7] Vertragsgegenstand ist die Erbringung eines Bündels aufeinander abgestimmter Leistungen, die in ihrer Gesamtheit die Reise ergeben. Die Judikatur und Teile der Lehre wenden die Regeln des Werkvertrages an.[8]

Der Grund für die Wichtigkeit der Unterscheidung liegt in der unterschiedlichen Haftung des Veranstalters und des Vermittlers. Der Reiseveranstalter haftet für die ordnungsgemäße Erbringung der vertraglich vereinbarten Leistung. Der Vermittler verpflichtet sich „nur" zur Besorgung dieser Leistungen. Mit der eigentlichen Vertragserfüllung hat dieser nichts zu tun.

---

[4] Abl 1990 L 158/59 vom 23.6.1990.
[5] Vgl Graziani-Weiss, Reiserecht in Österreich, S 11f.
[6] Vgl Koziol/Welser I^{10}, 411.
[7] Vgl Koziol/Welser I^{10}, 411.
[8] Zechner; Reisevertragsrecht, Rz 59.

Ansonsten gelten für den Reiseveranstaltungsvertrag die allgemeinen gesetzlichen Bestimmungen, insbesondere auch das KSchG bei Verträgen mit Verbrauchern, soweit in der Praxis keine vertragliche Abänderung durch die allgemeinen Reisebedingungen (ARB) erfolgt.

2. Gewerberechtliche Bestimmungen

Für den Betrieb von Reisebüros wurde 1895 die Konzessionspflicht eingeführt.[9]
Zum Schutz der Kunden behielt die Gewerbeordnung 1973 diese bei. § 212 GewO ermächtigte den zuständigen Minister, nähere Ausübungsvorschriften für das Reisebürogewerbe in Bezug auf Lage, Größe und Ausstattung der Büros zu erlassen, was in der Folge auch geschah.[10]

Durch die Gewerberechtsnovelle 1992 [11] wurde das Reisebürogewerbe zum nicht bewilligungspflichtigen gebundenen Gewerbe (§§ 166 ff GewO) und bedarf keiner eigenen Bewilligung mehr.
Unter das Reisebürogewerbe fallen die Vermittlung touristischer Leistungen sowie die Veranstaltung von Pauschalreisen (§ 166 Abs 1 GewO).

Neu geregelt wurde die Grundsatzbestimmung für die Verordnungsermächtigung zur Erlassung von Ausübungsvorschriften (§ 169 GewO). In dieser Verordnung können unter anderem Bestimmungen enthalten sein über:

- umfassende Informationen des Reisenden, insbesondere durch detaillierte Werbeunterlagen
- die Sicherung der Kundengelder und des Rücktransportes des Reisenden.

Beide Punkte wurden im Zuge der EWR-Anpassung neu aufgenommen. Dadurch sollte die Umsetzung der RL im Sinne von Art 18 B-VG genügend determiniert werden.
Eine besondere Erwähnung verdient § 168 GewO. Danach ist der Veranstalter von Pauschalreisen verpflichtet, eine „geeignete Person" als Reisebetreuer bereitzustellen. Letzterer hat sich um die Verpflegung und das Quartier zu sorgen.
Es soll dem Reisenden eine Person hilfreich zur Seite stehen. Diese Bestimmung gilt aber ebenso wie die GewO nur für Österreich.[12]

---

[9] VO 23.11.1895, RGBl 1895/181.
[10] VO 20.5.1975, BGBl 1975/315, idF V 22.12.1989, BGBl 1990/29.
[11] BGBl 1993/29.
[12] Vgl Graziani-Weiss, Reiserecht in Österreich, S 16f.

3. Verordnung über die Ausübungsvorschriften für das Reisebürogewerbe (AusÜVRb)

Der Bundesminister für wirtschaftliche Angelegenheiten hat auf der Grundlage der §§ 169 und 69 Abs 2 GewO Ausübungsvorschriften für das Reisebürogewerbe erlassen. In dieser VO vom 22.12.1989[13] wurden Vorschriften über die erforderlichen technischen Einrichtungen und sonstigen Unterlagen und Erfordernisse für die notwendige Qualifikation der Arbeitnehmer festgelegt. Dadurch wird ein qualitativer Mindeststandard der Reisebüromitarbeiter gesichert.

Vor allem der V. Abschnitt der Verordnung ist in diesem Zusammenhang von Interesse:

Alle Veranstalter, die ihre Leistungen in detaillierten Werbeunterlagen anbieten, haben in diesen ersichtlich zu machen, ob sie die vom Fachverband der Reisebüros empfohlenen Allgemeinen Reisebedingungen (ARB) zur Gänze, teilweise oder überhaupt nicht anerkennen. Der Veranstalter muss bekannt geben, ob die ARB dem späteren Vertrag zugrundegelegt werden oder nicht.

Soweit dies nicht geschieht, hat der Veranstalter in den jeweiligen Werbeunterlagen die abweichenden Bestimmungen der eigenen AGB den entsprechenden Bestimmungen der ARB gegenüberzustellen. So kann der Kunde klar erkennen, ob und in welchem Umfang seine Rechtsposition gegenüber den ARB verändert wird. Solche detaillierten Werbeunterlagen im Sinne dieser Bestimmung sind mit Sicherheit Reisekataloge. Bei Ausfolgung von detaillierten Werbeunterlagen durch den Veranstalter oder Vermittler sind dem Kunden auf sein Verlangen die ARB auszuhändigen, wenn diese im Katalog noch nicht enthalten sind (§ 16 Abs 4 AusÜVRb). Unterlässt dies ein Reisebüro, so muss es vor Vertragsschluss den Kunden noch zusätzlich darauf aufmerksam machen, dass die ARB nicht bzw. nicht zur Gänze erkannt werden. Diese Hinweispflicht trifft sowohl den Veranstalter als auch den Vermittler.[14]

---

[13] BGBl 1990/29.
[14] Vgl Graziani-Weiss, Reiserecht in Österreich,S 17f.

III. Die Pauschalreiserichtlinie im Überblick

Im Folgenden ist die Richtlinie über Pauschalreisen 90/314/EWG[15] vom 13. Juni 1990 zu behandeln.
Im April 1988 legte die EG-Kommission dem EG-Rat einen Vorschlag für eine Richtlinie des Rates über Pauschalreisen vor. Als Ziel und Zweck der RL nennt Art 1[16] die Angleichung der Rechts- und Verwaltungsvorschriften der Mitgliedstaaten über Pauschalreisen (einschließlich Pauschalurlaubsreisen und Pauschalrundreisen), die in der Gemeinschaft verkauft oder zum Verkauf angeboten werden.

Absicht der Richtlinie ist es, insbesondere zur Vollendung des Binnenmarktes beizutragen, um eine Verzerrung des Wettbewerbs infolge der unterschiedlichen Regelungen in den einzelnen Mitgliedsstaaten zu beenden. Regelungen bezüglich des Fremdenverkehrssektors sollen vereinheitlicht, und somit mögliche Hindernisse für den freien Dienstleistungsverkehr auf dem Gebiet der Pauschalreisen beseitigt werden. In der Stellungnahme des Europäischen Parlaments[17] wurden mehrere Abänderungen gewünscht, die jedoch in der Endfassung der Richtlinie größtenteils keine Berücksichtigung fanden.

In der endgültigen Fassung erhielt die Richtlinie die Bezeichnung: „Richtlinie des Rates über Pauschalreisen".

Art 2 definiert den Begriff der Pauschalreise iSd Richtlinie und damit zusammen- hängend die Begriffe des Veranstalters, Vermittlers, Verbrauchers und des Vertrages.
Unter einer Pauschalreise (Art 2 Z 1) ist die im Voraus festgelegte Verbindung von mindestens zwei der im folgenden genannten Dienstleistungen[18], die zu einem Gesamtpreis verkauft oder zum Verkauf angeboten wird, zu verstehen, wenn diese Leistung länger als 24 Stunden dauert oder eine Übernachtung einschließt.

Nach Art 2 Z 1 letzter Satz gelangt die Richtlinie ebenfalls zur Anwendung, wenn die Leistungen zwar getrennt berechnet, aber im Zuge ein und der-

---

[15] Siehe Anhang: im folgenden nur noch RL.
[16] Art ohne Gesetzesbezeichnung sind solche der Pauschalreiserichtlinie.
[17] Abl 1989 C 69/95vom 20.3.1989.
[18] Das sind: Beförderung (Art 2 Z 1 lit a), Unterbringung (lit b) und/oder andere touristische Dienstleitungen, die nicht Nebenleistungen von Beförderungen oder Unterbringungen sind und einen beträchtlichen Teil der Gesamtleistung ausmachen (lit c).

selben Pauschalreise erbracht werden.[19] Die Anwendung der Richtlinie soll nicht durch eine bloße Änderung in der Verrechnung ungehbar sein. Das Merkmal des Gesamtpreises wird somit durch die Richtlinie selbst wieder relativiert.
Nicht mehr sprechen wird man von einer Pauschalreise iSd RL, wenn die Dienstleistungen lose und nicht aufeinander abgestimmt vereinbart werden.
Ausdrücklich ausgenommen sind Reisen, die nicht länger als 24 Stunden dauern oder keine Übernachtung einschließen. Eintägige Ausflugsfahrten fallen nicht in den Schutzbereich der RL.

Als Veranstalter iSd RL (Art 2 Z 2) gilt eine „Person, die nicht nur gelegentlich Pauschalreisen organisiert und sie direkt oder über einen Vermittler verkauft oder zum Verkauf anbietet." Gegenüber des Entwurfes der Kommission, in dem die RL nicht nur für „gewerbsmäßige" Organisatoren galt, reicht schon die nicht nur gelegentliche Organisation von Pauschalreisen, womit klar wird, dass Gelegenheitsveranstalter vom Geltungsbereich ausgenommen sind.

Vom Begriff des Veranstalters ist der des Vermittlers zu unterscheiden, der in Art 2 Z 3 definiert wird als eine „Person, welche die vom Veranstalter zusammengestellte Pauschalreise verkauft oder zum Verkauf anbietet." Der Vermittler ist der Detailhändler für den Kunden, der dieselben berät und bei dem Kataloge diverser Veranstalter aufliegen. Die Richtlinie überlässt den Mitgliedstaaten, wen sie verpflichtet. Generell gilt entsprechend der Richtlinie: Wer die Reise plant, ist demnach Veranstalter, wer sie fix und fertig übernimmt, Vermittler.

Geschützt sind gemäß Art 2 Z 4 Verbraucher. Dies sind Personen, welche die Pauschalreise buchen oder sich zu buchen verpflichten; weiters Personen, an die ein Pauschalreisevertrag abgetreten wird oder an Mitglieder einer Gruppe, für die eine weitere Person einen Pauschalreisevertrag abgeschlossen hat.
Als Vertrag iSd RL wird die Vereinbarung bezeichnet, die den Verbraucher an den Veranstalter und/oder Vermittler bindet.

Um einen effizienten Schutz des Verbrauchers bei Pauschalreisen zu ermöglichen, verfolgt die RL zwei verschiedene Strategien.

---

[19] Art 2 Abs 1 letzter Satz: „Auch bei getrennter Berechnung einzelner Leistungen, die im Rahmen ein und derselben Pauschalreise erbracht werden, bleibt der Veranstalter oder Vermittler den Verpflichtungen nach dieser Richtlinie unterworfen."

Die eine besteht darin, dass der Vertragspartner des Verbrauchers gezwungen wird, den Verbraucher über alle für die Reise bzw. den Entschluss, die Reise zu buchen, relevanten Umstände informieren muss.[20] In Art 3 Abs 1 findet sich ein Irreführungsverbot in Angaben über Reisebeschreibungen, Preis und die übrigen Vertragsbedingungen, die dem Verbraucher gegeben werden. Zur Konkretisierung des Irreführungsverbotes normiert Art 3 Abs 2 genaue Inhaltserfordernisse für einen Reiseprospekt. Dieses Verbot bringt sachlich an sich nichts Neues, da die Mitgliedstaaten schon aufgrund der RL 84/450/EWG über irreführende Werbung verpflichtet waren, irreführende Angaben zu verbieten. Der Unterschied besteht nur darin, dass sich die RL 84/450 nur auf Angaben zu Zwecken des Wettbewerbs bezieht, während Art 3 Abs 1 diese Einschränkung nicht kennt.[21]
Wichtig hierbei ist, dass dieser Prospekt deutlich lesbare, klare und genaue Angaben zum Preis und zu bestimmten aufgezählten Vertragsbestandteilen[22] enthält.
Zudem wird festgelegt, dass „die in dem Prospekt enthaltenen Angaben den Veranstalter bzw. den Vermittler“ binden, wobei eine Ausnahme dann gemacht wird, wenn Änderungen dem Verbraucher vor Abschluss des Vertrages klar mitgeteilt wurden, im Prospekt darauf hingewiesen wurde oder später zwischen den Vertragsparteien vereinbart wurden.

In Art 4 Abs 1 der RL finden sich die Informationspflichten für den Veranstalter/Vermittler. Lit a verpflichtet den Veranstalter und/oder Vermittler nochmals (vgl Art 3 Abs 2) „den Verbraucher vor Vertragsabschluss schriftlich oder in einer anderen geeigneten Form“[23] allgemein über dieselben Punkte aufzuklären. Zusätzlich wird gefordert, dass bezüglich der Pass- und Visaerfordernisse die Fristen für die Erlangung dieser Dokumente anzugeben sind.
Lit b fordert eine Mitteilungspflicht des Veranstalters und/oder des Vermittlers bezüglich gewisser Einzelheiten der Reise, der örtlichen Vertretung des Veranstalters/ Vermittlers bzw. Notrufnummern oder anderweitige Hil-

---

[20] Graf, Die EU-Vorgaben auf dem Gebiet des Verbraucherschutzes in: Koppensteiner, Österreichisches und europäisches Wirtschaftsprivatrecht, Teil 8/I, 56f.
[21] Tonner in: Grabitz/Hilf, A 12, Art 3, 1.
[22] Bestimmungsort, Transportmittel..(Art 3 Abs 2 lit a), Art, Lage, Kategorie und Hauptmerkmale der Unterbringung....(lit b), Mahlzeiten (lit c), Reiseroute (lit d), ..Angaben über Pass- und Visumserfordernisse....und über gesundheitspolizeiliche Formalitäten.....(lit e), absoluter Betrag oder Prozentsatzes des Preises, der als Anzahlung zu leisten ist, und Zeitplan für die Zahlung des Restbetrages (lit f), Hinweis auf Anforderung einer Mindestteilnehmerzahl und die Angabe, bis wann dem Verbraucher spätestens mitgeteilt wird, ob die Reise storniert wird (lit g);
[23] Ein Prospekt ist eine solche andere geeignete Form der Information. Vgl Graziani-Weiss, Reiserecht in Österreich, S 33.

fe, um Kontakt mit den eben Genannten aufnehmen zu können. Darüber hinaus wird auch eine Kontaktierungsmöglichkeit eines Reisenden, wenn dieser minderjährig ist, gefordert und schließlich die Abschlussmöglichkeit einer Reiserücktrittsversicherung.

Art 4 Abs 2 fordert die Beachtung und Festlegung folgender Grundsätze:
Lit a verlangt, dass mindestens die im Anhang der RL genannten Bedingungen Vertragsinhalt werden. Lit b fordert die Festlegung der vertraglichen Bedingungen und zwar „schriftlich oder in einer anderen dem Verbraucher verständlichen und zugänglichen Form", die dem Verbraucher vor Vertragsabschluss zu übermitteln sind, wobei Besagter eine Abschrift des Vertrages erhält.
Die Bestimmung unter lit b darf Buchungen und Vertragsabschlüssen, die zu einem späten Zeitpunkt oder „im letzten Augenblick" erfolgen, nicht entgegenstehen.
Ausnahmsweise wäre lit b gemäß lit c daher nicht anzuwenden, wenn die Anforderungen in lit b zeitlich nicht mehr möglich sind (idR werden hier last-minute-Reisen betroffen sein).

Die zweite zum Schutz des Verbrauchers von der RL eingeschlagene Strategie besteht darin, bestimmte Mindestrechte des Verbrauchers festzuschreiben, von denen vertraglich nicht abgewichen werden darf. Diese Mindestrechte enthalten die Möglichkeit, den Pauschalreisevertrag auf einen Ersatzmann zu übertragen; Schutz vor Preiserhöhungen, Gewährleistung und Schadenersatzansprüche im Fall der Schlechterfüllung durch den Vertragspartner.[24]
Art 4 Abs 3 regelt den Reisendenwechsel. Hierfür sind drei Voraussetzungen notwendig: Zum ersten die Hinderung des ursprünglich Reisenden, zum zweiten die Unterrichtung des Veranstalters/Vermittlers vom Wechsel binnen vertretbarer Frist und schließlich die Erfüllung aller Reisevoraussetzungen durch den Erwerber.
Der Dritte tritt nun in den bestehenden Vertrag anstelle des ursprünglichen Verbrauchers ein. Beide Vertragsparteien (die ursprüngliche und die neue) haften gesamtschuldnerisch gegenüber dem Veranstalter/Vermittler für die Zahlung von noch eventuell unbeglichenen Beträgen oder durch die Übertragung entstehender Mehrkosten.

Die Preise, die Vertragsinhalt geworden sind, dürfen nur dann geändert werden, wenn der Vertrag die Möglichkeit einer Preiserhöhung oder – senkung ausdrücklich vorsieht und genaue Angaben zur Berechnung des

[24] Graf, Die EU-Vorgaben auf dem Gebiet des Verbraucherschutzes in: Koppensteiner, Österreichisches und europäisches Wirtschaftsprivatrecht, Teil 8/I, 57.

neuen Preises enthält, bei der ausschließlich bestimmten Änderungen[25] Rechnung getragen werden darf. Jedenfalls ist keine Preiserhöhung „ab dem zwanzigsten Tag vor dem vereinbarten Abreisetermin zulässig" (Art 4 Abs 4 lit a, b).

Alle übrigen Änderungen - mit Ausnahme der in Art 4 Abs 4 genannten - regelt Art 4 Abs 5. Es reicht, dass sich der „Veranstalter vor der Abreise gezwungen" sieht, „an einem der wesentlichen Bestandteile[26] des Vertrages eine erhebliche Änderung vorzunehmen." Liegt ein solcher Fall vor, hat der Veranstalter dies dem Verbraucher „so bald wie möglich mitzuteilen."
Es liegt hier wahlweise eine Rücktrittsmöglichkeit des Verbrauchers vor Antritt der Pauschalreise oder eine Vertragserweiterung durch eine Zusatzklausel, die eine Änderung durch den Veranstalter und deren Auswirkung auf den Preis angibt, vor, wobei der Verbraucher verpflichtet ist, seine Wahl „so bald wie möglich" dem Veranstalter/Vermittler bekannt zu geben.

Nimmt der Verbraucher sein Rücktrittsrecht in Anspruch oder storniert der Veranstalter die Reise vor dem Abreisetag, so hat der Verbraucher die Wahl, entweder an einer gleichwertigen oder höherwertigen anderen Pauschalreise teilzunehmen (Art 4 Abs 6 lit a) oder aber alle von ihm aufgrund des Vertrages gezahlten Beträge schnellstmöglich zurückerstattet zu bekommen (Art 4 Abs 6 lit b). Zusätzlich hat der Verbraucher grundsätzlich das Recht, den Nichterfüllungsschaden ersetzt zu bekommen.[27] Hat er jedoch keinen der beiden in Art 4 Abs 6 genannten Gründen, so treffen ihn dieselben Rechtsfolgen, als wenn er eine erhebliche Leistungsänderung geltend gemacht hätte, d.h. sein Verhalten wird praktisch als Vertragsbruch behandelt. Ohne Sanktionen zurücktreten kann er einmal bei Nichterreichen einer vorher mitgeteilten Mindestteilnehmerzahl und zum andern bei höherer Gewalt.
Während die bisher erörterten Absätze des Art 4 RL Fallgestaltungen betrafen, die vor der Abreise eine Rolle spielen, findet sich in Abs 7 der Fall,

[25] Änderungen der Beförderungskosten, darunter auch der Treibstoffkosten; Änderungen der Abgaben für bestimmte Leistungen, wie Landegebühren, Ein- oder Ausschiffungsgebühren in Häfen und entsprechende Gebühren auf Flughäfen; Änderungen der für die betreffende Pauschalreise geltenden Wechselkurse.
[26] Was darunter zu verstehen ist, geht aus der Richtlinie selbst nicht hervor; es wird nur ausdrücklich angeführt, dass der Preis darunter fällt.
[27] Der Verbraucher hat jedoch keinen Anspruch, wenn die Reise mangels nicht erreichter Mindestteilnehmerzahl nicht zustande kam und er davon schriftlich in der angegebenen Frist in Kenntnis gesetzt wurde (Art 4 Abs 6 lit b i) oder wenn die Reise aufgrund höherer Gewalt unterblieben ist.
Ausgenommen vom Begriff vis maior ist jedoch die Überbuchung (Art 4 Abs 6 lit b ii).

dass der Veranstalter nach Abreise des Verbrauchers mit einem erheblichen Teil der vertraglich vereinbarten Leistung in Verzug gerät oder die Leistungserbringung nachträglich unmöglich wird.
Der Veranstalter hat „angemessene andere Vorkehrungen" zu treffen, ohne zusätzliche Kosten für den Verbraucher zu verursachen. Zudem hat der Veranstalter den Verbraucher gegebenenfalls zu entschädigen. Sollten solche Vorkehrungen nicht getroffen werden oder der Verbraucher akzeptiert aus triftigen Gründen nicht, dann hat der Veranstalter für eine gleichwertige Rückreisemöglichkeit zu sorgen, die ebenfalls nicht zu weiteren Kosten für den Verbraucher führen darf.
Art 4 Abs 7 bedeutet, dass beim Fehlen wesentlicher Teilleistungen der Reiseveranstalter verschuldensunabhängig auf anteilige Rückzahlung des Reisepreises haftet. Die Einwendungen, die Art 5 erlaubt, sind hier nicht maßgeblich. Jedoch kennt die RL den Begriff verschuldensunabhängige Mängelgewährleistung nicht. Bei einfachen Mängeln haftet der Veranstalter lediglich nach Maßgabe der Haftungsstandards des Art 5; erst wenn die Mängel die Qualität des Fehlens einer wesentlichen Teilleistung erreichen, greift die strikte Haftung nach Art 4 Abs 7.[28]

Gemäß Art 5 Abs 1 haben alle Mitgliedstaaten die erforderlichen Maßnahmen dafür zu treffen, dass der Veranstalter / Vermittler „gegenüber dem Verbraucher die Haftung für die ordnungsgemäße Erfüllung der vertraglichen Verpflichtungen unabhängig davon übernimmt, ob er selbst oder andere Dienstleistungsträger diese Verpflichtungen zu erfüllen haben. Das Recht des Veranstalters / Vermittlers gegen Dritte etwaige auftretende Regressansprüche anzumelden, bleibt von dieser Regelung unberührt.
Was die Schäden, die sich aus der Nicht- bzw. Schlechterfüllung des Vertrages ergeben, betrifft, findet sich eine Regelung in Art 5 Abs 2. Grundsätzlich hat der Veranstalter/Vermittler die Haftung zu übernehmen, außer die Nicht- oder Schlechterfüllung des Vertrages wurde nicht von ihm verschuldet und das Verschulden sei ihm auch nicht zurechenbar. Wenn der Verbraucher Schwierigkeiten hat (Art 5 Abs 2 Unterabsatz 1 zweiter und dritter Gedankenstrich), besteht unter gewissen Voraussetzungen eine Hilfeleistungspflicht des Veranstalters/Vermittlers.

Der zweite Unterabsatz normiert eine Haftungsbegrenzung bezüglich oben genannter Schäden, die aber nur „gemäß den internationalen Übereinkommen über diese Leistungen" möglich ist und nicht unangemessen sein darf.

---

[28] Vgl dazu Tonner in: Grabitz/Hilf, A 12, Art 4, 12.

Art 5 Abs 2 vierter Unterabsatz sieht eine Sonderregelung durch Umkehrschluss[29] für Körperverletzungen vor, die aus der Nicht- bzw. Schlechtererfüllung des Vertrages resultieren und die von den Mitgliedstaaten in punkto Entschädigung vertraglich nicht beschränkt werden darf. Unbeschadet dieser möglichen Haftungsbegrenzung durch Vertrag sind die Bestimmungen des Art 5 Abs 1, 2 zwingend (Art 5 Abs 3).

Eine Verbesserung mangelhafter Leistungen kann nur während der Reise selbst geschehen, denn an Ort und Stelle lassen sich vielfach auftretende Probleme beseitigen. Um dem Veranstalter/Vermittler diese Möglichkeit zu erhalten, normiert Art 5 Abs 4 eine Rügeobliegenheit des Verbrauchers bezüglich „jeden Mangel bei der Erfüllung des Vertrages, den er an Ort und Stelle feststellt. Sollte dies der Fall sein, hat der Verbraucher „so bald wie möglich schriftlich oder in einer anderen geeigneten Form dem betreffenden Leistungsträger sowie dem Veranstalter und/oder dem Vermittler mitteilen." Wichtig ist jedoch, dass auf diese Verpflichtung im Vertrag klar und deutlich hingewiesen wird. Art 5 Abs 4 verlangt Schriftform oder eine andere geeignete Form. Darunter kann z.B. die mündliche Erklärung zu Protokoll des Reiseleiters verstanden werden, da damit der von Abs 4 bezweckten Beweissicherungsfunktion ebenfalls Genüge getan wird. Eine einfache mündliche Erklärung reicht dagegen nicht aus. Einen eingeschriebenen Brief zu verlangen, geht über das einfache Schriftformerfordernis des Art 5 Abs 4 hinaus.

Im Fall einer Beanstandung, also wenn der Verbraucher seiner Rügeobliegenheit nachgekommen ist, haben sich „der Veranstalter und/oder der Vermittler oder – wenn vorhanden – sein örtlicher Vertreter nach Kräften um geeignete Lösungen" zu bemühen (Art 6). Obwohl Art 6 bestimmte Verfahren zur Lösung von Verbraucherbeschwerden nicht vorschreibt, ist er nicht ohne rechtliche Relevanz. Es stellt sich nämlich die Frage, zu welchen Maßnahmen der Reiseveranstalter im Falle einer Beschwerde verpflichtet ist, und welche finanziellen Aufwendungen er dabei uU zu tragen hat. Der Veranstalter darf den Verbraucher nicht darauf verweisen, einen etwaigen Mangel zu ertragen und hinterher Geldansprüche geltend zu machen. Er muss vielmehr vor Ort für Abhilfe sorgen. Verstößt er gegen diese Verpflichtung, macht er sich schadenersatzpflichtig. Der Schaden kann z.B. darin bestehen, dass der Verbraucher zur Selbsthilfe schreitet und dabei Aufwendungen hat, etwa für ein Ersatzhotel. Dagegen erfordert Art 6 nicht, dass der Reiseveranstalter dem Verbraucher auch dann Bei-

[29] Art 5 Abs 2 vierter Unterabsatz: „Bei Schäden, die nicht Körperschäden sind,...."

stand leisten muss, wenn dieser aus Gründen in Schwierigkeiten kommt, die mit der Reiseleistung selbst nichts zu tun haben.[30]

Die Vorauszahlung des Reisepreises ist die Regel in der Reisebranche. Dadurch ist zumindest der Veranstalter/Vermittler vor Zahlungsunfähigkeit bzw. Zahlungsunwilligkeit des Kunden geschützt. Ungeschützt ist jedoch der Kunde, der etwas bezahlt hat, das er erst in Zukunft erhalten wird, da er im Konkursfall zum Gläubiger des Gemeinschuldners wird. Zum Ausgleich für diese Ungleichgewichtslage verpflichtet die Richtlinie den Veranstalter und/oder Vermittler, der Vertragspartei ist, einen Nachweis zu erbringen, dass „im Fall der Zahlungsunfähigkeit oder des Konkurses die Erstattung gezahlter Beträge und die Rückreise des Verbrauchers sichergestellt sind."

Nach dem Wortlaut fordert Art 7 die Sicherstellung der tatsächlichen Rückreise und nicht bloß der Rückreisekosten; nicht gefordert wird die restliche Durchführung der Reise. Den nationalen Rechtsordnungen bleibt es überlassen, die jeweiligen Sicherungsmittel festzulegen. Möglich wäre eine Versicherung, ein Garantiefond oder eine Haftungserklärung Dritter. Vor allem muss eine erhöhte Sicherheit für die tatsächliche Leistungsfähigkeit im Krisenfall gegeben sein.[31]

Als Auslegungsgrundlage des Art 7 kann das Urteil Dillenkofer[32] benutzt werden.
Der EuGH legt fest, dass der Schutz des Verbrauchers das Ziel von Art 7 sein soll und zwar „die Verleihung eines Rechts an den Pauschalreisenden, mit dem die Erstattung der von diesem gezahlten Beträge und seine Rückreise im Fall der Zahlungsunfähigkeit oder des Konkurses des Veranstalters sichergestellt werden kann."[33]
Diese Recht darf durch nationale Regelungen nicht eingeschränkt werden.

---

[30] Tonner in: Grabitz/Hilf, A 12, Art 6, 2
[31] Vgl Graziani-Weiss, Reiserecht in Österreich, S55f
[32] EuGH 8.10.1996, verb Rs C-178/94, C-179/94, C-188/94, C-189/94, C-190/94, Dillenkofer.
[33] EuGH 8.10.1996, Dillenkofer, Rz 36, 42.
[34] EuGH 8.10.1996, Dillenkofer, Rz 61.

Dies stellt der EuGH ausdrücklich klar, indem er verpflichtende Anzahlungen nur dann als zulässig erklärt, wenn die Rückstellung dieser Anzahlung im Insolvenzfall sichergestellt ist.[34]
Die Kommission erklärt im Rahmen ihres Berichtes über die Pauschalreiserichtlinie, dass es notwendig sei, dass die folgenden Grundsätze bei den nationalen Maßnahmen zur Durchführung dieser Bestimmung eingehalten werden.

Die Sicherheiten müssen alle Risiken abdecken, die aus der Zahlungsunfähigkeit des Reiseveranstalters entstehen. Es sollte ein Sicherheitsgeber (dies kann ein Versicherungsunternehmen, ein Finanzinstitut, ein Treuhänder oder ein gemeinsamer Garantiefonds sein) eine unbegrenzte Haftung übernehmen, wobei der zu erstattende Betrag nicht auf irgendeine Höchstsumme oder einen maximalen Anteil begrenzt sein darf. Dabei muss die Sicherheit von einem Sicherheitsgeber gestellt werden, der seinerseits keinem Sicherheitsrisiko ausgesetzt ist, unabhängig vom Reiseveranstalter ist und über ausreichende Mittel zur Deckung des versicherten Risikos verfügt. Zudem sollten Sicherheiten ungeachtet ihrer Art schnell verfügbar sein.

Des weiteren sollen staatliche Behörden sicherstellen, dass Reisen nur dann angeboten werden, wenn Veranstalter/Vermittler nachgewiesen haben, dass sie die in Art 7 geforderten Sicherheiten gewährleisten. Für die geforderten Garantieleistungen sollen die Grundsätze des Binnenmarktes gelten, wodurch es Sicherheitsgebern freigestellt ist, ihre Dienste in allen Mitgliedstaaten anzubieten.
Auch sollen die Mitgliedstaaten ihre Durchführungssysteme gegenseitig anerkennen und somit sicherstellen, dass ein Gewerbetreibender, der die von den Rechtsvorschriften eines Mitgliedstaates geforderte Sicherstellung erbracht hat, seine Geschäftstätigkeit auf alle anderen Mitgliedstaaten ausdehnen kann.
Die Probleme, die sich im Zuge der Umsetzung des Art 7 RL ergaben, war einerseits eine verspätete Umsetzung, andererseits eine unzureichende Umsetzung der RL.

Eine verspätete Umsetzung stellte der EuGH in seinem Urteil vom 8.10.1996 fest. Dabei wurde die Bundesrepublik Deutschland verurteilt, wegen einer verspäteten Umsetzung der RL gegen ihre Pflichten aus dem EGV verstoßen zu haben und daher den betroffenen Bürgern zum Schadenersatz verpflichtet zu sein. Der EuGH verlangt für eine Staatshaftung einen hinreichend qualifizierten Verstoß des Staates gegen das Gemein-

schaftsrecht. Ein solcher ist gegeben, wenn der Staat bei der Rechtssetzung die Grenzen, die der Ausübung seiner Befugnisse gesetzt sind, offenkundig und erheblich überschreitet.
Obwohl die RL in der Mehrzahl der Mitgliedstaaten verspätet umgesetzt wurde, kam es nur in Deutschland zu einem Staatshaftungsverfahren. Das ist u.a. darauf zurückzuführen, dass die übrigen Mitgliedstaaten bereits vor Entstehen der RL Insolvenzschutzmaßnahmen eingeführt hatten.

Eine Verletzung des Art 7 RL kann sich jedoch auch ergeben, wenn ein Mitgliedstaat die RL zwar rechtzeitig, aber unzureichend umgesetzt hat. Dies ist dann der Fall, wenn die Vorschriften nicht dazu führen, dass der Verbraucher die volle Entschädigung für die durch Insolvenz erhält. Dies kann dann geschehen, wenn die Umsetzungsvorschriften Höchstbetragsregelungen enthalten.

Der EuGH hatte sich mit einer unzureichenden Umsetzungsvorschrift des österreichischen Rechts auseinanderzusetzen. Im Fall Rechberger[35] verabsäumte es die Republik Österreich die für die Umsetzung des Art 7 so wichtige Reisebürosicherungsverordnung ordnungsgemäß in österreichisches Recht umzusetzen, obwohl es Österreich gelungen ist, alle anderen Vorschriften der RL zeitgerecht durch Aufnahme ergänzender Vorschriften in das Konsumentenschutzgesetz einzuführen. Aufgrund der Tatsache, dass Art 7 den vollständigen Schutz des Verbrauchers bezwecken soll, erwies die Reisebürosicherungsverordnung als unzureichend, wurde jedoch mittlerweile zweimal geändert bzw. verbessert und scheint mE den Art 7 RL nun endlich ordnungsgemäß in nationales Recht umgesetzt zu haben.[36]

Die Mitgliedstaaten, an die die RL gerichtet ist (Art 10), müssen die Bestimmungen ins nationale Recht umsetzen, können aber dabei gemäß Art 8 auch strengere Regelungen „zum Schutze des Verbrauchers" erlassen.[37] Das in Art 8 vorgesehene Minimalstandardprinzip findet sich in so gut wie allen Verbraucherschutzrichtlinien.

In Art 153 EGV neu findet sich das Wort „Maßnahmen", auf das auch Richtlinien gestützt werden können, für die das Minimalstandardprinzip

---

[35] Mehr dazu bei der österreichischen Umsetzung der RL.
[36] Vgl. dazu auch Tonner in: Grabitz/Hilf, A12, Art 7, 10f.

[37] Die Regelung des Art 8 ist notwendig, da bei der Umsetzung der RL in nationales Recht grundsätzlich keine strengeren Regelungen zulässig sind.
[38] Einschlägig wieder das Urteil Dillenkofer von 8.10.1996.

dann kraft Primärrecht zu gelten hat. Die Auswirkungen dieses Prinzips auf das künftig in Europa geltende Pauschalreiserecht sind erheblich, das Schutzniveau für den Verbraucher liegt vielfach über dem der RL, wie sich im folgenden bei den Umsetzungen zeigen wird.
Jedenfalls haben die Mitgliedstaaten die erforderlichen Maßnahmen zu treffen, „um dieser Richtlinie spätestens bis 31. Dezember 1992 nachzukommen“ (Art 9 Abs 1).

Wird dies unterlassen, kann der einzelne die Bestimmungen der RL nicht unmittelbar anwenden, da Richtlinien grundsätzlich keine unmittelbare Geltung entfalten (vgl oben). Denkbar ist aber ein Schadenersatzanspruch des Einzelnen gegen den jeweiligen Mitgliedstaat wegen Nichtumsetzung einer RL.[38]

IV. Österreichische Rechtslage

Die Umsetzung der Bestimmungen der Richtlinie des Rates vom 13. Juni 1990 über Pauschalreisen (90/314/EWG) in österreichisches Recht erfolgte entsprechend der Systematik der österreichischen Rechtsordnung zum Teil im Rahmen des Zivilrechtes und zum Teil im Rahmen des dem öffentlichen Recht zuzuordnenden Gewerberechtes.

1. Umsetzung der Richtlinie durch die KSchG-Novelle

1.1. Allgemeines

In Österreich wurde die Pauschalreiserichtlinie teilweise mit dem Bundesgesetz „Änderung des Konsumentenschutzgesetzes zur Anpassung an das EWR-Abkommen“[39] umgesetzt. Es wurde im KSchG im 3. Hauptstück ein eigener Teil „Reiseveranstaltungsvertrag“ mit den §§ 31 b – 31 f KSchG eingefügt.
Zur Systematik und Übersichtlichkeit trägt die vorliegende gesetzliche Lösung nichts bei. Es wäre zumindest erwünscht gewesen, diesen Sondervertragstyp als allgemeines Zivilrecht in das ABGB einzubauen[40], wenn man sich schon zu keinem eigenen Reisevertragsgesetz durchringen konnte.

Der Begriff „Reiseveranstaltungsvertrag“ wird im ABGB nicht definiert. Nach hL[41] und Rspr[42] wird ein Reiseveranstaltungsvertrag rechtlich als „ein mit Geschäftsbesorgung verbundener Werkvertrag“ eingeordnet, für den Regeln über den Werkvertrag in §§ 1165 ff ABGB gelten.
§ 1165 ABGB regelt, dass der Werkunternehmer (der Reiseveranstalter) das Werk (die Erbringung der vereinbarten Leistungen) persönlich oder unter persönlicher Verantwortung auszuführen hat. Der Reiseveranstalter hat daher die Leistungen selbst zu erbringen, kann sich aber auch Erfüllungsgehilfen bedienen.
Ausdrücklich offen ließ die RL den Mitgliedstaaten, ob neben dem Veranstalter in den nationalen Regelungen auch der Vermittler Vertragspartei des Reiseveranstaltungsvertrag ist. Der österreichische Gesetzgeber entschied sich dafür, den Vermittler nicht Vertragspartei werden zu lassen,

---

[39] BGBl 1993/247.
[40] Vgl dazu das deutsche BGB, wo im Anschluss an den Werkvertrag der Reisevertrag geregelt wurde, §§ 651 a – 651 k BGB.
[41] Vgl Koziol/Welser I^{10} 410f.
[42] U.a. OGH EvBl 1977/159.

sondern ihn nur zu verpflichten, den Kontakt zwischen dem Reisenden und dem Veranstalter herzustellen. Daher kommt auch die bereits erwähnte Unterscheidung zwischen Pauschalreisevertrag und Vermittlungsvertrag.

1.2. Regelungen im KSchG

Wie bereits angesprochen wurde der zivilrechtliche Teil der Pauschalreiserichtlinie vom österreichischen Gesetzgeber durch Einfügen der §§ 31 b – f KSchG[43] in nationales Recht umgesetzt. Das 3. Hauptstück des KSchG gilt als allgemeines Zivilrecht und nicht bloß im Verhältnis zwischen Konsumenten und Unternehmer. Nur das 1. Hauptstück des KSchG (§§ 1 – 27) setzt das besondere Verhältnis Konsument Unternehmer voraus. Man kann auch sagen, dass allgemein gültiges Zivilrecht in einem Sondergesetz gleichsam „versteckt" wurde.[44]

Um Verwechslungen zwischen dem Verbraucherbegriff der RL und dem des KSchG vorzubeugen, führte der Gesetzgeber den Begriff des Reisenden in § 31 b Abs 2 Z 3 ein, der sich mit dem Verbraucherbegriff der RL, nicht jedoch mit jenem des § 1 KSchG deckt.[45] Danach spielt es keine Rolle, zu welchem Zweck die Reise unternommen wird. Geschäftsreisen unterliegen ebenso wie Privatreisen den §§ 31 KSchG.

1.2.1. Die Reiseveranstaltung

Der Begriff der Pauschalreise, der sich ständig in der RL wiederfindet, wurde vom österreichischen Gesetzgeber nicht übernommen, sondern durch den weiteren Begriff der Reiseveranstaltung ersetzt. Dies begründete der Gesetzgeber vor allem damit, dass die in der RL zum größten Teil ins österreichische Gewerberecht eingefügten ebenfalls enthaltenen öffentlich-rechtlichen Vorschriften, nicht durch die „Erweiterung des Schutzbereiches von Pauschalreisen auf Reiseveranstaltungen" präjudiziert werden sollen.[46]
Unter einer Reiseveranstaltung wird nach § 31 b Abs 2 Z 1[47] „eine in voraus festgelegte Verbindung von mindestens zwei der folgenden Dienst-

[43] BGBl 1993/247; aufgrund § 41 Abs 2 KSchG auf Verträge anwendbar, die nach dem 1.Mai 1994 geschlossen wurden.
[44] Vgl Graziani-Weiss, Reiserecht in Österreich, S 65.
[45] Dessulemoustier-Bovekercke, JAP 1993/94, 251.
[46] JAB 992 BlgNR 18 GP.
[47] Vgl dazu Art 2 Z 1 der Richtlinie, der fast zur Gänze übernommen wurde bzw. Graf, Die EU-Vorgaben auf dem Gebiet des Verbraucherschutzes in: Koppensteiner, Österreichisches und europäisches Wirtschaftsprivatrecht, Teil 8/I, 59.

leistungen, die zu einem Gesamtentgelt angeboten oder vereinbart wird", verstanden:

- Beförderung,
- Unterbringung,
- andere touristische Dienstleistungen, die nicht bloß Nebenleistungen der Beförderung sind und die einen beträchtlichen Teil der Gesamtleistung ausmachen.

Verzichtet wurde gegenüber dem Text der RL auf das Erfordernis, dass die Reise länger als 24 Stunden dauern werde oder eine Übernachtung miteinschließen müsse. Daher ermöglicht das österreichische KSchG dem Reisenden in diesem Fall mehr Schutz, da auch die zahlreichen Leserreisen und Werbefahrten, die nur in einem Tag durchgeführt werden, einbezogen sind. Aufgrund von Art 8 der RL ist diese Abweichung vom Text der RL gestattet, da den Mitgliedstaaten nur ein Mindeststandard vorgegeben wurde.[48]

Auch miteinbezogen wurden jene Reiseveranstaltungen, bei denen neben der Unterbringung nur Nebenleistungen der Unterbringung geschuldet werden, die allerdings einen beträchtlichen Teil der Gesamtleistung ausmachen. Hierbei dachte der Gesetzgeber vor allem an die Zur-Verfügungstellung einer Ferienwohnung mit weiteren Serviceleistungen.[49]

Vertragspartner des Reiseveranstaltungsvertrages sind der Reisende und der Veranstalter, nicht der Vermittler.[50] Somit wird der Veranstalter zur Erbringung der Reiseleistung verpflichtet und hat daher für eventuelle Leistungsstörungen einzustehen.[51] Die Voraussetzungen für den Veranstalter[52] stimmen mit jenen der RL überein. Auch der Begriff „nicht nur gelegentlich" wurde übernommen. Dieses Merkmal wird zwar idR dem Begriff der Gewerbsmäßigkeit in § 1 GewO entsprechen[53], kann mit diesem jedoch nicht gleichgesetzt werden, da auch ein Gewerbetreibender, der in

---

[48] Dessulemoustier-Bovekercke, JAP 1993/94, 251.
[49] JAB 992 BlgNr 18. GP 2.
[50] Apathy, RdW 1994, 234.
[51] EB zur RV 809 BlgNR 18. GP 8
[52] § 31 Abs 2 Z 2: Veranstalter ist:„eine Person, die nicht nur gelegentlich im eigenen Namen vereinbart oder anbietet, von ihr organisierte Reiseleistungen zu erbringen."
[53] JAB 992 BlgNR 18. GP 2.
[54] EB zur RV 809 BlgNR 18. GP 8.
[55] Vgl näher M. Bydlinsky, Reisevertragsrecht, in: Schuhmacher, Verbraucherschutz in Österreich und in der EG (1992), 211ff, 215.

seinem Gewerbebetrieb mit einem ganz anderen Gegenstand gelegentlich eine Pauschalreise organisiert und anbietet, nicht unter die Sonderregelung fällt.[54]

Schwierig zu beurteilen ist die Frage, ob eine Person als Veranstalter iSv § 31 b Abs 2 Z 2 oder bloß als Vermittler der Reise auftritt. Übereinstimmend mit Lehre[55] und der Rechtssprechung[56] ist Reiseveranstalter, wer ein Programm zusammenstellt und Leistungen zusagt und selbst erbringen will.

Reisevermittlung liegt dann vor, wenn jemand nur zwischen Veranstalter und Reisendem einen Kontakt herstellt. Zwischen Reisendem und Reisebüro wird nach österreichischem Recht ein eigener Vertrag, nämlich ein Geschäftsbesorgungsvertrag nach §§ 1002 ABGB abgeschlossen. Jedoch kann ein Reisebüro auch Veranstalter sein, wenn es dem als solcher dem Reisenden gegenüber auftritt.[57]
Diese Unterscheidung ist deshalb so wichtig, weil im österreichischen Recht nur der Reiseveranstalter für die Vertragserfüllung haftet und daher auch nur er für Gewährleistungs- und Schadenersatzklagen einzig und allein passiv legitimiert ist.[58]

1.2.2. Preisänderungsvorbehalt

§ 31 c Abs 1 KSchG, der Art 4 Abs 4 der RL übernimmt, regelt die Voraussetzungen, unter denen eine Befugnis des Veranstalters, das im Reisevertrag festgelegte Entgelt zu erhöhen, vereinbart werden darf. Für die Zeit ab dem 20. Tag vor dem vereinbarten Abreisetermin kann eine derartige Befugnis des Veranstalters überhaupt nicht gültig vereinbart werden (§ 31 c Abs 1 S 1 KSchG).
Ansonsten sind Preiserhöhungen nur dann zulässig, wenn sie auf Erhöhung von Drittkosten beruhen und bei einer entsprechenden Senkung auch zugunsten des Reisenden zu einer Preissenkung führen.[59]

---

[56] Vgl SZ 57/37.
[57] Dessulemoustier-Bovekercke, JAP 1993/94, 252.
[58] Siehe dazu auch: Graf, Die EU-Vorgaben auf dem Gebiet des Verbraucherschutzes in: Koppensteiner, Österreichisches und europäisches Wirtschaftsprivatrecht, Teil 8/I,
[59] Dessulemoustier-Bovekercke, JAP 1993/94, 252.
[60] § 31 c Abs 1 S 2: „Änderungen der Beförderungskosten, etwa der Treibstoffkosten, der Abgaben für bestimmte Leistungen, wie Landegebühren, Ein- oder Ausschiffungsgebühren in Häfen und entsprechende Gebühren auf Flughäfen, oder der für die betreffende Reiseveranstaltung anzuwendenden Wechselkurse Rechnung getragen werden darf."

Zusätzlich soll eine solche Vereinbarung genaue Angaben zur Berechnung des neuen Preises enthalten. Allerdings kann der Preis nur durch Veränderung ganz bestimmter, in § 31 c Abs 1 KSchG aufgezählter, vom Veranstalter nicht beeinflussbarer Umstände[60] erhöht werden.

Kompliziert wird die Rechtslage bei Verbraucher(reiseveranstaltungsverträgen[61]), da dort auch § 6 Abs 1 Z 5 und § 6 Abs 2 Z 4 KSchG zu berücksichtigen sind, die sich mit § 31 Abs 1 bezüglich der Preiserhöhungen zum Teil überschneiden. Auch wenn die Reiseleistung nicht binnen zweier Monate nach Vertragsabschluss zu erbringen ist, sind nach § 6 Abs 1 Z 5 KSchG jene Vertragsbestimmungen absolut nichtig, nach denen dem Unternehmer auf sein Verlangen für seine Leistung ein höheres als das bei Vertragsabschluss bestimmte Entgelt zusteht. Dies gilt jedoch dann nicht, wenn die für die Erhöhung maßgeblichen Umstände im Vertrag umschrieben sind und ihr Eintritt nicht vom Willen des Unternehmers abhängt.[62] Außerdem darf eine Preiserhöhung nur von den in § 31 c Abs 1 S 2 KSchG taxativ aufgezählten Kosten abhängig gemacht werden. Ist die Reiseleistung binnen zweier Monate ab Vertragsschluss zu erbringen, so müssen derartige Klauseln überdies im Einzelnen ausgehandelt worden sein.[63] Für die Zeit ab dem 20. Tag vor dem vereinbarten Abreisetermin greift wiederum § 31 c Abs 1 S 1 KSchG ein, wonach die Vereinbarung einseitiger Preiserhöhungsbefugnisse des Veranstalters in jedem Fall unzulässig ist.[64]

---

[61] Zum Einfluss des § 6 KSchG auf das allgemeine bürgerliche Recht vgl Krejci in Rummel § 6 KSchG, Rz 2; Apathy in Schwimann § 6 KSchG, Rz 1.
[62] Vgl EB zur RV 809 BlgNR 18. GP 8.
[63] Siehe auch dazu: Graf, Die EU-Vorgaben auf dem Gebiet des Verbraucherschutzes in: Koppensteiner, Österreichisches und europäisches Wirtschaftsprivatrecht, Teil 8/I, 66, 68f.
[64] Vgl Dessulemoustier-Bovekercke, JAP 1993/94, 252f; Apathy, RdW 1994, 235.
[65] Übt der Reisende nach einer Vertragsänderung durch den Veranstalter sein Wahlrecht nicht aus, so ist die Änderung aufgrund ihrer vertraglichen Zulässigkeit wirksam; so zutreffend Schuhmacher/ Tüchler, VuR 1995, 421.
[66] Eine erhebliche Änderung liegt bei einer Steigerung um mehr als 10% vor. (EB zur RV 809 BlgNR 18. GP 8).
[67] Vgl Dessulemoustier-Bovekercke, JAP 1993/94, 253f; Apathy, RdW 1994, 235.
[68] Vgl EB zur RV 809 BlgNR 18. GP 2.
[69] Dessulemoustier-Bovekercke, JAP 1993/94, 253.
[70] Nach hM (vgl Koziol/Welser I, 304) ist die Übertragung der gesamten Vertragsstellung ansonsten nur zulässig, wenn alle Beteiligten zustimmen.

1.2.3. Leistungsänderung

Art 4 Abs 5 und 6 RL wurden durch § 31 c Abs 2 sowie § 31 d KSchG ins österreichische transformiert. Hierbei ist jedoch der Gesetzgeber in einem Punkt von der Vorgabe der RL abgewichen. Die RL differenziert in Art 4 Abs 5 nicht zwischen solchen Änderungen, die zulässigerweise erfolgen, und solchen, die unzulässig sind. Die vorgesehenen Rechtsfolgen treten auch bei unzulässigen Änderungen ein.
§ 31 c Abs 2 KSchG hat einen systemkonformeren Zugang gewählt, da die Norm nur von Änderungen spricht, zu denen der Veranstalter aufgrund gesetzlicher oder vertraglicher Bestimmungen berechtigt ist.[65]
Ändert der Veranstalter vor der Abreise aufgrund eines ihm vertraglich oder gesetzlich zustehenden Rechtes wesentliche Bestandteile des Vertrages, etwa den Preis[66] erheblich, so hat der Reisende nach § 31 c Abs 2 KSchG die Wahl, entweder diese Vertragsänderung anzunehmen oder vom Vertrag zurückzutreten, ohne zur Zahlung einer Vertragsstrafe oder eines Reuegeldes verpflichtet zu sein. Allerdings kann dem Reiseveranstalter ein Recht zur Änderung wesentlicher Vertragsbestandteile in Verbraucherverträgen nur in den Schranken des § 6 Abs 1 Z 5 (einseitige Preiserhöhungen) und § 6 Abs 2 Z 3 (einseitige Leistungsänderungen) KSchG eingeräumt werden.
Der Reisende muss sein Wahlrecht unverzüglich nach der Belehrung durch den Veranstalter ausüben, ansonsten wird die Preiserhöhung oder sonstige Vertragsänderung wirksam. Tritt er vom Vertrag zurück, so führt dies zur Vertragsauflösung, außer der Reisende macht nach § 31 d von seinem Recht Gebrauch, vom Veranstalter die Teilnahme an einer gleichwertigen Reise zu verlangen, unter der Voraussetzung, dass der Veranstalter in der Lage sein muss, eine gleichwertige Reise anzubieten.[67] Bei der Beurteilung der Gleichwertigkeit wird vor allem berücksichtigt, ob die Reise noch im Programm des Veranstalters angeboten wird oder ob sie noch nicht ausgebucht ist.[68] (siehe unten)
Eine einvernehmliche Leistungsänderung ist nach österreichischem Recht immer zulässig, während eine einseitige nur aufgrund vorheriger vertragli-

---

[71] EB zur RV 809 BlgNR 18. GP 9; Vgl dazu auch M. Bydlinski (in Schuhmacher, Verbraucherschutz, 231f), der diese Vorschrift als „überflüssig" bezeichnet.
[72] Dessulemoustier-Bovekercke, JAP 1993/94, 254. Allerdings wurde diese Formulierung nicht in den endgültigen Text der RL aufgenommen, sondern auch dort wird nur von Verhinderung gesprochen.
[73] Vgl Apathy, RdW, 235.

cher Vereinbarung erfolgen kann. Da es kein gesetzliches Recht auf einseitige Änderung wesentlicher Vertragsbestandteile gibt, kann sich § 31 c Abs 2 KSchG nur auf Nichtverbrauchergeschäfte mit vertraglichem Leistungsänderungsvorbehalt beziehen.[69]

1.2.4. Reisendenwechsel

Ist der Reisende gehindert, die Reiseveranstaltung anzutreten, so kann er nach § 31 c Abs 3 KSchG abweichend von den allgemeinen Regeln, die das österreichische ABGB[70] vorschreibt, das Vertragsverhältnis auf eine andere Person auch ohne Zustimmung des Veranstalters übertragen, sofern diese alle Bedingungen für die Teilnahme erfüllt und die Übertragung dem Veranstalter binnen einer angemessenen Frist vor dem Abreisetermin mitgeteilt wird. Überträger und Erwerber haften nach § 31 c Abs 3 S 2 KSchG für das noch unbeglichene Entgelt sowie gegebenenfalls für die durch die Übertragung entstehenden Mehrkosten solidarisch zur ungeteilten Hand. Voraussetzung für die Geltendmachung der Ersetzungsbefugnis ist, dass der Ersatzmann alle für die Teilnahme erforderlichen Bedingungen erfüllt. Unabhängig von einer Verhinderung steht dem Reisenden nach allgemeinen Regeln auch die Möglichkeit offen, nur den Anspruch auf die Reiseleistung ohne Überbindung des ganzen Vertrages an einen Dritten zu zedieren.[71] Fraglich ist noch, was man unter einer Verhinderung zu verstehen hat. Die Kommission sah eine Verhinderung nur bei schwerwiegenden Gründen als gegeben, worunter Trauerfall oder Krankheit des Reisenden zu verstehen seien.[72] Dem sei nur eingeschränkt zu folgen (eigene Anm). Dem Veranstalter ist üblicherweise die Person des Reisenden gleichgültig, da der Überträger neben dem Erwerber sowohl für das zu bezahlende Entgelt als auch für entstehende Mehrkosten haftet.
Strengere Maßnahmen bei der Beurteilung der Verhinderung des Reisenden anzulegen ist aufgrund der geringen Beeinträchtigung der Interessen des Veranstalters durch den Reisendenwechsel nicht korrekt.[73]

---

[74] Zur Definition des Wortes „gleichwertig“: siehe oben unter Fußnote 61.
[75] Dessulemoustier-Bovekercke, JAP 1993/94, 254
[76] Siehe auch dazu: Graf, Die EU-Vorgaben auf dem Gebiet des Verbraucherschutzes in: Koppensteiner, Österreichisches und europäisches Wirtschaftsprivatrecht, Teil 8/I, 68 ff.
[77] Verordnung über Ausübungsvorschriften für Reisebüros BGBl 1994/599.
[78] Die typische Regenzeit in einem Land und die damit verbundenen Reisebeeinträchtigungen können nicht unter Hinweis auf höhere Gewalt entschuldigt werden. Die Regenzeit als typisches Ereignis war vorhersehbar.

1.2.5. Anspruch auf Ersatzreise

Auf § 31 d Abs 1 ist im Folgenden nach den oben genannten Ausführungen nur mehr kurz einzugehen. Nach erfolgtem Rücktritt wegen erheblicher Leistungsänderung oder nach Rücktritt des Veranstalters (ganz gleich aus welchen Gründen immer) hat der Reisende Anspruch auf Abschluss eines neuen Vertrages, sofern der Veranstalter in der Lage ist, eine gleichwertige Reise anzubieten.[74] Bei einer geringer wertigen Reise hat der Veranstalter die Differenz zu ersetzen.[75]

Neben dem „Stornorecht" des Veranstalters nach § 31 d Abs 1 bleiben die Bestimmungen des ABGB, insbes. die §§ 918 ABGB, anwendbar. Der Wortlaut des § 31 d Abs 1 lässt nicht erkennen, dass die allgemeinen Möglichkeiten zur Vertragsauflösung beschränkt werden sollen. § 918 ABGB kann, ohne dass ein Gesetzeswiderspruch entsteht, neben § 31 d Abs 1 angewendet werden. Der Grundsatz „lex specialis derogat legi generali" kommt daher nicht zur Anwendung.

1.2.6. Schadenersatz wegen Nichterfüllung[76]

Zuzüglich zu den oben angeführten Rechten hat der Reisende nach § 31 d Abs 2 KSchG Anspruch auf Schadenersatz wegen Nichterfüllung, es sei denn, die Stornierung durch den Veranstalter erfolgte, weil die Anzahl der Personen, die die Reiseveranstaltung gebucht haben, nicht die erforderliche vertraglich vereinbarte Mindestteilnehmerzahl erreicht und dem Verbraucher die Stornierung innerhalb der Beschreibung der Reiseveranstaltung angegebenen Frist schriftlich mitgeteilt wurde (§ 31 d Abs 1 Z 1).

---

[79] Vgl Dessulemoustier-Bovekercke, JAP 1993/94, 254f; Apathy, RdW 1994, 236.

[80] Graf, Die EU-Vorgaben auf dem Gebiet des Verbraucherschutzes in: Koppensteiner, Österreichisches und europäisches Wirtschaftsprivatrecht, Teil 8/I, 73 ff.

[81] 809 BlgNR 18. GP 9; vgl dazu Apathy, RdW 1994, 236.

[82] Üblicherweise wird eine Vereinbarung erst am Reiseort getroffen, findet jedoch eine solche Klausel bereits in AGBs Platz, so muss sie vor allem in bezug auf §§ 864a, 879 Abs 3 ABGB und § 6 KSchG untersucht werden.

[83] Vgl Art 4 Abs 7 der RL, wo der Veranstalter den Reisenden gegebenenfalls zu entschädigen hat. § 31 e regelt dies zwar nicht ausdrücklich, es ergibt sich jedoch aus den Gewährleistungsregeln und (bei Verschulden des Veranstalters) dem Schadenersatzrecht.

[84] Vgl Graziani-Weiss, Reiserecht in Österreich, 104f.

[85] Die Grenze dafür hat der Veranstalter zu finden (EB zur RV 809 BlgNR 18. GP 9)

Die schriftliche Stornierung muss nach § 10 Abs 1 Z 4 lit g AusÜVRb[77] ausdrücklich dem Reisenden innerhalb der angegebenen Frist zugehen. Sie muss in den Empfangsbereich des Reisenden gelangen. Das Problem verspäteter Zustellung trägt der Veranstalter. Es genügt nicht die rechtzeitige Absendung, sondern nur der rechtzeitige Zugang.
Die Stornierung kann aber auch aufgrund höherer Gewalt, d. h. aufgrund ungewöhnlicher und unvorhersehbarer Ereignisse, auf die derjenige, der sich auf höhere Gewalt beruft, keinen Einfluss hat und deren Folgen trotz Anwendung der gebotenen Sorgfalt nicht hätten vermieden werden können, erfolgen; hiezu zählt jedoch nicht die Überbuchung (§ 31 d Abs 2 Z 2). Insbes bei Vorhersehbarkeit liegt keine höhere Gewalt vor. [78] Der Veranstalter muss mit der Sorgfalt eines ordentlichen Reiseveranstalters (§ 347 HGB, § 1299 ABGB) arbeiten, seine Erfahrungen auswerten und an Kunden weitergeben.

Die Beweislast bezüglich des Vorliegens von höherer Gewalt trifft den Veranstalter. Er muss die Einhaltung der objektiv gebotenen Sorgfalt beweisen (§ 1298 ABGB). Liegt eine dieser beiden Konstellationen vor, hat der Reisende keinen Schadenersatzanspruch gegen den Veranstalter.[79]

1.2.7. Leistungsstörungen nach Abreise[80]

1.2.7.1. Durchführung der Reise, Rücktransport

Zeigt sich nach der Abreise, dass ein erheblicher Teil der vertraglich vereinbarten Leistungen nicht erbracht wird oder werden kann, so hat der Veranstalter nach § 31 e Abs 1 KSchG ohne zusätzliches Entgelt angemessene Vorkehrungen zur Durchführung der vereinbarten Leistung zu treffen. Diese Regelung der Ansprüche des Reisenden soll nach den EBzRV[81] „eher bloß eine Präzisierung" der Gewährleistungspflichten bedeuten, die den Veranstalter ohnehin schon nach allgemeinen Regeln treffen, da im österreichischen Recht §§ 922 und 1167 ABGB neben § 31 e KSchG anwendbar sind.

---

[86] Apathy, RdW 1994, 237.
[87] Vgl sowohl EB zur RV 809 BlgNR 18. GP 10, als auch 992 BlgNR 18. GP 2.
[88] EB zur RV 809 BglNR 18. GP 10.

Können solche Vorkehrungen nicht getroffen werden oder akzeptiert sie der Reisende nicht, so hat der Veranstalter die Pflicht, dem Reisenden ohne zusätzliches Entgelt einen gleichwertigen Rücktransport entweder zum Ort der Abreise oder aber an einen anderen mit dem Reisenden vereinbarten[82] Ort zur Verfügung zu stellen.[83]
Die Gleichwertigkeit des Rücktransportes richtet sich sowohl nach dem Beför-derungspreis als auch nach der Qualität der Beförderungsmittel. Darüber hinaus ist der Veranstalter bei jedem Abweichen vom Vertrag verpflichtet, „dem Reisenden zur Überwindung von Schwierigkeiten nach Kräften Hilfe zu leisten" (§ 31 e Abs 1 S 3).[84]
Der Veranstalter hat daher alle ihm zumutbaren[85] Hilfestellungen zu leisten. Aus besagter Pflicht ergibt sich ein für solche Fälle zur Verfügung stehendes Team des Veranstalters vor Ort, das helfen und einspringen kann. Dem wird regelmäßig durch örtliche Reiseleiter Genüge getan.

1.2.7.2. Mängelmitteilung

Entsprechend Art 5 Abs 4 der RL statuiert § 31 e Abs 2 die Obliegenheit des Reisenden, „jeden Mangel der Erfüllung des Vertrags, den er während der Reise feststellt, unverzüglich einem Repräsentanten des Veranstalters mitzuteilen...". Diese Pflicht trifft den Reisenden jedoch nur, wenn ihm ein Repräsentant bekannt gegeben wurde, „dieser an Ort und Stelle ohne nennenswerte Mühe erreichbar ist und wenn ihn der Veranstalter schriftlich auf diese Obliegenheit und darauf hingewiesen hat, dass eine Unterlassung der Mitteilung die Gewährleistungsansprüche des Reisenden nicht berührt, sie ihm allerdings als Mitverschulden angerechnet werden kann (§ 1304 ABGB)." Dies gilt abweichend zu § 377 HGB und Art 39 UN-Kaufrecht.[86]

Wird die Mitteilungspflicht vom Reisenden verletzt, kommt es zu keinem Ausschluss oder keiner Einschränkung der Gewährleistungsrechte und -ansprüche, sondern nur zu einer Verringerung der Schadenersatzansprüche.[87] Die EB[88] sprechen daher richtigerweise davon, dass die Unterlassung der Mitteilungspflicht keine Folgen hat, „wenn objektiv durch die Mitteilung eine Verbesserung des Mangels nicht zu erwarten war, also etwa bei unbehebbaren Mängeln, oder wenn der Reisende auch subjektiv aus seiner Sicht – ohne dass ihm Fahrlässigkeit vorgeworfen werden kann – annehmen konnte, dass der Mangel dem Reiseveranstalter bekannt ist und er daher eine Behebung des Mangels nicht bewirken kann oder will."

Die sanktionierte Rügepflicht kann daher nur als eine Art Schadensminderungspflicht angesehen werden, deren Grundlage in § 1304 ABGB gesehen wird. Es werden im Gegensatz zum Mitverschulden, wo eine Teilung der Haftung dem Grunde nach besteht, bestimmte Schäden nicht oder nur teilweise ersetzt, während die Haftung dem Grunde nach unberührt bleibt.[89] Für den Fall, dass der Mangel an Ort und Stelle nicht feststellbar oder der Repräsentant nicht in leicht erreichbarer Nähe war, entfällt die Anzeigepflicht des Reisenden, und er hat dieser auch nicht etwa nach Rückkehr von der Reise nachzukommen.[90]

1.2.8. Freizeichnungsmöglichkeit

Nach dem 3. und 4. Unterabsatz von Art 5 Abs 2 RL sind gewisse Haftungseinschränkungen zulässig. Die Mitgliedstaaten können bei Schäden aufgrund der Nichterfüllung oder mangelhafter Erfüllung der nach dem Vertrag geschuldeten Leistung die Entschädigung gemäß den internationalen Übereinkommen (z.B. das Warschauer Übereinkommen von 1929 oder das Berliner Übereinkommen von 1961) über diese Leistung beschränken. Die Mitgliedstaaten können auch die Möglichkeit einer vertraglichen Einschränkung des Schadenersatzes zulassen, vorausgesetzt diese Einschränkung ist nicht unangemessen. Für Körperschäden ist eine derartige Einschränkung aber unzulässig.

Das österreichische Recht hat lediglich die Unzulässigkeit der Haftungsbeschränkungen übernommen. Nach § 31 f Abs 1 KSchG darf die Pflicht des Veranstalters zum Ersatz eines Schadens an der Person nicht durch Vereinbarung ausgeschlossen oder beschränkt werden. Für sonstige Schäden ist eine Freizeichnung dann zulässig, wenn sie durch leichte Fahrlässigkeit verursacht wurden.[91] Aufgrund von § 31 f Abs 2 KSchG sind Vereinbarungen, die zum Nachteil des Reisenden von den §§ 31 b - e abgehen, unwirksam. Darüber hinaus ist durch § 31 f Abs 1 der Geltungsbereich des § 6 Abs 1 Z 9 KSchG (Freizeichnungsverbot des Unterneh-

[89] Vgl Reischauer in Rummel, ABGB^2, § 1304 Rz 37.
[90] EB zur RV 809 BlgNR 18. GP 10.
[91] Graf, Die EU-Vorgaben auf dem Gebiet des Verbraucherschutzes in: Koppensteiner, Österreichisches und europäisches Wirtschaftsprivatrecht, Teil 8/I, 72f.

mens für durch Vorsatz oder grobe Fahrlässigkeit zugefügte Schäden) und § 9 KschG (Zwingendstellung der gesetzlichen Gewährleistungsregeln zu Gunsten des Verbrauchers) auf alle Reiseveranstaltungsverträge ausgedehnt, auch wenn sie keine Verbraucherverträge darstellen. Für Reisende, die Verbraucher im Sinne von § 1 KSchG sind, müssen darüber hinaus die restlichen Schutzbestimmungen des 1. Hauptstückes des KSchG beachtet werden.
Die Ausweitung der §§ 6 und 9 KSchG auf Verträge, die kein Verbrauchergeschäft gemäß § 1 KSchG darstellen, zeigt, dass nun auch bei Reisenden, die nicht unter § 1 fallen, Gewährleistung nicht ausgeschlossen, sondern statt Wandlung, Preisminderung, Verbesserung und Nachtrag des Fehlenden vereinbart werden kann.

Die Rügeobliegenheit des Reisenden (§ 31 e Abs 2) hat keine Auswirkungen auf das Bestehen von Gewährleistungsrecht, was auch gem. § 31 f Abs 2 nicht zum Inhalt des Vertrages werden kann. Kommt der Reisende seiner Rügeobliegenheit nicht nach (unerheblich ob berechtigt oder nicht), kann der Veranstalter nicht verbessern, woraus folgt, dass der Reisende Wandlung oder Preisminderung verlangen kann (vorausgesetzt die dafür benötigten Voraussetzungen liegen vor).[92]

1.2.9. Inkrafttreten

Die Novelle zum KSchG trat prinzipiell mit demselben Zeitpunkt in Kraft wie das Abkommen über den Europäischen Wirtschaftsraum, also mit 1. Jänner 1994.[93]
Die §§ 31 b - 31 f KSchG über Reiseveranstaltungsverträge treten jedoch frühestens mit 1. Mai 1994 in Kraft (§ 41a Abs 1 KSchG). Sämtliche neuen Bestimmungen sind gemäß § 41a Abs 2 KSchG auf Verträge nicht anzuwenden, die vor dem Zeitpunkt des Inkrafttretens abgeschlossen worden sind.[94]

1.2.10. Zusammenfassung

Die §§ 31 b – 31 f KSchG geben Impulse für die rechtliche Durchdringung eines in Österreich gesetzlich bisher nicht besonders geregelten Berei-

[92] Vgl Dessulemoustier-Bovekercke, JAP 1993/94, 251 und 255f; Graziani-Weiss, Reiserecht in Österreich, 110 ff.
[93] Inkrafttreten des EWR-Abkommens vgl BGBl 1993/909; Zum Inkrafttreten der KSchG-Novelle vgl
BGBl 1993/917.
[94] Vgl Graziani-Weiss, Reiserecht in Österreich, 113.

ches, nämlich des Rechtes der Pauschalreiseverträge, die wir der EG-Initiative verdanken.
Der österreichische Gesetzgeber hätte nicht die knapp ausgestalteten Regelungs- bereiche der Richtlinie ebenso knapp umsetzen müssen, weil ja die EG-Richtlinie dazu bestimmt ist, ins innerstaatliche Recht eingebaut zu werden.
Offensichtlich begnügte sich der österreichische Gesetzgeber - veranlasst durch den Umstand, dass er innerhalb kurzer Zeit eine Vielzahl gemeinschaftlicher Vorschriften in das innerstaatliche Recht umzusetzen hatte - mit einer Beschränkung auf das Allernotwendigste.[95] Eine solche Erklärung gibt Raum für die Aussicht, dass künftige EG-Richtlinien ausführlicher umgesetzt werden.

2. Umsetzung der öffentlich-rechtlichen Bestimmungen der RL

2.1. Allgemeines

Die KSchG-Novelle setzt nur einen Teil der Pauschalreiserichtlinie um.
Im Rahmen des Gewerberechtes, näherhin den Ausübungsvorschriften für das Reisebürogewerbe, wurden die Regelungen der Art 3 und 4 Abs 1 und 2 der RL über die detaillierten Informationspflichten der Reisenden umgesetzt. Entsprechend den jeweiligen Vorgaben der RL wurde durch Verordnung des Bundesministers für wirtschaftliche Angelegenheiten BGBl Nr 719/1993 spezifische Informationspflichten geordnet nach einzelnen Zeitpunkten vor Beginn der Reise festgesetzt und der Inhalt der über den Vertragsabschluß auszustellenden Reisebestätigung präzisiert. Die beiden genannten Rechtsvorschriften sind mit dem Inkrafttreten des EWR-Abkommens am 1. Jänner in Kraft getreten.

Grundlage der Verordnung BGBl Nr 599/1994 (die jetzt gültige Fassung ist BGBl Nr 401/1998; soweit es sich dabei um eine Umsetzung von Regelungen der Pauschalreiserichtlinie handelt, tritt jedoch keine Änderung der Rechtslage ein, abgesehen von Anpassungen an mittlerweile geänderte Gesetze) ist § 169 GewO. Demnach darf die Verordnung u.a. Bestimmungen über „umfassende Information der Reisenden, insbesondere durch detaillierte Werbeunterlagen“ (§ 169 Z 5 GewO) enthalten. Die Verordnungsermächtigung gilt nur für Gewerbetreibende nach § 1 GewO. Andere Personen dürfen aufgrund fehlender gesetzlicher Ermächtigung nicht in die Verordnung einbezogen werden.

---

[95] Vgl EB zur RV 809 BlgNR 18. GP 8 Nr 3 Abs 2

Art 7 der RL sieht vor, dass Reisebürokunden im Fall der Zahlungsunfähigkeit oder des Konkurses des Reisebürounternehmens die von ihnen bereits bezahlten Beträge rückerstattet bekommen und ihre Rückreise sichergestellt ist. Die RL enthält keinen Hinweis darauf, wie diese Bestimmung in den einzelnen Staaten umzusetzen ist.
In Österreich trägt diesen Anforderungen die Verordnung des Bundesministers für wirtschaftliche Angelegenheiten über die Umsetzung des Art 7 der Pauschalreiserichtlinie im österreichischen Recht (Reisebürosicherungsverordnung-RSV), BGBl II Nr 10/1998 in der Fassung der Verordnung BGBl II Nr 118/1998 Rechnung.

Beide Verordnungen sind am 1. April 1998 in Kraft getreten und haben die ursprüngliche Reisebürosicherungsverordnung, BGBl Nr 881/1994 idF der Verordnung BGBl Nr 170/1996 abgelöst. Sie wurde in BGBl 10/1998 iVm BGBl 118/1998 novelliert und schließlich in BGBl 316/1999 völlig neu geregelt.

2.2. Verordnung über Ausübungsvorschriften für Reisebüros (AusÜVRb)[96]

2.2.1. Geltungsbereich der Ausübungsverordnung

Die Verordnung in ihrer Form von BGBl 401/1998 regelt in ihrem IV. Abschnitt die „Informationspflichten." Den Geltungsbereich legt § 1 AusÜVRb dahingehend fest, dass die Bestimmungen der §§ 2 bis 8 der Verordnung auf Pauschalreisen im Sinne der Pauschalreiserichtlinie Anwendung finden. § 1 Abs 2 regelt den Begriff der Pauschalreise, gibt aber die Definition der RL nicht vollständig wieder, da der letzte Absatz von Art 2 Z 1 der RL fehlt.[97] Eine ähnliche Bestimmung findet sich auch in § 31 b Abs 2 Z 1 KSchG; allerdings ist aufgrund der Relativierung des Merkmales des Gesamtpreises dieser keine unmittelbare Voraussetzung für die Anwendbarkeit der Bestimmungen über den Reiseveranstaltungsvertrag. § 1 Abs 2 hält dagegen am Gesamtpreis fest.
Die AusÜVRb gilt nur für Betriebe, die der GewO unterliegen. Daneben gilt die RL nach Art 1 RL für alle Pauschalreisen, die in der Gemeinschaft zum Kauf angeboten werden. Prospekte von Schweizer Reiseveranstaltern, die in Österreich aufgelegt werden, müssen ebenfalls der RL entsprechen. Hier könnte es zu Schwierigkeiten kommen. Ins Auge fällt, dass in der AusÜVRb ein anderer Anwendungsbereich als im KSchG definiert wird. Im KSchG wurde im Rahmen der Erläuterung des Anwendungsbereiches auf

---

[96] §§ ohne Bezeichnung sind solche der Verordnung.
[97] Vgl S 21f.

die Notwendigkeit einer 24-stündigen Mindestdauer der Leistungen oder auf die Notwendigkeit einer Übernachtung verzichtet. In der AusÜVRb werden diese Merkmale sehr wohl angeführt. Zudem wird in der AusÜVRb in § 1 von einer „Pauschalreise“ gesprochen, während im § 31 b KSchG der Begriff „Reiseveranstaltung“ verwendet wird. Die Reiseveranstaltung ist der umfassendere Begriff.[98] Die detaillierten Informationspflichten kommen somit bei Tagesausflügen nicht zum Tragen. Zur Vereinfachung trägt diese Unterscheidung nicht bei.

2.2.2. Angaben im Prospekt

§ 2 AusÜVRb verpflichtet zur Einhaltung inhaltlicher Mindesterfordernisse hinsichtlich „entsprechend detaillierter Werbeunterlagen“. Die Werbeunterlagen haben deutlich lesbare, klare und genaue Angaben zu enthalten.[99] § 2 AusÜVRb übernimmt fast wortwörtlich Art 3 Abs 2 RL.[100] Wenn man sich nur des öfteren einige Kataloge zu Gemüte führt, wird man unschwer feststellen können, dass schon jetzt diesen Forderungen zum Großteil entsprochen wird und nur mehr kleine, leicht vorzunehmende Ergänzungen von Nöten sind. Aufgrund der Tatsache, dass immer mehr Reisen über Reisebörsen im Fernsehen angeboten werden, bestimmt § 2 Abs 2, dass obige Angaben auch dann an Kunden weitergegeben werden müssen, wenn für die Reisen mittels Bild- oder Tonträger geworben wird. Ansonsten kann bzgl der einzelnen Punkte in § 1 Abs 1 auf die Ausführungen zur RL - siehe oben – verwiesen werden.

---

[98] Vgl Bericht des JA 992 BlgNR 18. GP 2; Vgl auch S 30 dieser Arbeit

[99] Aufgezählt in § 2 sind:
1. Firmenwortlaut, Firmenanschrift und den Produktnamen, soweit dieser im Firmenwortlaut nicht bereits enthalten ist ;
2. die geltenden Geschäftsbedingungen nach Maßgabe des § 6;
3. den Reisepreis nach Maßgabe des § 9 Preisauszeichnungsgesetzes (BGBl 146/1992) (eine Neuerung gegenüber der alten Verordnung), die Höhe der zu leistenden Anzahlung...........;
4. folgende Merkmale der angebotenen Reise, soweit sie für diese von Bedeutung sind: a) Bestimmungsort, b) Transportmittel, c) Unterbringung, d) Mahlzeiten, e) Reiseroute, f) Pass- und Visumerfordernisse für Angehörige jenes/r Mitgliedstaates(en), in dem (in denen) die Reise in detaillierten Werbeunterlagen angeboten wird, sowie über gesundheitspolizeiliche Formalitäten, die für die Reise und den Aufenthalt erforderlich sind, g) eine für die Durchführung der Reise erforderliche Mindestteilnehmerzahl sowie die Angabe, bis zu welchem Zeitpunkt vor dem Reisebeginn dem Reisenden die Erklärung spätestens zugegangen sein muss, dass die Teilnehmerzahl nicht erreicht wurde und die Reise nicht durchgeführt wird.

[100] Vgl dazu: Graf, Die EU-Vorgaben auf dem Gebiet des Verbraucherschutzes in: Koppensteiner, Österreichisches und europäisches Wirtschaftsprivatrecht, Teil 8/I, 61f.

[101] Vgl dazu: Graf, Die EU-Vorgaben auf dem Gebiet des Verbraucherschutzes in: Koppensteiner, Österreichisches und europäisches Wirtschaftsprivatrecht, Teil 8/I, 63ff.

2.2.3. Information vor Vertragsabschluss[101]

Der Reisevermittler, der den Kundenkontakt hat, Buchungen entgegennimmt und Gespräche mit den Kunden führt, muss vor Abschluss des Vertrages mit seinen Kunden die im Folgenden angeführten Punkte einzeln besprechen, sofern sie nicht schon in den Werbeunterlagen enthalten sind. Auf eventuell anfallende Änderungen ist unter allen Umständen aufmerksam zu machen. In Art 4 sieht die RL eine direkte Information an den konkreten Verbraucher vor; es muss zumindest ein ausdrücklicher Verweis an den konkreten Kunden stattfinden. Die AusÜVRb fordert in diesem Punkt nichts Gleichartiges.[102] Wie bereits erwähnt, richtet sich § 3 an alle Gewerbetreibenden, die Buchungen entgegennehmen, in der Regel die Reisevermittler. Bei einer Direktbuchung beim Veranstalter, muss der Veranstalter selbst diese Informationen noch vor Abschluss des Vertrages aufliegen lassen, sowohl für telefonische, als auch schriftliche Buchungen.

2.2.4. Reisebestätigung

Der Reisende hat bei oder unverzüglich nach Vertragsabschluss das Recht, von dem die Buchung entgegennehmenden Reisebüro eine Reisebestätigung (Bestätigung über den Reisevertrag) übermittelt zu bekommen. Diese Bestätigung ist keine notwendige Form für das Zustandekommen des Reisevertrages. Es wird in § 4 Abs 1 vom abgeschlossenen Vertrag ausgegangen. Der Vertrag ist auch ohne Reisebestätigung gültig, sie kann ihn auch nicht nachträglich abändern, denn neue Vertragsinhalte bedürfen einer neuen Zustimmung durch den Kunden. Die Reisebestäti-

---

[101] Die einzelnen Erfordernisse nach § 3 AusÜVRb sind:

1. Pass- und Visumerfordernisse für Angehörige des Mitgliedstaates, in dem die Reise angeboten wird,
2. die ungefähren Fristen zur Erlangung der Dokumente,
3. die gesundheitspolizeilichen Formalitäten, die für die Reise und den Aufenthalt erforderlich sind,
4. den möglichen Abschluss einer Reiserücktrittskostenversicherung sowie einer Versicherung zur Deckung der Rückführungskosten bei Unfall oder Krankheit sowie
5. die geltenden Geschäftsbedingungen nach Maßgabe des § 6;

[103] Folgende Angaben müssen enthalten sein:
1. Bestimmungsort (endgültiger Urlaubsort) und, wenn die Reise mehrere Aufenthalte umfasst, die einzelnen Zeiträume und deren Termine; 2. Tag, geplante Zeit und Ort der Abreise sowie der Rückkehr; 3. Besuche, Ausflüge und sonstige im Reisepreis inbegriffene

gung hat die Angaben in § 4 Abs 2[103] zu enthalten, die Gewerbetreibenden (Reisevermittler) können jedoch auch auf den Katalog des Reiseveranstalters verweisen, wenn dieser den Anforderungen entspricht und dem Kunden zur Verfügung steht, wovon sich das Reisebüro zu überzeugen hat (§ 4 Abs 3). Aufgrund des abgeschlossenen Vertrages müssen die einzelnen Punkte konkret erfasst sein. Ein genereller Verweis reicht nicht aus, da jede Verweisung auf den Katalog genau angeben muss, auf welche Stelle im Katalog verwiesen wird.
Eine Ausnahme von der Notwendigkeit einer Reisebestätigung findet sich in § 4 Abs 4, vor allem, um kurzfristige Buchungen (weniger als sieben Tage) zu ermöglichen und nicht unnötig zu erschweren. Die Vorschriften sind dann nur zu beachten, wenn dies dem Reisebüro zumutbar ist und die Angaben nach dem Charakter der Reise für diese von Bedeutung sind, d.h. für eine konkrete Reise sinnlose Angaben sind entbehrlich. Dies gilt auch für die Obliegenheit nach § 31 e Abs 2 KSchG.

2.2.5. Information vor Beginn der Reise

Vor Beginn der Reise hat das Reisebüro, das die Buchung entgegennahm, dem Reisenden rechtzeitig noch einige Informationen mitzuteilen[104], die sich in § 5 Abs 1 Z 1 – 3 und Abs 2 finden. Alle diese Mitteilungen können jedoch gemäß § 5 Abs 3 entfallen, wenn sie bereits im Katalog enthalten sind, dieser dem Reisenden zur Verfügung gestellt wurde und zwischenzeitlich keine Änderung eingetreten ist. Allerdings muss ein Hinweis auf den Katalog erfolgen. Schließlich finden sich in der Verordnung in §§ 6 und 7 noch Vorschriften zur Anwendung von Geschäftsbedingungen und deren Aushändigung und Ersichtlichmachung und zu den Fach- und Fremdsprachenkenntnissen bestimmter Arbeitnehmer. Erwäh-

---

Leistungen; 4. Hinweise auf allfällige rechtlich zulässige Preisänderungen (§ 31 c Abs 1 KSchG idF des BGBl 247/1993) nach Vertragsschluss, 5. Sonderwünsche des Reisenden, die zum Vertragsinhalt geworden sind; 6. Firmenwortlaut (Produktname) und Anschrift des Reiseveranstalters und gegebenenfalls eines Versicherers; 7. Angaben im Sinne des § 31 e Abs 2 KSchG idF des BGBl 247/1993 sowie Hinweise auf die für die Geltendmachung von Gewährleistungsansprüchen von Reisenden einzuhaltende gesetzliche Frist.

[104] Es sind dies: 1. Abfahrts- und geplante Ankunftszeiten des Haupttransportmittels, Orte von Zwischenstationen und Anschlussverbindungen; 2. Wenn der Reisende bei der Beförderung einen bestimmten Platz einzunehmen hat, diesen Platz (was eine Flugreise betrifft, erfolgt die Platzzuteilung nach wie vor beim „check in" am Flughafen), 3. Firmenname, Anschrift und Telefonnummer der örtlichen Vertretung des Reiseveranstalters oder – wenn nicht vorhanden – der örtlichen Stellen, die dem Reisenden bei Schwierigkeiten Hilfe leisten können oder eine Notrufnummer oder sonstige Angaben, sodass er mit dem Veranstalter oder Vermittler Verbindung aufnehmen kann; Abs 2: Kontaktadresse im Zielgebiet bei Auslandsreisen Minderjähriger, um entweder mit dem Minderjährigen oder mit dem für diese Zeit Verantwortlichen eine Verbindung herzustellen.

nenswert, weil völlig neu eingeführt, ist die Vorschrift in § 6 Abs 1 der Verordnung. Die Reisebüros haben in ihren Werbeunterlagen darzulegen, ob sie die Allgemeinen Reisebedingungen zur Gänze, nur teilweise oder überhaupt nicht anerkennen.[105]
Mit dem Inkrafttreten dieser Verordnung trat die Verordnung 599/1994 außer Kraft.

2.3. Die Reisebürosicherungsverordnung (RSV)[106]

2.3.1. Allgemeines

Mit BGBl 10/1998 (idF BGBl 118/1998) kam es zur dritten Version einer Regelung zur Absicherung der Reisekunden im Falle eines Konkurses des Reiseveranstalters, die mit BGBl 316/1999 nochmals erneuert wurde. Beide Novellen wurden mit Einvernehmen der BM für Frauenangelegenheiten und Verbraucherschutz ausverhandelt und aufgrund von § 169 GewO vom Wirtschaftsminister erlassen. Seit ihrem Inkrafttreten im Jahr 1994[107] hat sie schon bei mehreren Konkursen eine Anwendung gefunden[108], allerdings zeigten sich auch Schwächen, sodass sogar gegen die Republik Österreich eine Staatshaftungsklage von geschädigten Konsumenten/innen geführt wurde.[109] Art 7 der RL fordert eine Absicherung des Reisenden, dem nun mit dieser Novellierung entsprochen werden soll.

2.3.2. Anwendungsbereich

Während § 1 dieser RSV den Geltungsbereich definiert[110], gibt § 2 einige Begriffsbestimmungen wider, die zum Teil bereits in der RL vorgegeben waren oder aber im KSchG Eingang gefunden haben.

---

105 Die Allgemeinen Reisebedingungen werden vom Fachverband der Reisebüros im Einvernehmen mit dem Reisebüro-Ausschuss des Konsumentenpolitischen Beirates beim Bundeskanzleramt aufgestellt.
106 Vgl dazu auch Graf, Die EU-Vorgaben auf dem Gebiet des Verbraucherschutzes in: Koppensteiner, Österreichisches und europäisches Wirtschaftsprivatrecht, Teil 8/I, 74f, allerdings dabei eine ältere Version des RSV.
107 BGBl 881/1994
108 Vgl Dorner: Die Effizienz des Reisesicherungssystems im Lichte der bisherigen Entwicklungen, in: Konsumentenpolitisches Jahrbuch 1994 - 1995, Verbraucherrecht – Verbraucherpolitik Band 15 (Wien 1996).
109 Siehe dazu später.
110 Hier vor allem wichtig erscheint mir § 1 Abs 3, der die Fälle der anzunehmenden Insolvenz des Veranstalters regelt: 1. bei Eröffnung eines Konkursverfahrens oder Ablehnung eines solchen mangels Vermögen, 2. bei Eröffnung eines Ausgleichsverfahrens, 3. bei Zwangsvollstreckung, die nicht zur Befriedigung geführt hat, und 4. bei Eintritt von Ereignissen, die eine Betreibung als aussichtslos erscheinen lassen.

Pauschalreiseveranstalter im Sinne der Verordnung ist der Gewerbetreibende, der Pauschalreisen erstellt oder diese direkt oder über einen Vermittler anbietet (§ 2 Z 2). Es fehlt gegenüber der RL allerdings die Einschränkung, dass nur der Veranstalter, der „nicht nur gelegentlich Reiseleistungen anbietet" erfasst sein soll, da man davon ausgeht, dass ohnehin § 1 GewO, der von einer „regelmäßigen Gewerbsausübung" spricht, dieser Anforderung Genüge leistet.

Art 7 RL verpflichtet sowohl Veranstalter als auch Vermittler, die Konkursabsicherung für seine Kunden nachzuweisen. § 3 RSV allerdings trägt nur dem Reiseveranstalter auf, die Konkursabsicherung vorzunehmen, den Vermittler treffen nur Informationspflichten. Der Verordnungsgeber geht davon aus, dass der Reisende durch einen Konkurs des Vermittlers nicht berührt wird, da Gelder, die für eine Reise an einen, in Konkurs gehenden Vermittler bezahlt wurden, dem Veranstalter schon zugegangen sind, auch wenn dies der Vermittler noch nicht getan hat. Für den Veranstalter ist eine ordnungsgemäße Konkursabsicherung ausdrückliche Ausübungsvoraussetzung gemäß § 166 Abs 3 GewO idF Novelle 1997[111].

§ 1 Abs 2 RSV sieht vor, dass die Verordnung auf Veranstalter mit Standort in Österreich anzuwenden ist. Zusätzlich hat der Vermittler bei ausländischen Veranstaltern seine Buchenden über einige Punkte[112] in Kenntnis zu setzen, diese Informationspflicht hat schriftlich zu ergehen (§ 7 Abs 5 RSV). Problematisch erscheint, dass § 1 Abs 2 so gewählt wurde, dass die Verpflichtung zur Absicherung (§ 3) für ausländische Pauschalreiseveranstalter nicht gilt und damit auch keine Verfolgungsmöglichkeiten offen stehen.[113] Durch die Gewerberechtsnovelle 1997[114] wurde die Kompetenzgrundlage zur Schaffung eines Veranstaltungsregisters geschaffen (§ 169). Auch ist nun eine Eintragung in obiges nach Nachweis der Insolvenzabsicherung eine Voraussetzung, um als Veranstalter tätig sein zu können. Zusätzlich erfolgt eine Eintragung im zentralen Gewerberegister, womit man sofort erkennen kann, ob ein Reisebüro als Veranstalter tätig werden darf oder nicht.[115]

---

[111] BGBl 63/1997.

[112] In Kenntnis setzen über: 1. den Sitzstaat des Veranstalters, 2. das Bestehen eines Sicherheitssystems und die Zugehörigkeit des Veranstalters zu diesem Sicherheitssystem, 3. das Nichtbestehen eines Sicherheitssystems.

[113] Gemeint sind vor allem verwaltungsstrafrechtliche Verfolgungen oder Unterlassungsklagen nach dem UWG bei nicht seriösen Angeboten.

[114] Vgl Fußnote 98.

[115] Vgl Graziani-Weiss, Reiserecht in Österreich, 156ff.

2.3.3. Was ist abzusichern

Art 7 RL schreibt vor, dass „die Erstattung gezahlter Beträge und die Rückreise des Verbrauchers“ sicherzustellen sind. Nicht erstattet werden in diesem Zusammenhang Zahlungen für die Leistungen des Vermittlers. Bei einer Entscheidung über das Vorgehen im Insolvenzfall ist von den Reisenden die Schadensminderungspflicht zu beachten. Dies zeigt sich in § 3 Abs 1 Z 1 b RSV, der vom Ersatz der „notwendigen“ Aufwendungen für die Rückreise spricht. Allerdings hat die Schadensminderungspflicht noch zu keinen Problemen geführt.

2.3.4. Mindesthöhe der Versicherungssumme/der Bankgarantie

Die Verordnung schreibt die Abdeckung des gesamten durch Art 7 RL definierten Risikos für Reisende bei Insolvenz des Veranstalters vor (§ 3 Abs 1). Da die Höhe schwer zu bestimmen war, wurden Mindestabsicherungssätze vorgeschrieben, die auf Schätzungen der Branche beruhten.

Die RSV in ihrer ersten Form (BGBl 881/1994) sah eine Mindestversicherungssumme von 5 % des Umsatzes aus der Veranstaltertätigkeit im entsprechenden Quartal des letzten Kalenderjahres bzw. 10 % bei Entgegennahme von Anzahlungen von mehr als 10 % des Reisepreises oder Entgegennahme von Restzahlungen früher als zehn Tage vor Reiseantritt. In der Folge stellte sich jedoch heraus, dass diese Mindestsätze für eine Absicherung gemäß Art 7 RL nicht wirklich tauglich sind. Zusätzlich müssen sich Reiseveranstalter an einem gemeinsamen Versicherungsfonds von 50 Mio ATS beteiligen, durch den Ansprüche abgedeckt werden, die über die individueller Versicherung oder Bankgarantie hinausgehen. Wenn ein Veranstalter diesem Fonds nicht beitritt, muss die Höhe seiner eigenen Versicherung oder Garantie mindestens 8-12 % des Jahresumsatzes entsprechen.[116]

Exkurs: der Fall Rechberger u.a./Republik Österreich[117]

Am 15.6.1999 erging ein Urteil des EuGH in Sachen Pauschalreisen (EuGH, Rs C-140/97), W. Rechberger u.a. gegen die Republik Österreich. Abonnenten der „Kronen Zeitung“ erhielten im November 1994 ein Schreiben dieser Verlagsgesellschaft, wobei ihnen als Dank für ihre Treue im Wege des Reiseveranstalters „Arena-Club-Reisen“ Flugreisen – mit ge-

---

[116] Bericht der Kommission über die Durchführung der Pauschalreiserichtlinie 90/314/EWG, 38f.

[117] Vgl Beschluss des Landesgerichts Linz vom 26.3.1997 und das Urteil des EuGH: 15.6.1999.

wissen Gebühren – geschenkt wurden. Dieses Angebot enthielt auch noch weitere Regelungen. Da es jedoch einen weitaus größeren Anklang fand, als der Reiseveranstalter erwartet hatte, geriet er in finanzielle Schwierigkeiten und stellte einen Antrag auf Konkurseröffnung.

Die Buchungen der Reisen fanden zwischen 19.11.1994 und 12.4.1995 statt. Personen, die noch 1994 buchten, erhielten keine Sicherheit, da die RSV nur für nach dem 1.1.1995 gebuchte Reisen gilt. Abonnenten, die nach dem 1.1.1995 buchten und die Reise nach dem 1.5.1995 antreten hätten sollen, waren grundsätzlich zwar abgesichert, jedoch reichte die vom Veranstalter erbrachte Bankgarantie nur für eine Deckungsquote von knapp über 25% des erbrachten Betrages.[118]

In der Folge wurde die Haftung der Republik Österreich wegen verspäteter bzw. unvollständiger Umsetzung des Art 7 RL gerichtlich geltend gemacht. Die Fragen des LG Linz betraf neben der Frage der einschlägigen Richtlinienbestimmung auch die Voraussetzungen der Haftung des Staates für Schäden, die dem Einzelnen durch Verstöße gegen Gemeinschaftsrecht entstanden sind.

Einleitend stellte der EuGH[119] mit Verweis auf das Urteil Dillenkofer[120] fest, dass Art 7 RL bezwecke, dem einzelnen Recht zu verleihen, deren Inhalt mit hinreichender Genauigkeit bestimmt werden kann. Auf die Frage, ob Art 7 RL auch für das Anlassverfahren Anwendung findet, erinnert der EuGH an die Definition der Pauschalreise in Art 2 RL und meint, dass der einschlägige Art auch dann Anwendung finde, wenn die Gegenleistung des Käufers nicht zur Abdeckung des Gesamtwertes der Reise oder nur zur Abdeckung eines einzigen Reisebestandteil bestimmt sei.

Er führt aus, dass ein Mitgliedstaat innerhalb der vorgeschriebenen Frist alle zur Richtlinienumsetzung erforderlichen Maßnahmen zu treffen hat, im gegebenen Fall für Pauschalreisende ab dem 1.1.1995 die Erstattung gezahlter Beiträge und die Rückreise im Fall der Zahlungsunfähigkeit oder des Konkurses des Veranstalters sicherzustellen. Eine Bestimmung, nach der nur Reisende geschützt sind, deren Abreisetermin ab dem 1.1.1995 festgelegt wurde, ist daher richtlinienwidrig[121] und stellt laut EuGH einen hinreichend qualifizierten Verstoß gegen Gemeinschaftsrecht dar. Den Staaten steht nämlich kein Entscheidungsspielraum zu, was den Beginn

---

[118] EuGH-Urteil, Rz 16

[119] EuGH, Rs C-140/97.

[120] EuGH, Rs C-178/94, C-179/94, C-188/94, C-189/94, C-190/94, Slg 1996, I-4845, EuGH-Urteil, Rz 21.

[121] EuGH-Urteil, Rz 45 und Rz 51.

der Anwendung des Art 7 betrifft. Schließlich erklärt der EuGH, dass eine nationale Regelung die Verpflichtungen aus Art 7 RL nur dann ordnungsgemäß umsetzt, wenn sie unabhängig von ihren Modalitäten bewirkt, dass die Erstattung aller vom Verbraucher gezahlten Beträge und seine Rückreise im Fall der Zahlungsunfähigkeit oder des Konkurses des Reiseveranstalters für den Verbraucher sichergestellt ist.[122]

Zur Frage des unmittelbaren Kausalzusammenhanges zwischen der fehlenden oder unzureichenden Umsetzung und dem vom Verbraucher erlittenen Schaden ist festzuhalten, dass die Haftung eines Staates wegen Verstoßes gegen Art 7 RL nicht wegen fahrlässigem Verhalten oder Eintrittes außergewöhnlicher oder unvorhersehbarer Ereignisse ausgeschlossen werden kann.[123] Im Übrigen stellt auch der Generalanwalt fest, dass die nicht fristgerechte Umsetzung lediglich des Art 7 RL für sich allein einen qualifizierten Verstoß gegen das Gemeinschaftsrecht darstellt, der einen Entschädigungsanspruch eines Einzelnen begründen kann.

Mit diesem Urteil hat der EuGH seiner „Staatshaftungs – Rechtsprechung"[124] eine weitere Verdeutlichung hinzugefügt[125] und er präzisiert neuerlich den „hinreichend qualifizierten Verstoß" und die Umstände eines „Nichtvorliegens" mitgliedstaatlichen Ermessens.
Auch vorhergehende und nachfolgende Konkurse österreichischer Veranstalter, insbesondere von Karthago Reisen (man erinnert sich bestimmt noch an die Fernsehbilder in der ZIB 1 vom 24.9.1995, als griechische Hotelbesitzer mit den Reisenden um deren Gepäck kämpften) im September 1995 und dem Reiseveranstalter Itas im Herbst 1996 (in diesem Fall wurden die Reiseverträge vom Reiseveranstalter TUI übernommen, sodass den Kunden in der Regel kein Schaden entstand) bestätigten, dass das Absicherungserfordernis jedenfalls neu zu überdenken war, auch wenn in diesen Fällen die Forderungen der Konsumenten/innen auch letztendlich beglichen wurden.

Im Urteil C-364/96 (dabei handelt es sich um den Konkurs des Reiseveranstalters Karthago Reisen), stellte der EuGH fest, dass Art 7 RL dahin auszulegen ist, dass ein Sachverhalt, bei dem ein Pauschalreisender, der

---

[122] EuGH-Urteil, Rz 64.
[123] EuGH-Urteil, Rz 77.
[124] Vgl u.a. auch Bußjäger, Zur kompetenzrechtlichen Umsetzung der „Staatshaftung in Österreich, ecolex 1997, 544 ff; Klagian, Die Staatshaftung nach Gemeinschaftsrecht, ZfRV 1997, 6ff; Novacek, Schadenersatz wegen Nichtumsetzung von EG-Recht, RdW 1997, 270 ff.
[125] Interessant zu bemerken ist, dass zwischen den Schlussanträgen des Generalanwalts am 25.6.98 und dem Urteil ein Jahr vergangen ist.

seine Unterbringungskosten vor der Reise an den Veranstalter gezahlt hat, aufgrund von dessen Zahlungsunfähigkeit gezwungen ist, diese Kosten noch einmal gegenüber dem Hotelier zu begleichen, weil er andernfalls nicht das Hotel verlassen könne, um seinen Rückflug anzutreten, unter dem Gesichtspunkt der Erstattung der gezahlten Beträge in den Geltungsbereich diese Artikels fällt.[126]

So entschloss sich der Wirtschaftsminister mit Reaktion auf die Probleme eine Novellierung der RSV vorzunehmen. In BGBl 170/1996 kam es zu einer Regelung für neu am Markt auftretende und daher schwer einschätzbare Reiseveranstalter. Zudem wurden die Mindestsummen für die zu treffende Absicherung erhöht. Bei der in BGBl 10/1998 erlassenen Neuregelung wurde berücksichtigt, dass sich der Schaden für die Kunden bei einer Insolvenz des Reiseveranstalters aus drei Faktoren zusammensetzt[127]:

Zum einen die Kosten für die Rückholung der am Urlaubsort vom Konkurs überraschten Urlauber, zum zweiten die Anzahlungen der Kunden, die bereits eine Reise gebucht, aber noch nicht angetreten haben, zurückzuerstatten, und schließlich ist der Kundengruppe, die in den letzten zwei Wochen vor Abreise die Reisedokumente erhält und dabei den ganzen Preis hinterlegt, dieser wieder zurückzuerstatten. Auch wurden die Mindestabsicherungssätze weiter angehoben. Da diese Mindestbeträge von vielen Kleinveranstaltern als existenzbedrohend empfunden wurden, kam ihnen der Gesetzgeber mit einer kurzfristigen Novelle BGBl 118/1998 entgegen.[128] Weitere Verbesserungen gelangen durch die nun aktuelle RSV mit BGBl 316/1999, die, so scheint es, alle notwendigen Regelungen für eine Insolvenzabsicherung beinhaltet, sodass zukünftige Klagen nicht mehr vorkommen dürfen.

2.3.5. Meldepflichten und Information an die Reisekunden/innen

Zur Erleichterung der Kontrolle einer ordnungsgemäßen Absicherung wurde ein dichtes Netz von Meldepflichten einerseits der Reiseveranstalter (§ 9 Abs 4 bis 9), andererseits aber auch des die Konkursabsicherung durchführenden Unternehmens (§ 5; Bank oder Versicherung) vorgeschrieben. Die Informationspflichten werden in § 7 RSV geregelt, wobei in Abs 1 die im Prospekt sichtbar aufzunehmenden Angaben angeführt sind. Als Stelle, an die sich der Reisende im Ernstfall wenden kann, wurde ein

---

[126] Huff, RRa 1998, 131.
[127] Vgl auch Graziani-Weiss, Reiserecht in Österreich, 145ff.
[128] Vgl Zeitschrift Konsumentenschutz, 4. Jahrgang, Nr 1/98, 4f.

Abwickler definiert, der im Prospekt vermerkt sein und für den Reisenden erreichbar sein muss. Zusätzlich sind Ansprüche innerhalb von acht Wochen ab Zahlungsunfähigkeit des Veranstalters beim Abwickler anzumelden.

Wichtig erscheint noch § 9 Abs 11 RSV dahingehend, dass das BMfW Auskünfte aus dem Veranstalterverzeichnis auf Verlangen jedermann zu erteilen hat. Auch die bereits erwähnte Möglichkeit zur Einsichtnahme ins Gewerberegister zählt zu einer wichtigen Verbesserung.

2.3.6. Ausblick

Die Geschichte der österreichischen RSV zeigt, dass sich der EuGH durchaus als Verbündeter der Konsumenten erwiesen hat. Zu hoffen ist, dass nach den zahlreichen Konkursen, die in den letzten Jahren in Gang gesetzt wurden, die Kontrolle der Absicherung als oberstes Gut im Pauschalreiserecht effizient durchgeführt wird. Die Verantwortung dafür liegt klar beim zuständigen Fachminister, im vorliegenden Fall bei Wirtschaftsminister Dr. Hannes Farnleitner (ab 4. Februar Dr. Martin Bartenstein). Natürlich bleibt zu hoffen, dass es im Laufe der Zeit aufgrund der gesammelten Erfahrungen leichter möglich sein wird, den teils noch etwas undurchsichtig wirkenden Paragraphenwald zu vereinfachen oder für Reiseveranstalter das Sicherungssystem zu verbilligen.[129]

Für mich von großem Interesse ist die Frage, ob sich in Zukunft wirklich alle Reisebüros in das Veranstaltungsregister eintragen lassen, um sich somit ausdrücklich als Pauschalreiseveranstalter deklarieren zu können.
Für den Konsumenten und für dessen Schutz bringen die genannten Neuregelungen jedenfalls mehr Transparenz hinsichtlich der Frage, ob ein Veranstalter, bei dem gebucht wurde, auch tatsächlich im Sinn des Art 7 RL abgesichert ist.

[129] Zur vernünftigen Umsetzung der RL ins österreichische Recht, siehe beim Vergleich der einzelnen Mitgliedstaaten.

V. Die deutsche Rechtslage

1. Allgemeines

Auch Deutschland hatte die RL umzusetzen, allerdings bis spätestens 31.12.1992. Dies deshalb, weil Deutschland zum damaligen Zeitpunkt einer der zwölf Mitgliedstaaten in der EG war. Zeitlich gesehen verfehlte der deutsche Gesetzgeber die Umsetzungsfrist um 1 ½ bis 2 Jahre. Zuviel, da es im Jahr 1993 zu Zusammenbrüchen von Reiseveranstaltern kam und die Frage auftauchte, ob die Bundesrepublik Deutschland den Geschädigten[130] aus gemeinschaftlichen Gründen entsprechend den Grundsätzen des Francovich - Urteils des EuGH haftet.[131]
Um das Ziel eines harmonisierenden Verbraucherschutzes bei Pauschalreisen zu erreichen und den Bestimmungen der RL zu entsprechen, wurden die bereits vorhandenen Vorschriften der §§ 651 a bis l BGB geändert, ein neuer § 651 k BGB eingefügt, eine „Verordnung über Informationspflichten von Reiseveranstaltern" (InfVO) durch eine Verordnungsermächtigung (§ 651 a IV BGB) ermöglicht und eine Änderung der Gewerbeordnung (§ 147 b GewO) vorgenommen. Es wurden jedoch nur diese Bereiche neu geregelt, die den Anforderungen der RL nicht genügten. Da die RL nach Art 8 nur einen Mindeststandard vorgibt, konnte der Gesetzgeber strengere deutsche Vorschriften zum Schutze der Reisenden beibehalten. Den umfangreichen Pflichtenkatalog nahm der Gesetzgeber in die InfVO auf, da die detaillierten Vorschriften der RL im Widerspruch zur geringen Regelungsdichte der sonstigen Vertragstypen des BGB stehen.
Es erscheint mir zweckmäßiger zu sein, nicht jeden einzelnen Paragraphen im deutschen BGB genau unter die Lupe zu nehmen, sondern zu überprüfen, wie die wichtigen Regelungen der RL ins deutsche Gesetz Eingang gefunden haben.

2. Der Anwendungsbereich

Da die Novelle einerseits keine Änderungen des früher aktuellen Reiserechts vornehmen wollte, die nicht durch die RL veranlasst wurden, andererseits auch der hohe Schutzstandard des deutschen Reiserechts bei der Umsetzung einer Verbraucherschutzrichtlinie nicht angetastet werden darf[132], bleibt der Anwendungsbereich in § 651 a Abs 1 unangetastet.

---

[130] Siehe später: Dillenkofer Urteil.
[131] BGBl I 1322.
[132] Vgl Führich, EuZW 1993, 347.

Folglich sind die Begriffe Reise und Reiseveranstalter ohne klare Abgrenzungsmerkmale, obwohl Art 2 der RL den Begriff der Reise genau regelt. Unter einer Reise im Sinne von § 651 a BGB versteht man also eine Gesamtheit von Reiseleistungen wie Beförderung und Unterkunft[133]. Während Art 2 der RL den Gelegenheitsveranstalter völlig aus dem Anwendungsbereich ausklammert, unterliegen nach § 651 a Abs 1 BGB auch Verlage, Banken, Schulen, Vereine, Kirchen und Jugendverbände den zwingenden Vorschriften der §§ 651 a ff BGB. Auf eine Gewerblichkeit kommt es nicht an. Nur für die Insolvenzabsicherung (§ 651 k Abs 5 BGB) und für die Informationspflichten (§ 5 InfVO) werden Bereichsausnahmen vorgenommen.

3. Notwendige Reiseangaben und Informationspflichten

Die RL fordert von den Staaten, dass sie die Veranstalter verpflichten, detaillierte Reiseangaben zu machen. In dieser Deutlichkeit blieb das bisherige deutsche Recht hinter den Anforderungen der RL zurück. Es war richtig, diesen umfangreichen Pflichtenkatalog in eine umfangreiche Verordnung über Informationspflichten aufzunehmen. Inhaltlich unterscheidet die neue Verordnung die Gestaltung des Prospektes, vorvertragliche Informationspflichten vor der Buchung, die Gestaltung und den Inhalt des Reisevertrages und Informationspflichten vor Reisebeginn.[134] Die InfVO ist so gestaltet, dass der Veranstalter hinsichtlich aller Pflichtangaben auf bereits früher gegebene Informationen verweisen kann, wenn sich die Tatsachen zwischenzeitlich nicht geändert haben.[135]

3.1. Prospektangaben

Art 3 RL verbietet irreführende Angaben in Beschreibungen von Pauschalreisen, im Preis und in den Vertragsbedingungen. Stellt der Reiseveranstalter über seine Reisen einen Prospekt zur Verfügung, muss dieser deutlich lesbare, klare und genaue Angaben über den Reisepreis, die Höhe der zu leistenden Anzahlung sowie die Fälligkeit des Restbetrages enthalten (§ 1 Abs 1 InfVO). Soweit für die Reise von Bedeutung, muss der Veranstalter über weitere reisebezogene Merkmale unterrichten. Nach § 1 Abs 2 und 3 InfVO sind die im Prospekt enthaltenen Angaben für den Reiseveranstalter bindend, er kann jedoch vor Vertragsschluss eine Änderung erklären, soweit er dies im Prospekt vorbehalten hat. Ein allgemeiner

---

[133] Vgl Führich, Reiserecht 1995, Rdn 90 ff.
[134] Vgl Münchener Kommentar[3], Band 4, 1465 ff.
[135] Führich, EuZW 1993, 348.

Leistungsänderungsvorbehalt in den AGB oder im Katalog: „Änderungen vorbehalten“ reicht hierzu nicht aus.[136]

3.2. Unterrichtung vor Vertragsabschluss

Vor der Abgabe des Vertragsangebots vom Reisenden, muss der Reiseveranstalter oder sein ihn vermittelndes Reisebüro den Kunden über einige in § 2 InfVO aufgezählte Punkte unterrichten.[137] Eine Belehrung ist wiederum nicht erforderlich, wenn dem Reisenden ein Prospekt des Veranstalters bei der Buchung zur Verfügung stand und inzwischen keine Änderungen dieser Formalitäten eingetreten sind.[138]

3.3. Reisebestätigung und allgemeine Reisebedingungen

Die RL sieht bezüglich des Vertragsinhalts eine zweistufige Information des Verbrauchers vor. Es sind zum einen dem Reisenden alle Bedingungen vor Vertragsschluss zu übermitteln, zum anderen hat der Vertrag den Mindestinhalt des Anhanges der RL aufzuweisen. In der InfVO kommt es aus dem Grund zur Umsetzung der doppelten Informationspflicht, da der Veranstalter verpflichtet ist, dem Reisenden bei oder sofort nach Vertragsschluss eine Urkunde über den Vertrag auszuhändigen (Reisebestätigung). Es ist somit kein schriftlicher Vertrag erforderlich; trotzdem erhält der Reisende die Informationen durch die Urkunde der Reisebestätigung.[139]

§ 3 InfVO schreibt neben einer großen Anzahl von auf den Vertragsinhalt bezogenen Angaben auch sehr viele personenbezogene Angaben vor (siehe Anhang in § 3 InfVO). Diese umfangreichen Angaben in der Reisebestätigung entfallen, wenn diese schon in einem Prospekt des Reiseveranstalters einschließlich der dortigen „Allgemeinen Reisebedingungen“ enthalten sind und in der Reisebestätigung hierauf verwiesen wird. In jedem Fall hat die Reisebestätigung den Reisepreis und die Zahlungsmodalitäten anzugeben (§ 3 Abs 4 InfVO). Bei Zugrundelage von AGBs müssen diese nach § 3 Abs 3 InfVO dem Reisenden vor Vertragsschluss übermit-

---

[136] Vgl Münchener Kommentar[3], Band 4, 1466f; Führich, Reiserecht, 421 ff.

[137] Es sind dies Pass- und Visumerfordernisse, insbesondere über die Fristen zur Erlangung dieser Dokumente, sowie über gesundheitspolizeiliche Formalitäten. Es werden wohl nur die regelmäßig einzuhaltenden Fristen gemeint sein. Deutschland verzichtet auf eine Informationspflicht gegenüber erkennbaren Ausländern und beschränkt die Unterrichtungspflicht entsprechend der Vorgabe der RL in Art 4 Abs 1 lit a auf deutsche Staatsbürger.

[138] Vgl Führich, Reiserecht, 432 ff.

[139] Führich, EuZW 1993, 348f.

telt worden sein. § 3 Abs 1 – Abs 4 gelten gemäß Abs 5 dann nicht, wenn die Buchung weniger als sieben Werktage vor Reisebeginn abgegeben wird, allerdings ist der Reisende spätestens bei seiner Abreise über seine Obliegenheiten zu unterrichten, wenn Mängel auftreten und welche Fristen zu beachten sind.[140]

3.4. Unterrichtung vor Beginn der Reise und Gelegenheitsveranstalter

Rechtzeitig vor Beginn der Reise hat der Reiseveranstalter den Reisenden über gewisse, in § 4 InfVO aufgezählte Punkte, zu unterrichten.[141] Wiederum nicht erforderlich sind diese Angaben, wenn der Reisende in einem zur Verfügung gestellten Prospekt oder in der Reisebestätigung informiert worden ist und inzwischen keine Änderungen eingetreten sind (§ 4 Abs 2 InfVO).

Nicht gilt die VO für Veranstalter, die nur gelegentlich tätig werden (§ 5 InfVO). Da, wie bereits oben erwähnt, auch Art 2 Abs 2 RL diese aus dem Anwendungsbereich herausnimmt, ist diese Annahme richtlinienkonform.[142]

4. Nachträgliche Änderungen des Reisevertrages

Bei Pauschalreisen werden Buchungen lange vor dem Reiseantritt vorgenommen, sodass es im Interesse beider Seiten ist, nachträgliche Vertragsänderungen durch Preis- oder Leistungsänderungen oder durch die Teilnahme einer Ersatzperson zu ermöglichen.

4.1. Preiserhöhung

§ 651 a Abs 3 BGB orientiert sich eng an Art 4 Abs 4 RL. Preiserhöhungen nach Aushändigung der Reisebestätigung sind grundsätzlich unzulässig. Will der Veranstalter den Reisepreis nachträglich ändern, muss er die

---

[140] Münchener Kommentar[3], Band 4, 1477 ff; Führich, Reiserecht 1995, 435 ff.

[141] Es sind dies: Abfahrts- und Ankunftszeiten, Orte von Zwischenstationen und die dort zu erreichenden Anschlussverbindungen, einen einzunehmenden Platz bei der Beförderung (nur wenn dies von Bedeutung ist), über Name, Anschrift und Telefonnummer des örtlichen Vertreters des Reiseveranstalters oder einer sonstigen Stelle, die ihm bei Schwierigkeiten Hilfe leisten kann sowie bei Auslandsreisen Minderjähriger, wie eine bei der Buchung angegebene Person eine unmittelbare Verbindung zu dem Kind oder dem an dessen Aufenthaltsort Verantwortlichen herstellen kann (§ 4 Abs 1 InfVO).

[142] Vgl Führich, Reiserecht 1995, 445 ff.

vier dort genannten Punkte beachten.[143] Satz 2 des oben genannten Paragraphen stellt klar, dass Erhöhungsklauseln sich nicht auf Reiseverträge beziehen dürfen, die innerhalb von vier Monaten vor Reisebeginn abgeschlossen wurden. Der Gesetzgeber hat es damit, wie schon vor Umsetzung der RL, bei einem generellen Preiserhöhungsverbot bei kurzfristigen Buchungen bis zu einer Vier-Monats-Grenze belassen.

Weder die RL noch andere EU-Mitgliedsstaaten kennen eine derartige Grenze. Allerdings wäre es nicht richtlinienkonform, die Umsetzung zum Anlass zu nehmen, um den bisherigen als Faktor der Preisstabilität und Preiswahrheit bewährten Verbraucherschutz zu reduzieren.[144]

4.2. Leistungsänderung

Art 4 Abs 4 RL gibt vor, dass der Veranstalter nur bei Nichterreichen einer Mindestteilnehmerzahl oder bei Vorliegen höherer Gewalt die Reise absagen darf. Diese Rücktrittsrechte kommen in § 651 a Abs 4 S 1 nicht klar zum Ausdruck, wenn nur gesagt wird, dass der Veranstalter nicht nur eine Änderung des Reisepreises nach Abs 3, sondern auch eine zulässige Änderung einer wesentlichen Reiseleistung oder eine zulässige Absage der Reise dem Reisenden unverzüglich nach Kenntnis von dem Änderungs- oder Absagegrund zu erklären hat.[145] Es müsste berücksichtigt werden, dass nur solche Änderungen zulässig sind, die nach Vertragsabschluss notwendig werden, nicht erheblich sind und nicht vom Veranstalter herbeigeführt wurden.

4.3. Rechte des Reisenden und Eintritt eines Ersatzreisenden

Wie Art 4 Abs 5 und 6 RL, regelt auch § 651 a Abs 4 S 2 und 3, dass sowohl bei einer Preiserhöhung um mehr als 5 % des Reisepreises als auch bei einer erheblichen Änderung der Reiseleistung der Reisende zurücktreten kann, oder aber, gleich einer Absage des Veranstalters, die Teilnahme an einer zumindest gleichwertigen Reise verlangen kann, sofern der Veranstalter die Möglichkeit sieht, eine gleichwertige Reise aus seinem Sortiment auszuwählen. Es wurde aber nicht festgehalten, dass der Reisende sich selbst eine Reise aussuchen kann, da dies dem Veranstalter als nicht zumutbar erscheint. Wichtig ist auch die sofortige Mitteilung dieser Rechte

---

[143] Die alleine zulässigen Erhöhungsfaktoren, Beförderungskosten, Abgaben oder Wechselkurse; einen Berechnungsmodus für die Erhöhung im Vertrag; das Verstreichen von vier Monaten nach Vertragsschluss; sowie das Erhöhungsverlangen bis 21 Tage vor der Abreise.

[144] Vgl Führich, Reiserecht 1995, 135 ff; Führich, EuZW 1993, 349.

[145] Siehe Münchener Kommentar[3], 1548.

nach der Änderungsmitteilung des Veranstalters. Dieses neue Rücktrittsrecht bzw. Recht auf eine Ersatzreise verdrängt nicht das Recht auf Kündigung wegen Reisemangels (§ 651 e BGB); auch unberührt bleiben eventuell eingreifende Gewährleistungsansprüche wie Minderung (§ 651 d BGB) oder Schadenersatz (§ 651 f BGB).[146]

Die Novellierung des § 651 b BGB ermöglicht auch einen Vertragseintritt eines Ersatzreisenden und schafft in Abs 2 eine gesamtschuldnerische Haftung des Dritten und des Reisenden für den Reisepreis und die durch Eintritt des Dritten entstehenden Mehrkosten. Vor der Anpassung an die RL sah das deutsche Reiserecht den Reisenden als alleinigen Kostenschuldner an, dies wurde zurecht geändert, denn es erscheint ungerecht, den Ersatzreisenden mit Kosten zu belegen, ihm aber nicht alle aus dem Reisevertrag entstehenden Rechte zu gewähren.[147]

Daher reicht es aus, wenn der Veranstalter die Informationen gegenüber dem Reisenden ausspricht. Nicht notwendig ist eine Informationserteilung auch gegenüber dem Ersatzreisenden.

5. Haftung für Reisemängel (Gewährleistungshaftung)

Bei der Haftung galt es im Rahmen der Umsetzung einen Kompromiss zu finden zwischen der verschuldensabhängigen Gewährleistungshaftung der meisten Mitgliedstaaten der EU und der verschuldensunabhängigen Gewährleistung in Deutschland und Dänemark. Daher enthält Art 5 RL nur eine allgemeine Vorschrift.[148] Der deutsche Gesetzgeber hat – wie in der Begründung des Referentenentwurfes deutlich betont wird[149] – nicht die Absicht, den in §§ 651 c bis f BGB enthaltenen detaillierten Katalog von Gewährleistungsansprüchen zu verändern. Es sollen keine Änderungen vorgenommen werden, die nicht durch die RL veranlasst seien.[150] Das Umsetzungsgesetz bringt daher nur Einzelkorrekturen in §§ 651 f, h und j BGB, behält aber das System der Gewährleistungshaftung bei.

---

[146] Siehe auch Führich, Reiserecht 1995, 141 ff.
[147] Vgl Führich, EuZW 1993, 350.
[148] Die Mitgliedstaaten sind verpflichtet, die erforderlichen Maßnahmen zu treffen, damit der Veranstalter dem Verbraucher gegenüber die Haftung für die ordnungsgemäße Erfüllung übernimmt.
[149] Begründung RefE S 15.
[150] Führich, EuZW 1993, 350.

5.1. Beweislastumkehr

Art 5 Abs 2 der RL geht davon aus, dass bei Vorliegen eines Reisemangels eine Schadenersatzhaftung des Reiseveranstalters anzunehmen ist, es sei denn, dass die Leistungsstörung weder auf seinem Verschulden noch dem eines Leistungsträgers beruht. Diese Beweislastumkehr entspricht schon seit dem Nilfall[151] des BGH der ständigen deutschen Rechtsprechung, sodass die Novelle in § 651 f Abs 1 eine notwendige Klarstellung bringt.[152]

5.2. Haftungsbeschränkung

Durch die Novellierung des § 651 h Abs 1 BGB gibt es keine Möglichkeit mehr, die vertragliche Schadenersatzhaftung nach § 651 f BGB durch AGB für reine Körperschäden zu begrenzen. Diese Änderung entspricht dem Mindeststandard des § 5 Abs 2 RL, welche eine Begrenzung nur für solche Schäden zulässt, die nicht Körperschäden sind. Die RL unterscheidet nicht zwischen vertraglichen und deliktischen Ansprüchen, daher ist es nicht mehr richtlinienkonform, in AGB für Ansprüche aus unerlaubter Handlung eine Haftungsbeschränkung bei Körper- und Tötungsschäden auf 150.000 DM vorzusehen. Solche deliktischen Ansprüche aus Verletzung von Verkehrssicherungspflichten des Reiseveranstalters können in ihrem Umfang nur noch auf Schäden begrenzt werden, die nicht Körperschäden sind.[153]

Die Novellierung des § 651 h Abs 2 BGB lässt zu, dass sich der Veranstalter zu seiner Entlastung auf haftungseinschränkende oder haftungsausschließende internationale Übereinkommen oder auf solchen beruhende gesetzliche Vorschriften berufen kann, wenn sich ein vom ihm eingesetzter Leistungsträger für einen Schaden verantwortlich zeigt und auch beim Regress mit diesen Vorschriften entlastet. Dadurch kann sich der Veranstalter zwar nicht wie vor der Umsetzung auf rein nationale Vorschriften zur Entlastung der Leistungsträger, jedoch wie immer schon auf das Warschauer Abkommen zur Vereinheitlichung des Privatrechts, auf die Anlage zu § 664 HGB für den Seeverkehr, das Übereinkommen über den internationalen Eisenbahnverkehr (COTIF) und auf die Gastwirtehaftung in den §§ 701 BGB berufen.[154]

---

[151] BGHZ 100, 185 = NJW 1987, 1938.

[152] Vgl auch Münchener Kommentar[3], Band 4, 1549 ff; Palandt Kommentar, 55. Auflage, 755f.

[153] Vgl Führich, Reiserecht 1995, 271 ff; Führich, EuZW 1993, 351.

[154] Vgl Führich, Reiserecht 1995, 324 ff; Führich, EuZW 1993, 351.

5.3. Vis maior (Höhere Gewalt)

Die Novelle stellt durch Einfügen der Worte „allein nach Maßgabe dieser Vorschrift“ in § 651 j BGB klar, dass auch dort, wo ein Reisemangel durch höhere Gewalt entsteht, für ein Kündigungsrecht des Reisenden nach § 651 e BGB kein Platz bleibt, sondern nur das des § 651 e gilt. Dadurch klärte der deutsche Gesetzgeber endlich das Verhältnis zwischen diesen beiden Kündigungsvorschriften, denn laut Rspr des deutschen BGH bezog sich § 651 j nicht auf Mängel der Reise, sondern nur auf Reisebeeinträchtigungen (Fälle des Wegfalles der Geschäftsgrundlage).

Das Risiko der Störung durch höhere Gewalt hatte damit nur der Veranstalter. Art 5 Abs 2 der RL gibt die Möglichkeit vor, bei den Leistungsstörungen die Gewährleistung zu beschränken, bei denen die Störung aus der Sphäre des Reisenden, unbeteiligter Dritter oder höherer Gewalt kommt. Daher war es eine richtlinienkonforme Umsetzung, nur solche Mängel als haftungsbegründend anzusehen, die im Bereich des Veranstalters und seiner Leistungsträger liegen.[155]

6. Insolvenzsicherung

Auch in Deutschland war die für die touristische Praxis und den Verbraucherschutz wichtigste Neuerung die Insolvenzsicherung der Kundengelder und der Reisepreis. Art 7 RL gibt das zu erreichende Ziel vor; wie die Sicherung jedoch konkret zu erfolgen hat, überlässt die RL den Mitgliedstaaten. Das deutsche Recht kannte vor der Umsetzung noch keine derartige Regelung, daher musste der deutsche Gesetzgeber mit der neuen umfangreichen Vorschrift des § 651 k BGB Neuland beschreiten.

6.1. Sicherungsmittel und Sicherungsgeber

Gemäß § 651 k Abs 1 BGB hat der Veranstalter sicherzustellen, dass im Falle seiner Zahlungsunfähigkeit oder seines Konkurses dem Reisenden der von ihm bezahlte Kaufpreis und die notwendigen Aufwendungen für die Rückreise erstattet werden. Sicherungsgeber kann zum einen eine Versicherung oder aber ein Kreditinstitut mit einem Zahlungsversprechen sein. Es wurde für den Veranstalter die Wahlmöglichkeit geschaffen, welche Absicherung für sein Unternehmen am angemessensten ist. Die Versicherungslösung steht als wichtigste Alternative im Vordergrund der ge-

---

[155] Siehe Führich, EuZW 1993, 350; Führich, Reiserecht 1995, 359, 360, 367f; Münchener Kommentar[3], Band 4, 1528 ff, 1601 ff; Palandt Kommentar, 55. Auflage, 754f, 758.

setzgeberischen Überlegungen. Dabei kann der Versicherungsvertrag mit einem schon bestehenden Versicherer (z.B. einer Kreditversicherung) geschlossen werden oder ein freiwilliger Versicherungsfonds in eigener Rechtsform geschaffen werden oder die Sicherung durch Gründung einer eigenen Versicherungsgesellschaft bewerkstelligt werden. Es müssen jedoch bei einer solchen Bildung die Vorgaben des deutschen und europäischen Wettbewerbsrechtes beachtet werden.[156]

Zur Begrenzung des Risikos des Sicherungsgebers durch eine Rückversicherung und zum Aufbau des notwendigen Deckungsbetrages konnte der Sicherungsgeber seine Haftung auf den Höchstbetrag von 200 Mio. DM begrenzen, wobei dieser Deckungsstock ab 31.10.1998 zur Verfügung stehen musste (§ 651 k Abs 2).
Gegen diese stufenweise Haftungsbeschränkung von 70, 100, 150 und 200 Mio. DM - den Aufbau des Sicherungssystems zu erleichtern und die Prämien in angemessenen Rahmen zu halten, lässt das Gesetz diese Stufen zu - bestehen erhebliche Bedenken, da Art 7 RL ohne Ausnahme keine Höchstbeträge zulässt.[157] [158]

6.2. Sicherungsschein

In jedem Fall muss der Reiseveranstalter zur Insolvenzsicherung dem Reisenden einen unmittelbaren Anspruch gegen den Sicherungsgeber verschaffen (egal, ob der Veranstalter ein Versicherungsmodell oder eine Banksicherheit wählt) und durch Übergabe einer von diesem Unternehmen ausgestellten Bestätigung (Sicherungsschein) nachweisen (§ 651 k Abs 3 BGB). Ohne Sicherungsschein dürfen nur 10% des Reisepreises, höchstens jedoch 500 DM vor der Beendigung der Reise gefordert oder angenommen werden (§ 651 k Abs 4 BGB).

Da nur die Übergabe des Sicherungsscheins erforderlich ist, wird die Schriftform des § 126 BGB nicht gefordert. Erklärungen des Veranstalters reichen nicht aus; es muss zumindest ein deutlich hervorgehobener Abdruck auf der Reisebestätigung oder eine Aushändigung mit den anderen Reisepapieren gegeben sein.[159] Dadurch kann der Veranstalter eine angemessene höhere Anzahlung vereinbaren, da der Kunde mit dem Sicherungsschein ein neues „qualifiziertes Reisepapier“ in Händen hält.

---

[156] Führich, EuZW 1993, 351. Siehe auch Führich, Reiserecht 1995, 380f.
[157] Vgl Führich, RRa 1994, 53, 55.
[158] Führich, Reiserecht 1995, 383f; Führich, EuZW 1993, 351; Münchener Kommentar[3], Band 4, 1607 ff; Palandt Kommentar, 55. Auflage, 758 ff.
[159] Führich, EuZW 1993, 351; Münchener Kommentar[3], Band 4, 1613 ff.

Wird diese Insolvenzvorschrift des § 651 k BGB nicht eingehalten, drohen dem Reiseveranstalter, aber auch dem Reisebüro, das für den Veranstalter den Reisepreis annimmt, ein Bußgeld nach der neuen Vorschrift des § 147 b GewO. Zusätzlich kann es noch zu einem Schadenersatzanspruch aus positiver Vertragsverletzung des Geschäftsbesorgungsvertrages (§ 675 BGB) mit dem Reisebüro kommen, der auf Nachlieferung eines Sicherungsscheins oder Rückzahlung des gezahlten Reisepreises gerichtet ist. Es könnte zusätzlich noch zu einer wettbewerbsrechtlichen Abmahnung oder einer einstweiligen Verfügung (§ 25 UWG, es liegt ein Rechtsbruch gemäß § 1 UWG vor) führen.

§ 651 k Abs 5 BGB trägt dem Herkunftsland im Rahmen der EU-Dienstleistungsfreiheit Rechnung. Danach muss ein Reiseveranstalter aus einem anderen EU–Staat, der dort abgesichert ist, sich nicht mehrfach sichern. Ein Sicherungsschein ist aber auszuhändigen.[160]
Von der Insolvenzsicherungspflicht und damit auch von der Höchstanzahlungsgrenze von 10% und von der Übergabe eines Sicherungsscheins sind gemäß § 651 k Abs 6 BGB drei Ausnahmen zugelassen.[161] Es kommt also nicht darauf an, ob jemand gewerbsmäßig Reisen anbietet, sondern ob er dies gelegentlich tut. Diese Regel in § 651 k Abs 6 BGB ändert aber nichts daran, dass auch Gelegenheitsveranstalter von den anderen reiserechtlichen Vorschriften erfasst werden.[162]

Das Problem des Insolvenzschutzes wurde in der deutschen Literatur schon vielfach diskutiert. Tonner vergleicht die gesetzlichen Vorgaben mit der Handhabung in der Praxis und kommt zu dem Ergebnis, dass noch Defizite bestehen, die so nicht hingenommen werden können. Zur Abhilfe schlägt er einen von der Versicherungswirtschaft einzurichtenden Fonds vor, der einspringt, wenn sich ein Reiseveranstalter rechtswidrigerweise nicht gegen seine Insolvenz abgesichert hat[163], die ihm die GewO vorschreibt.

---

[160] Führich, Reiserecht 1995, 384 ff, Führich, EuZW 1993, 352.
[161] Es sind dies: 1. Reiseveranstalter, die nur gelegentlich (z.B. 1-2 mal jährlich) und (!) außerhalb ihrer gewerblichen Tätigkeit (z.B. als Verein) Reisen veranstalten, 2. Reisen, die nicht länger als 24 Stunden dauern, keine Übernachtung einschließen und nicht mehr als 150 DM kosten und 3. Reiseveranstalter, die eine juristische Person des öffentlichen Rechts sind.
[162] Palandt Kommentar, 55. Auflage, 759f; Münchener Kommentar[3], Band 4, 1616.
[163] Tonner, EuZW 1999, 395 ff.

Richter[164] bezeichnet die Einrichtung eines solchen Entschädigungsfonds aus zwei Gründen als kontraproduktiv. Zum einen könnte dies einen vollständigen Rückzug der potenten Absicherer vom Markt zur Folge haben. Die Folge wären große Verluste, die alle Absicherer hinnehmen müssen. Zum anderen sind solche Forderungen auch deshalb kontraproduktiv, weil dies geradezu eine Aufforderung an schwarze Schafe und solche, die es werden wollen, ist. Warum sollen sie ihre Kunden absichern, wenn es andere tun. Vorhersehbar ist, dass die Zahl der schwarzen Schafe radikal zunehmen würde. Bezahlt würde die Zeche von den Absicherern, den seriösen Reiseveranstaltern als ihren Kunden und letztlich vom Reisenden und das kann nun wirklich nicht gewollt sein.

Auch den oben zitierten Sicherungsschein sieht Richter als überholt an, da dieser bei seiner Einführung nur kontroll- und abrechnungstechnische Gründe hatte. Durch unterschiedliche und speziell durch elektronische Buchungsverfahren hatte er an Bedeutung verloren. Eine Ausnahme gilt wohl heute noch für diejenigen Absicherungsmodelle, die Kundengeld-Absicherung mit einer Ausschnittsdeckung aus der Reiserücktrittskosten-versicherung verbinden, da hier der Sicherungsschein gleichzeitig Versicherungsausweis für etwaige Ersatzansprüche aus der Reiserücktrittskosten-Versicherung ist und als solcher eine eigene Bedeutung besitzt.

Wie bereits anfangs erwähnt, verfehlte der deutsche Gesetzgeber die Umsetzungsfrist um fast zwei Jahre, da die Novelle erst am 1.11.1994 in Kraft trat. Die Insolvenzsicherung der Kundengelder und der Rückreise galt zwar schon ab 1.7.1994, erfasst waren jedoch nur solche Reiseverträge, die nach diesem Zeitpunkt geschlossen wurden und deren Reiseantritt nach dem 31.10.1994 geplant war.

Seit dem 1.1.1993 haftet die Bundesrepublik Deutschland, falls eine Reisender einen Vermögensschaden durch die Zahlungsunfähigkeit oder den Konkurs eines Veranstalters erleidet, der nach der RL abzusichern gewesen wäre. Diese Staatshaftung war Folge der Rechtssprechung des EuGH zur Direktwirkung von EG-Richtlinien und durch das Francovich-Urteil.[165] Aus dieser Staatshaftung ergab sich auch das nun folgende Urteil.

[164] Richter, Wolfgang, RRa 2000, 131f.
[165] EuGH, Slg I 1991, 5357 = NJW 1992, 165.

6.3. Exkurs: Der Fall Dillenkofer

Das Landgericht Bonn hat dem EuGH mit Beschlüssen von 6.6.94[166] und 1.7.94[167] gemäß Artikel 177 EG-Vertrag (nunmehr Art 234 EGV) zwölf Fragen nach der Auslegung der RL zur Vorabentscheidung vorgelegt.

Diese Fragen stellten sich im Rahmen von Schadenersatzklagen, die Erich Dillenkofer u.a. wegen ihnen durch die nicht fristgerechte Umsetzung der RL entstandener Schäden gegen die Bundesrepublik Deutschland erhoben haben.

Gegenständlich war das Gesetz zur Durchführung der (Pauschalreise)RL vom 13.6.1990, wodurch der neue § 651 k in das Bürgerliche Gesetzbuch eingefügt wird.
Dieses Gesetz trat am 1. Juli 1994 in Kraft. Es gilt für nach diesem Zeitpunkt geschlossene Verträge, nach denen die Reise nach dem 31.Oktober 1994 angetreten werden sollte. Die Kläger hatten Pauschalreisen gebucht und konnten diese wegen des 1993 eingetretenen Konkurses der beiden Veranstalter, bei denen sie ihre Reisen gebucht haben, nicht antreten und mussten auf eigene Kosten von ihrem Ferienort zurückkehren, ohne dass ihnen die Beträge, die sie diesen Veranstaltern gezahlt hatten, bzw. die ihnen für ihre Rückreise entstandenen Kosten erstattet wurden.
Sie erhoben daher gegen die Bundesrepublik Deutschland Schadenersatz und sagten, dass sie vor dem Konkurs der Reiseveranstalters, bei denen sie ihre Reisen gebucht hatten, geschützt gewesen wären, wäre Art 7 der RL ordnungsgemäß, d.h. bis 31.12.1992 ins deutsche Recht umgesetzt worden.

Die Kläger stützen sich insbesondere auf das Francovich-Urteil. Danach wird ein Entschädigungsanspruch verlangt, wenn ein Mitgliedsstaat gegen seine Verpflichtung aus dieser gemeinschaftsrechtlichen Norm verstößt, alle erforderlichen Maßnahmen zur Erreichung des durch eine Richtlinie vorgeschriebenen Zieles zu erlassen, sofern dieses Ziel die Verleihung von Rechten an einzelne umfasst, deren Inhalt durch die Richtlinie bestimmt werden kann und ein Zusammenhang zwischen dem Verstoß des Staates und dem Schaden des Geschädigten hergestellt werden kann. Die deutsche Regierung wies diese Forderungen mit dem Hinweis zurück, dass nur ein qualifizierter d.h. schwerwiegender Verstoß die Haftung eines Staates auslösen könne.

---

[166] Rechtssachen C-178/94 und 179/94.
[167] Rechtssachen C-188/94, 189/94 und 190/94.

Daraufhin beschloss das LG Bonn, den EuGH mit diesem Fall zu befassen.

Im Vergleich mit einigen älteren Fällen, erklärt der EUGH, „dass, wenn keine Maßnahmen zur Umsetzung einer Richtlinie innerhalb der dafür festgesetzten Frist getroffen worden sind, um das durch diese Richtlinie vorgeschriebene Ziel zu erreichen" dieser Umstand einen qualifizierten Verstoß gegen Gemeinschaftsrecht ist, sodass bei einem Kausalzusammenhang zwischen Verstoß und Schaden ein Entschädigungsanspruch für den Geschädigten begründet ist.[168]

Eine sehr wichtige Frage stellte sich dem EuGH dahingehend, ob das durch Art 7 RL vorgeschriebene Ziel die Verleihung eines Rechtes an den einzelnen umfasst.
Vorausgeschickt werden muss, dass eine solche Bestimmung nur dann Sinn macht, wenn es tatsächlich Sicherheiten gibt, die gegebenenfalls die Erstattung gezahlter Beträge und die Rückreise des Verbrauchers ermöglichen.
Daher ist festzustellen, dass das durch Art 7 der RL vorgeschriebene Ziel die Verleihung eines Rechts an den Pauschalreisenden umfasst, mit dem die Erstattung der von diesem gezahlten Beträge und seine Rückreise im Fall der Zahlungsunfähigkeit oder des Konkurses des Veranstalters sichergestellt werden, und dass der Inhalt dieses Rechts hinreichend bestimmt ist.[169]

Weiters wollte das vorlegende Gericht wissen, worin die „erforderlichen Maßnahmen" bestehen, die die Mitgliedsstaaten nach Art 9 der RL treffen mussten. Nach ständiger Rechtsprechung müssen nämlich Vorschriften in der Weise umgesetzt werden, dass sie unzweifelhaft verbindlich und so konkret, bestimmt und klar sind, dass sie dem Erfordernis der Rechtssicherheit genügen.[170] Der EuGH führte dazu aus, dass der Mitgliedstaat nach Art 9 RL innerhalb der vorgeschriebenen Frist alle erforderlichen Maßnahmen hätte treffen müssen, um für den einzelnen ab 1.1.1993 einen wirksamen Schutz gegen die Risiken der Zahlungsunfähigkeit und des Konkurses der Veranstalter zu gewährleisten.

Auch ergab sich die Frage, ob es Art 7 der RL genügt, wenn ein Mitgliedstaat einem Veranstalter erlaubt, eine Anzahlung auf den Reisepreis bis zur Höhe von 10% des Reisepreises, höchstens aber 500,-- DM schon vor

---

[168] Vgl Rz 29 im Dillenkofer Urteil von 8.10.1996.
[169] Siehe auch Dillenkofer-Urteil von 8.10.1996, Rz 36 – 46.
[170] Siehe auch Dillenkofer-Urteil von 8.10.1996, Rz 48.

der Aushändigung „werthaltiger Unterlagen" zu verlangen. Eine solche Möglichkeit ist nur dann gestattet, wenn der Schutzzweck des Art 7 der RL fordert, dass im Fall der Zahlungsunfähigkeit oder des Konkurses des Veranstalters auch die Erstattung dieser Anzahlung sichergestellt ist.[171] Es fehlt auch dann die „Sicherstellung", die die Veranstalter nachzuweisen haben, wenn die Reisenden bei Bezahlung des Reisepreises im Besitz werthaltiger Unterlagen sind.

Schließlich sei noch festzustellen, ob die Mitgliedstaaten nach der RL verpflichtet sind, spezielle Maßnahmen zu treffen, um eigenen Nachlässigkeiten der Pauschalreisenden vorzubeugen. Zunächst sei gesagt, dass weder der Zweck der RL noch ihre Bestimmungen die Staaten dazu im Rahmen des Art 7 RL verpflichten.[172]

Wie allgemein erwartet, hat der EuGH durch dieses Urteil seine seit dem Francovich-Urteil begründete und seitdem mehrfach bestätigte Rechtsprechung zur Haftung eines Mitgliedstaates bei verspäteter oder unterbliebener Umsetzung einer EG-Richtlinie fortgesetzt. Die Bundesrepublik Deutschland musste daher Reisende entschädigen, die aufgrund des Konkurses des Reiseveranstalters MP Travel Line im Sommer 1993 nach Ablauf der Umsetzungsfrist der EG-Pauschalreiserichtlinie, aber vor Inkrafttreten des deutschen Umsetzungsgesetzes einen Schaden erlitten, der bei rechtzeitiger Umsetzung nicht eingetreten wäre.

In europarechtlicher Hinsicht ist das Zusammenspiel von Direktwirkung von Richtlinien und Staatshaftung zu beachten. Beides dient dem „effet utile" des europäischen Rechts. Der EuGH nimmt eine Direktwirkung nur dann an, wenn sie nicht rechtzeitig umgesetzt und ihr Inhalt hinreichend bestimmt ist.

Vom rechtlichen Standpunkt her ist die Rechtssache Dillenkofer eigentlich unspektakulär von den deutlichen Worten des EuGH bezüglich eines schweren Verstoßes von Deutschland gegen das Gemeinschaftsrecht abgesehen.

Ein anderes Ergebnis von Dillenkofer hätte der EuGH nur um den Preis einer Aufgabe der Francovich-Doktrin erzielen können, und dies war eigentlich nicht zu erwarten gewesen. Damit ist spätestens seit dem Dillen-

---

171 Siehe auch Dillenkofer-Urteil vom 8.10.1996, Rz 56-61.

172 Dies alles zusammengefasst aus: EuGRZ 1996, 450 ff; VuR 11/96, 396 ff; WBl 1996, 472 ff; NJW 1996, 3141 ff; JAP 1996/97, 181 ff;

kofer-Urteil die Rechtslage für Verstöße gegen das Sekundärrecht eindeutig.

In der allgemeinen Begründung zum Gesetzesentwurf der deutschen Bundesregierung heißt es, angesichts der erheblichen wirtschaftlichen und sozialen Bedeutung, die der Pauschalreise zukommen, seien eindeutige Regelungen geboten, die die Rechtsstellung des Verbrauchers im Bereich des zivilen Vertragsrechtes verbessern. Dieser Versuch scheint nur teilweise gelungen. Es ist in der reiserechtlichen Judikatur eine erhebliche Unterbewertung des Urlaubs festzustellen, wenn bei einfachen oder schwerwiegenden Mängeln der Reisepreis herabgesetzt werden muss. Da oftmals örtliche Reiseleitungen gar nicht verpflichtet sind, angezeigte Mängel zu protokollieren, ist der Reisende darauf angewiesen, vor Ort „Beweissicherung auf eigene Faust" zu betreiben. Es gibt Gründe für die Annahme, dass deshalb eine spätere Rechtsverfolgung erheblich erschwert wird oder weitgehend unterbleibt.[173]

Auch ist festzustellen, dass im Gegensatz zu vielen anderen Mitgliedstaaten (z.B. Österreich) Deutschland kein Lizenzsystem für Reiseveranstalter vorschreibt. Jeder, der dies wünscht, kann ein Reisebüro aufmachen, und Verstöße gegen gesetzliche Erfordernisse werden erst entdeckt, wenn Probleme bereits aufgetreten sind. Somit sind Verbraucher nicht geschützt, wenn der Reiseveranstalter keine Versicherung abgeschlossen hat.[174]

Diese reiserechtlichen Defizite lassen sich mit wenigen redaktionellen Korrekturen und gesetzestechnischen Ergänzungen fühlbar abmildern.

---

[173] Neumann, ZRP 1998, 23.
[174] Bericht der Kommission zur Pauschalreiserichtlinie 90/314/EWG, 31.

VI. Die Umsetzung der RL in Spanien[175]

1. Einleitung

Wie bereits erwähnt, waren die Mitgliedstaaten verpflichtet, bis zum 1.1.1993 die RL in ihre eigenen Rechtsordnungen aufzunehmen. Deutschland hatte dieses Datum deutlich verpasst, ebenso auch Spanien.

Dort kam es zur Transformation der RL durch ein eigenständiges, neben dem spanischen Zivilgesetzbuch (Código Civil; künftig CC) stehendes Gesetz, das im spanischen Rechtssystem völlig neu war, da bis dato der Verbraucherschutz für Pauschalreisende traditionell als eine verwaltungsrechtliche Aufgabe verstanden wurde. Die Verwaltung hat sich der Kontrolle der Aktivitäten der Reiseagenturen[176] (Insolvenzschutz gemäß Orden Ministerial, künftig OM[177]) gewidmet. Nun beinhaltet das spanische Pauschalreisegesetz (Ley de Viajes Combinados, künftig LVC[178]) eine rein zivilrechtliche und selbständige Vertragsregelung über den Reisevertrag. Daneben gelten auch regionale Gesetze über die Organisation von Reisebüros, da in Spanien die 17 „Comunidades Autonomas" für die Gesetzgebung im Bereich des Fremdenverkehrs zuständig sind. Deshalb hat jede Region die Möglichkeit ein eigenes Gesetz über die Organisation der Reisebüros zu verabschieden.

Die Vorgabe des Art 8 RL, einen Minimalstandard als kleinsten gemeinsamen Nenner zu verlangen, war eine wohl durchdachte, gelang es doch in Ländern, die einen geringeren Verbraucherschutzstandard hatten, ein höheres Schutzniveau zu erreichen. Spanien hatte immer schon ein sehr gut funktionierendes Schutzniveau für Verbraucher, das durch diese Bestimmung nicht herabgesetzt werden musste.
Der spanische Gesetzgeber hat sich beschränkt, die RL Vorschrift für Vorschrift umzusetzen, bis daraus das LVC geworden ist. Dadurch war die Minimalstandardanforderung des Art 8 RL eingehalten.[179] Auf der anderen Seite konnte Spanien den gegenüber den Vorgaben der RL verwaltungs-

---

[175] auf der Grundlage von Stiff/Serrat, VuR 8/1999.
[176] Darunter werden Reiseveranstalter und Reisevermittler (Reisebüros) verstanden.
[177] Ministerielle Verordnung von 14.4.1988.
[178] Ley reguladora de Viajes Combinados, Gesetz über die kombinierten Reisen vom 7.7.1995.
[179] So z.B. die Verpflichtung zur Informationsgabe gemäß Art 3, 4, und 6 LVC und die Vertragsänderungsvoraussetzung gemäß Art 8 LVC, und die Rechtsfolgen, die sich daraus und aus der Nichterfüllung bzw. der Schlechterfüllung ergeben gemäß Art 9, 10, 11 LVC.

rechtlich erheblich umfangreicher ausgestalteten Insolvenzschutz bestehen lassen.

2. Begriff der Pauschalreise

Art 2 Abs1 LVC übernimmt die Definition der Pauschalreise nahezu gleichlautend wie Art 2 Abs 1 der RL.[180] Dies ist ein konkretes Beispiel des formalen Einhaltens des aus Art 8 RL stammenden Mindeststandardprinzips. Der spanische Gesetzgeber hat sich also entschlossen, den geforderten Minimalstandard der RL nicht zu überschreiten, was insofern ein wenig unverständlich erscheint, als der spanische Gesetzgeber durch keine spezielle gesetzliche Definition der Pauschalreise zur Zeit der Umsetzung festgelegt war. Es gab jedoch eine verordnungsmäßige Definition der Pauschalreise, die nur für die Reisen galt, die von öffentlich-rechtlich zugelassenen Reiseagenturen erworben wurden.[181] Dort wurden die sogenannten „touristischen Pakete“ in wörtlicher Übersetzung als „eine Gesamtheit von Dienstleistungen, die zuvor programmiert und dem Publikum zu einem Gesamtpreis angeboten wurden oder die aufgrund einer Kundenanfrage zu einem Gesamtpreis zusammengestellt wurden“ definiert. Nun wird jedoch der Begriff der Pauschalreise durch Art 2 Abs 1 LVC vorrangig bestimmt. Der aus Art 9 Abs 3 spanische Verfassung stammende Grundsatz der Normenhierarchie stellt das LVC als Gesetz über den OM als Verordnung.

3. Reiseabsage und Rücktritt

Art 9 LVC regelt die Konsequenzen für den Fall, dass der Reisende gemäß Art 8 Abs 2 LVC in zulässiger Weise den Rücktritt erklärt. Die Auflösung des Vertrages ist möglich, wenn eine wichtige Änderung im Vertrag stattfindet, die er nicht akzeptiert, oder die Reise durch den Veranstalter vollständig abgesagt wird. Für all diese Fälle listet Art 9 LVC die Schadenersatzhöhe in gestaffelter Form auf. Es geht dabei um Fälle, in denen die Reise aufgrund einer Willenserklärung des Reisenden oder des Veranstalters bedingt durch Vertragsänderungen, die der Veranstalter zu vertreten hat, nicht stattfindet.

---

[180] Vgl Definition der Pauschalreise auf S 21f dieser Arbeit.

[181] Zu finden in Art 25 b des OM; Allerdings durften sonst auch nur nicht gewinnbringende gemeinnützige Vereinigungen eine Reise anbieten, ohne sich einer zugelassenen Reiseagentur zu bedienen, vgl Art 1 und 36 OM.

Art 9 Abs 1 LVC gibt dem Veranstalter in Spanien das Recht, die Pauschalreise vor deren Antritt ohne Begründung abzusagen. Diese Recht spiegelt sich in Art 4 Abs 6 RL wieder. Die Absage in Spanien führt jedoch, sofern die Gründe der Absage nicht dem Verbraucher anzurechnen sind, zu einem ausdrücklich geregelten Rückerstattungsanspruch des bereits Bezahlten und dazu noch zur zwingenden Schadenersatzfolge des Art 9 Abs 2 LVC.[182] Der Schadenersatzanspruch entfällt dann, wenn gemäß Art 9 Abs 3 LVC entweder die Mindestteilnehmerzahl nicht erreicht und der Verbraucher darüber schriftlich und fristgerecht informiert wurde oder wenn höhere Gewalt vorliegt. Die RL überlässt in Art 4 Abs 9 den Staaten die Frage der Entschädigungszahlung (Veranstalter und/oder Vermittler). Art 9 Abs 2 LVC ordnet eine gesamtschuldnerische Haftung von diesen beiden an.

Art 9 Abs 4 LVC bietet ein freies Rücktrittsrecht, wobei die Staffelung der Stornierungskosten bereits gesetzlich festgelegt ist und damit Rechtssicherheit schafft. Er regelt die von der RL nicht für das nationale Recht vorgeschriebene jederzeitige und begründungslose Kündigungs- und Stornierungsmöglichkeit für den Verbraucher, die aber auch schon in Art 29 OM bestand.

Der Reisende muss unter Anrechnung auf seine geleisteten Vorauszahlungen außer bei höherer Gewalt, Ersatz der Geschäftsführungskosten, Ersatz der Annulationskosten und in zwischen 5% und 25% gestaffelter Höhe des Reisepreises je nach Zeitpunkt der Stornierung eine Vertragsstrafe (penalización) tragen. Diese Stornogebühren sind als Festbeträge ausgestaltet. Tritt nämlich der Verbraucher die Reise nicht an, ohne den Veranstalter zu informieren, muss er den ganzen Reisepreis selbst zahlen. Sagt der Reisende die Reise bei Vorliegen höherer Gewalt ab, so entfällt nach Art 9 Abs 4 LVC die Stornozahlungsverpflichtung.

4. Minderung und Reisepreisreduktion

Art 10 Abs 1 LVC , der den in Art 4 Abs 7 RL gegebenen Vorgaben entspricht, wurde fast wieder wortwörtlich übernommen.[183] Die Vorschrift ver-

---

[182] Art 4 Abs 4 S 2 RL gibt den Staaten die Möglichkeit, einen Schadenersatzanspruch wegen Nichterfüllung einzuführen.

[183] Art 10 Abs 1 LVC: Wenn nach Reisebeginn der Veranstalter einen wichtigen Teil der im Vertrag vorgesehenen Leistungen nicht erbringt bzw. feststellt, dass er sie nicht erbringen kann, so hat er die für die Fortsetzung der Reise erforderlichen Maßnahmen ohne jegliche Preiserhöhung für den Verbraucher zu treffen und hat diesem ggf. den Betrag zu entrichten, der dem Preisunterschied zwischen dem vorgesehenen und den

pflichtet den Veranstalter, eine Ersatzleistung gegenüber der ursprünglichen Leistung vorzunehmen, wobei diese grundsätzlich von gleicher Qualität und Güte wie die vertraglich bestimmte sein soll. Ist sie höher, kann der Veranstalter keine Nachzahlung verlangen. Nur wenn sie weniger ausmacht, hat der Veranstalter die Differenz des Reisepreises zu erstatten. Es ist in Bezug auf die Minderung bzw. Preisreduktion nach spanischem Recht festzustellen, dass Art 10 Abs 1 LVC nur die Differenz der Qualität der tatsächlichen Leistungen und der vertraglich vereinbarten Leistungen im Auge hat. Dieser Unterschied ist nicht besonders relevant, da das Quantum der Minderung bzw. der Preisminderung durch einen Vergleich des ursprünglich vereinbarten Preises und des Restwertes der mangelhaften Reise durch die Anwendung des Art 1486 CC bestimmt wird. Folgt man diesem Kriterium, so kann der Qualitätsunterschied zwischen der vereinbarten und der tatsächlich durchgeführten Reise dazu führen, dass theoretisch der gesamte Reisepreis zurückzuzahlen ist.

Wenn es um die Praxis der Anwendung der Berechnung des Minderwertes und der Preisreduktion geht, fehlen in Spanien prozentuale Orientierungssätze, die helfen könnten, die Reisepreisreduktion kalkulieren zu können. Daher ist dies der Justiz in jedem einzelnen Fall neu überlassen, unterschiedlichste Urteile sind vorprogrammiert. Bis dato wurden die Reisepreisminderungsfälle immer unter Berücksichtigung richterlichen Ermessens gelöst. Es gab keine Verpflichtung, die zugesprochenen Beträge im Verhältnis zum Reisepreis zu berechnen. Zudem besteht die Besonderheit die Schadenshöhe nach dem Verschuldensgrad zu bemessen (Art 1101, 1103 CC).

Zur Kalkulation könnte sich der Gesamtpreis anbieten. Man könnte auch für eine Berechnung den Preis einer anderen Reise berücksichtigen, die diejenigen Leistungen, die bei der ursprünglichen Reise mangelhaft waren, nicht beinhaltet, und die Differenz als Minderungsbetrag zusprechen. Auch könnte man sich eine Analogie zu Art 1595 CC vorstellen, der die Preisberechnung bei vorzeitiger, aber gerechtfertigter Beendigung des Werkvertrages regelt.

Gerade dieses Thema um Minderung und Preisreduktion steht in Spanien einer noch völlig neuen und klärungsbedürftigen Rechtslage gegenüber, wobei es hilfreich sein könnte, anhand mancher ausländischer Urteile Auslegungskriterien für die spanische Justiz zu finden.

---

geleisteten Diensten entspricht. Setzt der Verbraucher die Reise mit den vom Veranstalter getätigten Lösungen fort, so wird vermutet, dass er diese Leistungen stillschweigend annimmt.

5. Vertragskündigungsrechte

Es muss eine erhebliche Beeinträchtigung der Reise infolge eines Mangels vorliegen, damit der Reisende den Vertrag kündigen kann. Eine solche Vorschrift über die Vertragsauflösung findet sich in Art 10 Abs 1 LVC, wobei als Voraussetzung verlangt wird, dass der Veranstalter erhebliche, vertraglich vorgesehene Teile seiner Leistung nicht erbringt oder erbringen kann. Er kann nur dann den Vertrag lösen, wenn die von ihm gebrachten Alternativlösungen vom Verbraucher nicht akzeptiert werden (Art 10 Abs 2 LVC). Dies stammt auch mit der Rechtssprechung des obersten Gerichtshofes überein, da nach Art 1124 CC die Erfüllung der Verpflichtung des Schuldners „für das Ziel des Rechtsgeschäftes verlangt und folglich für den Gläubiger uninteressant wird."[184] Allerdings lässt sich eine Bemessung des Grades der Nichterfüllung in Spanien nicht so einfach vornehmen. Daher ist aus heutiger Sicht für diese Form von Gewährleistung wenig Rechtssicherheit gegeben.

Auch bezüglich einer Abhilfefristsetzung als Voraussetzung für eine Vertragsauflösung schweigen die Art 8 – 10 LVC. Um dieser Anforderung nahe zu kommen, muss Art 10 Abs 2 LVC eng ausgelegt werden. Es ist daher davon auszugehen, dass ein Verbraucher nicht berechtigt ist, sich der angebotenen Lösung des Veranstalter zu widersetzen, ohne nicht eine bestimmte Zeit abgewartet zu haben. Denn nach Abs 3 trifft den Veranstalter die Pflicht, bei Reklamationen mit Sorgfalt angemessene Lösungen zu finden.

Bei Vertragsauflösung wird dem Reisenden ein Schadenersatzanspruch gegeben und nicht der volle Reisepreis zurückerstattet. Art 10 Abs 2 LVC lässt damit die Auflösung zu, ohne dass ein Gericht angerufen werden muss.
Den Veranstalter trifft die Pflicht einerseits für den Ersatz der erforderlichen Kosten, insbesondere des Rücktransportes zu sorgen (Art 10 Abs 2 LVC) und wenn er nichts unternimmt, kann der Reisende auf Kosten des Veranstalters selbst etwas unternehmen (Analogie aus Art 1098 CC). Schließlich hat der Veranstalter auch noch die durch Aufhebung entstandenen Mehrkosten zu ersetzen (Rückschluss aus den Art 10 und 11 LVC), wobei kein Unterschied getroffen wird, ob die Auflösung durch höhere Gewalt bedingt war oder nicht.

---

[184] Vgl Art 1124 CC.

6. Schadenersatzhaftung

Art 11 LVC regelt die Haftung des Veranstalters. Sie besteht für mangelhafte Erfüllung, Art 11 soll jedoch neben der Nichterfüllungshaftung des Art 10 LVC und auch den Art 8 und 9 LVC stehen. Zur Frage der Entschädigungsfähigkeit sollten zusätzlich auch die Art 1101 ff CC angewandt werden.

In der Frage der Haftungsverantwortlichkeit des Art 5 Abs 1 RL bewirkt Art 11 LVC eine direkte Verantwortlichkeit des Veranstalters für die von ihm eingesetzten Personen und bestimmt, dass Veranstalter und Vermittler von der Haftung frei werden, wenn entweder die auftretenden Mängel dem Verbraucher zuzurechnen sind oder einem Dritten Unbeteiligten zurechenbar sind und unvorhersehbar oder unvermeidbar waren oder wenn der Mangel auf höhere Gewalt zurückzuführen ist oder aber wenn der Mangel auf eine Ereignis zurückzuführen ist, das der Einzelhändler oder der Verbraucher trotz sorgfältiger Anwendung weder vorhersehen noch vermeiden hätte können. Daher kann gesagt werden, dass es in Spanien gemäß Art 11 LVC die Haftung für vermutetes Verschulden gibt. Es wurde anlässlich der Umsetzung der RL eine Beweislastumkehr eingeführt. In Spanien wird die durch den Veranstalter eingegangene Verpflichtung als Erfolgsschuld verstanden, sodass die Enthaftungsgründe eng auszulegen sind und der Veranstalter die Beweislast trägt, wodurch dann im Falle der höheren Gewalt die Kausalität zwischen fahrlässigem Handeln des Veranstalters und dem eingetretenen Schaden entfallen würde.
Es erscheint im spanischen Schadenersatzrecht noch wichtig zu sein auf zwei Fragen einzugehen. Wofür wird gehaftet und wer haftet ?

Die Antwort auf die erste Frage bereitet Schwierigkeiten, weil Art 11 LVC die Haftung für den jeweiligen Reiseverwaltungsanteil statuiert. Gemäß Art 11 können sowohl der Veranstalter als auch den Verbraucher haften, in vielen Fällen wird eine Bestimmung der Verantwortlichkeit aber nicht so leicht möglich sein. Art 10 LVC könnte hier Vorbildwirkung haben, da er die Schlechterfüllung der Reiseleistungen regelt, wofür nur der Veranstalter verantwortlich sein kann und damit vom Reiseverwaltungsanteil des Veranstalters ausgeht.

Zur zweiten Frage ist zu sagen, dass Art 11 LVC bei wörtlicher Übersetzung die Möglichkeit ausschließt, dass sich der Verbraucher gleichzeitig, also gesamtschuldnerisch, an den Veranstalter und den Vermittler mit seinen Schadenersatzansprüchen hält. Andererseits bestimmt Art 9 Abs 2 LVC bezüglich der Haftung für Nichterfüllung bei Reiseabsage, dass sich der Verbraucher an den einen oder anderen gesamtschuldnerisch halten kann. Der Text der RL gab dem spanischen Gesetzgeber mehrere Lösungsmöglichkeiten, die dieser nicht in eine klare Regelung umgesetzt hat. Dieser Widerspruch wird noch zu lösen sein.

7. Insolvenzschutzsystem

Art 12 LVC bestätigt in Spanien den Insolvenzschutz, den Art 7 RL vorschreibt und den Art 5 Real Decreto[185], künftig RD, iVm Art 5 b und Art 15 OM bereits seit langem enthalten.
Das Dekret definiert in Art 2 drei Arten von Reisebüros: „mayoristas" planen und organisieren alle Kategorien von touristischen Dienstleistungen und Pauschalreisen und verkaufen sie an Vermittler („minoristas"), aber nicht direkt an Verbraucher. Minoristas verkaufen die von mayoristas oder ihnen selbst organisierten Pauschalreisen an Verbraucher, nicht aber an andere Reisebüros. Schließlich gibt es noch „mayoristas-minoristas", die beide Tätigkeiten ausüben.[186]

Nach der spanischen Regel wird das Einrichten einer Bürgschaft (fianza individual), die hier sehr weit verstanden wird, in Höhe des jeweiligen gesellschaftlichen Stammkapitales oder die Mitgliedschaft in einem bürgenden Haftungsfonds (fianza colectiva) vorgeschrieben. Dazu kommt, dass als Zulassungsvoraussetzung eine Versicherung für jede zivilrechtliche Handlung von nöten ist. Da in Spanien nur juristische Personen mit einem Mindestkapital von 10 Millionen Peseten ein Reisebüro betreiben oder als Veranstalter auftreten können, ist der Reisende sozusagen in dreifacher Weise insolvenzgesichert. Alle diese Sicherungsmittel dienen der Erfüllung sämtlicher berechtigter Ansprüche der Touristen und sichern damit nicht nur die Anzahlungen und Rückreisekosten ab, sondern gelten auch für Minderungs- und Schadenersatzansprüche (Art 12 Abs 1 LVC und Art 5 Abs 1 RD).
Danach wird weit mehr abgesichert als von Art 7 RL vorgeschrieben wird. Nach Art 11 und 12 OM muss die Lizenz dann entzogen werden, wenn bei Inanspruchnahme der Bürgschaft diese nicht wieder innerhalb der von Art 12 LVC vorgeschriebenen Frist von 15 Tagen zum Nachweis der Verwaltung aufgestockt wurde. Es ist daher in Spanien nicht möglich, dass Veranstalter und Reisebüros Reisen verkaufen, ohne dass der Verbraucher umfassend gegen Insolvenz geschützt wäre.

---

[185] Königliche Verordnung vom 25.3.1988.
[186] Bericht der Kommission über die Pauschalreiserichtlinie 90/314/EWG, 32.

Sowohl bei Nichterfüllung der Vorschriften des LVC als auch beim Betrieb einer illegalen Reiseagentur können die allgemeinen Verwaltungszwangregeln angewandt werden.[187] Daraus ergibt sich die Ermächtigungsgrundlage für Zwangsschließungen und sonstige Verwaltungszwangsmaßnahmen, die dann nur verwaltungsrechtlich angefochten werden können. Auch Vollzugsdefizit besteht in Spanien keines, da es eine lange Tradition der verwaltungsrechtlichen Überwachung der gesamten Tourismus- und Reisebranche gibt und die gesetzlich zur Verfügung stehenden Überwachungs- und Zwangsmittel auch tatsächlich in ausreichendem, Maße angewandt werden. Auch der Insolvenzschutz für Kurzreisen, die von lizensierten Reiseagenturen erworben wurden und ohne Übernachtung stattfinden, ist nicht entbehrlich.[188]

Gemäß den Erläuterungen der spanischen Delegation bei einer Verbraucherschutzvertreter in Brüssel am 14. April 1999 müssen ausländische Veranstalter/Vermittler nach spanischem Recht eine Sicherstellung leisten. Die Einhaltung der Bestimmungen über Reisegarantien in ihrem Ursprungsland wird als nicht ausreichend betrachtet.
Damit sichert Spanien seinen schon sehr gut funktionierenden Insolvenzschutz vor ausländischen Reisebüros noch zusätzlich ab.

8. Höhere Gewalt und Streik als höhere Gewalt

Das LVC enthält eine eigene Definition der höheren Gewalt (Art 9 Abs 3 lit b und Art 11 Abs 2 lit c).[189] Diese Definition entspricht der Vorgabe in Art 4 Abs 6 der RL. Eine detaillierte Rechtsprechung zu diesem Thema ist in Spanien nicht vorhanden. Daher lässt sich bei der weiten spanischen Definition ohne weiteres auch von der Kündigungsmöglichkeit bei terroristischen Anschlägen ausgehen. Bezüglich der Frage Streik als höhere Gewalt zu qualifizieren oder nicht, einigte man sich darauf, dass - sobald er innerhalb der Beherrschbarkeitssphäre ist (also bei den eigenen Angestellten und Subunternehmern) - keine höhere Gewalt vorliegt. Liegt er außerhalb der Beherrschbarkeitssphäre (Flughafenangestellte, Flugüber-

---

[187] Art 127 bis 138 des Verwaltungsverfahrens- und Verwaltungszwangsgesetzes (Ley de Régimen de las Administraciones Públicas y del Procedimiento Administrativo Común, Ley 30/1992 vom 26.11.1992.

[188] Gemäß Art 5 OM ist für alle Reiseagenturen ein Geschäftslokal, eine Haftpflichtversicherung, ein Mindestkapital von 10 Millionen Peseten und eine Insolvenzschutzbürgerschaft Zulassungsvoraussetzung.

[189] Darunter versteht man Umstände, die für denjenigen, der sich darauf beruft, fremd, außergewöhnlich und unvorhersehbar sind und deren Folgen er auch dann nicht hätte vermeiden können, wenn er mit der erforderlichen Sorgfalt gehandelt hätte.

wachung), handelt es sich um höhere Gewalt. Es kann also festgestellt werden, dass die weite spanische Auslegung der höheren Gewalt für den Verbraucher in der Situation, selbst Reisen abzusagen, kostenmäßig günstiger ist.

9. Konkurrenz reisevertraglicher und deliktischer Ansprüche

Neben den vertraglichen Ansprüchen können auch deliktische Ansprüche gemäß Art 1902 und 1903 CC bestehen. Danach kann Ersatz für materielle wie immaterielle Schäden verlangt werden. Das spanische Recht lässt besagte Konkurrenz mangels einer gesetzlichen Regelung zu. Deliktische Ansprüche verjähren gemäß Art 1968 CC bereits nach einem Jahr. Die Anspruchskonkurrenz vertraglicher und deliktischer Ansprüche wird nur selten einen Vorteil bringen, da die vertraglichen Ansprüche mehrere Vorteile, jedoch keine Nachteile gegenüber den deliktischen haben. Die Verjährungsfrist ist mit 2 Jahren (Art 13 LVC) länger als die einjährige des Delikt-rechtes. Es kann aber auch Werkvertragsrecht anwendbar sein. Danach ist gemäß Art 1596 CC die Haftung für Erfüllungsgehilfen und Subunternehmer gegeben. Der Ersatz immaterieller Schäden ist nicht auf das Deliktsrecht beschränkt, sondern jeder Schadenersatzanspruch enthält in Spanien nach hM die Verpflichtung zum Ersatz immaterieller (moralischer) Schäden.

VII. Zusammenfassung und Vergleich der Umsetzung

Die Umsetzung der Richtlinie hat zu einer erheblichen Verstärkung des Verbraucherschutzes im Reiserecht in Europa geführt. Fast keine Vorschrift schreibt lediglich den Minimalstandard der Mitgliedstaaten fest, sondern zwingt jeweils einzelne Länder, ihren Standard hochzuschrauben. Davon ist kein Land ausgenommen. Auch Staaten, die in dem Ruf stehen, bereits ein hohes Niveau an reiserechtlichem Verbraucherschutz realisiert zu haben, mussten bei der Umsetzung ihren Verbraucherschutzstandard anheben.

Was auch immer das hohe Schutzniveau in Art 95 EGV bedeutet, die Kommission , Adressat dieser Vorschrift hat es jedenfalls eingehalten.
Die Vorschriften in den einzelnen Mitgliedstaaten hatten häufig ein in sich unterschiedliches Niveau. Durch den Minimalstandardcharakter der RL wurden die Mitgliedstaaten gezwungen, dort, wo sie Schutzlücken hatten, nachzubessern, ohne ihre in anderen Bereichen über dem Standard der RL liegenden Vorschriften aufgeben zu müssen.

Gewiss mag man das Fehlen der einen oder anderen während des Entstehungsprozesses genannten Vorschrift bedauern. Das gilt weniger für die gestrichenen Teile des Kommissionsvorschlages wie Schlichtung und die unnötige Verdoppelung des Insolvenzschutzes durch Pflichtversicherung und Garantiefonds als mehr für die Ideen von Wirtschafts- und Sozialausschuss und Parlament wie die Einführung eines Garantiefonds auf gesamteuropäischer Ebene oder ein gesamtschuldnerische Haftung von Reiseveranstalter und Reisebüro. Davon abgesehen, bleibt es jedoch bei einer äußerst positiven Einschätzung der Pauschalreiserichtlinie aus verbraucherpolitischer Sicht.[190]

In bezug auf die Umsetzung ist die Tatsache voranzustellen, dass zwischen Österreich einerseits und Deutschland und Spanien andererseits ein wesentlicher Unterschied schon bei der Umsetzung bestand. Da Deutschland und Spanien im Jahr 1990, als die RL verabschiedet wurde, Mitglied in der EG waren, hatten sie ebenso wie die zehn anderen damaligen Mitgliedstaaten bis 1.1.1993 Zeit, die RL in ihre Rechtsordnungen aufzunehmen. Diese Ziele verpassten beide. Deutschland hat 1994 einige seiner bisher gültigen Pauschalreisevorschriften geändert, einen Insolvenzschutz völlig neu geregelt, und eine Informationsverordnung verab-

---

[190] Vgl Tonner in:Grabitz/Hilf.

schiedet.[191] Spanien hat, wie bereits erwähnt[192], ein neues Gesetz, nämlich das Ley de Viajes Combinados (LVC), entworfen.

Für Österreich wurde es erst im Rahmen des Beitritts zur EU interessant. Die zivilrechtlichen Vorschriften wurden von den öffentlich-rechtlichen getrennt umgesetzt. Erstere finden sich im KSchG in den §§ 31b – 31f. Letztere wurden in den Ausführungsvorschriften für das Reisebürogewerbe festgesetzt.
Das größte Problem bei der Umsetzung war Art 7 der RL. Dies zeigte sich vor allem in Österreich und Deutschland, wie die EuGH-Entscheidungen Rechberger und Dillenkofer zeigten. Österreich versuchte diesem Problem mit einer eigens dafür geschaffenen Verordnung (Reisebürosicherungsverordnung, RSV) Herr zu werden.

In Deutschland ist der § 651 k BGB für den Insolvenzschutz zuständig. Diesbezüglich finden sich keine derartigen Probleme in Spanien.
Auffallend bei der Umsetzung in allen drei Staaten ist die Tatsache, dass im Rahmen des Umsetzungsprozesses oftmals wortwörtlich der Text der RL Eingang ins nationale Recht gefunden hat.

Art 1 brauchte nicht umgesetzt werden, da er nur den Zweck der RL regelt.
In Art 2 finden sich einige Begriffsbestimmungen.

In Österreich wurde Art 2 fast wortwörtlich in § 31 b KSchG übernommen, daher ist die RL vollständig umgesetzt, der Anwendungsbereich wurde sogar erweitert, da auf eine Mindestdauer der Reise von 24 Stunden oder das Mindesterfordernis einer Übernachtung verzichtet wurde. Als Kritik kann die Festsetzung des Tatbestandsmerkmales des Gesamtentgeltes angesehen werden, da eine Veranstaltung auch dann vorliegt, wenn zwar Leistungen getrennt verrechnet werden, aber im Zuge derselben Veranstaltung erbracht werden. Die Definition wurde dadurch nur komplizierter.[193]

In Deutschland bestand schon ein Reiserecht in den §§ 651a – l BGB. Dadurch, dass sich die vorhandenen Vorschriften bewährt haben und zu einem angemessenen Interessenausgleich zwischen dem Reisenden und dem Veranstalter führten, wollte man nur dort Änderungen schaffen, wo es richtlinienbedingt notwendig war. Zwar gibt es in Deutschland keine Beg-

---

[191] Vgl Stiff/Serrat:VuR 8/99, 251.
[192] Siehe vorne Seite 73f.
[193] Graziani-Weiss, Reiserecht in Österreich, 71.

riffsbestimmungen, stellt doch § 651 a Abs 1 nur allgemeine Regeln auf, die sich jedoch im Rahmen der RL befinden.

In Spanien hielt man sich im Rahmen des neuen Pauschalreisegesetzes auch eng an den Text der RL. Art 2 LVC gibt die Definitionen und Begriffsbestimmungen wieder, die sich teilweise unverändert, teilweise leicht verändert in der RL finden.

Zusammenfassend ist zu sagen, dass sich bei der Umsetzung des Art 2 RL Österreich und Spanien eng an die RL halten, während Deutschland seinen bereits bestehenden § 651 a BGB in keiner Weise abänderte.

Bezüglich der Umsetzung von Art 3 RL ist zu sagen, dass dieser in § 2 AusÜVRb fast wortwörtlich übernommen wurde[194] und damit auch keine eventuellen Probleme wegen mangelhafter Umsetzung aufwirft. Gleiches gilt auch für Deutschland, das Art 3 RL in § 1 InfVO wiedergibt.[195] Schließlich findet sich Art 3 RL auch nahezu unverändert in Art 3 LVC wieder. Man kann also feststellen, dass bezüglich der Umsetzung von Art 3 die drei Mitgliedstaaten nahezu identische Formulierungen in ihre nationalen Rechtsordnungen einfließen haben lassen.

Art 4 der RL ist aufgrund seiner sieben Absätze schwer allgemein darzustellen, daher erscheint es mir sinnvoller, jeden Absatz für sich kurz zu erläutern.

Abs 1 (Informationspflichten für Veranstalter und Vermittler) und Abs 2 (Aufzählen dreier wichtiger Grundsätze)[196] wird in Österreich geregelt durch die AusÜVRb in den §§ 3- 5. Auch in Deutschland sind Art 4 Abs 1 und 2 sehr gut in den §§ 2 – 5 InfVO umgesetzt[197], ebenso in Spanien in Art 4 LVC.

Art 4 Abs 3 der RL regelt den Reisendenwechsel. Auch diese Vorschrift ist in allen drei Rechtsordnungen regelkonform umgesetzt worden. In Österreich im § 31 c Abs 3 KSchG[198], in Deutschland in § 651 b BGB und in Spanien in Art 5 LVC.

---

[194] Vgl dazu Ausführungen S 48f.
[195] Siehe dazu auch S 59f.
[196] Siehe auch S 23 ff.
[197] Nachzulesen S 60f.
[198] Siehe dazu S 40.

In Art 4 Abs 4 geht es um die Frage von Änderungen von vertraglich festgelegten Preisen. § 31 c Abs 1 KSchG übernimmt Art 4 Abs 4 RL fast wortwörtlich. Da daneben oft § 6 KSchG Anwendung finden wird, ist die RL in diesem Punkt in Österreich strenger umgesetzt worden. Eine echte Verbesserung bringt Abs 2 für Nichtverbraucher, da diese bei jeder wesentlichen Preisänderung kostenlos vom Vertrag zurücktreten können. Die RL ist auch hier in Österreich ordnungsgemäß umgesetzt worden.

§ 651 a Abs 3 BGB orientiert sich eng an Art 4 Abs 4 RL.[199] Da das bisherige Reiserecht keine Preisänderungsregeln kannte, schuf der deutsche Gesetzgeber einen neuen § 651 a Abs 3 BGB. Auch Art 7 LVC erfüllt zur Gänze die Anforderungen von Art 4 Abs 4 RL.
Es zeigt sich auch hier wieder, dass alle drei Mitgliedstaaten den Erfordernissen der RL gerecht geworden sind.
Alle übrigen Änderungen mit Ausnahme der in Art 4 Abs 4 RL geregelten finden sich in Art 4 Abs 5 RL. Dem entspricht § 31 c Abs 2 KSchG[200] im Rahmen der Leistungsänderung. Letzterer hält sich in allen Punkten an die Vorgabe der RL. In Deutschland wurden die Art 4 Abs 5 und 6 der RL im neu verfassten § 651 a Abs 4 BGB geregelt. Von der Formulierung her scheint kein Verstoß gegen Gemeinschaftsrecht gegeben zu sein. Allerdings muss darauf aufmerksam gemacht werden, dass die hier normierten unbestimmten Rechtsbegriffe und die neuen Rücktrittsrechte zu Anwendungsschwierigkeiten und auch gerichtlichen Auseinandersetzungen führen können.[201] Zur Umsetzung in Spanien ist auch in diesem Punkt kein kritisches Wort zu finden, da Art 8 LVC die RL ordnungsgemäß umsetzt.

Art 4 Abs 6 RL regelt das Stornierungsrecht des Veranstalters. Die Möglichkeit zur Stornierung der Reise durch den Veranstalter wurde in § 31 d Abs 1 fast wortwörtlich ins österreichische KSchG übernommen. Dasselbe gilt auch für den Entfall der Schadenersatzpflicht, der ebenso in Art 4 Abs 6 RL geregelt und vom österreichischen Gesetzgeber in § 31 d Abs 2 KSchG richtlinienkonform wiedergegeben wurde.[202] (Zur Umsetzung in Deutschland s.o.). Zu Spanien ist erneut festzuhalten, dass die RL in Art 9 LVC perfekt ins nationale spanische Recht umgesetzt wurde, wobei bei eventuell problematischen Sätzen immer auf die wortwörtliche Übernahme zurückgegriffen wurde.[203]

---

199 Vgl dazu S 61f.
200 Ausführungen dazu auf S 39f.
201 Führich, NJW 1994, 2448; Vgl dazu auch S 62.
202 Vgl auch S 39f.
203 Siehe auch S 74 ff.

Bleibt schließlich noch Art 4 Abs 7 der RL. Dies ist der Fall, wenn der Veranstalter nach Abreise des Verbrauchers mit einem erheblichen Teil der vertraglich vereinbarten Leistung in Verzug gerät oder die Leistungserbringung nachträglich unmöglich wird. Dieser wird in § 31 e Abs 1 KSchG ordnungsgemäß ins österreichische Recht umgesetzt. [204] Während jedoch in Art 4 Abs 7 RL die Entschädigungspflicht des Veranstalters betont wird, findet sich derartiges in § 31 e Abs 1 nicht. Da aber die allgemeinen Regeln aus dem ABGB anwendbar bleiben, bedeutet dies nicht weniger Schutz für den Reisenden. Die Gewährleistungs- und Schadenersatzpflicht ergibt sich aus dem allgemeinen Zivilrecht.
Art 4 Abs 7 RL hat auch dem deutschen Gesetzgeber keinerlei Probleme bereitet, da das Institut der Minderung bereits zuvor im Rahmen der Gewährleistungsrechte des Reisenden existierte, und zwar in § 651 d BGB.

Folgt man Art 10 Abs 1 LVC, der Art 4 Abs 7 RL fast wieder wortwörtlich übernimmt, so wäre auch diese Bestimmung richtlinienkonform. Allerdings muss an dieser Stelle gesagt werden[205], dass dies für Spanien eine völlig neue und noch klärungsbedürftige Rechtslage darstellt und es daher nicht verwunderlich war, dass sich der spanische Gesetzgeber in diesen Bereichen eng an den Bestimmungen der RL orientierte.

In einigen Bereichen konnte der österreichische Gesetzgeber auf die Umsetzung der RL verzichten, weil bereits entsprechende Bestimmungen vorhanden waren. Das betraf etwa das Einstehen des Reiseveranstalters für die Erfüllung seines Reisevertrages, und zwar sowohl für die von ihm selbst als auch für die von seinen Subunternehmern auszuführenden Leistungen (Art 5 Abs 1 RL). Ebenso sind auch die Regeln über die Pflicht zum Ersatz des durch Leistungsstörungen dem Gläubiger (Reisenden) zugefügten Schadens, die gemäß Art 5 Abs 2 RL vom Verschuldensgrundsatz ausgehen, bereits in Österreich verwirklicht. Auch auf Art 5 Abs 3 braucht nicht mehr weiter eingegangen zu werden.[206] Es ist allerdings an dieser Stelle zu sagen, dass der Ausschluss der Haftung für Körperschäden in § 31 f KSchG vollinhaltlich Art 5 Abs 2 RL entspricht. Für andere Schäden ist jedoch die Richtlinien-Umsetzung zweifelhaft. § 31 f Abs 1 KSchG unterscheidet zwischen einer Beschränkung und einem Ausschluss der Haftung. Dem entspricht die Umsetzung in das österreichische Recht nicht, da – abgesehen von den Körperschäden – bei reinen Sachschäden nach wie vor eine Freizeichnung von leichter Fahrlässigkeit zulässig ist.[207]

---

[204] Vgl auch S 42f.
[205] Nachzulesen auch S 76f. Vgl dazu Stiff/Serrat, VuR 8/99, 254f.
[206] Mayrhofer, ZfRV 1995, 244; Siehe auch verwirklicht in § 31 f Abs 1 KSchG.
[207] Vgl auch S 44f; Graziani-Weiss, Reiserecht in Österreich, 109f.

Art 5 Abs 4 RL regelt die sofortige Rügeobliegenheit des Verbrauchers. Während also Art 5 Abs 4 RL eine echte Rügeobliegenheit - wenngleich ohne ausdrückliche Festlegung einer Rechtsfolge - normiert, wird diese Bestimmung nur sehr eingeschränkt in das österreichische Recht übernommen. Dies ist nach Art 8 RL zulässig, da die Mitgliedstaaten strengere Vorschriften zum Schutz des Verbrauchers aufrechterhalten können. Dies wurde im konkreten Fall zu Recht vorgenommen, um Widersprüche mit dem österreichischen Recht zu vermeiden.[208] Auch in Deutschland ging man einen ähnlichen Weg wie in Österreich. Der deutsche Gesetzgeber hatte nicht die Absicht, den im BGB enthaltenen detaillierten Katalog von Gewährleistungsansprüchen zu verändern. Das Umsetzungsgesetz bringt daher nur Einzelkorrekturen in §§ 651 f, h und j BGB, behält aber das bisherige System bei.[209]

Während also in Österreich und Deutschland der Bereich der Haftung keine besonderen Probleme aufwirft, musste dieser in Spanien völlig neu in Art 11 LVC geregelt werden.[210] Wie bereits zuvor erwähnt, gibt es in Spanien auch eine Haftung für vermutetes Verschulden, ebenso wie eine neu eingeführte Beweislastumkehr.[211]
Vom Problem der Umsetzung in diesem Bereich wurde bereits vorher gesprochen.

Im Ergebnis ist zur Umsetzung dieser Teile in Spanien zu sagen, dass es Schadenersatz für materielle und immaterielle Schäden bei vermutetem Verschulden gibt; dazu besteht theoretisch noch die Möglichkeit einer gesamtschuldnerischen Haftung. Durch die Unerfahrenheit auf diesem Gebiet gibt es auch eine sehr große Rechtsunsicherheit bei der Bezifferung der Höhe des Schadenersatzes für immaterielle Schäden.

Art 6 RL betont die besondere Fürsorgepflicht des Veranstalters/ Vermittlers, sich während der Reise um die Kunden zu kümmern und gegebenenfalls spontane Leistungen und Alternativen anzubieten.

Die Umsetzung dieses Artikels findet sich in § 31 e Abs 1 S 1, der davon spricht, dass der Veranstalter angemessene Vorkehrungen zu treffen hat, damit die Veranstaltung weiter durchgeführt werden kann. Im BGB, im Speziellen in § 651 e Abs 4 ist dies relativ kurz in dem Satz geregelt: „Der Reiseveranstalter ist verpflichtet, die infolge der Aufhebung des Vertrages notwendigen Maßnahmen zu treffen.“ Es wäre an dieser Stelle jedoch

---

[208] EB 809 BlgNR 18. GP 10.
[209] Vgl auch S 63-65; Führich, EuZW 1993, 350f.
[210] Siehe detailliert S 7f; Stiff/Serrat, VuR 8/1999.
[211] Vgl dazu S 78f.

wünschenswert, dass der deutsche Gesetzgeber klar und deutlich darlegt, welche Maßnahmen er unter „notwendig" erachtet.

Auch im spanischen LVC findet sich in Art 10 S 1 der Ausdruck: „die erforderlichen Maßnahmen treffen". Dies entspricht ganz klar dem Text in Art 6 RL, wo es „nach Kräften um geeignete Lösungen bemühen" heißt.
Art 7 RL ist die wohl wichtigste, und wie sich bald herausgestellt hat, für die Mitgliedstaaten „teuerste", Bestimmung.

Um Art 7 RL gerecht zu werden, entschloss man sich in Österreich eine eigene Verordnung zu entwerfen, nämlich die Reisebürosicherungsverordnung (RSV). Hier zeigt sich ein Unterschied zu Deutschland und Spanien. In Deutschland wurde der Insolvenzschutz in § 651 k BGB normiert, in Spanien finden sich die diesbezüglichen Bestimmungen in Art 12 LVC.

Sowohl Österreich und Deutschland hatten Probleme bei der Umsetzung der RL. In Österreich zeigte sich dies sehr deutlich in den EuGH-Entscheidungen zu den Fällen Karthago und Rechberger.[212] Im Rahmen dieser Urteile wurde auch auf das EuGH-Urteil im Fall Dillenkofer verwiesen.
Der Fall Karthago betraf eine spezielle Gestaltung, weil ein griechischer Hotelier eine zweite Zahlung des Verbrauchers verlangte, die zugrundeliegende Regelung der Republik Österreich aber ausreichte. Es ging darum, ob ein solcher Sachverhalt ebenso unter den Anwendungsbereich des Art 7 RL fällt. Diese Frage stellte sich in einem Rechtsstreit zwischen dem Verein für Konsumenteninformation und der Österreichischen KreditversicherungsAG.

Der EuGH bejahte dies und erklärte ganz unmissverständlich, dass ein Sachverhalt, bei dem ein Pauschalreisender, der bereits vor Antritt seiner Reise bezahlt hatte, aufgrund der Zahlungsunfähigkeit seines Reiseveranstalters noch einmal dem Hotelier die Unterbringungskosten erstatten muss, da er sonst das Hotel nicht verlassen könne, unter dem Gesichtspunkt der Erstattung der gezahlten Beträge in den Geltungsbereich des Art 7 fällt.[213]

Beim Fall Rechberger stellte sich heraus, dass die Republik Österreich sowohl wegen verspäteter als auch wegen unvollständiger Umsetzung des Art 7 RL haftbar gemacht wurde. Österreich setzte nämlich die RL

---

[212] Vgl dazu auch die Ausführungen auf S 53 ff.
[213] EuGH-Urteil, Rs C-369/96, Rz 23; Vgl. dazu: Huff, RRa 1998, 131 ff.

nicht nur nicht fristgerecht um, sondern trug auch nicht dafür Sorge, dass die Erstattung aller vom Verbraucher gezahlten Beträge und seine Rückreise im Fall der Zahlungsunfähigkeit oder des Konkurses des Reiseveranstalters für den Verbraucher sichergestellt sind.[214]

Die nun neueste Fassung der RSV datiert vom 14. September 1999 im Rahmen von BGBl 316/1999 und scheint den Anforderungen von Art 7 RL gerecht zu werden.

Auch Deutschland hatte große Probleme im Zuge des Insolvenzschutzes, da Deutschland Art 7 ebenso wie die gesamte RL fast zwei Jahre zu spät ins nationale Recht umsetzte, und zwar in § 651 k BGB. Daher erging am 8. Oktober 1996 das erste bedeutende Urteil zur Pauschalreiserichtlinie wegen verspäteter Umsetzung der RL im Fall Erich Dillenkofer, da Deutschland innerhalb der Umsetzungsfrist überhaupt keine Maßnahmen trotz Bedarfes derselben gesetzt hat. Eine Nichtumsetzung bzw. verspätete Umsetzung stellt jedoch bereits einen qualifizierten Verstoß gegen das Gemeinschaftsrecht dar und begründet einen Entschädigungsanspruch für den Geschädigten, wenn das durch die RL vorgeschriebene Ziel die Verleihung von Rechten an die einzelnen umfasst, wenn der Inhalt dieser Rechte bestimmbar ist und wenn ein Kausalzusammenhang zwischen dem Verstoß gegen die dem Staat auferlegte Verpflichtung und dem entstandenen Schaden besteht. Da alle diese Anforderungen im vorhandenen Fall gegeben waren, wurde auch Deutschland eben wegen verspäteter Umsetzung vom EuGH verurteilt.

In Spanien müssen gemäß Art 12 LVC Veranstalter und Einzelhändler von Pauschalreisen einen Bürgschaftsvertrag abschließen, der den von der zuständigen Tourismusverwaltung vorgeschriebenen Bedingungen entspricht, um die Erfüllung ihrer Leistungsverpflichtungen gegenüber den Vertragspartnern der Pauschalreise sicherzustellen. Dieser Bürgschaftsvertrag hat insbesondere die Rückzahlungsansprüche für Vorauszahlungen und die Schadenersatzleistung für Rückführungskosten im Falle des Konkurses oder der Zahlungsunfähigkeit abzusichern.

Art 8 RL erlaubt den Mitgliedstaaten, auch strengere, als die von der RL vorgeschriebenen Regeln zu erlassen oder aufrechtzuerhalten. Alle drei behandelten Mitgliedstaaten haben in für sie wichtigen Bereichen[215] von Art 8 Gebrauch gemacht und bestehende Regeln, die sich bereits bewährt haben (zu denken ist an einige Regeln aus dem österreichischen KSchG

---

[214] EuGH-Urteil, Rs C-140/97, Rz 64.
[215] Dies wurde an gegebener Stelle erwähnt.

und an gut durchdachte Regeln im Rahmen des Reiserechtes im deutschen BGB) weiterverwendet.

Zusammenfassend ist zu sagen:
In Österreich und Deutschland kann auf eine lange und sehr erfolgreiche Klagetradition bei der Durchsetzung von Konsumenteninteressen zurückgegriffen werden. Es wäre auch der spanische Konsument aufgerufen, die zivilrechtlichen Möglichkeiten, die ihm zur Verfügung stehen, ordentlich zu nutzen. Hier zeigt sich jedoch als Problem die sehr geringe Zahl von Reiserechtsklagen und Gerichtslaufzeiten von ein bis drei Jahren im erstinstanzlichen Verfahren.
Demgegenüber steht eine jahrelang eher unzureichende Überwachung der Einhaltung der Insolvenzschutzvorschriften in Österreich und Deutschland, wo man erst jetzt Schritt für Schritt „schwarzen Schafen" den Kampf ansagt.

Hier zeigt sich Spanien aufgrund einer lange geübten Tradition der Überwachung des Tourismussektors ziemlich abgeklärt, da alle Ansprüche des Konsumenten abgesichert sind.

Selbst wenn die RL von allen Mitgliedstaaten vollständig und zufriedenstellend umgesetzt würde, wäre der Verbraucherschutz in der Fremdenverkehrsbranche immer noch verbesserungsfähig. Im Bericht der Kommission über die Durchführung der RL finden sich noch einige Unzulänglichkeiten bzw. Verbesserungsvorschläge.

Es stellt sich die Frage nach einer Ausweitung des Anwendungsbereichs der RL, damit auch jene Pauschalreisen darin aufgenommen werden können, die bislang aufgrund des Kriteriums, dass die Leistung „länger als 24 Stunden dauert oder eine Übernachtung einschließt" ausgeklammert sind, z.B. Ausflugsreisen oder organisierte Fahrten zu Kultur- oder Sportveranstaltungen.

Die RL enthält auch keine Bestimmungen für Fälle, in denen der Verbraucher ohne guten Grund von seinem Reisevertrag zurücktritt. In der Praxis enthalten Reiseverträge sogenannte „Strafklauseln", in denen Stornogebühren von bis zu 100% des Preises der Pauschalreise vorgesehen sind. Diese Gebühren sollten aber je nach Ausmaß des Schadens, der aufgrund eines solchen Verhaltens entsteht, auf eine angemessene Größenordnung beschränkt werden.

Die RL ist nur dann auf Flugreisen anwendbar, wenn diese Bestandteil einer Reise sind. Die ständig wachsende Zahl der von Verbrauchern an die Kommission gebrachten Beschwerden scheint darauf hinzuweisen, dass der Verbraucherschutz im Bereich der Flugreisen noch unzureichend ist. Zu klären wird auch noch sein, ob Maßnahmen zur Verbesserung im Bereich des öffentlichen Transportwesens insgesamt gesetzt werden können, insbesondere hinsichtlich der allgemeinen Geschäftsbedingungen von öffentlichen Verkehrsbetrieben, die in den Mitgliedstaaten für gewöhnlich durch kodifiziertes Recht geregelt werden.

Ein weiteres Anliegen sind die in Zusammenarbeit mit grenzübergreifenden Buchungen von Pauschalreisen über das Internet auftretende Probleme. Offensichtlich sollte dieses Thema jedoch eher durch horizontale Rechtsvorschriften (wie z.B. die Fernabsatzrichtlinie 97/7/EG oder die vorgeschlagene Richtlinie über den elektronischen Geschäftsverkehr als im Wege spezifischer Maßnahmen für den Tourismusbereich geregelt werden.[216]

Grundsätzliches Ziel soll es sein, im Reiserecht aufgrund der Pauschalreiserichtlinie dem Verbraucher auch wirklich europaweit den Schutz zu geben, der für das Ziel der Rechtsangleichung und das Erreichen eines touristischen Binnenmarktes von nöten sein wird.[217]

---

[216] Bericht der Kommission über die Durchführung der RL 90/314/EWG über Pauschalreisen.
[217] Vgl dazu auch Stiff/Serrat, VuR 8/99, 261 ff.

B Timesharing-Richtlinie

I. Einleitung

Timesharing[218] - was hat man sich unter diesem Begriff vorzustellen?

Man versteht darunter die Aufteilung einer Nutzung einer Sache unter mehreren Personen, anders gesagt erlangt man ein übertragbares Recht, jedes Jahr zu einem bestimmten Zeitpunkt ein Apartment oder ein Hotelzimmer in einer Ferienwohnanlage uneingeschränkt und ausschließlich zu benutzen und dabei anderen die Nutzung zu untersagen. Es besteht hierbei auch die Möglichkeit, im Tauschwege auch ein qualitativ gleichwertiges Objekt in einem anderen Land zu diesem Zeitpunkt zu nutzen, sofern dies verfügbar ist.

Der Timesharing-Anbieter übernimmt regelmäßig die Wartung und Instandhaltung des Timesharing-Objektes und zusätzlich noch ergänzende Serviceleistungen wie Wäschewechsel, Reinigungsarbeiten, ja sogar Verpflegung der Berechtigten.
Grundsätzlich kann das Timesharing an vielen Konsum- und Wirtschaftsgütern praktiziert werden, z.B. an Parkplätzen, Garagen, Baumaschinen, Sportflugzeugen, Motoryachten, Last- und Personenkraftwagen..... Der Phantasie seien hier keine Grenzen gesetzt.[219]

Timesharing hat sich oftmals schon als sehr kostengünstige und attraktive Variante zur üblichen Urlaubsgestaltung erwiesen. Im Gegensatz dazu hört man immer wieder von den unseriösen und teilweise sehr aggressiven Timesharing-Anbietern, die oftmals mit verlogenen Angeboten locken und dabei den Erwerber in die Irre führen, was schwerwiegende Folgen nach sich ziehen kann.
Um solchen Missbräuchen zuvor zu kommen, entschloss sich der europäische Gesetzgeber zur sogenannten Timesharing-Richtlinie.[220]

---

[218] Timesharing, in der Literatur werden auch Time-Sharing, time-sharing oder Timesharing verwendet. Im Rahmen dieser Arbeit wird der Begriff so verwendet, wie ihn der Verfasser benutzt hat.
[219] In der vorliegenden Arbeit wird zum größten Teil auf Timesharing an Ferienimmobilien eingegangen werden.
[220] Im weiteren wird nur mehr von der RL gesprochen.

II. Begriffsbestimmung und geschichtliche Entwicklung

Woher der Begriff Timesharing stammt, lässt sich nicht mehr genau sagen.
Manche behaupten, er sei von der Computerindustrie kreiert worden, wobei sich mehrere Unternehmen an große Rechenzentren angeschlossen haben, um ihre Datenverarbeitung über diese abzuwickeln. Dabei wurde jedem Teilnehmer ein ständig wiederkehrendes Recht gewährt, das ihm die Möglichkeit sicherte, die Rechenanlage während einer bestimmten Periode zu nutzen.
Im deutschen Sprachraum kann man Timesharing wohl am besten mit Teilzeiteigentum übersetzen.

Daneben gibt es noch einige Begriffe, die vorab geklärt werden müssen.
Unter Timesharing-Erwerber versteht man jede natürliche oder juristische Person, die einen Timesharing-Anteil erwirbt und nutzt.
Ein Timesharing-Anbieter ist eine natürliche oder juristische Person, die Timesharing-Modelle vermarktet.
Als Timesharing-Objekt gilt die Immobilie, an der der Erwerber sein jährlich wiederkehrendes Nutzungsrecht hat.
Der Timesharing-Anteil ist das jährlich wiederkehrende Nutzungsrecht, das einem Erwerber an einer Wohnung oder einem Haus zusteht.[221]
Unter einem Tauschpool versteht man ein Unternehmen, das Vermittlung eines meist internationalen Tausches von Timesharing-Rechten an Ferienimmobilien anbietet.[222]

Der genaue örtliche Ursprung des Timesharing ist unklar.[223]
In Deutschland wurden zwar in den fünfziger Jahren Verträge über Teilapartments angeboten, doch konnte sich damals diese Vertragsform am Markt nicht durchsetzen.[224]

Eine wirklich starke Ausbreitung erlangte das Timesharing an Ferienimmobilien in den siebziger Jahren in den USA, wo erste Tauschpools einge-

---

221 Vgl dazu Perkmann, Timesharing-Richtlinie und Teilzeitnutzungsgesetz, 4f.
222 Mäsch, Time-Sharing und Teilzeit-Wohnrechtegesetz, 78.
223 Nach Edmonds (International Timesharing, S 7) wurde das erste Projekt 1965 in den Französischen Alpen aufgelegt. Froese (Die Zeit Nr.28 v. 6.7.1984, S 43) glaubt dagegen, dass Deutschland der Ursprung des Timesharings war.
224 Siehe dazu Hildenbrand/Kappus/Mäsch: Time-Sharing und Teilzeit-Wohnrechtegesetz, 17.

richtet wurden und im Zuge der Rechtsvereinheitlichung in den Einzelstaaten der USA ein Gesetz, das Uniform Real Estate Time-Share Act (URESTA) verabschiedet wurde.

Der Boom in Amerika übertrug sich auch auf Europa und überzeugte die Anbieter, einen gemeinsamen Time-Sharing Markt zu erschaffen.
Die wirtschaftliche Bedeutung des Timesharing zeigt sich auch an der Zunahme der Time-Sharer. Waren es im Jahr 1980 weltweit 155.000 Time-Sharer, so wurden es im Jahr 1985 805.000, im Jahr 1990 1.800.000 und 1994 3.144.000.[225]

Aber leider gab es schon bald auch Probleme und Fehlentwicklungen. Durch Anwenden von aggressiven und betrügerischen Werbeplakaten wurden die so Umworbenen oft zu übereiligen Vertragsabschlüssen veranlasst. Eine große Schwierigkeit lag vor allem darin, dass die potentiellen Kunden einerseits einer mangelhaften und teilweise auch fehlerhaften Information der Anbieter über die rechtlichen Grundlagen ausgesetzt waren bzw. sind[226], andererseits oftmals ein völlig falsches oder verzerrtes Bild über das Ferienobjekt, über die erworbene Nutzungsmöglichkeit oder generell über ihre erworbene Rechtsposition vermittelt wurde.
Dazu kam noch, dass durch den grenzüberschreitenden Charakter des abgeschlossenen Vertrages oder aber auch aufgrund taktischer Rechtswahl in den vom Anbieter vorgegebenen Vertragsbestimmungen eine dem Konsumenten fremde Rechtsordnung für die Beurteilung der Vereinbarung und der daraus sich wechselseitig ergebenden Rechte und Pflichten maßgeblich war.[227]

Um diesen verbraucherschutzrechtlichen Defiziten zu begegnen, erkannte schon 1988 das Europäische Parlament die Notwendigkeit einer Gemeinschaftsregelung und wandte sich mit der Bitte an die Kommission, einen Richtlinienvorschlag zur Beseitigung der verbraucherschutzrechtlichen Lücken im Bereich des Timesharing vorzulegen, während die Kommission 1989 eine Harmonisierung des Timesharing noch nicht für vorrangig hielt.

Schließlich erkannte man, dass der Erwerb von Teilzeitnutzungsrechten an Ferienhäusern und –wohnungen, samt den damit verbundenen Problemen ein solches Ausmaß erreicht hatte, dass eine Gemeinschaftsregelung nicht mehr auf sich warten lassen konnte. Auf seiner Tagung von

---

225 Perkmann: Timesharing-Richtlinie und Teilzeitnutzungsgesetz, 9.
226 Mäsch, EuZW 1995, 10.
227 Feil, Teilzeitnutzungsgesetz, 9.

19.11.1993 erzielte der Rat politisches Einverständnis über den Vorschlag für eine Richtlinie zum Schutz von Käufern bei Verträgen über den Erwerb eines Nutzungsrechtes an Eigentum, auf Timesharing-Basis.

III. Ausgestaltungsformen des Timesharing in Europa

Der wirtschaftliche Zweck des Timesharingvertrages, dem Berechtigten ein periodisch wiederkehrendes Nutzungsrecht an einer Immobilie gegen Entgelt zu verschaffen, kann rechtlich auf verschiedene Art und Weise erreicht werden. Bei einem Vergleich der verschiedenen juristischen Timesharing-Konstruktionen in Europa, haben sich im wesentlichen drei Grundmodelle herausgebildet:

Zum einen das schuldrechtliche Timesharing, bei dem die Parteien einen Vertrag schließen, nach dem der Anbieter dem Erwerber periodisch jährlich wiederkehrend eine bestimmte Immobilie in einem bestimmten Zeitraum gegen Entgelt zur Nutzung zur Verfügung stellt, diese instandhält sowie weitere Serviceleistungen erbringt.
Der Erwerber verpflichtet sich seinerseits zur Zahlung eines einmal im voraus zu zahlenden Nutzungsentgeltes sowie der anteilig laufenden Unterhaltskosten.

Für den Timesharing-Erwerber kann sich das schuldrechtliche Timesharing als eher unvorteilhaft erweisen, da er einem allfälligen Erwerb des Objektes oft machtlos gegenübersteht und auch im Konkurs des Anbieters oder in der Zwangsvollstreckung keine privilegierte Rechtsposition gegenüber anderen Gläubigern einnimmt.
Wenn das schuldvertragliche Timesharing recht weit verbreitet ist, liegt dies wohl an seiner einfachen rechtlichen Handhabbarkeit.

Als zweite Ausgestaltungsform findet sich das sachen-, eigentumsrechtlich oder dinglich ausgestaltete Timesharing. Missverständlich bleibt die Bezeichnung Timesharing aber auch hier, denn keinesfalls erlangt der Erwerber des Nutzungsrechtes die Stellung eines Alleineigentümers auf Zeit. Dies verhindert in den kontinentaleuropäischen Ländern bereits der sachenrechtliche Typenzwang mit seinem numerus clausus der dinglichen Rechte, der keine andere inhaltliche Gestaltung von Eigentumsrechten als die vom Gesetzgeber vorgesehene erlaubt.

Gegenüber dem rein schuldvertraglich ausgestalteten Timesharing zeichnen sich die dinglichen Ausgestaltungsformen des Timesharing dadurch aus, dass sie die Rechtsposition des Timesharing-Erwerbers wesentlich verstärken, indem sie das Timesharingrecht mit Absolutheitsschutz versehen und als ius in rem Dritten gegenüber unangreifbar machen. Da der Timesharing-Erwerber beim dinglichen Timesharing ein Recht nicht nur auf die Sache, sondern an der Sache (dem Timesharing-Objekt) selbst hat, das gegenüber jedermann (erga omnes) gilt, hat er namentlich im Konkurs des Timesharing-Anbieters eine günstigere Stellung.

Bleibt als dritte Ausgestaltungsform noch das mitgliedschaftsrechtlich ausgestaltete Timesharing, das insbesondere in Frankreich eine große Ausbreitung gefunden hat, was vor allem in den konstruktiven und praktischen Schwierigkeiten dinglicher Gestaltungsformen begründet liegt.[228] [229]

IV. Rechtslage in Österreich vor der Umsetzung der RL

Schon vor der Umsetzung der RL war in Österreich Timesharing nichts Unbekanntes mehr. Schließlich müssen neben den allgemeinen Regeln des ABGB je nach rechtlicher Konstruktion des Timesharing die für das jeweilige Rechtsinstitut spezifischen Gesetzesbestimmungen und die danach jeweils von der Judikatur herausgearbeiteten Grundsätze zum Tragen kommen. Beispielsweise zählen hierzu die Regeln über Fruchtgenuss, Miteigentum, Bestimmungen über den Bestandvertrag und das Mietrechtsgesetz, Regelungen über Vereins- und Aktienrecht.

Im Rahmen der Erarbeitung und des Abschlusses des Teilzeitnutzungsvertrages[230], hat vor allem das Verbraucherschutzrecht Österreichs sehr große Bedeutung. Dies ist teilweise im ABGB, im Bauträgervertragsgesetz, im Maklergesetz, zum größten Teil jedoch im KSchG zu finden.

Das KSchG beinhaltet vielfach Regelungen über Rücktrittsrechte. Man denke an Haustürgeschäfte oder an Nichteintritt von für den Vertragswillen des Verbrauchers gewissen Umständen über die Folgen des Rücktrittes, über Ratengeschäfte, über unzulässige Vertragsbestandteile, auch über

[228] Mehr dazu später beim Länderbericht Frankreich.
[229] Vergleiche dazu Martinek in: Grabitz/Hilf, A 13, Vorbem., 11 ff.
[230] Das ist nach österreichischer Terminologie der Vertrag über den Erwerb von Timesharing-Rechten.

die Rechtsposition und –stellung des Konsumenten bei einem Zusammenspiel von Unternehmer und Finanzierer.

Auch auf diesem Gebiet bestanden bereits vor der Umsetzung der RL sehr hohe verbraucherschutzrechtliche Standards, die in einigen Bereichen über das von der RL Geforderte und das im Rahmen der Europäischen Union gemeinschaftsrechtlich Gebotene hinausgehen.

V. Die Timesharing-Richtlinie

1. Notwendigkeit und Zweck einer gesetzlichen Regelung

Das Europäische Parlament und der Europäische Rat billigten am 26.10.1994 den vom Vermittlungsausschuss vorgeschlagenen Entwurf einer Richtlinie „zum Schutz der Erwerber im Hinblick auf bestimmte Aspekte von Verträgen über den Erwerb von Teilzeitnutzungsrechten an Immobilien (Timesharing-Richtlinie).[231]

Die RL wurde mit Beschluss des gemeinsamen EWR-Ausschusses vom 24. Februar 1995, Abl Nr L 83/94, in den Anhang XIX – Verbraucherschutz – des Abkommens über den Europäischen Wirtschaftsraum (EWR-Abkommen) aufgenommen, jedoch reicht der geographische Anwendungsbereich der RL weiter als ihr Art 9. Sie kommt dann zur Anwendung, wenn das Nutzungsobjekt zwar außerhalb eines EU-Mitgliedstaates, jedoch in einem Vertragsstaat des EWR-Abkommens liegt.

Es wurde bereits erwähnt, dass das Missverhältnis zwischen den beiden Vertragsteilen, das den Erwerber gegenüber dem Veräußerer in der eindeutig schwächeren Position zeigt, endlich als ein unionsweites Problem erkannt wurde.

Aufgrund von Werbemethoden durch Ansprechen auf der Straße oder auch durch Verteilen von „Urlaubsgewinnen“, kam es oftmals zu unüberlegten Vertragsabschlüssen. Ein großes Problem stellte der ebenso bereits erwähnte grenzüberschreitende Charakter der Verträge für den Erwerber dar[232], da die verschiedenen Verbraucherschutzniveaus der einzelnen Mitgliedstaaten von den Anbietern taktisch zum Nachteil der Erwerber ausgenutzt wurden.[233]

Eine weitere Schwierigkeit zeigt sich für den Erwerber in einer mangelnden dinglichen Sicherung, da nur sehr selten Eigentum oder eine ähnliche dingliche Absicherung erfolgt. Daher ist der Erwerber dem wirtschaftlichen Schicksal des Unternehmers ausgesetzt. Allerdings wollte man mit der RL nicht nur im Verbraucherschutz in dieser Richtung mehr Klarheit schaffen und den dort vorhandenen Defiziten begegnen, sondern auch für den europäischen Fremdenverkehrsmarkt positive Wirkungen erzielen, da Time-

---

[231] Richtlinie 94/47/EWG, Abl L 280 v. 29.10.1994.
[232] Vgl Seite 87.
[233] Perkmann, Timesharing-Richtlinie und Teilzeitnutzungsgesetz, 14.

sharing generell nicht nur den finanziell weniger gut gestellten Urlaubsgästen, sondern auch der Fremdenverkehrswirtschaft in den Mitgliedstaaten zu Gute kommt.[234]

Zweck dieser RL ist es, „eine minimale Grundlage an gemeinsamen Vorschriften auf diesem Gebiet[235] zu schaffen, die das ordnungsgemäße Funktionieren des Binnenmarktes und damit auch den Schutz der Erwerber gewährleisten."[236] Die RL beschränkt sich – wie schon in ihrer Bezeichnung zum Ausdruck gebracht wird – auf bestimmte Aspekte der Vertragsabschlüsse, nämlich auf die Information über die Vertragsinhalte sowie auf die Einführung eines Rücktrittsrechtes. Es wird also schon fleißig an den zuvor erwähnten typischen Verbraucherschutzinstrumenten gearbeitet.

Eine Harmonisierung der unterschiedlichen Rechtsvorschriften der Mitgliedstaaten über die Rechtsnatur der von der RL erfassten Verträge und Rechte wurde zur Erfüllung dieser primär angestrebten Ziele (Funktionieren des Binnenmarktes und Erwerberschutz) nicht als erforderlich angesehen und deshalb auch nicht übernommen. Die RL will also „weder regeln, inwieweit Verträge über die Teilzeitnutzung einer oder mehrerer Immobilien in den Mitgliedstaaten geschlossen werden können, noch die Rechtsgrundlagen dieser Verträge festlegen".[237]

2. Inhalt der RL

Das Europäische Parlament und der Rat der Europäischen Union haben, gestützt auf den Vertrag zur Gründung der Europäischen Gemeinschaft (insbesondere auf Art 95 EGV neu = Art 100 a EGV alt) auf Vorschlag der Kommission[238] nach Stellungnahme des Wirtschafts- und Sozialausschusses[239] gemäß dem Verfahren des Art 251 EG-V neu (= Art 189b alt) am 26.10.1994 zum Schutz der Erwerber im Hinblick auf bestimmte Aspekte von Verträgen über den Erwerb von Teilzeitnutzungsrechten an Immobilien grundsätzlich folgende Regelungen beschlossen[240] [241].

---

[234] Martinek, ZEuP 1994, 472 ff.

[235] Unter Gebiet versteht man in diesem Zusammenhang den Schutz der Erwerber bei Verträgen über die Nutzung von Immobilien als Teilzeiteigentum.

[236] Punkt 2 der einleitenden Bemerkungen zur Richtlinie.

[237] Punkt 4 der einleitenden Bemerkungen zur Richtlinie.

[238] Abl C 299 v. 5.11.1993, 8.

[239] Abl C 108 v. 19.4.1993, 1.

[240] Die folgende Abhandlung der RL zielt auf die wesentlichen Kernbereiche im Zuge des Verbraucherschutzes ab; Der Volltext der RL findet sich im Anhang.

[241] Vgl dazu die einführenden erläuternden Bemerkungen zur RL.

Art 1 RL definiert den sachlichen Geltungsbereich und stellt bereits zu Beginn klar, dass nur bestimmte „Aspekte der Bestimmungen über Vertragsabschlüsse“ geregelt werden sollen. Anschließend werden die beiden aufgezählt, nämlich die „Information über die Vertragsinhalte und Einzelheiten der Übermittlung dieser Information“ und das „Verfahren und Einzelheiten des Rücktrittsrechtes.“ Was weitere Aspekte der RL betrifft[242], behalten die Mitgliedsstaaten unter Einhaltung der allgemeinen Bestimmungen des Vertrages ihre Zuständigkeit. Nur zwei Mitgliedstaaten, Spanien und Portugal, haben sich entschlossen, einen eigenen Rechtsrahmen für diese Verträge zu schaffen. Spanien hat nach dem Vorbild Portugals beschlossen, den Verträgen über Teilzeitnutzungsrechte an Immobilien den Status dinglicher Rechte einzuräumen und sieht nunmehr für diese Verträge dieselben Formvorschriften wie für dingliche Verträge vor (öffentliche Urkunde, Eintragung ins Grundbuch etc.)[243]

Art 2 enthält wichtige Definitionen für die in der RL verwendeten Ausdrücke.
Die Definition des Timesharing-Vertrages ist sehr weit gefasst.[244] Diese weite Formulierung wurde bewusst gewählt, um die Unterschiedlichkeit der Rechte in den zu erwarteten Verträgen zu berücksichtigen und auch alle rechtlichen Formen des Timesharing wie auch alle faktischen Erscheinungen zu erfassen.

Bezüglich der Länge der Vertragsdauer sahen die meisten Mitgliedstaaten keine Obergrenze vor, in Spanien wurde eine Höchstdauer von 50 Jahren festgelegt, in Portugal ist bei Verträgen über dingliche Rechte vorgesehen, dass die Vertragsparteien die Laufzeit des Vertrages selbst bestimmen, wenn diese nicht weniger als 15 Jahre beträgt, Verträge nicht dinglicher Art gelten entweder auf Lebenszeit oder für eine Laufzeit von höchstens 30 Jahren. Was die jährliche Nutzungsperiode betrifft, so haben Spanien und Portugal sie auf mindestens sieben Tage festgelegt, Österreich, Deutschland und Frankreich verzichteten auf eine solche Festlegung.[245]

---

242 Gemeint ist unter anderem die Festlegung der Rechte, die Gegenstand der von dieser RL betroffenen Verträge sind.

243 Bericht der Kommission über die Anwendung der Richtlinie 94/47/EG, 8.

244 Der Ausdruck „Vertrag über den unmittelbaren oder mittelbaren Erwerb von Teilzeitnutzungsrechten an einer oder mehreren Immobilien, im folgenden Vertrag genannt“ bezeichnet „einen Vertrag oder eine Gruppe von Verträgen mit einer Mindestlaufzeit von drei Jahren, durch den (die) unmittelbar oder mittelbar gegen Zahlung eines bestimmten Gesamtpreises ein dingliches Recht oder ein sonstiges Nutzungsrecht an einer oder mehreren Immobilien für einen bestimmten oder eine zu bestimmenden Zeitraum des Jahres, der nicht weniger als eine Woche betragen darf, begründet oder übertragen wird oder eine entsprechende Übertragungsverpflichtung begründet wird.

245 Bericht der Kommission über die Anwendung der Richtlinie 94/47/EG, 10.

Unter Immobilie ist „das Wohngebäude als Ganzes oder ein Teil eines Wohngebäudes, auf das/den sich das im Vertrag vorgesehene Recht erstreckt“ zu verstehen. Daraus folgt nun eine Abgrenzung zum Timesharing an beweglichen Sachen und auch unbebauten Grundstücken (wie z.B. Freizeitparks), auf denen bewegliche Sachen oder trennbare Bestandteile verwendet werden. Letztere werden von der RL nicht erfasst.[246]

Der Timesharing-Anbieter wird in der RL als „Verkäufer“ tituliert und normiert. Dies sei „jede natürliche oder juristische Person, die im Rahmen ihrer Berufsausübung durch die unter diese RL fallenden Vertragsabschlüsse das im Vertrag vorgesehene Recht begründet, überträgt oder zu übertragen sich verpflichtet. Folgt man dieser Regelung, wird ein Vertrag unter Privaten nicht unter die RL fallen. Die Formulierung „im Rahmen ihrer Berufsausübung“ zeigt eine große Ähnlichkeit mit § 1 Abs 1 Z 1 KSchG, wonach das KSchG auf einen Vertrag anzuwenden ist, „für den das Geschäft zum Betrieb seines Unternehmens gehört.“
Darunter werden alle Haupt-, Hilfs- und Nebengeschäfte, die in irgendeiner Weise Unternehmensinteressen dienen, verstanden.[247]

„Erwerber“ ist „jede natürliche Person, der das im Vertrag vorgesehene Recht übertragen wird oder zu deren Gunsten es begründet wird und die bei den unter diese RL fallenden Vertragsabschlüssen für einen Zweck handelt, der als außerhalb ihrer Berufsausübung liegend betrachtet werden kann“.

Denkbar wäre jedoch auch der Erwerb von Teilzeiteigentumsrechten durch Personengemeinschaften, die ohne Erwerbszweck handeln. Als Beispiel sei ein Seniorenklub zu nennen, der Teilzeiteigentumsrechte für die Ferien seiner Mitglieder erwirbt oder auch ein außerhalb seiner spezifischen Tätigkeit handelndes Unternehmen, welches solche Rechte erwirbt, um der Belegschaft Ferienaufenthalte zu ermöglichen. Es gehe somit um eine Erweiterung des Verbraucherbegriffes.[248] [249]

Art 3 RL normiert die vorvertragliche Informationspflicht und bestimmt gemeinsam mit dem Anhang zur RL, auf den in Art 3 verwiesen wird, dass der Verkäufer im Sinne einer vorvertraglichen Informationspflicht verpflichtet ist, „jedem Interessenten, der Informationen über die Immobilie(n) wünscht, ein Schriftstück auszuhändigen, das außer den allgemeinen Be-

[246] Abl Nr C 108,S 3.
[247] Vgl dazu Pittl,Gedanken zur Timesharing-Richtlinie der EG und zum Eigentum auf Zeit, WoBl 1995, 212; Krejci in Rummel², Rz 22 zu § 1 KSchG
[248] Abl Nr C 108, S 3.
[249] Pittl, WoBl 1995, 212.

schreibungen dieser Immobilie(n) zumindest kurze genaue Angaben" über die im Anhang aufgezählten Mindestangaben enthält.[250]

Diese Vorschrift ist dahingehend zu verstehen, dass nicht nur jeder Interessent, sondern vielmehr jeder Erwerber eines Timesharing-Rechtes vor dem Vertragsabschluss die Möglichkeit haben sollte, einen Prospekt durchzusehen.[251] Fraglich ist allerdings, ob dem Erwerber auch tatsächlich ein „Schriftstück" vorab und nicht erst beim Abschluss ausgehändigt wird. Hier kommt jedoch auch die in der RL normierte Rücktrittsregelung ins Spiel, da dem Erwerber bei Unterzeichnung des Vertrages eine zehntägige bzw. bei bestimmten Mängeln im Vertrag eine dreimonatige Rücktrittsfrist zusteht. Enthalten die Unterlagen zu Informationszwecken nicht alle in Art 3 Abs 1 aufgezählten Punkte, ist eine Geldstrafe die häufigste Strafmaßnahme, Frankreich und Spanien sehen auch die Nichtigkeit des Vertrages vor, wenn Informationselemente im Angebot fehlen.[252]

In Art 3 Abs 2 schreibt die RL den Mitgliedstaaten vor, in ihren Rechtsvorschriften darauf zu achten, dass die in Abs 1 enthaltenen Angaben als zwingender Bestandteil in Verträgen vorgesehen sind. Aufgrund dieser genauen und detaillierten Regelungen soll sich der Verbraucher ein ziemlich umfangreiches Bild über dem von ihm zum Kauf beabsichtigten Kaufgegenstand machen und daher die Möglichkeit bekommen, eine für ihn passable und richtige Entscheidung zu treffen.

Alle diese Angaben müssen Bestandteil des Vertrages sein. Art 3 Abs 2 sagt nämlich weiter, dass „ohne ausdrückliche Vereinbarung der Vertragsparteien" Änderungen der in Absatz 1 genannten Angaben nur aufgrund von Umständen vorgenommen werden, auf die der Verkäufer kei-

---

[250] Dazu zählen die genaue Rechtsstellung des Verkäufers zum Zeitpunkt des Vertragsabschlusses, die genaue Angabe des auf den Vertrag anzuwendenden Rechts, die genaue Beschreibung der Immobilie und ihrer Belegenheit, bei einer im Bau befindlichen Immobilie zusätzlich Angaben über den Stand der Arbeiten, Angabe einer angemessenen Schätzung der Frist für die Fertigstellung der Immobilie, Garantien für die ordnungsgemäße Fertigstellung der Immobilie und für die Rückzahlung aller getätigten Zahlungen für den Fall, dass die Immobilie nicht fertiggestellt wird, Angabe der gemeinsamen Dienstleistungen (Licht, Wasser, Instandhaltung, Müllabfuhr), die dem Erwerber zur Verfügung stehen werden sowie ihrer Nutzungsbedingungen, Angabe der gemeinsamen Einrichtungen wie Schwimmbad, Sauna usw., zu denen der Erwerber gegebenenfalls Zugang erhalten hat oder erhalten wird, sowie gegebenenfalls der Zugangsbedingungen, Grundsätze, nach denen Instandhaltung und Instandsetzung sowie Verwaltung und Betriebsführung der Immobilie erfolgen, Angaben über den vom Erwerber zu zahlenden Preis unter Berücksichtigung der Betriebskosten, Steuern usw. sowie Informationen über das Rücktrittsrecht und der damit verbundenen Kosten.

[251] Mäsch, EuZW 1995, 12.

[252] Bericht der Kommission über die Anwendung der Richtlinie 94/47/EG, 11f.

nen Einfluss hat. Änderungen dieser Angaben müssen dem Erwerber vor Abschluss des Vertrages mitgeteilt werden. In dem Vertrag muss ausdrücklich auf diese Änderungen hingewiesen werden.

Mäsch[253] meint dazu, dass eine „übertriebene Detailfreudigkeit auch wie ein Boomerang wirken" kann, da sich der Erwerber vor seiner Kaufentscheidung durch eine sehr große Anzahl von Abgaben „durchwühlen" muss und trotz allem noch wesentliche Punkte übersehen kann, die jedoch Bestandteil des Vertrages sind.

Art 4 regelt Form, Inhalt und Sprache des Timesharingvertrages und sieht zwingend die Schriftform des Vertrages vor. Weiters wird festgesetzt, dass sowohl der Vertrag als auch das in Art 3 Abs 1 genannte Schriftstück „nach Wahl des Erwerbers in der oder einer zu den Amtssprachen zählenden Sprache des Mitgliedstaates, in dem der Erwerber seine Wohnsitz hat, oder des Mitgliedstaates, dessen Staatsangehöriger er ist, abgefasst sein muss. Der Mitgliedstaat, in dem der Erwerber seinen Wohnsitz hat, kann jedoch vorschreiben, dass der Vertrag auf jeden Fall zumindest in seiner oder seinen zu den Amtssprachen der Gemeinschaft zählenden Sprache(n) abgefasst ist."[254]

Zudem wird der Anbieter durch Art 4 RL verpflichtet, dem Erwerber eine beglaubigte Übersetzung des Vertrages in der Sprache des Mitgliedstaates auszuhändigen, in dem die Immobilie gelegen ist.[255] Diese Regel schafft dem Erwerber eine Möglichkeit, sich in einer für ihn verständigen Sprache vom Vertrag zu überzeugen, um die Gefahr einer Manipulierung zu verringern.[256]

Obwohl sich fast alle Mitgliedstaaten damit begnügten, Art 4, erster Gedankenstrich in seinem Wortlaut umzusetzen, besteht Portugal insbesondere auf Informationen über die Wohnungseinheiten (z.B. ihre genaue Beschreibung, die Bezeichnung der Einheiten usw.) sowie auf den verschiedenen Garantien, für die der Verkäufer zuständig ist (z.B. jene zur Gewährleistung der guten Verwaltung der Immobilie). Bei Verstoß gegen das Erfordernis der Schriftform gibt es entweder die Möglichkeit einer Geldstrafe (Portugal, wobei hier auch noch die Möglichkeit besteht, die Tätigkeit des Gewerbetreibenden für zwei Jahre zu untersagen) oder es gilt Nichtigkeit des Vertrages (Deutschland, Frankreich, Spanien).

---

[253] Mäsch, EuZW 1995, 11.
[254] Art 4, erster und zweiter Gedankenstrich.
[255] Art 4, dritter Gedankenstrich.
[256] Pittl, WoBl 1995, 213; Meinung des Wirtschafts- und Sozialausschusses im Abl Nr C 137, S 49.

Art 4 zweiter und dritter Gedankenstrich legen Sprache und Übersetzung des Vertrages fest. Hat dabei der Erwerber nicht das Recht, die Sprache der Unterlagen oder des Vertrages zu wählen, wird entweder der Vertrag für null und nichtig erklärt, oder eine Geldstrafe verhängt. Portugal bestraft den Verkäufer erneut durch Aussetzung der Berufsausübung auf zwei Jahre. Deutschland sieht zwei verschiedene Rechtsfolgen vor, je nachdem ob das Recht, die Sprache zu wählen, bei den Unterlagen (ein Monat Rücktrittsrecht) oder beim Vertrag (Nichtigkeit) verwehrt worden ist.[257]

In Art 5 befindet sich das Herzstück der RL, nämlich dem Erwerber die Möglichkeit zu geben, sich von einem abgeschlossenen Vertrag wieder zu lösen.

In den deutschen Übersetzungen wird immer vom Rücktrittsrecht gesprochen, allerdings findet sich im französischen Originaltext der Ausdruck „rétractation", der mE nach besser mit Widerrufungsmöglichkeit ins deutsche zu übersetzen wäre.

Dem Erwerber und Konsumenten soll neben den, ihm nach den nationalen Rechtsvorschriften zur Verfügung stehenden Rechten die Chance geboten werden, die eingegangenen Verpflichtungen zuerst zu erkennen und in Ruhe, damit ist vor allem gemeint, außerhalb des Einflussbereiches des Verkäufers[258], seine Kaufabsicht zu überlegen. Daher kann der Erwerber „innerhalb von zehn Tagen nach Unterzeichnung des Vertrages durch beide Parteien oder nach Unterzeichnung eines verbindlichen Vorvertrages durch beide Parteien ohne Angabe von Gründen vom Vertrag zurücktreten." Sollte der zehnte Tag ein Sonn- oder Feiertag, verlängert sich die Frist auf den nächsten Arbeitstag.[259]

Weiters kann der Erwerber innerhalb von drei Monaten nach Unterzeichnung des Vertrages oder eines verbindlichen Vorvertrages durch beide Parteien vom Vertrag zurücktreten, wenn der Vertrag bestimmte im Anhang zur RL angeführte Angaben vermissen lässt.

---

[257] Bericht der Kommission über die Anwendung der Richtlinie 94/47/EG, 13 ff.
[258] Begründung zum Vorschlag der Europäischen Kommission, Dok KOM (92) 220, Kommentierung zum damaligen Art 7.
[259] Art 5 Abs 1, erster Gedankenstrich.

Darunter fallen:

- die genaue Rechtsstellung des Verkäufers (lit a)
- das auf den Vertrag anzuwendende Recht (lit b)
- die genaue Beschreibung der Immobilie (lit c)
- Angaben über den Stand der Bauarbeiten (lit d Z 1)
- den geschätzten Fertigstellungstermin einer sich im Bau befindlichen Immobilie (lit d Z 2)
- die Angabe des Zeitraums, innerhalb dessen das im Vertrag vorgesehene Recht ausgeübt werden darf (lit h)
- Angaben über den vom Erwerber zu entrichtenden Preis samt Betriebskosten, Steuern, Abgaben sowie der zusätzlichen Verwaltungskosten (lit i)
- Angaben über die Tauschmöglichkeit bzw. Möglichkeit einer Weiterveräußerung (lit k)
- exakte Information über das Rücktrittsrecht (lit l)
- Zeitpunkt und Ort der Unterzeichnung des Vertrages durch jede Vertragspartei (lit m)[260]

Werden alle diese aufgezählten Angaben innerhalb von drei Monaten vom Verkäufer dem Erwerber vorgelegt werden, so steht dem Erwerber von diesem Zeitpunkt an die zehntägige Rücktrittsfrist zu. Es wäre in diesem Fall unangemessen, dem Erwerber Kosten aufzuerlegen, es trifft ihn daher keine Kostenersatzpflicht.[261] Natürlich kann sich die Rücktrittsfrist wieder verkürzen, indem der Anbieter die erforderlichen Angaben nachreicht. Genügt er nachträglich seiner Informationspflicht, so beginnt von diesem Zeitpunkt an die zehntägige Frist zu laufen.[262]

Macht der Erwerber nicht von dem dreimonatigen Rücktrittsrecht Gebrauch, stehen ihm weitere zehn Tage Rücktrittsfrist zur Verfügung und zwar dann, wenn der Vertrag noch immer nicht die oben genannten Mindestangaben enthält.[263]

Österreich sah z.B. von Beginn an eine längere als die zehntägige Rücktrittsfrist (nämlich 14 Tage) vor, Frankreich sah vor, dass ein schriftliches Angebot gemacht werden muss, dass über einen Zeitraum von sieben Tagen unwiderruflich sein muss. Nimmt der Verbraucher das Angebot des

---

[260] Dies alles findet sich in Art 5 Abs 1, zweiter Gedankenstrich bzw. im Anhang (Mindestangaben, die nach Art 4 in dem Vertrag enthalten sein müssen).
[261] Abl Nr C 137, S 49.
[262] Martinek in Grabitz/Hilf, A 13, Art 5, 6.
[263] Art 5 Abs 1, dritter Gedankenstrich.

Gewerbetreibenden an, sendet er es ihm unterzeichnet zurück. Erst ab Versand beginnt die zehntägige Rücktrittsfrist.[264]

Will der Erwerber sein Rücktrittsrecht ausüben, so teilt er dies vor Fristablauf „der Person mit, deren Name und Anschrift zu diesem Zweck im Vertrag angegeben sind". Die Frist gilt als gewahrt, wenn „die Mitteilung, sofern sie schriftlich erfolgt, vor Fristablauf abgesandt wird." Gemäß Art 5 Abs 3 ist der Erwerber dabei nur zur Erstattung der im Vertrag ausdrücklich genannten Kosten verpflichtet, die ihn bereits nach den nationalen Rechtsvorschriften treffen und die durch Rechtshandlungen entstanden sind.[265] Zudem ist der Erwerber gemäß Art 5 Abs 4 RL zu keiner Erstattung verpflichtet, wenn er von seinem Rücktrittsrecht in Abs 1 Gebrauch macht.

Nur manche Mitgliedstaaten haben ausdrücklich die Art und Weise festgelegt, nach der der Erwerber bei der Mitteilung vorzugehen hat. Die Mitteilung erfolgt entweder schriftlich (Österreich und Deutschland), mittels Notariatsakt, wenn der Vertrag von einem Notar errichtet wird (Spanien) oder in Form eines sogenannten Coupons (Frankreich)

Art 5 RL regelt ein Rücktrittsrecht, das weit über den durch § 3 österreichisches KSchG gewährten Schutz des Konsumenten hinausgeht. Schließlich hat der Erwerber das Recht, vom Vertrag zurückzutreten unabhängig davon, ob er für seine Vertragserklärung in vom Verkäufer „für seine geschäftlichen Zwecke dauernd benützten Räumen" oder „bei einem von diesem dafür auf einer Messe oder einem Markt benützten Stand" abgegeben hat.[266] Zudem schließt dann § 3 Abs 3 KSchG ein Rücktrittsrecht für den Konsumenten aus, wenn der Konsument „selbst die geschäftliche Verbindung mit dem Unternehmer oder dessen Beauftragten zwecks Schließung des Vertrages angebahnt hat." Auch hier erweist sich Art 5 RL konsumentenfreundlicher wie das österreichische KSchG.

Art 6 RL regelt, dass vom Erwerber vor Ablauf der zehntägigen Rücktrittsfrist keinerlei Anzahlungen geleistet werden dürfen. Dadurch soll dem Erwerber die Ausübung seines Rücktrittsrechtes nicht erschwert werden, da es für ihn nicht gerade leicht wäre, den bereits anbezahlten Betrag zurückzubekommen.[267] Dieses Verbot kann jedoch nur dann die erwünschte Wirkung erzielen, wenn seine Nichtbeachtung auch dementsprechend geahndet wird, wofür Art 10 RL vorgesehen ist. Werden vom Erwerber

---

[264] Bericht der Kommission über die Anwendung der Richtlinie 94/47/EG, 17.
[265] Pittl, WoBl 1995, 214.
[266] Pittl, WoBl 1995, 214.
[267] Abl Nr C 137, S 49.

Anzahlungen geleistet, so ist die am weitesten verbreitete Art der Strafe die Verhängung einer Geldstrafe über den Verkäufer (Österreich, Frankreich und Portugal – wobei erneut eine Aussetzung der Berufsausübung des Verkäufers auf zwei Jahre möglich ist). Spanien sieht die Nichtigkeit des Vertrages vor und zwingt den Verkäufer, dem Erwerber die geleisteten Anzahlungen in doppelter Höhe zurückzuerstatten. Deutschland sieht zwar ausdrücklich keine Strafe vor, der Erwerber hat nicht nur das Recht auf Rückerstattung der irrtümlich als Anzahlung geleisteten Summe, sondern im Schadensfall auch auf Erhalt einer Entschädigung. Das deutsche Recht schützt die Öffentlichkeit auch vor Verkäufern, die sich nicht an das Verbot, Anzahlungen zu verlangen, halten, diese riskieren Berufsverbote.[268]

In Art 7 RL ist die Auswirkung eines Rücktrittes des Erwerbers vom Timesharing- Vertrag für jene Verträge geregelt, die der Finanzierung für das Timesharing-Recht zugrunde liegen. Bei vollständiger oder teilweiser Finanzierung des Kaufpreises mittels vom Verkäufer oder von dritter Stelle gewährten Kredites kommt es zu einer entschädigungsfreien Auflösung des Kreditvertrages, falls der Erwerber von seinem Rücktrittsrecht nach Art 5 RL Gebrauch macht. Es wird somit anerkannt, dass der „Kaufvertrag“ die Geschäftsgrundlage des Kreditvertrages bildet und mit diesem untrennbar verbunden ist.[269]

Art 8 RL erklärt Vertragsbestimmungen, in denen der Erwerber auf die Ausübung von durch die RL eingeräumten Rechten verzichtet oder wonach der Verkäufer von den ihm aus der RL erwachsenen Verpflichtungen entbunden wird, als für den Erwerber nicht bindend, d.h. die RL entfaltet hier relativ zwingendes Recht zugunsten des Erwerbers. Österreich, Portugal und Frankreich erklären Vertragsbestimmungen über einen Rechtsverzicht und eine Entbindung von Verpflichtungen für nichtig. Portugal sanktioniert den Gewerbetreibenden erneut mit einer Aussetzung seiner Berufsausübung auf zwei Jahre.[270]

Generell muss dafür Sorge getragen werden, dass zwingende Schutzvorschriften zugunsten des Timesharing-Erwerbers nicht durch Rechtswahl oder andere kollisionsrechtliche Mechanismen umgangen werden können.

Art 9 gewährt dem Erwerber den Schutz der RL, „wenn die Immobilie in dem Hoheitsgebiet eines Mitgliedstaates gelegen ist.“ Diese Vorschrift soll

---

[268] Bericht der Kommission über die Anwendung der RL 94/47/EG, 20f; Martinek in Grabitz/Hilf, A 13, Art 6, 1.

[269] Pittl, WoBl 1995, 215.

[270] Bericht der Kommission über die Anwendung der Richtlinie 94/47/EG, 21f.

der Umgehung des Erwerberschutzes durch eine Rechtswahlklausel zugunsten eines Drittlandes verhindern.[271] Der Richtlinienschutz wird dem Erwerber also bei vertraglich vereinbarter Anwendung des Rechtes eines Drittstaates dann nicht gewährt, wenn die Immobilie außerhalb der Liegenschaft gelegen ist.[272]

Manche Mitgliedstaaten (Österreich und Deutschland) haben den dem Erwerber gewährten Schutz auf Fälle ausgedehnt, in denen die Immobilie im Hoheitsgebiet eines Staates des EWR belegen ist. Andere wiederum (u.a. Frankreich) haben beschlossen, den Schutz für Erwerber auch auf Fälle auszudehnen, in denen die Immobilie außerhalb der Grenzen des EWR belegen ist. Obwohl sich die RL nicht mit Fragen der Wahl des Gerichtsstandes in Verträgen über ein Teilzeitnutzungsrecht beschäftigt, haben fast alle Staaten beschlossen, Texte in ihre Umsetzungsmaßnahmen aufzunehmen, die den Erwerber schützen sollen.[273]

Die rechtstechnische Art und Weise der Umsetzung der kollisionsrechtlichen Vorgaben der RL bliebt den Mitgliedstaaten überlassen. Denkbar ist eine unbedingte Sonderanknüpfung oder eine bedingte Sonderanknüpfung iSv einem Günstigkeitsvergleich nach dem Vorbild des Art 5 Abs 2 EVÜ. Dagegen verbietet sich die Umsetzung durch ein einfaches Rechtswahlverbot, denn damit könnte nicht die Gefahr vermieden werden, dass die Parteien das Recht eines Drittlandes als das auf den Vertrag anzuwendende Recht bestimmen, wenn die Immobilie im Ausland liegt.[274]
Die RL schreibt den Mitgliedstaaten nur ganz wenige Sanktionen bei Nichteinhaltung der Bestimmungen der RL vor, deren wichtigste die Verlängerung des zehntägigen Rücktrittsrechts auf höchstens drei Monate und zehn Tage bei Fehlen bestimmter vertraglicher Mindestangaben ist. Ansonsten überlässt es Art 10 RL den Mitgliedstaaten, die Folgen der Nichtbeachtung der Bestimmungen der RL zu regeln.

In Art 11 RL findet sich eine sehr wichtige Bestimmung, nach der die Mitgliedstaaten die Möglichkeit haben, „unbeschadet der ihnen aus dem Vertrag erwachsenden Verpflichtungen“ für den Erwerber günstigere Schutzvorschriften beizubehalten oder neu zu erlassen, dies deshalb, da die RL nur einen verbraucherschutzrechtlichen Mindeststandard gewährleistet.

Art 12 Abs 1 RL fordert alle Mitgliedstaaten auf, die Timesharing-RL binnen 30 Monaten nach ihrer Veröffentlichung im Amtsblatt der Europäi-

---

[271] Mäsch, EuZW 1995, 13.
[272] Vgl dazu Abl Nr C 137, S 49f.
[273] Bericht der Kommission über die Anwendung der Richtlinie 94/47/EG, 22f.
[274] Martinek in: Grabitz/Hilf, A 13, Art 9, 4.

schen Gemeinschaft ins nationale Recht umzusetzen, d.h. bis zum 29.4.1997. Diese Frist kam auf Drängen der Vertreter der Bundesrepublik Deutschland zustande. Während das Parlament glaubte, mit zwei Jahren auszukommen, baten die Deutschen um eine Frist von drei Jahren aufgrund der in Deutschland oft schleppenden Verfahren der Umsetzung.

Art 12 Abs 2 verpflichtet die Mitgliedstaaten, der Kommission den Wortlaut der innerstaatlichen Rechtsvorschriften, die sie auf diesem Gebiet erlassen hat, mitzuteilen.

VI. Österreichische Rechtslage

Im österreichischen Recht[275] konnten derartige Verträge, wie bereits erwähnt, nur nach den allgemeinen Regeln und Grundsätzen des ABGB behandelt werden.
Lag der Schwerpunkt auf der Gebrauchsüberlassung, so war das Mietrecht des ABGB und des MRG anwendbar. Bei einer Vertragsgestaltung, bei der der Erwerber Mitglied in einem Verein wird[276], der ihm dann die Benutzung einer Ferienwohnung zuweist, wäre Vereinsrecht von nöten. Ist der Erwerber ein Konsument, so gelten für ihn die Bestimmungen des 1. Hauptstückes des österreichischen KSchG.
Da jedoch weder die allgemeinen Regeln des Zivilrechtes noch die spezielleren des KSchG für solche Verträge besondere Informationspflichten vorsahen, noch ein Timesharing spezifisches Rücktrittsrecht kannten, bestand zwischen den Anforderungen der RL und dem österreichischen Recht im Hinblick auf Timesharing ein Anpassungsbedarf, dem man mit dem Teilzeitnutzungsgesetz entgegenzutreten versuchte.[277]

1. Vorarbeiten; Art der Umsetzung[278]

Als ersten Schritt zur Erfüllung der sich aus Art 12 RL ergebenden Rechtsetzungsverpflichtung erstellte das Bundesministerium für Justiz einen Vorentwurf für ein Teilzeitnutzungsgesetz. Eine denkbare Alternative zur Schaffung eines eigenen Gesetzes bestünde im Einbau der neuen Regelungen in das Konsumentenschutzgesetz, zumal die aufgrund der RL zu erlassenden Bestimmungen ja durchwegs dem zivilrechtlichen Verbraucherschutz zuzurechnen sind.[279]
Der österreichische Gesetzgeber entschied sich jedoch für ein eigenes Gesetz, weil es sich im Fall des Timesharing um eine sehr eingegrenzte, spezifische Materie handelt. Zudem kam nach Ansicht des österreichischen Gesetzgebers zu einem doch beträchtlichen, vorgegebenen Regelungsumfang der RL. Vor allem waren es aber auch kollisionsrechtliche

---

[275] Vgl Villotti, Time-sharing von Ferienwohnungen in Österreich, WoBl 1990, 149 und Pittl, WoBl 1995, 208.
[276] Das Vereinsmodell, siehe dazu Hildenbrand, NJW 1994, 1992f.
[277] Siehe Graf, Die EU-Vorgaben auf dem Gebiet des Verbraucherschutzes in: Österreichisches und europäisches Wirtschaftsprivatrecht, Teil 8/1, 1997, 86f.
[278] anhand der Erläuternden Bemerkungen zur Regierungsvorlage, 5 ff; Vgl auch Stabentheiner, Teilzeitnutzungsgesetz, 1998, 5 ff.
[279] Eine Aufteilung in Privat- und Öffentliches Recht wie bei der zuvor behandelten Pauschalreiserichtlinie ist hier nicht notwendig.

Erwägungen, die sich auf Art 9 der RL bezogen und denen zu Folge eine äußerst komplizierte und systematisch nicht befriedigende Einarbeitung in das KSchG nicht von Vorteil wäre. Allerdings sei demgegenüber noch zu erwähnen, dass eine Eingliederung in das KSchG durchaus von Vorteil hätte sein können, da mehr Übersichtlichkeit gegeben wäre, die im TNG enthaltenen Querverweise wegfallen würden und das KSchG ein zentraleres Gesetz mit mehr Verbraucherschutzbestimmungen geworden wäre. Schließlich wurden ja auch die Regeln zur Pauschalreiserichtlinie ins KSchG eingegliedert.

Es wurde darauf beim Bundesministerium für Justiz eine Arbeitsgruppe Timesharing eingerichtet, der Vertreter diverser Institutionen angehörten. Auf der Grundlage der Beratungsergebnisse wurde der Vorentwurf des BMfJ, der sich im wesentlichen auf die Umsetzung der Richtlinien beschränkte, modifiziert und weiterentwickelt und so ein Ministerialentwurf für ein Teilzeitnutzungsgesetz erstellt, der zur allgemeinen Begutachtung versendet wurde. Auch der Meinungsaustausch mit teilnehmenden Vertretern der Rechtswissenschaft und der Rechtsberufe im Rahmen einer Diskussion an der Rechtswissenschaftlichen Fakultät der Universität Wien erbrachte neue Aspekte und Überlegungen. Unter Berücksichtigung dieser Stellungnahmen und Äußerungen wurde der Gesetzesentwurf überarbeitet und in der neuen Fassung nochmals in der Arbeitsgruppe Timesharing besprochen, wo dann unter den Arbeitsgruppenmitgliedern fast in allen noch zur Debatte stehenden Fragen dogmatischer oder rechtspolitischer Art ein Konsens erreicht wurde. Der aus all diesen Beratungen resultierende Gesetzesentwurf kann sich somit auf eine breite Schicht von Zustimmung von Vertretern aller beteiligten Interessentenkreise stützen.

Wie bereits erwähnt, gibt es eine Vielzahl von Ausgestaltungen von Teilzeitnutzungsverträgen. Das TNG regelt keinen bestimmten Vertragstyp, sondern lässt die Möglichkeit unterschiedlicher rechtlicher Konstruktionen zu. Dies kommt nicht nur den Vorgaben der RL sehr nahe, sondern zeigt sich auch bei den wirtschaftlichen und internationalen Gegebenheiten der Timesharing-Branche.[280]

---

[280] Erläuternde Bemerkungen zur Regierungsvorlage, 9 ff.

2. Das Teilzeitnutzungsgesetz (TNG)

2.1. Geltungsbereich und Begriffsbestimmungen

2.1.1. Verbraucher und Unternehmer

§ 1 Abs 1 TNG umschreibt den Anwendungsbereich dieses Gesetzes. Es gilt für Verträge, mit denen ein Verbraucher von einem Unternehmer Teilzeitnutzungsrechte erwirbt. Die Vertragsparteien werden als Verbraucher und Unternehmer im Sinne des § 1 KSchG bezeichnet, da gewährleistet sein soll, dass subsidiär die allgemeinen Bestimmungen des KSchG gelten sollen. Es ist daher eine eigene Definition der später im Gesetzestext verwendeten Begriffe Erwerber und Veräußerer entbehrlich. Auf einen kleinen Unterschied zur RL soll an dieser Stelle eingegangen werden. Nach Art 2 RL sind nur natürliche Personen Erwerber, anders das KSchG. Da nach der hA zum KSchG auch juristische Personen Verbraucher sein können, ergibt sich durch diese Begriffswahl eine Abweichung zur RL, die jedoch zulässig ist, da sie für den Verbraucher günstiger ist (Art 11 RL).[281]

§ 1 Abs 2 TNG entspricht Art 8 der RL und enthält eine einseitig zwingende Günstigkeitsklausel, wodurch Vorschriften aus anderen Gesetzen, die für den Erwerber günstiger sind (KSchG, BTVG und MRG) unberührt bleiben und abweichende Vereinbarungen nichtig wären.

2.2. Sachlicher Geltungsbereich des TNG

Bei der Definition des Teilnutzungsrechtes (§ 2 Abs 1 TNG) folgt das Gesetz weitgehend der RL.[282] Ein Unterschied liegt jedoch vor: Das TNG verzichtet auf eine Regelung von Verträgen, in denen das Nutzungsrecht für einen Zeitraum von nicht weniger als einer Woche pro Jahr eingeräumt wird. Diese Abweichung erscheint durch Art 11 RL sehr wohl gerechtfertigt, wonach es erlaubt ist, für den Erwerber günstigere Vorschriften zu erlassen.[283]

Der in § 2 Abs 2 ZNG definierte Teilnutzungsvertrag entspricht dem in Art 2 RL definierten Vertrag über den unmittelbaren oder mittelbaren Erwerb von Teilzeitnutzungsrechten an einer oder mehreren Immobilien. Die Defi-

---

281 Jesser, Kiendl, Time-Sharing in Österreich, WoBl 1997, 13.

282 Das Teilzeitnutzungsrecht wird definiert als das mindestens für drei Jahre eingeräumte dingliche oder obligatorische Recht, ein Nutzungsobjekt wiederkehrend während eines begrenzten Zeitraums zu Erholungs-, Freizeit- oder ähnlichen Zwecken zu benutzen.

283 Graf, Die EU-Vorgaben auf dem Gebiet des Verbraucherschutzes in: Österreichisches und europäisches Wirtschaftsrecht, Band /I, 96f.

nition des § 2 Abs 2 TNG[284] ist besonders weit formuliert, da in der Praxis völlig unterschiedliche Vertragsgestaltungen gewählt werden. Bedauerlich ist jedoch, dass von einer Definition des Gesamtentgeltes[285] Abstand genommen wurde. Somit werden Gerichte zu entscheiden haben in Fällen, in denen eine ratenweise Bezahlung eines Gesamtentgeltes vorliegt und die der RL unterliegen und jenen, in denen kein Gesamtentgelt vereinbart wurde, sondern die jeweilige auf einen bestimmten Zeitraum bezogene Zahlung dazu dient, die in diesem Zeitraum erfolgte Nutzungsüberlassung abzugelten.[286]

Nach § 2 Abs 3 TNG ist ein Nutzungsobjekt „eine Wohnung, ein zu Wohn- oder Beherbergungszwecken dienendes Gebäude oder ein Teil derselben". Es sollte durch die Umschreibung des Nutzungsobjektes zum einen der Begriff Immobilie vermieden werden, zum anderen auch keine Parallele zum engen Begriff des Wohnhauses nach § 1 Abs 4 Z 2 MRG hergestellt werden. Der Begriff des Gebäudes ist weit gefasst. Darunter fallen Hotels, Ferienanlagen und –clubs und Ferienhäuser, sowie die dazugehörigen Grün- und Erholungsflächen, die zumindest Gegenstand einer Nebenleistungspflicht aus einem Teilnutzungsvertrag werden und damit Rechtsobjekt sein können.
Sogar das Vorhandensein einzelner Geschäftsräumlichkeiten in der Baulichkeit schließt deren Subsumption unter § 2 Abs 3 TNG nicht aus.[287]

2.3. Informationsschrift

Das erste der drei wesentlichen verbraucherschutzrechtlichen Elemente besteht in einer qualifizierten und umfassenden Informationspflicht des Timesharing-Unternehmers. Gemäß § 3 Abs 1 TNG hat der Veräußerer jedem, der von ihm Informationen über die angebotenen Nutzungsobjekte begehrt oder der im Rahmen unmittelbarer Werbemaßnahmen (etwa bei einer Werbeveranstaltung) Werbematerial größeren Umfangs über diese

---

[284] Ein Vertrag über den Erwerb eines Teilzeitnutzungsrechtes gegen ein Gesamtentgelt, unabhängig von der für den Erwerb und das Recht gewählten Rechtsform, von der Rechtsform des Veräußerers, von einer allfälligen Beteiligung des Erwerbers am Veräußerer und von den das Nutzungsobjekt betreffenden Rechtsverhältnissen (Nutzungsvertrag).

[285] Dieser Begriff entspricht dem Art 2, erster Gedankenstrich der RL: Gesamtpreis.

[286] Graf, Die EU-Vorgaben auf dem Gebiet des Verbraucherschutzes in: Österreichisches und europäisches Wirtschaftsrecht, Band /I, 97f.

[287] Jesser, Kiendl, Time-Sharing in Österreich, WoBl 1997, 15; Vgl auch Erläuternde Bemerkungen zur Regierungsvorlage, 16 ff.

Nutzungsobjekte erhält, eine Informationsschrift mit einer Vielzahl von gesetzlich im einzelnen festgelegten Angaben[288] zu erfolgen.
Das TNG intensiviert gegenüber der RL den Schutzbereich zugunsten des Erwerbers, da der Veräußerer nicht nur gegenüber dem Erwerber, sondern auch jedem Dritten verpflichtet ist, das Schriftstück auszuhändigen. Eine wie oben genannte „unmittelbare Werbemaßnahme" liegt vor, wenn der Veräußerer oder die von ihm Beauftragten mit dem Umworbenen persönlich in Kontakt treten und ihm das Nutzungsrecht anpreisen.[289]

Mit § 3 Abs 2 TNG werden die Vorgaben von Art 3 Abs 3 RL umgesetzt. In jeder Werbung eines Unternehmers für ein Teilnutzungsrecht ist auf diese Informationsschrift hinzuweisen und auch anzugeben, an welcher Stelle sie angefordert werden kann. Somit soll jeder potentielle Erwerber die Möglichkeit erlangen, sich selbst hinreichendes, den RL-Vorgaben und § 3 TNG entsprechendes Informationsmaterial zu beschaffen.
Die Bestimmungen über die Informationspflicht im TNG sehen wesentlich detailliertere Angaben vor, als in der RL gefordert wird und versprechen daher ein höheres Verbraucherschutzniveau, sofern die Anbieter die geforderten Standards auch befolgen.[290]

2.4. Form und Mindestinhalte von Nutzungsverträgen

Die Vorgaben des Art 4 der RL über Form, Inhalt und Sprache des Vertrages werden in §§ 4 und 5 TNG umgesetzt. Verträge über ein Timesharing-Recht bedürfen der Schriftform (§ 4 Abs 1 TNG), die in der Informationsschrift enthaltenen Angaben werden grundsätzlich Vertragsbestandteil. Für die Nichteinhaltung des eigentlichen Schriftformerfordernisses ist absolute Unwirksamkeit normiert, auf die sich sowohl der Veräußerer als auch der Erwerber berufen können.[291]

---

[288] § 3 Abs 1 Z 1: bedeutsame Angaben wie Name und Wohnsitz oder Sitz des Veräußerers, den Namen und Wohnsitz oder Sitz des Eigentümers der Nutzungsobjekte sowie die Rechtsstellung des Veräußerers zu den Nutzungsobjekten, genaue Beschreibung des angebotenen Nutzungsrechts, voraussichtlicher Fertigstellungstermin bei einer im Bau befindlichen Immobilie, das Gesamtentgelt für den Erwerb des Nutzungsrechtes, Angaben über das Rücktrittsrecht usw. ; § 3 Abs 1 Z 2: sonstige Angaben wie Information über die Ver- und Entsorgungseinrichtungen und sonstigen Dienstleistungen, die zur Verfügung stehenden Gemeinschaftseinrichtungen wie Schwimmbad, Sauna etc, etwaige Beschränkungen für die Übertragung des Nutzungsrechtes usw.. Der genauen Text ist im Anhang abgedruckt.

[289] Haybäck, Timesharing: Probleme des neuen Teilzeitnutzungsrechts, Wbl 1997, 225.

[290] Jesser, Kiendl, Time-Sharing in Österreich, WoBl 1997, 21.

[291] Haybäck, Timesharing: Probleme des neuen Teilzeitnutzungsrechts, Wbl 1997, 226.

Sowohl Informationsschrift als auch Vertragsurkunde sind nach Wahl des Erwerbers, sofern dieser Angehöriger eines Mitgliedstaates des EWR ist oder seinen Wohnsitz in einem solchen Staat hat, in der Heimatsprache oder der an seinem Wohnsitz gesprochenen Sprache abzufassen, soweit es sich dabei um Amtssprachen der Vertragsstaaten des EWR handelt (§ 5 Abs 1 und 2 TNG).[292] Damit wird Art 4, zweiter Gedankenstrich RL mit Rücksicht auf den erweiterten geographischen Anwendungsbereich der RL umgesetzt. § 5 Abs 3 TNG schließlich betrifft die Verpflichtung der Aushändigung einer beglaubigten Übersetzung der Vertragsurkunde in die „Standardsprache" (Art 4, vierter Gedankenstrich der RL), wenn sich das Nutzungsrecht auf ein/mehrere bestimmte/s Nutzungsobjekt/e bezieht bzw. beziehen, was beim mittelbaren Timesharing grundsätzlich nicht der Fall ist.[293]

Ein Verstoß gegen diese Bestimmung über die Vertragssprache hat aber nicht jedenfalls die Nichtigkeit des Nutzungsvertrages zur Folge, sondern berührt den Bestand des Vertragsverhältnisses nur dann, wenn sich der Erwerber innerhalb von zwei Jahren ab dessen Beginn auf die Unwirksamkeit des Nutzungsvertrages wegen Gebrauches einer anderen als der gesetzlich geforderten Sprache beruft (§ 4 Abs 1 TNG).[294] Die in der dem Erwerber vor Vertragsabschluss ausgefolgten Informationsschrift enthaltenen Angaben werden gemäß § 4 Abs 2 TNG auch Bestandteil des Nutzungsvertrages, soweit nicht die Vertragsteile unter Hinweis auf die Abweichung ausdrücklich Änderungen vereinbaren. Wird eine Änderung nur im Nutzungsvertrag erwähnt oder nur in den Allgemeinen Geschäftsbedingungen angeführt, so entspricht dies nicht den Erfordernissen des § 3 Abs 2 TNG. Neben den Bestimmungen des TNG kommt freilich das Transparenzgebot des § 6 Abs 3 KSchG[295] zur Anwendung, wonach unklare und unverständliche Bestimmungen eines Nutzungsvertrages, die in Vertragsformblättern oder Allgemeinen Geschäftsbedingungen enthalten sind, schon gemäß dieser Bestimmung unwirksam sind.

Über die schon für die Informationsschrift geforderten Inhalte (die ja auch Vertragsbestandteil werden) hinaus, werden in § 4 Abs 3 weitere Inhaltselemente des Nutzungsvertrages zwingend festgelegt, wobei hier – eben-

---

[292] Jesser, Kiendl, Time-Sharing in Österreich, WoBl 1997, 67.
[293] Haybäck, Timesharing: Probleme des neuen Teilzeitnutzungsrechts, Wbl 1997, 226.
[294] Stabentheiner, Das Teilzeitnutzungsgesetz – Neue Regeln für Timesharing-Verträge, immolex 1997, 120.
[295] BGBl 1997/6.

so wie bei der Informationsschrift – zwischen „besonders bedeutsamen“ und sonstigen Angaben unterschieden wird.[296]

Die in § 4 Abs 4 TNG enthaltene Verpflichtung des Veräußerers, dem Erwerber eine Ausfertigung oder Abschrift der Vertragsurkunde auszufolgen, ist von § 3 Abs 1 KSchG inspiriert, der für den Lauf der Frist zur Erklärung des auch dort vorgesehenen Rücktritts an die Ausfolgung einer Urkunde anknüpft.

2.5. Rücktrittsrecht und Verbot der Zahlungsannahme innerhalb der Rücktrittsfrist

Das zweite verbraucherschutzrechtliche Kernelement des TNG besteht neben der bereits erwähnten Informationspflicht in den Rücktrittsrechten des Erwerbers.
Der Erwerber hat gemäß § 6 TNG die Möglichkeit, innerhalb bestimmter Fristen vom Nutzungsvertrag oder einem darauf gerichteten Vorvertrag zurückzutreten.[297]

Laut § 6 Abs 1 kann der Erwerber binnen 14 Tagen ohne Angabe von Gründen[298] vom Nutzungsvertrag bzw. dem Vorvertrag zurücktreten. Die RL gab vor, die Frist müsse bereits mit der Vertragsunterzeichnung zu laufen beginnen. Der österreichische Gesetzgeber nahm diese Vorgabe nicht an, sondern ging davon aus, dass der vierzehntägige Fristenlauf erst mit Ausfolgung der Vertragsurkunde an den Erwerber beginnt. Hier hatte man – darf man den Erläuternden Bemerkungen glauben - § 3 KSchG zum Vorbild genommen. Diese Abweichung von der RL ist, da für den Erwerber günstiger, gemäß § 11 RL zulässig.

§ 6 Abs 1 TNG gilt aber nur unter der Voraussetzung, dass die Vertragsurkunde sämtliche „besonders bedeutsamen Angaben“ enthält, die § 3 Abs 1 Z 1 bereits für die Informationsschrift (und damit auch für den späteren schriftlichen Vertrag) und § 4 Abs 3 Z 1 für die Vertragsurkunde vor-

---

[296] § 4 Abs 3 TNG: Z 1: besonders bedeutsame Angaben: Ausmaß, in dem der Erwerber das Nutzungsrecht auszuüben berechtigt ist; Zeitpunkt, ab dem das Nutzungsrecht erstmals ausgeübt werden kann; unbestimmte oder durch Vertragslaufzeit und Endtermin bestimmte Dauer des Nutzungsrechtes; Zeit und Ort der Unterzeichnung der Vertragsurkunde durch die Vertragsparteien.
Z 2: sonstige Angaben, nämlich: Name und Wohnsitz des Erwerbers; Zusage des Veräußerers, wonach der Erwerb des Nutzungsrechtes für den Erwerber mit keinen anderen als den im Vertrag angegebenen Kosten, Verpflichtungen oder sonstigen Lasten verbunden ist.
[297] Umgesetzt wurde durch § 6 TNG der Art 5 der RL.
[298] Stabentheiner, Teilzeitnutzungsgesetz, 51.

sehen. Enthält die Vertragsurkunde eine dieser besonders bedeutsamen Angaben nicht, so beginnt die vierzehntägige Rücktrittsfrist erst nach Ausfolgung einer Ergänzungsurkunde, die sämtliche fehlenden Angaben beinhaltet. Der Beginn des Fristenlaufes wird jedoch bei unvollständiger Vertragsurkunde nicht bis ins Unendliche hinausgeschoben, sondern maximal drei Monate ab Ausfolgung der Vertragsurkunde. Das Rücktrittsrecht bei Unvollständigkeit der Vertragsurkunde sieht also eine absolute Höchstfrist von drei Monaten und 14 Tagen vor.[299] [300]

Die Form der Rücktrittserklärung wird durch § 6 Abs 3 TNG normiert, wobei auch hier wieder eine Gemeinsamkeit zum KSchG festzustellen ist, da in weitgehender Übereinstimmung zu § 3 Abs 4 KSchG, der die Rücktrittserklärung bei Haustürgeschäften regelt, die Schriftform festgesetzt wurde.

Nach bisheriger Rechtssprechung[301] wird ein – gesetzliches oder vertragliches – Schriftformerfordernis durch die Übermittlung einer Telekopie nicht erfüllt. Die Regelung des § 6 Abs 3 scheint eine sehr moderne Regel zu sein, die die Zeichen der Zeit erkennt, den derzeitigen Gegebenheiten der Kommunikation und den Sicherheitserfordernissen entspricht und die Rücktrittserklärung durch Telekopie gelten lässt. Dies erscheint deshalb sachgerecht, da sich unter dem Aspekt der Nachweisbarkeit vor allem der Rechtzeitigkeit der Erklärung ein Telefax von einem einfachen Schreiben nicht so sehr unterscheidet, als dass die beiden Übermittlungsarten nicht gleichgestellt werden könnten. Unter dem Gesichtspunkt der Nachweisbarkeit ist der Telekopie der Vorzug zu geben, da der Erklärende hier im wahrsten Sinne des Wortes noch „etwas in der Hand hat", nämlich das Faxprotokoll, aus dem sich auch Datum und Uhrzeit der Übermittlung ergeben (dass es dabei Manipulationsmöglichkeiten geben mag, spielt für den Vergleich zur postalischen Übersendung eines nicht eingeschriebenen Schreibens keine Rolle, weil dabei der Absender eine zurückbehaltene Durchschrift ebenfalls manipulieren könnte).[302]

---

[299] Stabentheiner, Das Teilzeitnutzungsgesetz – Neue Regeln für Timesharing-Verträge, immolex 1997, 120f.

[300] Hat der Veräußerer möglicherweise drei Wochen nach Ausfolgung der (ursprünglichen) Vertragsurkunde eine Ergänzungsurkunde nachgereicht, durch die sämtliche Lücken in den besonders bedeutsamen Angaben geschlossen werden, hat der Erwerber diesfalls für seine Rücktrittserklärung nur eine Höchstfrist von insgesamt fünf Wochen ab Ausfolgung der (ursprünglichen) Vertragsurkunde zur Verfügung.

[301] EvBl 1994/86 = JBl 1994, 119; SZ 68/63 = JBl 1995, 656; EvBl 1996/25 = ecolex 1996, 447.

[302] Vgl Erläuternde Bemerkungen der Regierungsvorlage, 29.

Als zulässige, da im Interesse des Verbraucherschutzes zweifellos gegenüber den Vorgaben der RL günstigere Abweichung (Art 11 RL) sieht § 6 Abs 3 Satz 4 TNG für die Fälle mangelnder Information vor, dass die Rücktrittserklärung auch an den vom Veräußerer Beauftragten, der an den Vertragsverhandlungen mitgewirkt hat, gerichtet werden kann. Diese in Anlehnung an § 3 KSchG getroffene Erweiterung der RL-Vorgaben war begrüßenswert, allerdings war es nicht notwendig, entsprechend § 3 Abs 4 KSchG die Wirksamkeit der Rücktrittserklärung auch gegenüber diesem an den Vertragsverhandlungen mitwirkenden Beauftragten anzuordnen.[303]

Art 5 Z 3 RL lässt für den Fall des Rücktritts nur sehr eingeschränkt eine Kostenerstattungspflicht zu; für den Fall eines Rücktritts bei Unvollständigkeit der Vertragsurkunde schließt die RL eine Erstattung zur Gänze aus. Diese Vorgaben werden in § 6 Abs 4 TNG umgesetzt.

Dabei hat der Erwerber dem Veräußerer die von diesem aufgrund des Vertragsabschlusses entrichteten Abgaben sowie die vom Veräußerer getragenen Kosten einer allenfalls erforderlichen Beglaubigung von Unterschriften und einer allenfalls erforderlichen Übersetzung der Vertragsurkunde zu ersetzen, soweit in der Vertragsurkunde auf diese Kostenersatzpflicht hingewiesen wurde. Unter Einbeziehung von § 4 KSchG kann der Veräußerer sonstige Zahlungen im Rücktrittsfall allerdings nicht verlangen, insbesondere auch kein Benutzungsentgelt für eine allenfalls bereits in Anspruch genommene Benützung des Nutzungsobjektes oder sonstige Abgeltungen für Aufwendungen oder Dienstleistungen.
Diese Regelung wird dadurch ausgesprochen verbraucherfreundlich, wie sich leicht zeigen lässt. Wenn beispielsweise die Ausfolgung einer Vertragsurkunde unterbleibt und der Verbraucher zwei Jahre nach Vertragsabschluss vom Vertrag zurücktritt, so müsste er nach allgemeinen bereicherungsrechtlichen Grundsätzen und auch nach § 4 KSchG hierfür ein Bereicherungsentgelt bezahlen, sofern er während dieser zwei Jahre das Nutzungsobjekt benutzt hat. Aufgrund der im TNG enthaltenen Regelung wird er von dieser Vergütungsverpflichtung jedoch befreit.[304] Bei Unvollständigkeit der Vertragsurkunde im zuvor dargelegten Sinn (vgl. dazu Erläuterungen zu § 6 Abs 2 TNG), ist jeglicher Kostenersatzanspruch des Veräußerers ausgeschlossen.[305]

---

[303] Jesser, Kiendl, Time-Sharing in Österreich, WoBl 1997, 70.
[304] Graf, Die EU-Vorgaben auf dem Gebiete des Verbraucherschutzes in: Österreichisches und europäisches Wirtschaftsprivatrecht, Teil 8/1, 1997, 100.
[305] Stabentheiner, Das Teilzeitnutzungsgesetz, Neue Regeln für Timesharing-Verträge, immolex 1997, 121.

2.6. Annahme von Zahlungen des Erwerbers

§ 7 TNG hat den Zweck, Art 6 RL umzusetzen. Dieser verpflichtet die Mitgliedstaaten, in ihren Rechtsordnungen vorzusehen, dass vom Erwerber vor Ablauf der in Art 5 Abs 1, erster Gedankenstrich genannten Rücktrittsfrist (die nach den Regelungen von Art 5 Abs 1, zweiter und dritter Gedankenstrich allerdings entsprechend verlängert werden kann) keinerlei Anzahlungen geleistet werden dürfen. Eine ähnliche Regelung findet sich auch im § 23 Abs 1a WEG, wo der Wohnungseigentumsorganisator – außer bei öffentlicher Förderung – die mit dem Wohnungseigentumsbewerber vereinbarten Leistungen nicht zu übernehmen sind.

Es ist offensichtlich, dass bei der Umsetzung genau darauf geachtet wurde, die Vorgaben der RL mit schon bestehenden inländischen ähnlichen Regeln zu harmonisieren, um die Rechtsanwendung zu erleichtern.[306] Die in § 7 Abs 1 TNG umschriebene Wartefrist für die Fälligkeit und die Annahme von Zahlungen des Erwerbers ist in ihren unterschiedlichen möglichen zeitlichen Dimensionen mit der Rücktrittsfrist nach § 6 Abs 1 und 2 des Entwurfes identisch.[307] Vor Ablauf der zehntägigen Frist nach Ausfolgung der Vertragsurkunde über den Nutzungsvertrag werden die mit dem Erwerber vereinbarten Zahlungen nicht fällig und der Veräußerer darf sie vor Fälligkeit weder annehmen noch fordern. Wenn der Veräußerer trotzdem solche Zahlungen annimmt, so kann sie der Erwerber zurückfordern, wobei der Veräußerer die zu sich genommenen Beträge ab dem Zahlungstag mit einem Zinssatz von 6 v.H. über dem jeweils geltenden Zinsfuss für Eskontierungen der Österreichischen Nationalbank zu verzinsen hat. Damit wurde den Vorgaben der RL voll Rechnung getragen.

Jedoch findet sich in den Erläuternden Bemerkungen[308] eine merkwürdige Stelle, nach der das Verbot der Zahlungsannahme innerhalb der Wartefrist die Zulässigkeit von Treuhandkonstruktionen nicht ausschließt, wenn dem Erwerber durch die Treuhandabrede die Verfügungsbefugnis innerhalb der Wartefrist noch zusteht. Man glaubt also, dass es erlaubt sei, dass der Verbraucher vor Ablauf der kurzen Rücktrittsfrist an einen Treuhänder die Bezahlung des Vertragsentgeltes tätigte. Diese Annahme ist jedoch irrtümlich, da Art 6 RL ausdrücklich vorsieht, dass vom Erwerber vor Ablauf

---

[306] Stabentheiner, Das Teilzeitnutzungsgesetz, 60.
[307] Vgl dazu Erläuternde Bemerkungen der RV, 33.
[308] Vgl dazu Erläuternde Bemerkungen der RV, 33f.
[309] Graf, Die EU-Vorgaben auf dem Gebiete des Verbraucherschutzes in: Österreichisches und europäisches Wirtschaftsprivatrecht, Teil 8/1, 1997, 101.
[310] Fellner, Time-sharing in Österreich, NZ 1997, 280.

der Rücktrittsfrist keinerlei Zahlungen geleistet werden dürfen. Eine Ausnahme für Zahlungen an Treuhänder ist darin nicht inkludiert. Zum anderen muss gesagt werden, dass solche Zahlungen für den Verbraucher ein beträchtliches Risiko entstehen lassen, welches sich aus der Gefahr einer allfälligen Veruntreuung der geleisteten Zahlungen durch den Treuhänder ergibt.[309]

2.7. Kreditweise Aufbringung des Entgelts

Die §§ 8 und 9 TNG müssen unbedingt in Zusammenhang mit § 6 TNG gelesen werden, da dem Rücktrittsrecht noch eine weitgehendere Wirkung zuerkannt wird, nämlich in Bezug auf ein mit dem Erwerb des Nutzungsrechtes verbundenes Kreditgeschäft. Dies erscheint vor allem deshalb wichtig, da dem Erwerber oftmals nicht nur der Veräußerer, sondern auch Makler, Immobilientreuhänder, Liegenschaftsverwalter und andere Institutionen gegenübertreten.
Durch § 8 TNG wird Art 7 RL umgesetzt, wo die Mitgliedsstaaten verpflichtet sind, bei Rücktritt die entschädigungsfreie Auflösung von damit verbundenen Kreditverträgen zu garantieren. In § 8 TNG ist daher auch die soeben genannte entschädigungsfreie Auflösung von Kreditverträgen vorgesehen, die mit dem Nutzungsvertrag bzw. der Finanzierung des Gesamtentgeltes in Zusammenhang stehen.

§ 8 Abs 1 TNG bezieht sich auf den Fall der Kreditgewährung durch den Veräußerer. In einem solchen Fall gilt ein Rücktritt des Erwerbers vom Nutzungsvertrag gemäß § 6 TNG automatisch auch als Rücktritt vom Kreditvertrag. Ein auf allgemeine Regeln des Vertrags- oder Konsumentenschutzrechtes gestützter Vertragsrücktritt ist nach diesen Regeln zu beurteilen und hat daher uU nicht immer die gleichzeitige Wirkung des Rücktrittes vom Kreditvertrag bzw. andere Rückabwicklungsfolgen. Rückabwicklung nach TNG bedeutet jedenfalls nur die Rückerstattung der real ausgetauschten Leistungen, ein Anspruch des kreditierenden Veräußerers auf Zinsen oder Kosten besteht nicht.[310]

§ 8 Abs 2 regelt den Fall, dass die Mittel für das vom Erwerber aus dem Nutzungsvertrag zu leistende Entgelt ganz oder teilweise durch einen von einem Dritten gewährten Kredit finanziert werden. Bei dieser Konstellation können sowohl der Erwerber als auch der Dritte dann, wenn Nutzungs- und Kreditvertrag eine wirtschaftliche Einheit im Sinne von § 18 KSchG

darstellen, aufgrund eines gemäß § 6 erklärten Rücktritts vom Nutzungsvertrag auch vom Kreditvertrag zurücktreten.[311]
Eine wirtschaftliche Einheit ist dann anzunehmen, wenn ein Dritter - der die Mittel für das Entgelt zur Verfügung stellt - und der Veräußerer im Rahmen des fraglichen Vorgangs zueinander in eine Rechtsbeziehung treten oder wenn sie miteinander wegen derartiger Finanzierungen in ständiger Geschäftsbeziehung stehen.[312]

§ 8 Abs 2, letzter Satz regelt, dass die Rücktrittserklärung auch an den vom Dritten Beauftragten, der an den Vertragsverhandlungen mitgewirkt hat, gerichtet werden kann. Diese Regelung orientiert sich an § 3 Abs 4 KSchG.[313] Als Vorsichtsmaßnahme wurde auch eine Rücktrittsfrist in § 8 TNG aufgenommen. Beide, sowohl Kreditgeber als auch Erwerber haben innerhalb von drei Monaten ab dem Rücktritt vom Nutzungsvertrag, sprich ab Absendung der Rücktrittserklärung den Rücktritt des Kreditvertrages zu erklären.[314]

§ 8 Abs 3 TNG normiert schließlich den Ersatz von Kosten bei Rücktritt vom Kreditvertrag. Der Erwerber hat, so wie beim Rücktritt vom Nutzungsvertrag dem Veräußerer, auch dem Kreditgeber jene Kosten, die in Art 5 Abs 3 RL angesprochen sind, zu ersetzen.[315] Somit wurden die Regeln von § 6 Abs 4 TNG übernommen. Allerdings besteht der Kostenersatzanspruch nur insoweit, als im Kaufvertrag darauf hingewiesen wurde.

§ 8 Abs 3, letzter Satz sieht vor, dass jeglicher Kostenersatzanspruch des Kreditgebers ausgeschlossen ist, dies selbst dann, wenn die Nutzungsvertragsurkunde im Sinn des § 6 Abs 2 TNG unvollständig ist. Der kreditierende Dritte wird daher gut daran tun, gegenüber dem Veräußerer auf diesbezügliche Vollständigkeit der Verträge zu dringen.[316] Sollte der Veräußerer den Mangel nicht verbessern, so wird der Kreditgeber aufgrund der ihn treffenden nachteiligen Folgen keinen Kredit geben, was den Erwerber veranlasst, ohne Kredit keinen unvollständigen Nutzungsvertrag zu

---

[311] Graf, Die EU-Vorgaben auf dem Gebiete des Verbraucherschutzes in: Österreichisches und europäisches Wirtschaftsprivatrecht, Teil 8/1, 1997, 101f.
[312] Stabentheiner, Das Teilzeitnutzungsgesetz, 71.
[313] Vgl dazu Krejci in Rummel, ABGB II Rz 53 zu § 3 KSchG.
[314] Stabentheiner, JBl 1997, 74.
[315] Das sind Kosten, die „nach den einzelstaatlichen Rechtsvorschriften aufgrund des Vertragsabschlusses und des Rücktritts vom Vertrag anfallen und die durch Rechtshandlungen entstanden sind, die unbedingt vor Ablauf“ der Rücktrittsfrist „vorgenommen werden müssen.“
[316] Stabentheiner, Teilzeitnutzungsgesetz, 77.

unterschreiben, was vermutlich den Veräußerer so treffen würde, dass er spätestens dann die Unvollständigkeit behäbe.

2.8. Zusammenhängende Verträge

§ 9 TNG stellt eine Ergänzung bzw. eine Erweiterung zu § 8 TNG dar, wobei dem Erwerber auch bei Rücktritt von einem mit dem Nutzungsvertrag zusammenhängenden Vertrag Schutz geboten werden soll. Österreich bietet in diesem Fall weit mehr Schutz als es in der Vorgabe der RL gefordert wird, da diese hinsichtlich des Rücktritts nur an die Dualität der dem Erwerber gegenüberstehenden Personen (dies sind Veräußerer und Kreditgeber) anknüpft. Nicht selten tritt der Erwerber über den eigentlichen Nutzungsvertrag mit dem Veräußerer hinaus auch zu weiteren Bausteinen des Timesharing-Systems in eine vertragliche Beziehung. Dazu gehören beispielweise der „Developer“, die Betriebsgesellschaft, der Verwalter, der Eigentümer der Liegenschaft und der Tauschpool.

Fraglich ist jedoch, warum die gesetzliche Regelung von § 9 TNG überhaupt notwendig war, da die Lehre vom Wegfall der Geschäftsgrundlage grundsätzlich zum gleichen Ergebnis hätte führen können.
Wie der Regierungsvorlage zu entnehmen ist, wurde diese in diesem Zusammenhang zwar als Möglichkeit zur Auflösung der mit dem Nutzungsvertrag konnexen Verträge diskutiert und ebenso akzeptiert, aber klargestellt, dass die Rechtsfolgen einer solchen Auflösung noch nicht beantwortet sind. Es wurde darauf hingewiesen, dass dem Erwerber bei Rücktritt vom Nutzungsvertrag keine finanziellen Lasten entstehen, dass es jedoch für den Fall der Auflösung eines mit dem Nutzungsvertrag konnexen Vertragsverhältnisses an einer entsprechenden Rechtsfolgenanordnung fehle. Diese Überlegung führte zur Aufnahme einer neuen Bestimmung über den Rücktritt des Erwerbers von mit dem Nutzungsvertrag zusammenhängenden Verträgen.

Die Regelungen über den Rücktritt vom zusammenhängenden Vertrag, insbesondere über die Rücktrittsberechtigten, über die Rücktrittsfrist, über die Form des Rücktritts und über den möglichen Adressaten einer Rücktrittserklärung, sowie über die Rechtsfolgen eines Rücktritts wurden unverändert aus der Bestimmung des § 8 Abs 2 TNG über den Rücktritt vom Kreditvertrag übernommen. Zur Vermeidung von Wiederholungen wird deshalb auf die Ausführungen zu § 8 TNG verwiesen.

2.9. Grundbücherliche Sicherung

§ 10 TNG ist nicht durch die RL vorgegeben. Es wird dabei die grundbücherliche Sicherung des Teilzeitnutzungsrechtes normiert. Es stellt dies mE ein erhebliches Versäumnis der RL dar, da es in Anbetracht der zahlreichen Insolvenzfälle unter den Timesharing-Unternehmern in den letzten Jahren mehr als nur notwendig gewesen wäre.
In Österreich wurde auch hier das Verbraucherschutzniveau über jenes der RL in einer für den Verbraucher sehr angenehmen Weise angehoben. Die grundbücherliche Sicherung stellt ein weiteres sehr wichtiges und zentrales Rechtsschutzelement des TNG dar.

Im Einzelnen handelt es sich dabei um eine Treuhänderhypothek in Anlehnung an die bereits in das Bauträgervertragsgesetz[317] aufgenommene Rechtsfigur (§ 10 Abs 2 TNG) sowie um die Reallast des Betreibens der Teilzeitnutzungsanlage, die ebenfalls zugunsten eines Treuhänders dem Erwerber einverleibt wird (§ 10 Abs 1 TNG). In beiden Fällen kann als Treuhänder nur ein Rechtsanwalt bzw. eine Rechtsanwalt-Partnerschaft oder ein Notar bzw. eine Notar-Partnerschaft fungieren. Zu betonen ist, dass es sich bei beiden Modellen nur um fakultative Sicherungsmöglichkeiten handelt, deren Inanspruchnahme uneingeschränkt der Autonomie der Vertragsparteien überlassen bleibt.
Für manche Timesharing-Systeme werden die hier angebotenen Varianten möglicherweise aus Gründen ihrer rechtlichen Konstruktion gar nicht in Betracht kommen. In diesen, aber auch in anderen Fällen bleibt es den Vertragsparteien unbenommen, ein allfälliges Sicherungsbedürfnis des Erwerbers auf andere geeignete Weise zu befriedigen.[318]

§ 10 Abs 1 TNG soll dem Erwerber die Nutzung des Objekts und die Inanspruchnahme flankierender Serviceleistungen des Unternehmers (z.B. administrativer Leistungen wie Buchungen, Reservierungen uä Verwaltung und Instandhaltung auch der Infrastruktureinrichtungen wie Sportanlagen, Schwimmbad, Sauna etc.) auf längere Zeit und unabhängig vom Eigentümerwechsel[319] sichern.
Dabei wird zugunsten eines allein verfügungsberechtigten Treuhänders die Reallast des Betreibens der Teilzeitnutzungsanlage auf der Liegenschaft einverleibt (sogenannte „Treuhänder-Reallast").[320]

---

[317] BGBl 1997/7.
[318] Stabentheiner, Das Teilzeitnutzungsgesetz, Neue Regeln für Time-Sharing- Verträge, immolex 1997, 121f.
[319] OGH JBl 1993, 232; EvBl 1967/197.
[320] Haybäck, Timesharing, Problem des neuen Teilzeitnutzungsrecht, Wbl 1997, 228f.

In § 10 Abs 2 TNG findet sich das Sicherungsmodell einer Treuhänderhypothek. Die Wurzeln dieses Modells liegen im Insolvenzrecht; nämlich in der in § 157 f Abs 3 KO und § 63 Abs 3 AO vorgesehenen, der Sicherstellung der Ausgleichserfüllung dienenden Hypothek zugunsten der Gläubiger. Dies mit der Besonderheit, dass die Gläubiger ohne nähere Angabe als Berechtigte bezeichnet werden und über die Hypothek nur der Sachwalter mit Wirkung für und gegen die Gläubiger verfügen kann. Vorbildlich ist das BTVG. Nach § 11 Abs 2 dieses Gesetzes können Rückforderungsansprüche mehrerer Erwerber durch ein Pfandrecht zu Gunsten des Treuhänders gesichert werden, das nach § 11 Abs 3 auch auf einen Höchstbetrag lauten kann. Zur Verfügung über das Pfandrecht und zu seiner Verwertung ist allein der Treuhänder, der nach § 12 Abs 2 BTVG Rechtsanwalt oder Notar sein muss, berechtigt.

Diese Konstruktion der Treuhänderhypothek wurde in § 10 Abs 2 TNG übernommen. Dabei wurde verdeutlicht, dass erstens nur der Treuhänder zur Stellung des auf Einverleibung gerichteten Grundbuchsantrages berechtigt ist, dass zweitens nur auf seinen Antrag ein solches Pfandrecht auf der Liegenschaft einverleibt werden kann und dass drittens auch nur er allein (nämlich der Treuhänder selbst) berechtigt ist, über das Pfandrecht zu verfügen und dieses auch entsprechend zu verwerten.[321] Diese Treuhänderhypothek soll dem Erwerber die Rückforderung geleisteter Zahlungen insbesondere für den Fall der Vertragsauflösung sichern. Wie oben beim BTVG erklärt, findet sich auch hier die Möglichkeit, dass das Pfandrecht bis zu einem Höchstbetrag lauten kann, bis zu dem die Deckung reichen soll (§ 10 Abs 2, letzter Satz TNG).[322]

In § 10 Abs 3 TNG wird in Anlehnung an den gemeinsam mit dem BTVG neu geschaffenen § 24 c Abs 1 WEG[323] angeordnet, welche Urkunden für die Bewilligung der Einverleibung der Treuhänderhypothek oder der Treuhänder-Reallast jedenfalls vorzulegen sind. Sollte sich die Rechtseinräumung aus diesen Urkunden noch nicht in allen Einzelelementen ergeben[324], ist die Vorlage weiterer Urkunden erforderlich.
Schließlich bietet sich aber auch die Möglichkeit, die in Abs 3 genannten Erklärungen gemeinsam mit den Vereinbarungen über die Einräumung des bücherlichen Rechts zu Gunsten des Treuhänders in die Urkunde über den Nutzungsvertrag aufzunehmen.[325]

---

[321] Vgl dazu erläuternde Bemerkungen zur RV, 55.
[322] Jesser, Kiendl, Time-Sharing in Österreich, Die Umsetzung der EG-RL über Teilzeitnutzungsrechte, 76.
[323] BGBl 7/1997.
[324] Siehe dazu zum Beispiel § 12 oder § 26 Abs 2 GBG.
[325] Vgl die Erläuternden Bemerkungen der RV, 59.

§ 10 Abs 4 TNG trifft eine Anordnung, die aufgrund der großen Zahl von Nutzungsberechtigten an einer Liegenschaft für die praktische Bedeutung eines solchen dinglichen Rechtes unumgänglich ist, nämlich die Verpflichtung des Treuhänders zur Evidenthaltung der Nutzungsberechtigten. Er hat ein Verzeichnis über die an der Liegenschaft Teilnutzungsberechtigten zu führen, wobei die Eintragung rein deklarativ ist. Der Rechtserwerb oder Rechtsverlust erfolgt unabhängig von Eintragung oder Streichung im Verzeichnis.[326] Zusätzlich hat der Treuhänder den Eigentümer einer Liegenschaft von jeglicher Eintragung zu verständigen und dem Erwerber eine Bestätigung über die Eintragung in das Verzeichnis auszuhändigen. Ein Problem gegenüber dem BTVG zeigt sich vor allem darin, dass das TNG keine Regelung dazu abgibt, ob und wie der Treuhänder dem Erwerber Informationen zukommen lassen muss. Letzteres betrifft die Sicherungen, die durch die bücherliche Eintragung entstanden sind.

Die Treuhänderfunktion ist nach der Intention des Gesetzes auf unbestimmte Dauer angelegt. Dies zeigt sich besonders durch die aus § 12 Abs 6 BTVG übernommene Regelung in § 10 Abs 5 TNG, wonach bei längerer Verhinderung des Treuhänders das örtlich zuständige Bezirksgericht auf Antrag einen anderen Treuhänder zu bestellen hat, sofern nicht vertraglich anderes vorgesehen worden ist oder man sich einvernehmlich in angemessener Frist auf einen Ersatz-Treuhänder einigt.[327] Verhinderung ist hier im weitesten Sinn aufzufassen. Es muss sich um eine Verhinderung handeln, deren Dauer jenes Ausmaß, dass bei Rechtsanwälten und Notaren üblicherweise vorkommt, voraussichtlich erheblich überschreitet. Erfasst ist etwa auch der Tod des Treuhänders.

Die Frage nach der Dauer der angemessenen Frist lässt sich nicht generell beantworten, weil dies von den Umständen des Einzelfalls abhängig ist.[328] Bei akutem Handlungsbedarf kann auch eine bloß mehrwöchige Verzögerung in der Einigung auf einen neuen Treuhänder bereits die zeitliche Angemessenheit überschreiten.[329]

---

[326] Fellner, Time-sharing in Österreich, NZ 1997, 282.
[327] Fellner, Time-sharing in Österreich, NZ 1997, 282.
[328] Gemeint sind hier etwa Anzahl der Nutzungsobjekte, Anzahl der einzelnen Nutzungsberechtigten, Schwierigkeiten der Meinungsbildung (z.B. wegen des Wohnsitzes der meisten Nutzungsberechtigten im Ausland), vor allem aber davon, welche Aufgaben der Treuhänder aktuell wahrzunehmen hätte.
[329] Stabentheiner, Teilzeitnutzungsgesetz, 86f.

2.10. Kollisionsrechtliche Regelungen

Art 9 RL will den durch sie gewährten Schutz des Erwerbers auch in Fällen sicherstellen, in denen zwar das Nutzungsobjekt in einem Mitgliedstaat der Europäischen Union gelegen ist, aber ein Auslandsbezug besteht.

In § 11 TNG wird in richtlinienkonformer Weise geregelt, dass dem Erwerber unabhängig von dem jeweils anwendbaren Recht der durch die RL gewährte Schutz nicht vorenthalten wird, wenn die Immobilie in dem Hoheitsgebiet eines Mitgliedstaates gelegen ist. Zu diesem Zweck sieht § 11 Abs 1 TNG vor, dass unter dieser Voraussetzung der Nutzungsvertrag, der Kreditvertrag nach § 8 oder ein zusammenhängender Vertrag nach § 9 nach dem Recht jenes Staates zu beurteilen ist, in dem der Veräußerer oder der Kreditgeber oder die von diesen hiefür verwendeten Personen die auf die Schließung solcher Verträge gerichtete Tätigkeiten entfaltet haben, in deren Zusammenhang der Vertrag zustandegekommen ist. Sollte dies nicht das Recht eines Vertragsstaates des EWR-Abkommens sein, so ist der Vertrag nach dem Recht jenes Vertragsstaates des EWR-Abkommens zu beurteilen, in dem das vom Vertrag erfasste Nutzungsobjekt gelegen ist. Dies wird jedoch wieder revidiert, wenn durch Rechtswahl der Parteien einerseits oder sonstige Regeln des Internationalen Privatrechtes andererseits ohnehin das Recht eines Vertragsstaates des EWR-Abkommens anzuwenden ist (§ 11 Abs 1, letzter Satz).[330] Für die Anwendung des § 11 Abs 1 TNG müssen mehrere Umstände erfüllt sein:

- Vorhandensein eines Teilnutzungsvertrages, eines Kreditvertrages gemäß § 8 oder eines zusammenhängenden Vertrages nach § 9.
- Das Nutzungsobjekt muss im EWR liegen.
- Die Regelung des § 11 Abs 1, letzter Satz darf nicht zur Anwendung kommen.

§ 11 Abs 2 TNG bezweckt den Verbraucherschutz vor allem in Fällen, die nicht von Art 9 RL umfasst sind, d.h. wenn sich das Nutzungsobjekt nicht in einem Vertragsstaat des EWR-Abkommens befindet. Der Nutzungsvertrag, der Kreditvertrag oder der zusammenhängende Vertrag – die Geltung des EVÜ vorweggenommen – sind in diesen Fällen nicht wie ein Verbrauchervertrag anzuknüpfen, sondern in der Regel als Vertrag über

---

[330] Graf, Die EU-Vorgaben auf dem Gebiete des Verbraucherschutzes in: Österreichisches und europäisches Wirtschaftsprivatrecht, Teil 8/1, 1997, 102f.

ein Recht zur Nutzung eines Grundstückes bzw. als sonstiger Vertrag (Art 4 Abs 3 EVÜ bzw. Art 4 Abs 1 und 2).

Durch das EVÜ wird nämlich der kollisionsrechtliche Verbraucherschutz beschränkt, wodurch die Parteien daher ein beliebiges Recht wählen können. Mangels Rechtswahl wäre der Nutzungsvertrag nach dem Recht des Lageortes des Grundstückes, der Kreditvertrag nach dem Recht der Niederlassung des Kreditgebers zu beurteilen. Bei dieser Konstellation gehört der Erwerber vor den nachteiligen Folgen einer Rechtswahl bewahrt, wenn in Österreich Verträge in Staaten angebahnt werden, die nicht dem EWR-Abkommen angehören.

Daher behält § 11 Abs 2 TNG dem Erwerber ohne Rücksicht auf die Rechtsordnung, die für die Verträge maßgebend ist, bestimmte Rechte nach dem TNG vor. Grundsätzlich ist zwar das nach den Regeln des Internationalen Privatrechtes maßgebende Recht anzuwenden, der Erwerber hat aber jedenfalls die Rechte der §§ 6, 7 Abs 2, 8 und 9 (vor allem das Rücktrittsrecht) zu beachten, auch wenn die sonst maßgebende Rechtsordnung ihm diese Recht nicht einräumen sollte oder sie sogar ausdrücklich ausschließt.

Diese Regel ist jedoch nur bei einem relevanten Nahebezug zur österreichischen Rechtsordnung gerechtfertigt. Dieser besteht, wenn der Veräußerer den Vertrag in Österreich angebahnt hat.[331]

2.11. Strafbestimmungen

Art 10 RL erlegt den Mitgliedstaaten die Verpflichtung auf, die Folgen der Nichtbeachtung der Bestimmungen der RL zu regeln. Gemeint sind damit wohl entsprechende Sanktionen im weitesten Sinn.

Die in § 12 TNG normierten Strafbestimmungen sind sicherlich ein zusätzlicher Effekt im Sinne des Verbraucherschutzes, da bei bestimmten Verstößen des Veräußerers gegen Pflichten, die ihm das TNG auferlegt, Verwaltungsstrafen drohen, und diesen somit motivieren, gesetzeskonform zu agieren.

Es finden sich jedoch nicht nur in § 12 TNG Strafbestimmungen, denn bei genauerer Betrachtung zeigen sich diese auch in früheren Bestimmungen des TNG. Diese Sanktionen werden etwa in der Verlängerung der Rück-

---

[331] Erläuternde Bemerkungen zur RV, 63f; Stabentheiner, Das Teilzeitnutzungsgesetz, 95.

trittsfrist bei Unvollständigkeit der Vertragsurkunde[332] oder in der relativ hohen Verzinsung vorzeitig angenommener Zahlungen durch den Veräußerer geregelt[333].

In Abs 1 werden drei Unterlassungen unter Verwaltungsstrafsanktion gestellt, nämlich die Aushändigung einer Informationsschrift, einer Vertragsurkunde und der Übersetzung der Vertragsurkunde in die Sprache des Standorts. Der für diese Unterlassungen vorgesehene Strafrahmen bis zu S 20.000 entspricht exakt der in § 32 Abs 1 KSchG[334] vorgesehenen Höchststrafe von S 20.000 und wird damit auch im Vergleich zu dieser Gesetzesbestimmung dem Bedeutungsgehalt der hier fraglichen Pflichtverletzungen durchaus gerecht.

§ 12 Abs 2 TNG entspricht im Tatbild der Verwaltungsstrafbestimmung des § 17 Z 2 BTVG. Allerdings kann der dort vorgesehene Strafrahmen von bis zu S 400.000 nicht übernommen werden, weil es dort im Regelfall um wesentlich höhere Zahlungen geht als im Zusammenhang mit Teilnutzungsverträgen. Um eine adäquate Relation zum BTVG herzustellen, wurde die Strafobergrenze mit S 100.000 festgesetzt.

In § 13 TNG findet sich eine Regelung für das Inkrafttreten dieses Bundesgesetzes. Das TNG trat mit 1. April 1997 in Kraft und ist auf früher geschlossene Nutzungsverträge nicht anzuwenden.
Als Vollzugsbehörden regelt § 14 TNG einerseits den Bundeskanzler für § 12 TNG (§ 14 Z 1) und den Justizminister für alle übrigen Bestimmungen (§ 14 Z 2).

Mit dem TNG wurde nicht nur die gemeinschaftsrechtliche Umsetzungsverpflichtung aus der Timesharing-Richtlinie erfüllt, sondern wurde auch durch systemkonforme Erweiterungen der Richtlinienbestimmungen ein abgerundetes Verbraucherschutzsystem für diesen speziellen Rechtsbereich geschaffen.[335] Aus diesem Grund kann die Umsetzung auch insgesamt als gelungen und damit als geeignet angesehen werden, die früher in der Praxis auftretenden Fälle einzudämmen.

Offen bleiben allerdings einige Fragen der Vertragsgestaltung, etwa hinsichtlich der Tauschpool-Bedingungen, der Kündigungsmöglichkeiten, der

---

332 § 6 Abs 2 TNG.
333 § 7 Abs 2 TNG.
334 IdF BGBl 1997/6.
335 Stabentheiner, Das Teilzeitnutzungsgesetz, Neue Regeln für Time-Sharing-Verträge, immolex 1997, 122.

Beteiligung der Erwerber am wirtschaftlichen Wert der Immobilie[336] oder der Sittenwidrigkeit z.B. wegen einer Unverhältnismäßigkeit zwischen Preis und Leistung des angebotenen Nutzungsrechtes.[337]

Zu hoffen bleibt vor allem wegen der zahlreichen grenzüberschreitenden Probleme, dass die RL in allen anderen Mitgliedstaaten umgesetzt wird. Dies speziell in den Staaten, in denen das Gros der Timesharing-Objekte angeboten wird.[338]

---

[336] Tönnes, RIW 1996, 132.

[337] Haybäck, Timesharing, Probleme des neuen Teilzeitnutzungsrechtes, Wbl 1997, 230.

[338] Gemeint sind hiermit vor allem die Länder des mediterranen Raums (Italien, Griechenland, Portugal, Spanien: dazu siehe im dritten Teil dieser Bearbeitung).

VII. Die deutsche Rechtslage

1. Allgemeines

Nach Art 12 Abs 1 RL hatte eine Umsetzung ins nationale Recht innerhalb von 2 ½ Jahren, also innerhalb von 30 Monaten nach der Veröffentlichung im Amtsblatt der EG, d. h. bis zum 29.4.1997 zu erfolgen. Der deutsche Gesetzgeber hat das Ziel mit dem am 31.12.1996 im Bundesgesetzblatt veröffentlichten und am 1. Jänner 1997 in Kraft getretenen Teilzeit-Wohnrechtegesetz, kurz TzWrG[339] genannt, deutlich vor der Zeit passiert. Das Bundesministerium legte im April 1995 einen ersten Referentenentwurf vor, dem nach Anhörung der Interessensverbände im November 1995 ein zweiter folgte. Auf diesem basierte schließlich der Gesetzesentwurf der Bundesregierung vom 29.12.1995, zu dem sowohl der Bundesrat als auch nach drei Lesungen der Bundestag positive Stellungnahmen abgaben, sodass das Gesetz am 20.12.1996 durch den Bundespräsidenten ausgefertigt und im Bundesgesetzblatt vom 31.12.1996 veröffentlicht werden konnte.

Inhaltlich machte das TzWrG vom ersten Referentenentwurf bis zum verabschiedeten Gesetzestext keine großen Wandlungen durch. Am größten war noch der Schritt vom ersten zum zweiten Referentenentwurf. Die Änderungsvorschläge des Bundesrates und des Rechtsausschusses waren im wesentlichen nur redaktioneller und klarstellender Natur.

Der deutsche Gesetzgeber hat die Richtlinienvorgaben vollständig umgesetzt.
Es ist kein Grund zu der Annahme vorhanden, bestimmte Regelungen der RL fänden keine oder nur eine mangelhafte Entsprechung im deutschen Recht, sodass ein Vertragsverletzungsverfahren gegen die Bundesrepublik Deutschland vorzunehmen wäre.[340] Auch von der Möglichkeit, über die nur einen Mindeststandard setzenden Vorschriften der RL (vgl Art 11 RL) hinauszugehen, machte der deutsche Gesetzgeber im Vergleich zum österreichischen nur spärlich Gebrauch. Ausdrücklich nahm er dieses Recht für die Öffnung des Gesetzes für Verträge mit geringeren als einwöchigen Nutzungsperioden in Anspruch.

Bei der Prüfung der Timesharing-Modelle in Deutschland stellt man schnell fest, dass alle drei Modelle in die deutsche Rechtslage Einfluss

---

[339] BGBl I, 2154.
[340] Zu einzelnen kritischen Äußerungen: siehe später bei der Zusammenfassung.

gefunden haben. In Deutschland ist die rechtliche Ausgestaltung des Timesharing nicht spezialgesetzlich geregelt. Das Teilzeit-Wohnrechtegesetz beschränkt sich in Umsetzung der RL auf Bestimmungen über Informations- und Widerrufsrechte des Erwerbers.
Beim Timesharing auf schuldvertraglicher Basis geht es der Rechtsnatur nach um die Überlassung einer Wohnung auf Zeit gegen Entgelt, sodass die essentialia negotii eines Wohnraum-Mietvertrages iSd §§ 535 ff BGB erfüllt erscheinen. Andere Meinungen in der Lehre sehen im Timesharing-Vertrag auch dienst- und werkvertragliche Elemente und lassen ihn daher als Beherbergungsvertrag (§ 701 BGB) erscheinen. Andere Meinungen sehen in ihm einen Reisevertrag gemäß § 651 a ff BGB. Am ehesten wird man ihn als einen Typenkombinationsvertrag mit zwar meist dominierenden mietvertraglichen, aber jedenfalls fallweise flexiblen Elementen anderer Vertragstypen wie insbesondere des Dienst- und Werkvertrages einstufen müssen.[341]

Die eigentumsrechtliche Ausgestaltung des Timesharing bereitet jedoch Schwierigkeiten, da das deutsche Sachenrecht kein als Zeiteigentum oder Intervalleigentum ausgestaltetes dingliches Recht kennt. Das sachenrechtliche Timesharing kann durch die dingliche Übertragung eines Miteigentumsanteils verwirklicht werden. Der Anbieter überträgt dabei gemäß §§ 873, 925 BGB einen ideellen Bruchteil des Eigentums an dem Objekt als Miteigentumsanteil auf den Erwerber. Dadurch entsteht eine Eigentümer-Bruchteilsgemeinschaft zwischen und Erwerber, die um weitere Miteigentümer wächst, indem der Anbieter weitere Bruchteile veräußert (§ 747 S 1 BGB). Immer mehr an Bedeutung erlangt das sogenannte Treuhandmodell, bei dem der Erwerber mehreren Vertragspartnern gegenübertritt. Er schließt zunächst mit dem Anbieter einen Kaufvertrag ab, wobei ihm der Anbieter ein Wohnrecht an einer Immobilie veräußert. Die Immobilie steht im Eigentum eines Treuhänders, der sein Eigentum vorher vom Anbieter übertragen bekommen hat und meist eine von ihm kontrollierte juristische Person ist. Der Kaufvertrag sieht nur den Abschluss eines besonderen Grundbuchtreuhandvertrages zwischen Erwerber und Treuhänder vor, wobei letzterer Inhaber der Dauerwohnrechte bleibt und sie treuhänderisch für den Erwerber hält. Auf dieser Grundlage kann ein Treuhandmodell des Timesharing im einzelnen sehr variantenreich ausgestaltet sein.[342]

Bezüglich des dritten Modells, des mitgliedschaftsrechtlich ausgestalteten Timesharing ist zu sagen, dass die nur prima vista naheliegende Ausges-

---

[341] Näheres dazu Martinek in: Grabitz/Hilf, A 13, Vorbem., 19 ff.
[342] Martinek in: Grabitz/Hilf, A 13, Vorbem., 30.

taltung als Kapitalanlagegesellschaft ausscheiden muss, da es hierfür an dem Element der Risikomischung mangelt, auf dem das Gesetz über Kapitalanlagegesellschaften (KAGG) grundsätzlich aufbaut. Ansonsten erscheint vom Ideellen Verein über dir Aktiengesellschaft bis hin zur stillen Gesellschaft jedes Modell möglich.[343]

2. Das Teilzeit-Wohnrechtegesetz (TzWrG)

2.1. Grundsätzliches

Das Gesetz ruht inhaltlich auf vier Säulen, welche die zentralen Schutzinstrumente zugunsten des Timesharing-Interessenten bilden.
Erstens soll der Erwerbsinteressent durch einen ihm zwingend auszuhändigenden Prospekt mit formalisiertem Inhalt umfassend über die Einzelheiten des Teilnutzungsrechtes und die Risiken eines Vertrages informiert werden. Zweitens sollen die Rechte und Pflichten des Erwerbers durch eine Reihe von Pflichtangaben in dem schriftlich abzuschließenden Vertrag übersichtlich und klar aufgelistet werden. Drittens erhält der Erwerber für mindestens zehn Tage eine gesetzliche Loslösungsmöglichkeit vom Vertrag, die von einem Anzahlungsverbot flankiert wird. Viertens beansprucht das TzWrG international privatrechtlich unabhängig vom jeweils anwendbaren Recht zwingende Geltung, sofern nur das Objekt oder der Vertrag einen bestimmten Bezug zur EU aufweist.[344]

2.2. Persönlicher und sachlicher Anwendungsbereich

Normzweck des § 1 TzWrG[345] ist die Definition und Abgrenzung des persönlichen und sachlichen Anwendungsbereiches des Gesetzes.
Im Rahmen des persönlichen Anwendungsbereiches ist Normadressat auf Veräußererseite jede Person, die Verträge über Teilnutzung von Wohngebäuden in Ausübung ihrer gewerblichen und beruflichen Tätigkeit abschließt. Hier greift das TzWrG auf Definitionen in anderen Verbraucherschutzgesetzen zurück (§ 1 Abs 1 VerbrKrG[346], § 6 Nr 1 HausTWG[347]). Durch die Bezeichnung „Person“ hat der Gesetzgeber sowohl natürliche als auch juristische Personen erfasst. Aus dem Sachzusammenhang her-

---

[343] Über Vorteile und Nachteile der einzelnen Modelle, siehe Martinek in: Grabitz/Hilf, A 13, Vorbem., 52 ff.
[344] Martinek, Das neue Teilzeit-Wohnrechtgesetz – missratener Verbraucherschutz bei Time-Sharing-Verträgen, NJW 1997, 1394.
[345] Paragraphenbezeichnungen in diesem Kapitel beziehen sich auf das TzWrG.
[346] Verbraucherkreditgesetz.
[347] Haustürgeschäftewiderrufsgesetz.

aus sind jedoch auch sonstige Zusammenschlüsse (Gesellschaften des HGB, Gesellschaften Bürgerlichen Rechtes usw.) möglich.

Von einer gewerblichen Tätigkeit eines Veräußerers kann dann gesprochen werden, wenn dieser ein kaufmännisches oder sonstiges Gewerbe betreibt, mithin eine Selbstständige, aus Dauer angelegte entgeltliche Tätigkeit ausübt, die sich als Beteiligung am allgemeinen Wirtschaftsleben darstellt, bei der eine nach betriebswirtschaftlichen Grundsätzen geführte Geschäftsführung erforderlich ist.[348]

Auf Erwerberseite kommt das TzWrG nur dann zur Anwendung, wenn es sich bei Vertragsabschluss um eine natürliche Person außerhalb ihrer gewerblichen oder beruflichen Tätigkeit handelt. Juristische Personen oder Gesellschaften irgendwelcher Art und Weise fallen nicht in den Schutz des Gesetzes. Geschützt ist der Erwerber also nur beim Abschluss privater Verträge; wichtig für die Abgrenzung erscheint der beabsichtigte Zweck des Erwerbers.

Im Rahmen des sachlichen Anwendungsbereiches beinhaltet § 1 Abs 2 S 1 TzWrG die Legaldefinition des Teilzeit-Wohnrechtevertrages. Ein Vertrag über die Teilnutzung von Wohngebäuden ist jeder Vertrag, durch den ein Veräußerer einem Erwerber gegen Zahlung eines Gesamtpreises das Recht verschafft oder zu verschaffen verspricht, für die Dauer von mindestens drei Jahren ein Wohngebäude jeweils für einen bestimmten oder zu bestimmenden Zeitraum des Jahres zu Erholungs- oder Wohnzwecken zu nutzen. Dabei findet sich gegenüber der Richtlinienvorgabe, die ein jährliches Nutzungsrecht von nicht weniger als einer Woche gewährt, eine wesentliche Erweiterung des Anwendungsbereiches aus dem Grund, da eine Anwendungsbeschränkung des TzWrG auf Verträge mit mindestens einwöchigen Nutzungsperioden potentielle Veräußerer dazu verleiten könnte, in Zukunft Nutzungsrechte mit kürzeren (z.B. sechstägigen) Nutzungsrechten zu vertreiben.

Inhalt ist das Recht zur Nutzung eines Wohngebäudes für einen bestimmten Zeitraum des Jahres, das ein dingliches oder ein anderes Recht sein kann, insbesondere im Rahmen einer schuldrechtlichen Konstruktion, aber auch sowohl durch eine Mitgliedschaft in einem Verein als auch einen Anteil an einer Gesellschaft eingeräumt werden kann. Das Nutzungsrecht muss mindestens für den Zeitraum von drei Jahren an einem Wohngebäude gewährt oder versprochen werden.[349]

---

[348] Hildenbrand/Kappus/Mäsch, Time-Sharing und Teilzeit-Wohnrechtegesetz, 116.
[349] Kappus, EU-Time-Sharing-Richtlinie, EWS 1996, 273f.

Vertragstypisch ist die Zahlung eines Gesamtpreises, der als eine vertraglich vereinbarte und geschuldete Gegenleistung des Erwerbers für die Einräumung des periodischen Nutzungsrechtes während der gesamten Vertrags- bzw. Nutzungsdauer qualifiziert wird.

Nach § 1 Abs 3 kann das vertraglich eingeräumte Recht auch darin bestehen, die Nutzung eines Wohngebäudes aus einem Bestand von Wohngebäuden zu wählen. Vertragsobjekt ist jeweils ein Wohngebäude, wobei § 1 Abs 4 regelt, dass diesem auch ein Teil eines Wohngebäudes gleichsteht. Darunter werden in Übereinstimmung mit Art 2 RL Apartments, Wohnungen oder Zimmer verstanden. Diese Vorschrift begründet also für den praktisch wichtigsten Fall des räumlich eingeschränkten Objektbezuges des Vertrages sämtliche gesetzlichen Pflichten auch für den dem Nutzungsrecht unterliegendem Gebäudeteil.[350]

2.3. Prospektzwang

Durch § 2 TzWrG wird zum vorvertraglichen Schutz des Erwerbers dem Timesharing-Anbieter die Verpflichtung auferlegt, jedem Interessenten an einem Teilnutzungsrecht einen Prospekt[351] auszuhändigen und zwar nicht erst – wie in der RL – nach dessen ausdrücklichem Wunsch, sondern bereits, „wenn er Interesse bekundet". Dem Anbieter soll dabei durch diese geglückte Erweiterung gegenüber der Richtlinienvorgabe die spätere Ausflucht verbaut werden, der Interessent habe keinen Prospekt erbeten. Ein Fehlverhalten des Anbieters in der Weise, dass er den vorgeschriebenen Prospekt nicht, oder nicht in der vorgesehenen Sprache an den Erwerber aushändigt, wird damit sanktioniert, dass nach § 5 Abs 3 eine Verlängerung der regelmäßig zehntägigen Widerrufsfrist auf ein Monat ab Aushändigung der Vertragsurkunde bzw. einer Abschrift davon eintritt. Gemäß § 5 Abs 5 trifft den Anbieter die Beweislast dafür, ob bzw. zu welchem Zeitpunkt er dem Erwerber den Prospekt in der vorgeschriebenen Sprache ausgehändigt hat.

Die Regeln in § 2 Abs 1 laufen grundsätzlich darauf hinaus, dass der Timesharing-Anbieter Prospekte in sämtlichen Amtssprachen der EU vorlegen muss, um damit die Interessenten nach deren Wahl in einer Sprache ihres EU-Wohnsitzes oder ihrer EU-Staatsangehörigkeit bedienen zu können.

---

[350] Hildenbrand/Kappus/Mäsch, Time-Sharing und Teilzeit-Wohnrechtegesetz, 122.
[351] Dies entspricht der österreichischen Informationsschrift im TNG.

Schon in seiner Werbung hat der Anbieter auf die Erhältlichkeit des Prospekts hinzuweisen. Der Begriff der Werbung ist dabei extensiv zu verstehen. Alle Maßnahmen, die auf den Abschluss von Timesharing-Verträgen mit potentiellen, nicht von sich aus initiativ gewordenen Erwerbern ausgerichtet sind, fallen darunter. Dazu gehören einfaches Ansprechen auf öffentlichen Straßen, Meinungsumfragen, Urlaubstests, Gewinnspielveranstaltungen und sonst denkbare Maßnahmen der Kundenakquisition, sprich des Kundenfanges.

Einzelne Angaben des Prospektes kann der Veräußerer vor Vertragsabschluss allerdings noch ändern, soweit vorher von ihm nicht beeinflussbare Umstände (z. B. Erhöhung kommunaler Abgaben) eingetreten sind.
Für den Inhalt des Prospektes stellt § 2 Abs 2 mit seinem Verweis auf den umfangreichen Katalog von detaillierten „Pflichtangaben“ in § 4 Abs 1 Nrn 1-10 und § 4 Abs 2 Nrn 1 und 2 besonders strenge Anforderungen. Insgesamt soll der Erwerber eine möglichst genaue Vorstellung von der Beschaffenheit des(r) Wohngebäude(s), den auf der Veräußererseite beteiligten Personen, der Ausgestaltung seines Nutzungsrechtes, dem Preis und den laufenden Kosten sowie von weiteren wichtigen Einzelheiten gewinnen.[352]

2.4. Form und Inhalt des Vertrages

2.4.1. Form des Timesharing-Vertrages

Der Timesharing-Vertrag ist stets schriftlich abzuschließen, soweit nicht in anderen Vorschriften eine strengere Form vorgeschrieben ist (§ 3 Abs 1 S 1 TzWrG). Dies ist dann der Fall, wenn ein unbeschränktes dingliches Recht veräußert wird, nämlich Eigentum (§ 313 BGB), wo notarielle Form vorgesehen wird. Bei beschränkten dinglichen Rechten, wozu auch das Dauerwohnrecht gemäß § 31 WEG zählt, gelten für die schuldrechtliche Verpflichtung keine strengeren Formvorschriften, jedoch benötigt man zur Erfüllung eine Eintragung ins Grundbuch, wodurch eine notarielle Beurkundung notwendig wird. Beachtet ein Vertrag die Formvorschrift nicht, so ist er gemäß § 125 BGB formnichtig, was § 3 Abs 1 S 4 ausdrücklich klarstellt. Die Nichtigkeitsfolge tritt auch dann ein, wenn der Vertrag ein Mietvertrag ist.[353]

---

[352] Hildenbrand/Kappus/Mäsch, Time-Sharing und Teilzeit-Wohnrechtegesetz, 130 ff; Martinek, Das neue Teilzeit-Wohnrechtgesetz – missratener Verbraucherschutz bei Time-Sharing-Verträgen, NJW 1997, 1394.
[353] Tonner, Das Recht des Time-Sharing an Ferienimmobilien, 1997, 75.

2.4.2. Vertragssprache

Für die Vertragssprache ist in § 3 Abs 1 S 2-5 eine Regelung getroffen, die derjenigen für die Prospektsprache entspricht. Wiederum sind die Anbieter (wie schon bezüglich der Prospekte) angehalten, den Interessenten über sein Wahlrecht in Kenntnis zu setzen und auf eine den gesetzlichen Erfordernissen genügende Vertragssprache zu achten. Maßgebend ist dabei die Sprache am Wohnsitz des Erwerbers oder des Staates, dem er angehört.

Verstöße hiergegen sind aber nicht nur (wie bei den Prospekten, § 5 Abs 3) mit einer Verlängerung der Widerrufsfrist, sondern mit einer unheilbaren Nichtigkeit nach § 125 S 1 BGB sanktioniert. Diese Nichtigkeitssanktion tritt auch dann ein, wenn der Vertrag als Mietvertrag zu qualifizieren ist, sodass § 3 Abs 1 insoweit als lex specialis gegenüber § 566 S 2 BGB zu verstehen ist.[354] Die Parteien können sich also nicht auf eine andere Sprache einigen, auch wenn sie sie noch so gut beherrschen.

2.4.3. Notarielle Beurkundung

Im Fall einer notariellen Beurkundung des Vertrages enthält § 3 Abs 2 eine ergänzende Regelung. Da nach § 5 BeurkG die Urkunde regelmäßig in deutscher Sprache zu entrichten ist, muss dem Erwerber eine beglaubigte Übersetzung des Vertrages in die nach § 3 Abs 1 maßgebliche Sprache ausgehändigt werden. Unterbleibt dies, droht Formnichtigkeit nach § 125 BGB, wie § 3 Abs 2 S 2 ausdrücklich feststellt.

Der Aufwand einer beglaubigten Urkunde kann vermieden werden, wenn der Notar bereit ist, gemäß § 5 Abs 2 BeurkG die Urkunde in einer anderen Sprache zu errichten. Dies soll er jedoch nur dann versuchen, wenn er der anderen Sprache hinreichend kundig ist.[355]

In § 3 Abs 3 wird geregelt, dass zunächst die Prospektangaben ex lege Vertragsinhalt werden, „soweit die Parteien nicht ausdrücklich und unter Hinweis auf die Abweichung vom Prospekt eine abweichende Vereinbarung treffen", wobei solche Änderungen jedoch vor Abschluss des Vertrages dem Erwerber mitgeteilt werden müssen. Somit ist festzustellen, dass der Prospekt des Anbieters noch nicht als Vertragsangebot im Sinne der §§ 145 BGB zu verstehen ist. Er bleibt nur invitatio ad offerendum. Somit zieht der Prospektzwang keinesfalls einen Kontrahierungszwang nach

---

[354] Martinek, NJW 1997, 1395.
[355] Tonner, Das Recht des Time-Sharing an Ferienimmobilien, 1997, 76.

sich.[356] „Unbeschadet der Geltung der Prospektangaben“ verlangt § 3 Abs 3 mit dem Verweis auf § 4 Abs 1 und 3 für die Vertragsurkunde jedoch wiederum umfangreiche Pflichtangaben.

Nach § 3 Abs 4 hat der Veräußerer dem Erwerber eine Vertragsurkunde oder Abschrift derselben auszuhändigen. Zusätzlich benötigt der Erwerber auch eine beglaubigte Vertragsübersetzung in der Amtssprache des Belegenheitsstaates, falls diese von der Vertragssprache abweicht. Diese Regelung erleichtert dem Erwerber die Durchführung des Vertrages vor Ort. Ausnahmsweise entfällt dann die letztgenannte Pflicht des Veräußerers, „wenn sich das Nutzungsrecht auf einen Bestand von Wohngebäuden bezieht, die in verschiedenen Staaten belegen sind“.

2.5. Pflichtangaben

Die Bestimmung des § 4 fasst die Pflichtangaben zusammen, die gemäß der RL im Prospekt (§ 2 Abs 2) und im Vertrag (§ 3 Abs 3) enthalten sein müssen. § 4 soll gewährleisten, dass dem Erwerber eine möglichst genaue Beschreibung von der Beschaffenheit des oder der Wohngebäude, den auf Veräußererseite beteiligten Personen, der Ausgestaltung seines Nutzungsrechtes, dem Preis und den laufenden Kosten sowie weiterer wichtiger Einzelheiten, die in Rahmen des langfristigen Vertragsverhältnisses von Bedeutung sind, vermittelt wird.[357] Der Erwerber soll bereits im vorvertraglichen Stadium durch die Prospektangaben vollumfängliche Auskünfte erhalten, um seine Entscheidung über den Vertragsschluss ruhig überlegen und auch hinsichtlich der zu erwartenden Kostenbelastung prüfen zu können.

§ 4 entspricht den Art 3 Abs 1 und 4, erster Gedankenstrich der RL. Die Pflichtangaben für Prospekt und Vertrag sind weitgehend identisch in Abs 1 zusammengefasst.
§ 4 Abs 2 enthält darüber hinaus zwei weitere Pflichtangaben, die im Prospekt zusätzlich zu den in Abs 1 genannten Angaben enthalten sein müssen. § 4 Abs 1 Nr 1 entspricht dem Buchstaben I des Anhanges der RL, Nr 2 dem Art 3, letzter Halbsatz der RL. § 4 Abs 3 normiert weitere vier Pflichtangaben, die ebenfalls enthalten sein müssen, wobei Nr 1 dem Buchstaben a, Nr 2 dem Buchstaben h, Nr 3 dem Buchstaben j und Nr 4 dem Buchstaben m des Anhanges der RL entspricht.

---

[356] Martinek, NJW 1997, 1395.
[357] BT-Drucks. 13/4185, S 12.

Welche Rechtsfolgen bei Verstößen gegen das Pflichtangabegebot zu erwarten sind, ist durch § 4 nicht geregelt. Lediglich der Fall der Nichtaushändigung des Prospektes und des Fehlens bestimmter Pflichtangaben im Vertrag finden sich im TzWrG.

- Sofern ein Prospekt nicht vor Vertragsabschluss ausgehändigt wird, begründet dies nicht die Unwirksamkeit des gesamten Vertrages, sondern gemäß § 5 Abs 3 nur die Verlängerung der Widerrufsfrist auf einen Monat.
- Auch wenn bestimmte im Gesetz näher bezeichnete Pflichtangaben nicht im Vertrag enthalten sind, bewirkt dies nicht Unwirksamkeit, sondern es verlängert sich gemäß § 5 Abs 4 die Widerrufsfrist auf höchstens drei Monate nach Aushändigung der Ausfertigung oder der Abschrift der Vertragsurkunde.
- Ungeregelt ist die Frage der Rechtsfolgen im Fall unvollständiger oder unrichtiger Pflichtangaben. Bei Prospektmängeln ist eine Sanktion durch das Wettbewerbsrecht denkbar. Dem Veräußerer kann dabei „Vorsprung durch Rechtsbruch" gemäß § 1 UWG bei bewusstem Hinwegsetzen über die gesetzlich vorgegebenen Informationspflichten vorgehalten werden. Mitbewerber und Verbände können dagegen nach § 13 UWG vorgehen. Ansprüche des Erwerbers können nach § 13 a UWG berücksichtigt werden. Bei Vertragsmängeln steht dem Erwerber der Anspruch auf Rückabwicklung aufgrund der culpa in contrahendo oder das Anfechtungsrecht wegen arglistiger Täuschung nach § 123 BGB zu.[358] Bei Fehlen wesentlicher Vertragsbestandteile[359] kann Nichtigkeit des Vertrages nach § 134 BGB begründet werden.[360]

2.6. Widerrufsrecht

2.6.1. Widerrufsfristen

Verbraucherschutzrechtliche Regelungen zum Widerrufsrecht finden sich auch im VerbrKrG und im HausTWG. Auch für das TzWrG ist das befristete gesetzliche Widerrufsrecht ein zentrales Schutzinstrument.
Die Regelung in § 5 erschließt sich nur, wenn deutlich zwischen den einzelnen Widerrufsfristen und den für diese Fristen angeordneten Fristläufen unterschieden wird. Es ist auch noch voranzustellen, dass der Gesetzge-

---

[358] Kappus, Time-Sharing und das Teilzeit-Wohnrechtegesetz.
[359] Das bedeutet: immer wenn Pflichtangaben fehlen mit Ausnahme der §§ 4 Abs 1 Nr. 1 und 5.
[360] Hildenbrand/Kappus/Mäsch, Time-Sharing und Teilzeit-Wohnrechtegesetz, 162f.
[361] Martinek, NJW 1997, 1396

ber in dieser Vorschrift spezifische Sonderwege zum besseren Verbraucherschutz beschritten hat (vgl § 5 Abs 3, Art 11 RL).

Nach § 5 Abs 1 kann der Erwerber von seiner Entscheidung zum Abschluss des Vertrages innerhalb einer Frist von zehn Tagen nach Abgabe seiner Willenserklärung wieder Abstand nehmen, wenn er dies durch einen schriftlichen Widerruf bekundet. Dogmatisch bedeutet dies, dass seine Willenserklärung zunächst schwebend unwirksam ist und erst wirksam wird, wenn er sie nicht fristgemäß und formgerecht widerruft. Die vertragskonstitutive Willenserklärung des Erwerbers hängt in ihrer Wirksamkeit von einer aufschiebenden Bedingung in Form einer Unterlassung, nämlich der Nichtausübung des rechtzeitigen Widerrufes, ab. Der Widerruf hingegen ist als ein Gestaltungsrecht anzusehen, mit der die endgültige und unheilbare Unwirksamkeit des vorher nur schwebend unwirksamen Rechtsgeschäftes herbeigeführt wird.[361]

Die Zehntagesfrist in § 5 Abs 1 wandelt sich in eine Monatsfrist für den Fall, dass dem Erwerber der § 2 bezeichnete Prospekt vor Vertragsabschluss nicht oder nicht in der gemäß § 2 Abs 1 S 2-4 vorgeschriebenen EU-Amtssprache ausgehändigt worden ist. Für den Fristlauf muss, mangels ausdrücklicher Regelung, analog auf denjenigen zur Zehntagesfrist abgestellt werden.[362]

2.6.2. Fristläufe

Zur Fristwahrung genügt nach § 5 Abs 2 in Abweichung von § 130 Abs 1 BGB die rechtzeitige Absendung der Widerrufserklärung. Vor allem aufgrund der Unsicherheiten, die sich beim Postenlauf ergeben können, ist diese Regelung verbraucherschutzrechtlich eine Bereicherung. Der Beginn der Frist ist, wie auch im TNG, von folgenden Voraussetzungen abhängig:

- Dem Erwerber muss die Vertragsurkunde oder eine Abschrift davon und eine schriftliche Belehrung über sein Widerrufsrecht ausgehändigt worden sein.
- Die Widerrufsbelehrung muss Name und Anschrift des Widerrufsempfängers, einen Hinweis auf die schriftliche Form der Widerrufserklärung und einen Hinweis auf die Wahrung der Widerrufsfrist durch rechtzeitige Absendung des Widerrufs enthalten.

---

[362] Kappus, Time-Sharing und das Teilzeit-Wohnrechtegesetz, 170.

- Die Belehrung muss die Kosten angeben, die der Erwerber bei Widerruf zu erstatten hat.
- Die Belehrung ist drucktechnisch deutlich zu gestalten und vom Erwerber gesondert zu unterschreiben.

Bei Fehlen einer dieser Voraussetzungen beginnt die Frist zur Ausübung des Widerrufsrechtes erst mit der Nachholung einer ordnungsgemäßen Belehrung, jedoch spätestens drei Monate nach Aushändigung der Vertragsurkunde oder einer Abschrift davon.
Eine große Unübersichtlichkeit findet sich in § 5 Abs 4, der unvollständige Verträge sanktioniert. Wenn einem Vertrag eine der Pflichtangaben, die § 5 Abs 3 aus dem Katalog des § 4 Abs 1 und 3 als besonders wichtig heraushebt (die anderen sind offenbar weniger wichtig), fehlt, so beginnt die regelmäßige zehntägige Widerrufsfrist erst mit der nachholenden schriftlichen Mitteilung der versäumten Pflichtangaben, aber spätestens drei Monate nach Aushändigung einer Vertragsurkunde oder Abschrift hiervon. Erst das vollständige Vertragsdokument mit allen gesetzlichen Informationen kann dem Erwerber die ausreichende und verlässliche Entscheidungsgrundlage über eine Ausübung seines Widerrufsrechtes bieten.[363]

Wichtig erscheint mE noch, um Seriosität zu wahren, als Anbieter nicht drucktechnisch/gestalterisch „trixen“ zu wollen. Widerrufsbelehrungen müssen optisch deutlich gemacht werden, Schriftgrad und –type haben dem Bild des sonstigen Vertragstextes zu entsprechen. Auch muss die Belehrung unmittelbar unter bzw. nach der Unterschriftszeile für die Bekundung der Vertragserklärung des Erwerbers gesetzt werden.[364]

2.6.3. Beweislast und Rückgewährschuldverhältnis

§ 5 Abs 5, der die Beweislast regelt, kam erst durch die Stellungnahme des Bundesrates, der eine Beweislastregel für notwendig erachtete, ins TzWrG. Dabei ist der Veräußerer für die Aushändigung des Prospektes in der vorgeschriebenen Sprache, Vertragsurkunde und Widerrufsbelehrung beweislastpflichtig.[365] Der Veräußerer, der die Zahlungsansprüche durchsetzen oder Rückzahlungsansprüche abwehren will, muss die Voraussetzungen für einen wirksamen Vertrag beweisen.

Wenn der Widerruf wirksam ausgeübt wurde, so ist jeder Teil verpflichtet, dem anderen Teil die empfangenen Leistungen zurückzugewähren. Der

---

[363] Martinek, NJW 1997, 1396f.
[364] Siehe Kappus, Time-sharing und Teilzeit-Wohnrechtegesetz, 177.
[365] BT-Drucks. 13/4185 S. 15.

zunächst schwebend unwirksame Vertrag ist durch den Widerruf endgültig unwirksam geworden. § 5 Abs 6 ist die speziellere bereicherungsrechtliche Rückabwicklungsvorschrift für diesen Fall und verdrängt die §§ 812 BGB. Eine Vergütung für geleistete Dienste ist ausgeschlossen. Sofern der Vertrag notariell beurkundet wurde, muss der Erwerber dem Veräußerer die diesbezüglichen Kosten ersetzen, wenn dies im Vertrag bestimmt ist.

2.7. Finanzierte Verträge

Die Vorschrift des § 6 widmet sich dem Fall des kreditfinanzierten Timesharing- Vertrages, bei dem der Preis für das Nutzungsrecht ganz oder teilweise durch einen Kredit finanziert wird und mithin zwei rechtlich selbstständige, aber wirtschaftlich miteinander verbundene Verträge (Timesharing-Vertrag und Darlehensvertrag) vorliegen. § 6 stellt dabei eine Parallele zu § 9 VerbrKrG dar.

Abs 1 S 1 regelt dabei zunächst den Fall der Personengleichheit von Timesharing-Anbieter und Kreditgeber. Es wird die kreditvertragsbezogene Willenserklärung des Verbrauchers in ihrem Wirksamwerden an seine Timesharing-vertragsbezogene Willenserklärung gekoppelt; nämlich von einem unterbliebenen Widerruf gemäß § 5 abhängig gemacht. Damit schlagen die einzelnen Bestimmungen einschließlich der Fristenregelungen des § 5 geradewegs auch auf den Kreditvertrag durch. Daraus folgt auch, dass der Verbraucher nicht mehr zusätzlich auf den Kreditvertrag achten muss, da dieser mit dem Schicksal des Timesharing-Vertrages steht und fällt. Bei Widerruf seiner Timesharing-vertragsbezogenen Willenserklärung ordnet § 6 Abs 1 S 2 und 3 eine Verpflichtung zur Rückgewähr der empfangenen Leistungen an, und zwar unter Ausschluss von Ansprüchen auf Zinsen und Kostenerstattung gegen den Erwerber. Nicht besonders wichtig erscheint dabei, ob der Kreditvertrag in den Timesharing-Vertrag integriert ist oder nicht.

§ 6 Abs 2 wendet die Regelung von Abs 1 auf drittfinanzierte Verträge an, vor allem dann, wenn Timesharing-Anbieter und Kreditgeber personenverschieden, die beiden Verträge jedoch als eine wirtschaftliche Einheit angesehen werden können.[366]

---

[366] Martinek, Das neue Teilzeit-Wohnrechtegesetz – missratener Verbraucherschutz bei Timesharing-Verträgen, NJW 1997, 1398.

Schwierig zu verstehen ist die Regelung in § 6 Abs 2 S 3.[367] Gemeint ist, dass bei Wirksamwerden des Widerrufes und Zufließen des Kreditbetrages an den Veräußerer, der Dritte (gemeint ist der Kreditgeber) im Verhältnis zum Erwerber in die Rechte und Pflichten des Veräußerers eintritt. Dadurch soll eine Dreiecksbeziehung verhindert und dem Erwerber die Rückabwicklung erleichtert werden. Dieser soll sich nur an den Kreditgeber halten können.

Diese Verträge sollen wie vom Veräußerer finanzierte Verträge behandelt werden. Der Erwerber hat demnach dem Kreditgeber das Nutzungsrecht zu übertragen, der Kreditgeber im Gegenzug eine geleistete Anzahlung sowie eventuell geleistete Darlehensraten an den Erwerber zurück zu zahlen.[368]

2.8. Anzahlungsverbot

§ 7 setzt die Richtlinienbestimmung des Art 6 RL um. Die Vorschrift beinhaltet das Verbot des Anbieters, bei oder im nahen zeitlichen Zusammenhang mit dem Vertragsschluss, Zahlungen des Erwerbers zu fordern oder entgegenzunehmen. Das Verbot besteht bis zum Ablauf von zehn Tagen nach Aushändigung der Vertragsurkunde oder einer Abschrift der Vertragsurkunde. Das Verbot des Forderns oder Entgegennehmens von Zahlungen ist bis zum Ablauf des zehnten Tages befristet. Der Gesetzgeber hat die RL nicht wörtlich umgesetzt. Die RL fordert als Fristbeginn „die Unterzeichnung des Vertrages durch beide Parteien“ oder „eine Unterzeichnung eines verbindlichen Vorvertrages durch beide Parteien“. Die Verbotsfrist des § 7 knüpft dagegen an die Aushändigung der Vertragsurkunde oder einer Abschrift davon an den Erwerber an. Eine Unterscheidung zwischen Vorvertragsurkunde und Vertragsabschlussurkunde wird nicht getroffen. Die im TzWrG verwendete Bezeichnung „Vertragsurkunde“ erfasst jedoch beide Arten.

Nach § 7 S 2 bleiben für den Erwerber günstigere Vorschriften unberührt. § 7 enthält selbst keine Regelungen über die Rechtsfolgen eines Verstoßes gegen das Anzahlungsverbot.[369] Vielmehr bestimmt die Generalklausel des § 9 Abs 1, dass eine zum Nachteil des Erwerbers von den Vorschriften des TzWrG abweichende Vereinbarung unwirksam ist. Diese dem Schutzgesetzcharakter entsprechende Regelung entspricht den ge-

---

[367] Hier heißt es: Ist der Kreditbetrag bei Wirksamwerden des Widerrufs dem Veräußerer bereits zugeflossen, so tritt der Dritte im Verhältnis zum Erwerber hinsichtlich der Rechtsfolgen des Widerrufs in die Rechte und Pflichten des Veräußerers ein.
[368] Tonner, Das Recht des Time-sharing an Ferienimmobilien, 1997, 96f.
[369] Mäsch, DNotZ 1997, 181, 205.

setzlichen Vorgaben des § 5 Abs 3 S 1 HausTWG und § 18 Satz 1 VerbrKrG. An Verstoßfolgen sind sowohl wettbewerbsrechtliche Folgen entsprechend den §§ 1, 13 UWG, als auch individualrechtliche Folgen, vor allem bei Verstößen gegen das Anzahlungsverbot, in Betracht zu ziehen.[370]

2.9. Kollisionsregel

Art 9 RL verpflichtet die Mitgliedstaaten dazu, den richtlinienkonformen Mindestschutz von Timesharing-Erwerbern unabhängig vom anwendbaren Recht sicherzustellen, wenn das Wohngebäude im EU-Gebiet liegt.[371] Der deutsche Gesetzgeber konnte sich nicht auf die verbrauchervertragliche Kollisionsnorm des Art 29 EGBGB verlassen[372], weil deren Anwendungsbereich auf die Lieferung beweglicher Sachen sowie auf Dienstleistungen beschränkt ist und damit die Timesharing-typische Nutzungsüberlassung allenfalls in Ausnahmefällen erfasst.[373]

Nach § 8 Nr 1 werden ausländischem Recht unterliegende Timesharing-Verträge sowie damit verbundene Finanzierungsverträge gleichwohl den Vorschriften des deutschen TzWrG unterstellt, wenn das Wohngebäude im Hoheitsgebiet eines Mitgliedstaates der EU oder eines EWR-Staates belegen ist. Diese Regel, wobei das TzWrG nicht nur an die EU-, sondern auch an die EWR-Belegenheit anknüpft, verstärkt den in Art 34 EGBGB enthaltenen Grundsatz der Sonderanknüpfung von Eingriffsnormen.[374] Allerdings bleibt immer noch eine Lücke bestehen, falls das Wohngebäude außerhalb der EU und des EWG liegt (z.B. in der Schweiz).[375] Der Schutz des Erwerbers durch das TzWrG ist nur dann gegeben, wenn das Timesharing-Objekt außerhalb liegt und der Timesharing-Anbieter seine auf Abschluss gerichteten Aktivitäten in einem EU bzw. EWR-Staat entfaltet, und der Erwerber bei Abgabe seiner auf den Vertragsabschluss gerichteten Erklärung seinen Wohnsitz oder gewöhnlichen Aufenthalt in der EU bzw. im EWR hat.

§ 8 Nr 2 setzt voraus, dass der Vertrag aufgrund einer Werbemaßnahme, also einer Geschäftstätigkeit des Anbieters in der EU bzw. im EWR zustande gekommen ist. Als Beispiele nennt er die Abgabe öffentlicher An-

---

[370] Siehe Hildenbrand, Time-sharing und Teilzeit-Wohnrechtegesetz, 198.
[371] Kappus, EWS 1996, 273 (276): „Gemeinschaftsbelegenheit gleich Gemeinschaftsschutz".
[372] Einführungsgesetz zum Bürgerliches Gesetzbuch.
[373] Vgl dazu Mäsch, EuZW 1995, 8 (13); Jäckel-Hutmacher/Tonner, VuR 1994, 9 (14 ff).
[374] BT-Drucks. 13/4185, S 14.
[375] Kappus, EWS 1996, 273 (276).

gebote sowie die öffentliche Werbung, will aber auch „ähnliche" geschäftliche Tätigkeiten einbeziehen. In räumlicher Hinsicht ist erforderlich, dass der Erwerber bei Abgabe seiner auf den Vertragsschluss gerichteten Willenserklärung seinen Wohnsitz oder gewöhnlichen Aufenthalt in der EU bzw. in einem Mitgliedstaat des EWR hat. Wann eine Willenserklärung als abgegeben gilt, ermittelt sich nach dem Vertragsstatut; auf den Zugang kommt es nicht an.

Der deutsche Umsetzungsgesetzgeber sorgt mit dieser „vertriebs- und marketing-bezogenen Anknüpfungsvariante"[376] für einen über den Mindestschutzumfang der RL hinausgehenden kollisionsrechtlichen Schutz. Es bleibt jedoch noch immer eine Schutzlücke in solchen Fällen bestehen, in denen ohne jeden Unionsbezug Timesharing-Akquisition betrieben wird, etwa wenn ein deutscher Tourist in der Dominikanischen Republik für ein Objekt geworben wird.[377]

Ein gravierendes Manko für den Verbraucherschutz stellt das Fehlen einer Regelung über die gerichtliche Zuständigkeit im Falle eines Rechtsstreites aus dem Timesharing-Vertrag dar, da der Erwerber gerade dann, wenn sich ein ausländischer Gerichtsstand für die Streitigkeit als zuständig herausstellt, mit einigen Schwierigkeiten konfrontiert sein kann. Nur ganz selten bietet das EuGVÜ[378] die Möglichkeit den Rechtsstreit vor einem deutschen Gericht zu führen.[379]

In diesem Licht gehört es zu den schwerwiegenden Geburtsfehlern der Timesharing-Richtlinie, dass sie keine unionsrechtliche Gerichtsstandregelung vorgibt, die den Wohnsitz oder gewöhnlichen Aufenthaltsort des Erwerbers favorisiert; dem deutschen Umsetzungsgesetzgeber, dem insoweit durch das EuGVÜ – es geht autonomem Recht vor – die Hände gebunden sind, kann kein Vorwurf gemacht werden.[380]

---

[376] Mäsch, EuZW 1995, 8 (14).
[377] Martinek, Das neue Teilzeit-Wohnrechtegesetz – missratener Verbraucherschutz bei Timesharing-Verträgen, NJW 1997, 1398.
[378] Europäisches Gerichtsstand- und Vollstreckungsübereinkommen vom 27.9.1968; BGBl 1972/774 idF des 3. Beitrittsübereinkommens vom 26.5.1989, BGBl 1994/519.
[379] Vgl dazu Mäsch, Time-sharing und Teilzeit-Wohnrechtegesetz, 234 ff.
[380] Martinek, Das neue Teilzeit-Wohnrechtegesetz – missratener Verbraucherschutz bei Timesharing-Verträgen, NJW 1997, 1399.
[381] Siehe auch §§ 18 VerbrKrG, 5 Abs 1 HausTWG und 7 AGBG.
[382] Mäsch, Time-sharing und Teilzeit-Wohnrechtegesetz, 250, FN 15.

2.10. Unabdingbarkeit und Umgehungsverbot

§ 9 dient dazu, den vom TzWrG gewährten Schutz des Erwerbers gegen Vereitelungsversuche der anderen Seite abzusichern. Im ersten Absatz enthält die Norm den Grundsatz der halbseitigen Unabdingbarkeit, der im zweiten Absatz durch ein allgemeines Umgehungsverbot ergänzt wird. Durch die RL war - anders als etwa bei der Verbraucherkredit-Richtlinie[381] - den nationalen Gesetzgebern nicht vorgegeben, ein Umgehungsverbot zu normieren.

Eine Umgehung liegt dann vor, wenn die vom Gesetz verbotene Regelung durch eine andere, von der Norm nicht erfasste vertragliche Gestaltung erreicht werden soll, die objektiv zum gleichen missbilligten Erfolg führt. Auf die Frage der dogmatischen Einordnung des Umgehungsverbotes und ob für seine Anwendung Absicht vorliegen muss oder ein bloß objektiver Verstoß genügt, wird in der Literatur unterschiedlich Antwort gegeben.[382] Aufgrund der Regelungsdichte des TzWrG werden Umgehungsversuche über § 9 Abs 2 eher selten der Fall sein. Eine Anwendbarkeit wäre dann gegeben, wenn die in § 1 Abs 2 normierte Drei-Jahres-Grenze unterschritten wird, was jedoch in der Praxis kaum eintreten wird.

In § 10 findet sich eine Vorschrift, die der Harmonisierung anderer Gesetze mit den Neuregelungen des TzWrG dient. Dabei kommt es zu Veränderungen im HausTWG, im VerbrKrG und in der GewO, die jedoch für das Thema dieser Arbeit keine Rolle spielen und daher nicht weiter darauf eingegangen wird.

§ 11 setzt Art 12 RL um. Wie Österreich hat auch die Bundesrepublik Deutschland die RL vorfristig, weil mit Wirkung zum 1.1.1997, in innerstaatliches Recht umgesetzt. Auf vor dem 1.1.1997 „geschlossene" Timesharing-Verträge findet das TzWrG gemäß § 11 keine Anwendung.

Aufgrund der Tatsache, dass das TzWrG am 20.12.1996 verkündet wurde, regelt § 12, dass es „am ersten Tage des auf die Verkündigung folgenden Monats" in Kraft tritt, also am 1.1.1997.

Auch das TzWrG ist vom deutschen Gesetzgeber ordnungsgemäß umgesetzt worden. Er hat sich jedoch zu stark an die Vorgaben der RL gehalten, obwohl ihm gemäß Art 11 RL genügend Freiräume zugestanden hätten, einen über die RL hinausgehenden Schutz zu gewähren.

Es beschränkt sich weitgehend auf die Umsetzung der Vorgaben der RL und verzichtet auf eine umfassende Regelung des Timesharing, die auch Fragen der rechtlichen Ausgestaltung, der zwingenden dinglichen Sicherung der Timesharing-Erwerber, der Beteiligung der Erwerber an der Verwaltung der Immobilien oder der Verteilung der laufenden Kosten und Lasten auf die einzelnen Inhaber der Teilzeitnutzungsrechte zum Gegenstand gehabt hätte, weil dies – so die Begründung der Bundesregierung – „unter Berücksichtigung der vielfältigen gegenwärtigen und vielleicht noch zu erwartenden Erscheinungsformen und rechtlichen Konstruktionen des Timesharings, wenn überhaupt, nur mit unverhältnismäßig hohem Aufwand zu verwirklichen sei".

Abweichend von der RL wird in der Regelung zum sachlichen Anwendungsbereich darauf verzichtet, für den periodisch wiederkehrenden Nutzungszeitraum eine Mindestdauer von einer Woche vorzusehen (§ 1 Abs 2 TzWrG gegenüber Art 2 1. Gedankenstrich RL).

Zusätzlich zur RL sieht das TzWrG für den Prospekt die Pflichtangabe vor, „dass der Erwerber kein Eigentum und kein dingliches Wohn-/Nutzungsrecht erwirbt, sofern dies tatsächlich nicht der Fall ist" (§ 4 Abs 1 Nr. 3 TzWrG). Ferner muss in Übereinstimmung mit den Regeln von Haustürwiderrufsgesetz und Verbraucherkreditgesetz die Belehrung über das Widerrufsrecht vom Erwerber gesondert unterschrieben werden (§ 5 Abs 2 TzWrG).

Die Nichtvorlage des Prospekts trotz vom Erwerber bekundeten Interesse sowie die Vorlage in einer falschen Sprache werden durch die Verlängerung der Widerrufsfrist auf einen Monat sanktioniert (§ 5 Abs 3 TzWrG). Schließlich knüpft die Kollisionsregel des § 8 TzWrG zusätzlich zur Anknüpfung an die EU-/EWR-Belegenheit der Immobilie an ein öffentliches Angebot, eine öffentliche Werbung oder eine ähnliche geschäftliche Tätigkeit des Veräußerers in einem EU-Mitgliedstaat oder einem EWR-Vertragsstaat an, aufgrund derer es zum Vertragsabschluss mit einem Erwerber kommt, der seinen Wohnsitz oder gewöhnlichen Aufenthaltsort in einem Vertragsstaat der Europäischen Gemeinschaft oder in einem Mitgliedstaat des EWR hat (§ 8 Nr. 2 TzWrG).[383]

Weiters finden sich erdrückende Informationsmassen, die den Verbraucher mehr verwirren als ihn ernüchtern. Das TzWrG schreibt auch nicht für alle Timesharing-Verträge eine notarielle Beurkundung aus und damit

[383] Vgl dazu Martinek in: Grabitz/Hilf, A 13, Art 13, 2f.

nicht immer eine fachkundige Beratung und Belehrung des Erwerbers. Auch erscheint mE die Widerrufsfrist von 10 Tagen Minimum viel zu kurz, da dem Erwerber kaum Zeit bleibt, um Beratung einzuholen und den Vertrag prüfen und würdigen zu können.

All das kam jedoch nur deshalb zustande, weil sich die damalige für diesen Bereich zuständige EG-Kommissarin Scrivener[384] für den „minimalistischen Ansatz" der RL ausdrücklich bekannte. Insofern kann den Mitgliedstaaten, die der Umsetzung der RL Genüge getragen haben, kein oder nur geringerer Vorwurf gemacht werden.

---

[384] Die zuständige EG-Kommissarin Scrivener sprach in ihrer offiziellen Antwort auf die Anfrage eines Abgeordneten des Europäischen Parlamentes unverhohlen vom „minimalistischen Ansatz" der RL, vgl. EuZW 1994, 67; Kappus, EWS 1996, 273 (Fußn. 18).

VIII. Die spanische Rechtslage

1. Allgemeines

Im folgenden soll in einigermaßen kurz gefasster Form auf die Umsetzungen der RL in einigen mediterranen Staaten eingegangen werden, da gerade in den großen Feriendomizilien Timesharing und der Erwerb von Teilnutzungsrechten oftmals auftritt und sich daher auch gerade dort viele Probleme ergeben.
Spanien ist das erstrangige europäische Belegenheitsland der im System der Teilzeitnutzungsrechte vermarkteten Ferienanlagen.[385] Tausende von Arbeitsplätzen und Investitionen in Milliardenhöhewaren gern gesehene Konsequenzen des Time-Sharing-Booms, zahlreiche Beschwerden in- und ausländischer Besucher über aggressive Werbetechniken sind und waren negative Begleiterscheinungen.[386]

In Spanien wurden daher besondere gesetzliche Maßnahmen schon seit Jahren gefordert, vor allem dadurch, dass Spanien bei Ende der Umsetzungsfrist im April 1997 noch kein eigenes Timesharing-Gesetz aufwies und bereits ein besonderes Mahnverfahren gegen den spanischen Staat eingeleitet wurde.
Mit großer Verspätung wurde in Spanien schließlich zum Jahresende 1998 die RL im Gesetz 42/1998 über turnusmäßige Nutzungsrechte an Immobilien des touristischen Gebrauchs und steuerrechtliche Vorschriften (im Folgenden spTzWrG) umgesetzt.[387]

Schon vor der Umsetzung der RL konnte man in Spanien den Beginn einer Rspr beobachten, die zum Schutz des Käufers die für ihn in der RL vorgesehenen Rechte schon auf Verträge anzuwenden sucht, die nach der Veröffentlichung der RL geschlossen worden sind. Dies kam, wenn sie bereit waren, vor Gericht zu gehen, vielen Käufern zugute, denen jegliche dahingehende Rechte genommen wurden. Auch der spanischen Regierung kam diese Entwicklung nicht unwillkommen, minderte sie doch die Anzahl möglicher Ansprüche aus Staatshaftung wegen verspäteter Umsetzung.[388]

---

[385] Der valencianische Vertreiberverband AVETC sprach Anfang 1998 von 430 Anlagen mit 19600 Wohneinheiten und ca. 500000 diesbezüglichen Nutzungsberechtigten.
[386] Genannt werden 25480 direkte und 18640 indirekte Arbeitsplätze sowie Gesamtinvestitionen von ca. einer Billion Pesetas bis zum Jahr 2000.
[387] Ley sobre de derechos de aprovechamiento por turno de bienes inmuebles de uso turistico y normas tributarias, Gesetz 42/1998 vom 15.12.1998 in Kraft seit 5.1.1999.
[388] Schomerus, NZM 1998, 467.

An sich wäre es sinnvoll gewesen, das Gesetz auf die allgemein geltenden Punkte zu beschränken oder diese innerhalb des Gesetzestextes zumindest voranzustellen. Das geschah jedoch leider nicht. Statt dessen finden sich die meisten dieser Vorschriften mitten im Gesetz (Art 8 bis 12), und der Rest wurde an anderer Stelle im Gesetz eingebaut. Dies allein bereitet bereits einige Schwierigkeiten. Das Hauptproblem liegt aber darin, dass eine völlig neue Bezeichnung für Timesharing-Rechte und auch noch eine ganz neue Rechtsform hierfür eingeführt wurde.

Wie diese neuen Teilzeitnutzungsrechte entstehen und welchen Inhalt sie haben, wird in den Artikeln 1 bis 7 behandelt. Dabei geht es hauptsächlich um Fragen zum subjektiven, objektiven, territorialen und zeitlichen Anwendungsbereich. Die Rechte und Pflichten des Nutzungsberechtigten werden sodann in den Artikeln 13 bis 16 dargelegt. Es folgen allgemeine steuerrechtliche Vorschriften in den Artikeln 17 bis 20 und das Gesetz schließt mit den überaus wichtigen Zusatz- und Übergangsbestimmungen.

Mit dem neuen, etwas umständlichen Namen „derecho de aprovechamiento por turno", übersetzbar als „im Turnus genutztes Recht" oder „turnusmäßiges Nutzungsrecht" sollen Begriffe wie Timesharing oder multipropiedad verschwinden, der eine, weil er zu allgemein ist und zu sehr an angelsächsische Rechtsformen denken lässt, der andere, weil hierbei von propiedad, also Eigentum gesprochen wird und dies nur eine der Möglichkeiten ist, um ein im Turnus genutztes Recht an einer Immobilie zu gewähren. Leider geht es aber nicht nur um diese Bezeichnung.

Die Einführung einer neuen Rechtsform meint, dass ab jetzt Timesharing (oder turnusmäßige Nutzungsrechte) nur noch in einer bestimmten Form erworben, angepriesen und verkauft werden dürfen. Andere Rechtsformen sind nach Art 1 Abs 7 spTzWrG nicht mehr zulässig. Verträge über Teilzeitnutzungsrechte, die unter Nichtbeachtung dieser gesetzlichen Vorschriften geschlossen werden, sind nichtig; daher sind Rückabwicklung des Vertrags mit entsprechender Zurückgewährung der jeweils empfangenen Leistungen sowie Schadenersatz die zwingende Folge.[389] Sonderbestimmungen existieren aber für die schon bestehenden Timesharing-Anlagen. Um dies zu unterscheiden benutzt der Gesetzgeber zwei verschiedene Ausdrucksformen:
Überall dort, wo er von „turnusmäßigem Nutzungsrecht" spricht, meint er in aller Regel auch nur die neue Rechtsform. Wo er hingegen von „jeglichem Recht bezüglich der Nutzung eines oder mehrerer Gebäude" spricht (so in der ersten und zweiten Übergangsvorschrift oder der zweiten Zu-

---

[389] Trejo/Vestweber, RIW 1999, 516.

satzvorschrift), meint er in aller Regel jegliche Form von Timesharing-Rechten. Dies ist aber leider auch nur eine erste Faustregel, denn erst aus den Übergangsvorschriften des Gesetzes ergibt sich letztlich, welche der speziellen Regeln auch allgemein gelten sollen.[390]

Im folgenden soll nur auf die Artikel des spTzWrG eingegangen werden, in denen sich die ins spanische Gesetz umgesetzten Richtlinienbestimmungen wiederfinden.[391]

2. Informationspflichten und Widerrufsrechte (Art 8 und 9 spTzWrG)

2.1. Pflichtangaben für den informierenden Prospekt und den Vertrag

Bei genauerem Lesen der Angaben, die im Prospekt und im Vertrag enthalten sein müssen, wird man feststellen, dass die Vertragsunterlagen sehr lang und unübersichtlich sind, sodass dem Käufer damit nicht gedient werden kann. Tatsächlich wurde die RL in diesem Sinne auch schon kritisiert. Diese Kritik gilt logischerweise auch für die daraus abgeleiteten Gesetze; so für das deutsche und spanische Gesetz.

Der Prospektinhalt wird nur lückenhaft wiedergegeben und wird der Aufgabe, den Konsumenten „kurz und genau" zu informieren nicht gerecht. Vorkehrungen gegen spätere, erst im Vertrag auftauchende Änderungen fehlen. Lückenhaft wurde die RL vor allem in zwei Punkten umgesetzt:
Völlig außer acht gelassen wurden die verschiedenen Angaben nach lit. d Anh. RL für den Fall einer im Bau befindlichen oder nur geplanten Anlage; gerade in diesem Fall ist der Interessent besonders informations- und schutzwürdig.

Unzureichend ist auch die Umsetzung in Zusammenhang mit den Pflichtangaben in lit. e, f, g und i Anh. RL in Art 8 Abs 2 spTzWrG. Vergeblich sucht man eine Entsprechung zu lit. g betreffend der Grundsätze, nach denen Instandhaltung, Instandsetzung, Verwaltung und Betriebsführung zu erfolgen haben.

---

390 Schomerus, Timesharing in Spanien, 1999, 23f.

391 Alle übrigen Artikel haben nichts mit der Umsetzung der RL zu tun, da in diesen Artikeln größtenteils auf subjektiven, objektiven, territorialen und zeitlichen Anwendungsbereich abgestellt wird. Genau nachzulesen bei Trejo/Vestweber, RIW 1999, 516 ff.

Andere Ungenauigkeiten der Umsetzung wird man hinnehmen können so wird der allgemein gehaltene Hinweis auf das Recht zu Widerruf und Rücktritt nach Art 8 Nr 2 lit j in Übereinstimmung mit lit l Anh. RL auch für einen etwaigen Kreditvertrag genannt werden müssen.

Nicht unerwähnt bleiben sollen auch die guten Passagen der Umsetzung wie Art 8 Nr 2 lit h oder die Tatsache, dass der Gesetzgeber in Art 8 Nr 2 zudem zur Hinterlegung des Prospektes beim zuständigen Grundbuchamt verpflichtet, womit er die Kontinuität und Identität zwischen dem offerierten und sodann in der Gründungsurkunde und den individuellen Übertragungsurkunden niedergelegten Nutzungsrecht zu wahren sucht.[392]

Bei den Angaben zum Pflichtinhalt des Vertrags ist bedauerlich, dass der Gesetzgeber nicht dem Vorbild der RL gefolgt ist und einen einheitlichen Katalog von Pflichtangaben für Prospekt und Vertrag festgeschrieben hat, sondern dass er sich für separate Aufzählungen entschieden hat. Dies führt nicht nur zur Aufblähung des Textes, sondern auch zu Auslegungsschwierigkeiten und damit zur Rechtsunsicherheit. Zudem sind einige Vorgaben der RL nicht oder nicht hinreichend umgesetzt worden. Keinerlei Entsprechung findet man z.B. für lit. j Anh. RL und damit zur Klarstellung, dass der Erwerb mit keinen anderen als den im Vertrag genannten Kosten, Lasten oder Verpflichtungen verbunden ist. Auch fehlt die Umsetzung der lit. k Anh. RL über Möglichkeiten der Weiterveräußerung des Rechts und ihrer etwaigen Kosten. Es wäre wünschenswert gewesen, hierzu klare Angaben zu verlangen.

Erfreulich ist hingegen die Anordnung in Art 9 Abs 1 Nr. 6, die Art 10, 11 und 12 jeweils wörtlich in den Vertrag zu übernehmen. Nicht sinnentstellende Darstellungen der Käuferrechte sollen hier unterbunden werden, sondern jene bewusst „halbrichtigen" Angaben, mit denen so oft in der Hoffnung gearbeitet wird, sie würden (noch) nicht durch die Verlängerung der Widerspruchsfrist geahndet werden.[393]

2.2. Verständlichkeit der Unterlagen

Zutreffend wiedergegeben wurde auch der in der RL projektierte Sprachschutz des Erwerbers, da alle informierenden Unterlagen einschließlich des Vertrages zunächst in der von ihm gewählten Sprache des Staates, in dem er wohnhaft ist, zugleich aber auch in einer der am Belegenheitsort offiziellen spanischen Sprachen zu übergeben sind, Art 9 Abs 3

[392] Schomerus, NZM 1999, 334.
[393] Schomerus, NZM 1999, 334.

spTzWrG.[394] Die Verständlichkeit der Vertragsunterlagen wird also nicht an der Sprache, wohl aber an der Fülle des Materials scheitern können.

Neben dem eigentlichen Vertrag, der neben den Pflichtangaben sämtliche Angaben des Prospektes, einen ausführlichen Katalog von Informationsstellen und die oben erwähnte wörtliche Wiedergabe der Art 10, 11 und 12 spTzWrG enthalten muss, sind außerdem ein vollständiges Inventar der nach dem Vertrag nutzbaren Wohneinheit, ein Zusatzblatt mit Informationen zur Möglichkeit und den Bedingungen eines Tausches, eine Ablichtung der im Grundbuch eingeschriebenen bzw. einzuschreibenden Satzungen, die das Nutzverhältnis regeln, und schließlich auch noch die AGB des Vertrages (für die alleine insoweit noch spezialgesetzliche Anforderungen zur Transparenz, Klarheit und Verständlichkeit existieren[395]) beizugeben.

2.3. Widerrufsrechte für Vertrag und Finanzierungsabsprachen

Die spanische Übersetzung spricht beim Recht des Erwerbers, vom Vertrag Abstand zu nehmen, vom Recht der Vertragsauflösung. Im Gesetz wird sprachlich differenziert zwischen dem unbedingten Recht der Abstandnahme vom Vertrag binnen zehn Tagen (Rücktrittsrecht = desistimiento) und der an bestimmte Rahmenbedingungen geknüpften Möglichkeit, sogar in einem Zeitraum von bis zu drei Monaten vom Vertrag Abstand zu nehmen (Recht zur Vertragsauflösung = derecho de resolución).
Zusätzlich hat der Gesetzgeber den in der RL angelegten Schutz des Erwerbers noch verstärkt und zwar vor allem dahingehend, dass der Erwerber in beiden Fällen grundsätzlich weder eine Abstandssumme noch Schadenersatz zu zahlen oder Kosten der Gegenseite zu erstatten hat. Es sind ihm dagegen die bereits bezahlten Beträge zurückzuerstatten.[396]
Auch das Recht zur Vertragsauflösung ist insoweit erweitert worden, als sich der Erwerber darauf nicht nur bei Fehlen bestimmter Pflichtangaben und nur, soweit der Vertrag betroffen ist, berufen kann, sondern dies in all jenen Fällen gilt, in denen

- auch nur eine der Pflichtangaben des informierenden Prospektes oder des Vertrages fehlt – oder wie bereits erwähnt
- der übergebende Prospekt nicht dem zuvor hinterlegten entspricht oder

[394] Dies gilt für innerhalb der EU ansässige Käufer mit anschließender Sonderregelung für andere Fälle.
[395] Schomerus, Das spanische Teilzeit-Wohnrechtegesetz, NJW 1999, 1068f.
[396] Allerdings muss bei notarieller Beurkundung des Vertrages auch der Rücktritt unter notarieller Beteiligung erfolgen, Art 10 spTzWrG.

- nach Art 11 Abs 2 spTzWrG das Anzahlungsverbot missachtet worden ist.[397]

3. Rücktritt und Vertragsauflösung

Die sprachliche Unterscheidung von Rücktritt einerseits (innerhalb von zehn Tagen) und dem Recht auf Vertragsauflösung andererseits (innerhalb von drei Monaten) ist für den Käufer an sich ohne Bedeutung. Daher soll nun generell von Widerruf gesprochen werden. Kleine Unterschiede gibt es freilich, da es z.B. bei der kürzeren Frist von zehn Tagen keine Rolle spielt, ob der Widerruf erst nach Fristablauf beim Empfänger eingeht, wenn er nur innerhalb der Frist versandt worden ist.
Auf jeden Fall müssen nach Art 10 Abs 3 spTzWrG folgende Umstände nachweisbar sein:

- der Inhalt der Mitteilung,
- der Empfang und
- das Versendungsdatum.

Aus diesen Gründen scheidet der normale Brief schon einmal aus. Auch das Einschreiben zeigt nur das Datum der Versendung und nicht einmal bei einem Rückschein, also bei einer Quittung des Empfangs, ist das Schreiben ausreichend, da der Käufer damit nicht nachweisen könnte, dass gerade ein Widerruf im Umschlag steckt. Ein Widerruf als Fax müsste ausreichen, wenn sich durch beiliegendem Sendebericht ergibt, dass gerade dieses Fax zum angegebenen Zeitpunkt störungsfrei an die angegebene Empfängernummer übermittelt wurde. Ganz sicher sind jedoch nur das Telegramm oder die Übermittelung einer Nachricht durch den Notar (acta notarial). Letzteres wird vom Gesetz dann ausdrücklich vorgeschrieben wird, wenn es erst nach Abschluss eines notariellen Vertrages zum Widerruf kommt.

Fehlende Informationen können, wenn sie den Widerruf verlängern, von Verkäuferseite auch nachgeliefert werden. Geschieht dies innerhalb der drei Monate und bevor der Käufer widerrufen hat, zwingt ihn diese Vervollständigung dazu, den Vertrag anzuerkennen oder innerhalb der folgenden zehn Tage noch den Widerruf zu erklären (Art 10 Abs 2 am Ende). Wichtig ist auch, dass in beiden Fällen des Widerrufes dem Käufer keinerlei Kosten aufgebürdet werden dürfen. Es dürfen weder Bearbeitungs-,

[397] Das alles gilt neben der weiteren Möglichkeit des Erwerbers, den Vertrag wegen unrichtiger Informationen nach den allgemeinen Bestimmungen des spanischen CC anzufechten oder auch strafrechtliche Konsequenzen zu fordern.

Vertrags- oder Vermittelungsgebühren verlangt, noch sogenannte Aufwandsentschädigungen angefordert werden. Was auch immer behauptet wird; es ist in Art 10 Abs 2 und 3 ganz eindeutig verboten, vom Käufer - unter welchem Vorwand auch immer - noch Geld einzufordern. Nur ein einziges Mal kann der Käufer Kosten haben: Nämlich dann, wenn bereits von einem Notar ein Vertrag erstellt wurde, muss der Käufer diesen zur Gänze oder anteilig bezahlen. Zusätzlich fallen unter Umständen neue Kosten an, da bei dieser Konstellation ja auch der Widerruf durch den Notar zu erfolgen hat. Es ist dabei von Fall zu Fall zu prüfen, ob man hier Schadenersatz fordern kann.

Besonders betont wird noch nach Art 10 Abs 2 spTzWrG, dass der Käufer unabhängig von den genannten Fristen bei unrichtigen Informationen bzw. bei arglistigen Täuschungen die Möglichkeit hat, den Vertrag nach den allgemeinen Regeln des Spanischen Bürgerlichen Gesetzbuches (Código Civil) gemäß den Art 1300 ff anzufechten.[398]

4. Anzahlungsverbot

Das in Art 11 spTzWrG geregelte Anzahlungsverbot betrifft seinem Wortlaut nach nicht nur den Zeitraum von zehn Tagen, sondern gilt so lange, wie dem Erwerber nach Art 10 spTzWrG ein Vertragsauflösungsrecht zusteht.[399] Gestattet sind nur Maßnahmen zur Sicherung des vorläufig gestundeten Betrages, die aber in keinem Fall zu einer direkten oder indirekten Entgegennahme der Anzahlung durch den Veräußerer führen dürfen.[400] Das Recht zur Vertragsauflösung wird somit in Abstimmung mit dem Recht zur Vertragsauflösung und zum Widerruf geregelt. Solange eine der beiden Möglichkeiten zur Vertragsvernichtung besteht, dürfen Anzahlungen nicht geleistet werden und etwaige Garantieabsprachen zur Sicherung der so gestundeten Zahlung, z.B. durch Wechsel, vordatierten Scheck oder treuhänderische Hinterlegung, dürfen dieses Verbot nicht unterlaufen. Eine Verletzung des Anzahlungsverbotes weist nach Art 11 Abs 2 spTzWrG Konsequenzen auf. Dem Erwerber wird, um ihm die Beweispflicht für einen möglicherweise entstandenen Schaden zu nehmen, im Wege des pauschalierten Schadenersatzes das Recht eingeräumt, die Rückerstattung des doppelten Betrages, der verbotswidrig vereinnahmt worden ist, zu verlangen und zwar unabhängig davon, ob er unter Fortset-

---

[398] Schomerus, Timesharing in Spanien, 1999, 29f.

[399] Dies sei keine generelle Erstreckung des Anzahlungsverbotes auf drei Monate; Vgl dazu Hildenbrand, NJW 1998, 2940.

[400] Zum Streitstand im Rahmen des TzWrG: Hildenbrand/Kappus/Mäsch, Timesharing und TzWrG, 1997, § 7 TzWrG, Rdn 10.

zung des Vertrags Erfüllung seitens des Verkäufers oder aber Vertragsauflösung verlangt.[401] Dies erscheint mE als eine bemerkenswerte Stärkung der Position des Verbrauchers.[402]

5. Gebot der Unabdingbarkeit und Kollisionsrecht

Sachgerecht erfolgte auch die Umsetzung des Rahmens, der in der RL zur Sicherung der vorstehend genannten Verbraucherschutzrechte vorgesehen war. So ergänzt Art 2 Abs 1 Nr. 7 in Bezug auf die Nichtigkeit der Vertragsklauseln, womit der Verbraucher auf seine Rechte verzichtet oder mit deren Hilfe die durch das Gesetz bestimmten Verantwortlichen versuchen, sich ihrer Verantwortung zu entziehen.[403] Dies muss den Zeitraum der Vertragsunterzeichnung als Ganzes erfassen, da erst dadurch die genannten Rechtsfolgen eintreten können. Die vom Gesetzgeber gewählte Einschränkung war in der RL potentiell angelegt[404] und erscheint durch die Möglichkeiten des CC nicht besonders bedenklich. Im kollisionsrechtlichen Bereich, der in der zweiten Zusatzvorschrift normiert ist, wird Art 9 RL umgesetzt, wobei die Anknüpfung alleine anlagen- und landesbezogen erfolgt.[405] Die Regelung wird durch die bisherige Rechtsprechung in Spanien gestützt.[406] Es soll auf Art 2 Abschnitt 2 und den darin enthaltenen Versuch verwiesen werden, den in dem Gesetz sonst nicht besprochenen Bereich der Gerichtszuständigkeit so zu normieren, als dass ein Ausweichen der Veräußerer auf parteiische oder nicht existente Schiedsgerichte unterbunden wird. Diese Regelung ist mE maßvoll und sachgerecht: Maßvoll, da verzichtet wird auf die Inschutznahme eigener Bürger bei Teilzeitnutzungskäufen an Anlagen in anderen Mitgliedstaaten und sachgerecht, da der Linie des Art 4 Abs 3 EVÜ folgend allein anlagenbezogen entschieden wird und hierbei dingliche und nicht dingliche Rechte gleichgestellt werden. Durch die Unterschiedlichkeit in diesem Bereich in den einzelnen Mitgliedstaaten sind kollisionsrechtliche Probleme jedoch vorprogrammiert.

---

[401] Schomerus, NZM 1999, 335.
[402] Schomerus, Das spanische TzWrG, NJW 1999, 1069.
[403] Dies ist die Umsetzung des Art 8 RL.
[404] Hildenbrand/Kappus/Mäsch, Timesharing und TzWrG, 1997, § 9 TzWrG, Rdn 2.
[405] Erfreulicherweise wurde nicht eine fragliche Regelungstechnik, z.B. die des deutschen Gesetzgebers kopiert.
[406] Der Verweis auf exotische Rechtsordnungen war schon in der Vergangenheit zum Scheitern verurteilt, Schomerus, NJW 1996, 3239.

6. Umgehungsverbot

Das Gebot der RL soll dafür sorgen, dass die Verbraucherschutzrechte nicht wieder entzogen werden, die mit Art 2 spTzWrG umgesetzt wurden. „Klauseln, durch die der Erwerber im voraus auf die ihm aufgrund dieses Gesetzes zustehenden Rechte verzichtet, sind nichtig. Klauseln, die den Besitzer oder die Wohnungsbaugesellschaft oder eine andere natürliche oder juristische Person, die gewerbsmäßig an der Übertragung oder an dem Vertrieb von turnusmäßigen Nutzungsrechten beteiligt ist, von den Verantwortlichkeiten entheben, die ihnen aufgrund der Bestimmungen dieses Gesetzes zukommen, sind ebenfalls nichtig.“ Wie bereits oben erwähnt, kommt bei Klauseln, die ein Schiedsgericht zuständig machen, das in einem Land liegt, indem der Käufer nicht wohnt, Art 2 Abs 2 zur Anwendung. Solche Klauseln sind nämlich nur dann gültig, wenn die Interessenvertreter beider Seiten gleich stark vertreten sind oder diese Abmachung zwischen Käufer und Verkäufer erst zur Schlichtung eines konkret entstandenen Problems vereinbart wird, also wiederum „im Nachhinein“.

7. Regelung für bereits bestehende Verträge einer Teilnutzung

Aufgrund der Tatsache, dass in Spanien sehr viele Timesharing-Anlagen bestehen, gibt es auch eine große Zahl von verschiedenen Systemen, Teilzeitnutzungsrechte zu erwerben. Vorherrschend sind Formen des Erwerbes eines (Mit-)Eigentumsanteiles oder Varianten des Clubsystems. Die Schwierigkeit bei der Berücksichtigung bereits bestehender Anlagen lag darin, inwieweit die gesetzlichen Anforderungen auf die bereits existierenden Anlagen und ihre Vermarktungsform übertragen werden konnten. Diese angesichts der bereits getätigten Investitionen und der starken Lobby der Betreiber insbesondere auch in den Länderparlamenten höchst heikle Frage ist schließlich im weitgehenden Konsens geregelt worden.[407]

Es blieb eine Verpflichtung, das jeweils schon bestehende System in analoger Anwendung der Vorschriften zum turnusmäßigen Nutzungsrecht vor allem im Hinblick auf Inhalt, Dauer und Beteiligte genau zu bestimmen, und die Erstellung einer notariellen Gründungsurkunde sodann im Grundbuch einzuschreiben, wofür eine Frist von zwei Jahren gewährt wird. Sollte dem nicht nachgekommen werden, kann die Einschreibung nach Ablauf

---

[407] Unter Berücksichtigung insbesondere der Forderungen katalanischer und kanarischer Abgeordneter, auf deren Tolerierung die Zentralregierung zur Erhaltung von Mehrheiten politisch angewiesen ist.

der zwei Jahre von jedem Nutzungsberechtigten gerichtlich verlangt werden. Außerdem kann in diesem Fall jeder, der nach Inkrafttreten des Gesetzes ein Nutzungsrecht welcher Art und von wem auch immer gekauft hatte, Rückerstattung sämtlicher Beträge und Schadenersatz direkt vom Eigentümer verlangen, also demjenigen, der gesetzlich zur Erstellung der Gründungsurkunde verpflichtet gewesen wäre.[408] [409]

Das Gesetz wurde am 16.12.1998 veröffentlicht und trat am 5.1.1999, also um mehr als 20 Monate zu spät, in Kraft. Aufgrund von ersten Gerichtsentscheidungen zeigt sich, dass es auch für Verträge gilt, die vor dem 5.1.1999 geschlossen wurden.

Die Ausführungen haben gezeigt: Das Gesetz hat nicht nur die Vorgaben der RL umgesetzt, sondern darüber hinaus der tatsächlichen Notwendigkeit der Gesamtregelung einer Materie Rechnung tragen wollen, die in Spanien von unzweifelhafter wirtschaftlicher Bedeutung ist. Das Ergebnis kann jedoch nicht ganz überzeugen.

Es handelt sich um ein schwerfälliges Gesetz, das viel zu interventionistisch und zu große Mühe auf die Regelung kleinster Details verwendet. Es scheint eine Art „Verbraucher-Fundamentalismus" als Ziel zu haben, indem es beinahe sinnlos und unüberlegt Bedingungen und Sanktionen aufstellt, ohne sich dessen bewusst zu sein, dass bei deren Anwendung Verhaltensweisen viel zu scharf bestraft werden, die sich jedoch als mehr oder weniger unbedeutend herausstellen. Auf Zeit gesehen ist dies allzu schädlich, da es im besten Fall zu einer Kostenerhöhung führen kann, im schlimmsten Fall sogar den Verkauf von Teilzeitnutzungsrechten gefährdet, was sicher nicht im Interesse der Verbraucher liegt, die ihren Urlaub in dieser Weise verbringen möchten. Oder sollte dies ein Grund für den beachtlichen Gesetzesaufwand sein? Schließlich ist Spanien ein Land, in dessen Wirtschaft der Fremdenverkehr einen großen Raum einnimmt und das über eine umfangreiche und einflussreiche Hotelindustrie verfügt, die niemals froh über die Timesharing-Invasion war.

Bleibt zu hoffen, dass eine Auslegung der neuen Gesetzesbestimmungen zur gewünschten verbrauchergerechten Anwendung führen wird und ein friedliches Nebeneinander aller Arten der Urlaubsgestaltung im Fremdenverkehrswesen erlaubt.[410]

---

[408] Einzelheiten dazu in der zweiten und dritten Übergangsvorschrift des spTzWrG.
[409] Schomerus, Das spTzWrG, NJW 1999, 1068.
[410] Vgl dazu Trejo/Vestweber, RIW 1999, 525; Schomerus, NZM 1999, 338.

IX. Die portugiesische Rechtslage[411]

1. Allgemeines

Durch die Entwicklung des Massentourismus in den 60er und 70er Jahren wurde auch Portugal zu einem Zentrum des europäischen Tourismus. So nahm auch das Timesharing als Bereich der Fremdenverkehrsindustrie stark zu, stieg doch die Zahl der Timesharing-Objekte von 1990 bis 1994 von 60 auf 119 an.
Gleichzeitig stieg ebenso die Anzahl der Personen, die Timesharing-Anteile an in Portugal gelegenen Timesharing-Objekten erworben haben, beträchtlich: von 32.650 im Jahr 1990 auf 75.043 Personen im Jahr 1994.
Im Folgenden soll ein kurzer Überblick auf das portugiesische Timesharing-Gesetz gegeben, und anschließend noch auf einige spezialrechtliche Vorschriften zum Schutz des Erwerbers eingegangen werden.

2. Überblick über die Rechtslage

Portugal hat als erstes europäisches Land 1981 spezialgesetzliche Vorschriften auf dem Gebiet des Timesharing an Ferienimmobilien erlassen.
In den 70er Jahren wurde das Timesharing im Wesentlichen auf der Basis schuldver- traglicher Konstruktionen verwirklicht, ehe all dies durch die Revolution am 25. April 1974 ein jähes Ende fand, als das diktatorische Regime Salazars beseitigt wurde und die kommunistische Partei an die Macht kam. Dies führte zu einem kurzfristigen Rückgang des Timesharing-Geschäftes.

Der portugiesische Gesetzgeber erkannte schließlich, dass sich die in der Rechtsordnung vorhandenen Rechtsinstitute des Sachenrechtes als ungeeignet zur Realisierung des Timesharing erweisen und sah sich veranlasst, das dingliche Timesharing spezialgesetzlich zu regeln. Um der dinglichen Absicherung des Erwerbers zu dienen, wurde schlussendlich durch das Gesetz Nr 355/81 vom 31.12. 1981 ein neues für Timesharing beschränktes dingliches Recht in die portugiesische Rechtsordnung eingeführt: das dingliche periodische Wohnrecht (direito real de habitacao periódica)[412], wobei es sich um ein verkehrsfähiges dingliches Recht handelt,

[411] Nach Maria Constanca Dias Urbano de Sousa, Das Timesharing an Ferienimmobilien in der EU, 1998.
[412] Artikel ohne nähere Bezeichnung beziehen sich auf des portugiesische Timesharing-Gesetz.

das an Immobilien mit touristischer Zweckbestimmung bestellt werden kann. In den folgenden Jahren kam es zu mehreren Änderungen. Derzeit ist für die rechtliche Ausgestaltung des Timesharing das Gesetz Nr 275/93 vom 5.8.1993 in Kraft, das sowohl das dingliche Timesharing (direito real de habitacao periódica/ periodisches Wohnrecht) als auch das obligatorische Timesharing (direito de habitacao turística/touristisches Wohnrecht) umfasst.

Hauptanliegen dieses Gesetzes ist ein umfangreicher Schutz der Erwerber von dinglichen und obligatorischen Timesharing-Nutzungsrechten. So werden dem Anbieter u.a. weitgehende vertragliche Informationspflichten auferlegt, die dem Erwerber genaue Auskunft über die sich aus dem Vertragsabschluss ergebenden Ansprüche und Belastungen geben. Um unlauteren Wettbewerb und aggressive Werbemethoden zu bekämpfen, befinden sich im Gesetz auch Regeln über Werbung und Vertrieb von Timesharing-Rechten, die durch das gesetzliche Rücktrittsrecht des Erwerbers ergänzt werden.
Schließlich übernahm der Gesetzgeber auch einen verbraucherschutzrechtlichen Gedanken, indem er den Anbieter einer staatlichen Kontrolle (Genehmigungspflicht für den Betrieb von Timesharing-Anlagen) unterwirft. Zudem wurde auch auf die Durchsetzung der Strafvorschriften geachtet, und bei Verstößen sind strafrechtliche Sanktionen vorgesehen.

3. Das Timesharing-Gesetz (Gesetz Nr. 275/93 vom 5.8.1993)

Portugal ist einer der wenigen europäischen Mitgliedsstaaten, der bereits vor Inkrafttreten der RL ein eigenes Timesharing-Gesetz hervorbrachte. Die RL wurde erst 1994 verfasst, während Portugal wie bereits gesehen schon 1981 seine erste Regelung hatte und das heute gültige Gesetz seit 1993 in Geltung ist. Dazu kommt noch, dass alle von der RL verlangten Ge- und Verbote bereits im portugiesischen Gesetz enthalten waren, sodass besagtes Gesetz durch Entstehen der RL nicht mehr geändert werden musste.

3.1. Sachlicher Anwendungsbereich

Der sachliche Anwendungsbereich dieses Gesetzes ist in den Art 1 und 45 umschrieben. Gemäß Art 1 gilt das portugiesische Timesharing-Gesetz für die Begründung und Übertragung von dinglichen periodischen Wohnrechten an Immobilien für eine festgelegte Zeitspanne des Jahres. Nach Art 45 fallen unter das Gesetz auch solche Wohnrechte an touristischen Zwecken gewidmeten Immobilien, die kein dingliches periodisches Wohnrecht darstellen. Somit werden sowohl schuldrechtliche als auch gesellschaftsrechtliche Konstruktionen des klassischen Timesharing vom Timesharing-Gesetz erfasst.

3.2. Persönlicher Anwendungsbereich

Die Vorschriften gelten sowohl für Verträge über die Übertragung von dinglichen oder touristischen Wohnrechten, die der Anbieter (der eine Handelsgesellschaft sein muss, Art 5, Art 46), mit einer natürlichen oder juristischen Person abschließt, als auch für solche, die auf eine weitere Veräußerung des erworbenen Timesharing-Rechts ausgerichtet sind. Eine Einschränkung findet sich in Art 16, 19 Abs 1 und 49 (Rücktrittsrecht des Erwerbers in Bezug auf den Vertrag):
Hier steht dem Erwerber das gesetzliche Rücktrittsrecht nur dann zu, wenn er eine natürliche Person ist, die den Vertrag außerhalb einer beruflichen Tätigkeit abschließt, und der Veräußerer in Ausübung einer gewerblichen Tätigkeit handelt oder auf die Vermittlung eines Maklers zurückgegriffen hat.

4. Vorschriften zum verbraucherrechtlichen Schutz des Erwerbers

4.1. Staatliche Kontrolle

Das Timesharing an Ferienimmobilien unterliegt in Portugal der Genehmigungs-pflicht. Dinglich periodische Wohnrechte bzw. obligatorische Rechte sind nur erlaubt, wenn eine entsprechende Genehmigung der Generaldirektion des Tourismus vorliegt, welche erst nach Überprüfung der gesetzlich vorgeschriebenen Voraussetungen bzw. des Timesharing-Objektes und der rechtlichen und finanziellen Lage des Timesharing-Anbieters erteilt wird (Art 5 und 6, 46). Aufgrund dieser staatlichen Kontrolle wird versucht, unseriöse und unterkapitalisierte Timesharing-Anbieter vom Markt fernzuhalten, um so einen präventiven Schutz der Timesharing-Erwerber zu gewährleisten.

4.2. Vertragliche Informationspflichten des Timesharing-Anbieters

Neben der Form bezüglich der Timesharing-Verträge wird deren Inhalt weitgehend gesetzlich vorgeschrieben. Insbesondere werden dem Timesharing-Anbieter umfassende vertragliche Informationspflichten auferlegt, welche die Timesharing-Erwerber vor unsachlicher Beeinflussung und nachteiligen Vertragsbedingungen schützen sollen.

Der Timesharing-Vertrag (certificado predial, Art 11 Abs 1) bzw. der Timesharing-Vorvertrag (Art 18 Abs 1) über das dingliche periodische Wohnrecht müssen einige Angaben enthalten, die später auch durch die RL vorgegeben wurden und in den Art 6,11,18 geregelt sind. Die Auslassung dieser Angaben hat die Nichtigkeit des Vertrages zur Folge (Art 294 CC).

Beim dinglichen Wohnrecht ist der Veräußerer verpflichtet, dem Timesharing-Erwerber ein zusätzliches Dokument (documento complementar) auszuhändigen, das über die bereits angeführten Angaben hinaus weitere ergänzende Angaben enthalten muss (Art 14 Abs 1), wobei dieses zusätzliche Dokument Bestandteil des „certificado predial" bzw. des Timesharing-Vorvertrages und in einer für den Erwerber verständlichen Sprache abgefasst sein muss.

Er hat schriftlich zu erklären, dass er dieses Dokument erhalten und verstanden hat (Art 14 Abs 1). Die Nichtübergabe, seine Unvollständigkeit oder das Fehlen der Erklärung des Erwerbers hat die Anfechtbarkeit des Vertrages sowie die Haftung des Anbieters zur Folge (Art 14 Abs 2). Auch der Vertrag und der Vorvertrag über den Erwerb des touristischen Wohnrechtes hat dieselben Angaben zu erhalten, die für das dingliche Timesharing-Recht vorgeschrieben sind (Art 48).

4.3. Schutz gegen irreführende Werbung

Die bereits erwähnten Informationspflichten werden durch die gesetzlichen Bestimmungen über Werbung und Verkaufsprospekte ergänzt. Sie begründen vorvertragliche Informationspflichten des Anbieters und bezwecken den Schutz der Timesharing-Erwerber vor Irreführung. Werbung und Verkaufsprospekte jeglicher Art, die den Vertrieb von dinglichen und obligatorischen Timesharing-Rechten regeln, müssen die in Art 43 Abs 1 und 53 geregelten Angaben innehaben. Zudem darf erst Werbung betrieben werden, wenn eine Genehmigung der Generaldirektion für Tourismus vorliegt. Nach Art 44 ist in der Werbung sowie im Kaufvertrag die Verwendung des Begriffes „proprietário" (Eigentümer) immer dann verboten, wenn der Erwerber von solchen Rechten zur Annahme verleitet werden könnte, damit Inhaber eines Nutzungsrechtes zu werden.

4.4. Schutz vor unlauteren Verkaufspraktiken

Um die Timesharing-Interessenten vor aggressiven und unseriösen Anbietern zu schützen, regeln die Art 43 Abs 3, 53, dass die Verkaufsförderung bzw. der Vertrieb nur in den Geschäftsräumen des Eigentümers stattfinden darf.[413] Damit sind unerbetene Hausbesuche von Timesharing-Verkäufern sowie das Ansprechen von Kunden auf der Straße und an öffentlichen Orten verboten. Dieses Gebot gilt schon seit 1991 in der Algarve, der wichtigsten touristischen Region Portugals.

4.5. Das Rücktrittsrecht des Erwerbers (direito de resolucao)

Jeder Erwerber eines Timesharing-Rechtes kann binnen 14 Tagen vom Vertrag bzw. Vorvertrag zurücktreten, wenn der Veräußerer in Ausübung einer gewerblichen Tätigkeit oder durch Vermittlung eines Maklers gehandelt hat (Art 16, 19, 49).
Beim Erwerb eines Wohnrechtes beginnt diese Frist erst mit der Aushändigung des „certificado predial" (Art 16). Beim Abschluss des Timesharing-Vorvertrages (Art 19) und beim Erwerb eines Timesharing-Rechtes beginnt die Rücktrittsfrist mit der Vertragsunterzeichnung (Art 49 Abs 1). Zur Wahrung der Frist genügt die Absendung der Rücktrittserklärung durch eingeschriebenen Brief mit Rückschein bis Ablauf der 14-Tage-Frist (Art 16, 19, 49). Nach der in Portugal hM handelt es sich bei der Rücktrittsfrist um eine Hinfälligkeitsfrist (prazo de caducidade) gemäß Art 298 Abs 2 CC[414], auf die die Bestimmungen der Art 328 CC anwendbar sind.
Generell muss eine Belehrung über das Rücktrittsrecht vorliegen, bei deren Fehlen es zur Nichtigkeit des Timesharing-Vertrages kommt (Art 294 CC).

Im Falle des Rücktrittes ist der Veräußerer verpflichtet, binnen 14 Tagen alle erhaltenen Zahlungen zurück zu zahlen. Um diese Rückerstattung sicherzustellen, ist der Veräußerer zusätzlich verpflichtet, eine finanzielle Sicherheit zu Gunsten des Erwerbers zu leisten. Diese Sicherheitsleistung kann in Form einer Versicherung, Bankgarantie, Bankeinlage oder Staatsschuldverschreibung erfolgen (Art 15, 16, 49, 53).

Das Rücktrittsrecht des Timesharing-Erwerbers soll ihn vor übereilten Vertragsabschlüssen schützen, indem ihm die Möglichkeit verschafft wird, innerhalb der 14 Tage über den Vertrag nachzudenken und sich anschließend zu entscheiden.

---

[413] Bei Verstößen droht dem Anbieter eine Geldstrafe in Höhe von 2.000.000 $ bis 20.000.000 $ Esc, Art 54 Abs 1 lit h.
[414] Nach Art 298 Abs 2 CC sind die Bestimmungen über die Hinfälligkeit anwendbar, wenn ein Recht kraft Gesetzes oder nach dem Willen der Parteien binnen einer bestimmten Frist ausgeübt werden muss, es sei denn, dass das Gesetz sich ausdrücklich auf die Verjährung bezieht.

Nach Art 20 und Art 53 sind das Rücktrittsrecht sowie der Anspruch auf die Erstattung der bereits geleisteten Zahlungen im Falle des Rücktrittes unverzichtbare Rechte des Erwerbers. Vereinbarungen, die solche Rechte ausschließen oder in irgendeiner sonstigen Form beeinträchtigen, sind nichtig.

4.6. Durchsetzung der Schutzvorschriften

Die Durchsetzung der Schutzvorschriften ist mE verbraucher-schutzrechtlich von besonderer Wichtigkeit. So sind bei Verstößen auch Sanktionen vorgesehen, wie Geldstrafen und ein zweijähriges Vertriebsverbot. Bei Verstößen gegen die Vorschriften über die finanziellen Sicherheitsleistungen zugunsten der Erwerber, die Bildung von Rücklagefonds, die Werbung und den Vertrieb droht neben dem Vertriebsverbot (Art 55 Abs 1 lit b) die Verhängung einer Geldstrafe in Höhe von 2.000.000 bis 20.000.000 $ Esc (Art 54 Abs 1).

Nach Art 54 Abs 2 ist für die Nichterfüllung der Aufgaben der Objektverwaltung in Bezug auf Reinigung und Instandhaltung des Objektes oder bei Verstößen gegen die Bestimmungen über das ergänzende Dokument, das der Information der Erwerber dient, eine Geldstrafe in Höhe von 1.000.000 bis 10.000.000 $ Esc vorgesehen.

Überblicksweise ist nun über das portugiesische Timesharing-Gesetz folgendes zu sagen:
Das Gesetz Nr. 275/93 regelt in eingehender Weise sowohl dingliches als auch schulrechtliches Timesharing und zeichnet sich durch umfangreiche Regeln zum Schutz der Erwerber aus, die weit über das Schutzniveau der RL hinausgehen. So ist das professionelle Anbieten von Timesharing-Rechten nur nach vorheriger Genehmigung durch die Generaldirektion für Tourismus zulässig, wobei sie erst nach genauer Überprüfung des Objekts erteilt wird (Art. 5, 6, 46).
Auch werden dem Anbieter umfassende vertragliche Informationspflichten auferlegt, die oft um vieles weitergehen als es die RL fordert. Bei Fehlen einer der Pflichtangaben kommt es gemäß Art 294 CC sofort zur relativen Nichtigkeit des Vertrages. Gemäß Art 16 Abs 1, Art 19 Abs 1 und Art 49 Abs 1 kann der Erwerber binnen 14 Tagen vom Vertrag zurücktreten. Der Anbieter muss für die Rückerstattung von eventuell geleisteten Anzahlungen Sicherheit bieten, was in Form einer Bankgarantie, einer Versicherung oder einer Staatsschuldverschreibung geschehen kann (Art 15 Abs 1-3, Art 19 Abs 2, Art 52 Abs 1). Die Nichteinhaltung solcher Schutzvorschriften führt gewöhnlich zu hohen Geldstrafen und gemäß Art 55 Abs 1 lit. b zu einem zweijährigen Vertriebsverbot.

Gewiss hat das Gesetz für die RL in vielfacher Hinsicht eine Vorbildfunktion, jedoch ist auch unübersehbar, dass oftmals ein Anpassungsbedarf an die RL besteht. Dies betrifft vor allem den sachlichen Anwendungsbereich des Gesetzes, das bisher nur auf das zeitlich und objektbezogene fixe Timesharing zugeschnitten ist, dies ergibt sich aus Art 3 Abs 2, Art 47 Abs 2 ganz deutlich. Dadurch versteht es sich, dass der Anwendungsbereich auch auf das flexible Timesharing auszuweiten ist. Bis dahin wird auf eine richtlinienkonforme Auslegung zurückgegriffen werden müssen. Des weiteren muss Art 3 RL, der die Aushändigung eines Prospektes vorschreibt, noch umgesetzt werden. Zwar sieht das Gesetz in Art 43 vor, dass in jeder Werbung Pflichtangaben zu machen sind, jedoch besteht keine Pflicht des Anbieters, auf Wunsch einen Prospekt auszuhändigen, wie es Art 3 RL fordert. Angepasst werden muss das Gesetz auch an die in Art 4 RL getroffene Sprachenregelung für Prospekt und Vertrag.

Beim Rücktrittsrecht bedarf es keiner Anpassung, da das Gesetz mit seinen 14 Tagen über die RL hinausgeht, jedoch muss das verlängerte Rücktrittsrecht des Art 5 Nr. 1, Gedankenstrich 2 und 3 noch eingeführt werden. Auch noch nicht umgesetzt erscheinen das in Art 6 RL geregelte Anzahlungsverbot und die Bestimmung des Art 7 zu den verbundenen Rechtsgeschäften.[415]

Trotz einer Reihe von noch ausstehenden Umsetzungsmaßnahmen kann das schon 13 Jahre vor der RL entstandene portugiesische Timesharing-Gesetz auf ganz ausgezeichnete Timesharing-Regeln hinweisen und ist doch eindeutig festzustellen, dass sich der Gemeinschaftsgesetzgeber bei der „Erschaffung“ der RL zu einem erheblichen Teil an den Vorgaben des portugiesischen Gesetzes orientiert hat.

[415] Vgl dazu Martinek in: Grabitz/Hilf: A 13, Art 13, 5f; Bericht der Kommission über die Anwendung der RL 94/47/EG.

X. Rechtslage in Frankreich[416]

1. Allgemeines

In den 90er Jahren hat sich auch in Frankreich die Zahl der Timesharing-Objekte stark erhöht. 1990 gab es in Frankreich nur 50 Stück davon, 1994 immerhin schon 143. Die Zahl der Timesharing-Erwerber, die an diesen Timesharing-Objekten Nutzungsrechte erworben haben, ist jedoch relativ gering. So betrug sie 1990 nur 9.840, im Jahr 1994 stieg sie auf 15.971.

Dagegen ist die Zahl der in Frankreich wohnhaften Timesharing-Erwerber (unabhängig wo sie die Nutzungsrechte erworben haben) relativ hoch und in den letzten Jahren zusätzlich stark gestiegen. Während es 1990 10.856 in Frankreich wohnhafte Timesharing-Beschäftigte gab, stieg diese Zahl 1994 auf 54.259, was eine Marktdurchdringungsrate von 9,5 Timesharing-Erwerber pro 10.000 Einwohner ergibt.

2. Überblick über die Rechtslage

Frankreich gehört neben Portugal zu den wenigen Staaten, die bereits vor Erlass der RL eine Regelung hatten, nämlich das Gesetz Nr. 86-18 vom 6.1.1986.

In Frankreich ist das Timesharing als multipropriété [417], propriété spacio-temporelle, propriété saisonnière, und time-propriété bekannt. In all diesen Bezeichnungen ist das magische Wort „propriété" (Eigentum) enthalten. Dies erscheint missverständlich oder sogar irreführend, als man dadurch glauben könnte, Timesharing ist in Frankreich auf (mit)eigentumsrechtlicher Grundlage verwirklicht.

Timesharing wurde jedoch überwiegend auf gesellschaftlicher Basis abgewickelt, sodass generell die Timesharing-Gesellschaft Eigentümerin der Ferienimmobilien bleibt und der Erwerber nur als Gesellschafter ein Nutzungsrecht erwirbt.

Frankreich hat die RL durch das Gesetz Nr. 98-566 in nationales Recht umgesetzt. Es ist mit Veröffentlichung im Journal Officiel am 9.7.1998 in

---

[416] Aufgrund von Maria Constanca Dias Urbano de Sousa, Das Timesharing an Ferienimmobilien in der EU, Baden-Baden 1997, 107 ff.
[417] Wolfram G. Hellmann, Die Multipropriété in Frankreich

Kraft getreten und beschränkt sich im wesentlichen darauf, die Vorgaben der RL umzusetzen, ohne die rechtliche Einordnung des Timesharing zu regeln.[418]

3. Das gesellschaftliche Timesharing

Vor Inkrafttreten des neuen Gesetzes galt in Frankreich das Gesetz Nr. 86-18, das sociétés d`attribution d`immeubles en jouissance à temps partagé.
Art 1 Abs 1 TS-Gesetz legt den sachlichen Anwendungsbereich fest. Danach gilt dieses Gesetz für alle Gesellschaften, die mit dem Zweck gegründet werden, ihren Gesellschaftern die periodisch wiederkehrende Nutzung von zu Wohnzwecken dienenden Immobilien einzuräumen, wobei den Gesellschaftern kein Eigentum oder sonstiges dingliches Recht als Gegenleistung für ihre Einlage verschafft wird.

Die Art 24 bis 30 beinhalten Sondervorschriften für genossenschaftlich organisierte Timesharing-Gesellschaften mit dem Zweck, kleineren Personengruppen mit geringem finanziellen Know-how die Möglichkeit zu bieten, Timesharing in Eigeninitiative zu verwirklichen. Dies erlangte allerdings keine allzu große praktische Relevanz.

Die spezialgesetzlichen Vorschriften des TS-Gesetzes sind auf alle Gesellschaften anzuwenden, sobald ihr Gegenstand dem in Art 1 Abs 1 niedergelegten entspricht, also die Verwirklichung des gesellschaftsrechtlichen Timesharing an Immobilien ist.
Daraus folgt, dass sowohl andere rechtliche Formen des Timesharing an Immobilien als auch die Realisierung von gesellschaftsrechtlichem Timesharing an anderen Gegenständen und an überwiegend zu Wohnzwecken dienenden Immobilien nicht vom TS-Gesetz erfasst sind. Das TS-Gesetz enthält jedoch keine abschließende Regelung des gesellschafts- rechtlichen Timesharing an Immobilien. Vielmehr sind nach Art 1 Abs 1 sowohl die allgemein gesellschaftsrechtlichen Bestimmungen des Code Civil (Art 1832 – 1844 CC) als auch die für die jeweilig gewählte Gesellschaftsform geltenden Bestimmungen ergänzend anwendbar, soweit sie nicht durch die speziellen Vorschriften des TS-Gesetzes verdrängt werden.

---

[418] Siehe Mäsch in: Hildenbrand/Kappus/Mäsch, 1997, 1.Kap., Rdnr. 152.

4. Das neue französische Timesharing-Gesetz Nr. 98-566

4.1. Anwendungsbereich und Vertragsschluss

Das Gesetz Nr. 98-566 ist ein Artikelgesetz, dessen Kernstück die Einführung eines neuen Abschnitts im Code de la consommation, dem Verbraucherschutzgesetz ist. Der Anwendungsbereich, der in Art L 161-60 C. consom. geregelt ist, geht in mehreren Punkten über die Vorgaben der RL hinaus. Erfasst werden nicht nur Verträge, die auf die regelmäßige Nutzung der Wohnung für einen Zeitraum von nicht weniger als einer Woche (so Art 2 RL) gerichtet sind. Ebenso nicht übernommen wurde die Formulierung „des Jahres" von Art 2 RL, womit sich folglich Verträge über Nutzungsrechte im Mehrjahresrhythmus problemlos unter den Anwendungsbereich subsummieren lassen. Auffällig ist, dass die neuen Bestimmungen nicht nur dann anwendbar sind, wenn die Einräumung des Nutzungsrechtes gegen Zahlung des Gesamtpreises erfolgt. Das hat zur Folge, dass ein langfristig angelegter Mietvertrag stets an den Bestimmungen des Abschnitts 9 zu messen ist. Statt des in der RL vorgesehenen Begriffs des Erwerbers hat der französische Gesetzgeber den des Verbrauchers gewählt, ohne ihn näher zu definieren. Ebenso nicht definiert ist der Begriff des Unternehmers, der anstelle der Bezeichnung Verkäufer (Art 2 RL) verwendet wird.

Die RL unterscheidet zwischen zwei Dokumenten, in denen jeweils ein Katalog von Pflichtangaben enthalten sein muss.[419] Das französische Gesetz kennt keine Regelung für Prospekte, sondern das in Art 3 RL vorgesehene Schriftstück ist als verbindliches Vertragsangebot auszugestalten. Der Unternehmer muss dieses Angebot in zweifacher Ausfertigung erstellen und ist zumindest 7 Tage daran gebunden. Es muss auch alle Angaben einer Vertragsurkunde enthalten, womit ein Unterschied zwischen Vertrags- und Prospektangaben entfällt und die Regelung vereinfacht wird.
Zu den in der RL vorgesehenen Angaben werden noch darüber hinausgehende Angaben verlangt, wie etwa die Offenlegung des Verhältnisses zwischen Vermittler und Eigentümer der Immobilie (Art L. 121-61 C consom., Nr.1). Eine besondere Regelung trifft Nr.5 für den Abschluss eines Vorvertrages, da hier angegeben werden muss, bis wann der endgültige Vertrag geschlossen werden soll und welche Voraussetzungen noch erfüllt werden müssen. Geregelt werden muss auch die Zahlungsweise für den Preis oder eines statt der Zahlung anfallenden Kredits (Nr.10). Das Angebot muss in vier Ausfertigungen unter den Voraussetzungen des Art L.

[419] Einem vorvertraglichen Schriftstück und der Vertragsurkunde.

121-68 erfolgen, zwei in französischer Sprache, zwei in einer anderen EU-Amtssprache.

4.2. Widerrufsrecht

Die Ausübung des Widerrufsrechts wird dadurch erleichtert, dass das Vertragsangebot einen abtrennbaren Vordruck für die Widerrufserklärung (coupon) enthalten muss (Art L. 161-63 C. consom.). Die Widerrufsfrist beginnt mit der Absendung der Annahmeerklärung an den Unternehmer. Die Ausübung des Widerrufsrechts ist durch Art L. 161- 64 an dieselben Formvorschriften gebunden wie die Annahme des Vertragsangebots. Verstöße führen zwingend zur Nichtigkeit des Vertrags.

Hinsichtlich der Kosten, die der Erwerber bei Ausübung des Widerrufrechts zu tragen hat, ist das Gesetz etwas ungenau und spricht nur von festgelegten Kosten (frais tarifés). Dass diese Festlegung bereits im Vertrag erfolgen muss, ist im Wege richtlinienkonformer Auslegung durchaus zu erwarten.[420] Bei finanzierten Verträgen steht der Vertragsschluss unter der aufschiebenden Bedingung, dass der Verbraucher diesen Kredit erhält. Dabei reicht bereits die Kenntnis des Veräußerers von der Fremdfinanzierung aus, um die aufschiebende Wirkung auszulösen (Art L. 121-67).

Der Widerruf des finanzierten Vertrags führt von Rechts wegen zur Auflösung des Kreditvertrages. Ansprüche auf Kostenersatz sind nicht völlig ausgeschlossen. Es dürfen aber nur vorher festgelegte Kosten auf den Verbraucher abgewälzt werden, die mit dem Vertragsschluss verbunden waren, wobei das Gesetz der Rechtsprechung die Klarstellung überlässt, das diese Festlegung der Kosten bereits im Vertrag erfolgen muss. Das Gesetz lässt (sans pénalité) einen beschränkten Kostenersatz ohne weiteres zu.[421]

4.3. Kollisionsrechtliche Vorschriften

Die kollisionsrechtlichen Vorschriften sind recht ausführlich und kompliziert gestaltet. Es ist generell zu unterscheiden zwischen Verträgen, die innerhalb der EU belegen sind (Art L. 121-74) und solchen, bei denen die Immobilie außerhalb dieses Gebiets liegt (Art L. 121-75). Bezieht sich der Vertrag auf mehrere Immobilien, so kommt ersterer nur zur Anwendung, wenn sich eine der Immobilien innerhalb der EU befindet. Damit versucht

---

[420] Neises, NZM 1999, 339.
[421] Neises, NZM 1999, 339; Martinek in: Grabitz/Hilf, A 13, Art 13, 7.

man sicherzustellen, dass getroffene Schutzrechte nicht durch Anwendung einer fremden Rechtsordnung umgangen werden. Ein Rückgriff auf französisches Recht ist nur dann vorgesehen, wenn durch das berufene Recht der Schutz des Verbrauchers nicht gewährleistet ist.

Durch Art L. 121-73 unternimmt der französische Gesetzgeber den Versuch, Gerichtstandsvereinbarungen einzuschränken. Vertragsklauseln, über die eine Streitigkeit an ein Gericht außerhalb des Anwendungsbereiches von EuGVÜ und LGVÜ verlagert werden soll, sind danach unwirksam. Werden französische Gerichte angerufen, so hat Art 17 EuGVÜ Vorrang. Gerichte anderer Staaten hingegen entscheiden nach ihren eigenen prozessualen Vorgaben.

Art 10 RL sieht vor, dass es den Mitgliedstaaten selbst obliegt, Sanktionen aufzustellen, falls gesetzliche Regelungen nicht beachtet werden. Das Gesetz sieht eine zweigleisige, sowohl zivil- als auch strafrechtliche Absicherung vor.

Zivilrechtlich führt ein Verstoß gegen Vorschriften zwingend zur Nichtigkeit des gesamten Vertrags. Trotz seiner unmittelbaren Nähe zu den kollisionsrechtlichen Bestimmungen regelt Art L. 121-76 grundsätzlich nur den Fall, dass der Vertrag französischem Recht unterliegt.

Strafrechtlich droht dem Unternehmer eine Geldstrafe von 100000 Francs bei Verstoß gegen Art L. 121-70 Nr.1 und Nr.2). Bis zu 200000 Francs können für ein Verstoß gegen das Anzahlungsverbot des Art L. 121-66 verhängt werden. Es können die genannten Strafen auch juristische Personen treffen. Dabei erhöht sich das Höchstmaß der Strafe jeweils auf das Fünffache dessen, was für natürliche Personen vorgesehen ist.

4.4. Vermittlung von Timesharing-Verträgen

Mehrfach beschäftigt sich das Umsetzungsgesetz mit der Vermittlung von Timesharing-Verträgen. Ohne Vorbild in der RL ordnet Art L. 121-62 Nr.1 an, dass bei der Einschaltung eines Vermittlers (intermédiaire) dessen rechtliche Beziehung zum Eigentümer der Immobilie offengelegt werden muss. Angesichts dessen, dass der Widerruf und die Durchsetzung von Rückzahlungsansprüchen in der Praxis häufig dadurch erschwert werden, dass Unternehmer und Vertriebsgesellschaften unterschiedliche Rechtspersönlichkeiten darstellen, ist diese Erweiterung sehr zu begrüßen. Art 3 des Gesetzes widmet sich der beruflichen Ausübung einer gewerblichen Vermittlungstätigkeit. Dabei trägt es dem Umstand Rechnung, dass Timesharing je nach Ausgestaltung sowohl dem Fremdenvekehrs- als auch dem eigentlichen Immobiliensektor zuzurechnen ist. Dementsprechend dienen die in Art 3 vorgesehenen Änderungen dazu, sowohl Immobilienmaklern (agents immobiliers) als auch Reiseagenturen (agences de voyages) die Vermittlung und den Abschluss von Timesharing-Verträgen zu ermöglichen. Beiden Berufsfeldern ist gemeinsam, dass eine Gewerbetätigkeit erlaubnispflichtig ist.[422]

Es kann also auch hier dasselbe wie bei Portugal festgestellt werden. Der europäische Gesetzgeber orientierte sich bei der Ausgestaltung seiner RL an den Vorgaben und bereits existierenden Regelungen in einigen europäischen Mitgliedstaaten u.a. auch Frankreich mit seinen Regeln aus dem Jahre 1986 zum gesellschaftlichen Timesharing bzw. nahm deren Regeln zum Vorbild für seine Überlegungen und Ausformulierungen bei der Gestaltung der RL.

Durch das Gesetz 98-566 wurde die RL nun auch in Frankreich ordnungsgemäß umgesetzt abgesehen von einigen oben angeführten Mängeln.

---

[422] Martinek in: Grabitz/Hilf, A 13, Art 13, 8; Neises, NZM 1999, 341.

XI. Zusammenfassung

Abschließend bleibt noch festzuhalten, dass grundsätzlich alle fünf im Rahmen dieser Arbeit behandelten Mitgliedstaaten den Anforderungen der RL Genüge getragen haben, wobei vorauszuschicken ist, dass Portugal und Frankreich bereits Timesharing-Gesetze besaßen, bevor die RL entstanden ist. Österreich und Deutschland setzten die RL zeitlich korrekt, d.h. bis Ende April 1997 um, Spanien dagegen versäumte diese Frist ziemlich deutlich, da in Spanien die RL erst durch das Timesharing-Gesetz von Dezember 1998 umgesetzt wurde.

„Für das nationale Verbraucherschutzrecht ist dieses Gesetz kein Meilen-, sondern ein Stolperstein".[423] Diesem vernichtenden Urteil von Martinek anlässlich einer Beurteilung des deutschen TzWrG möchte ich nicht folgen. Trotzdem sei aber auch auf einige Schwachstellen bei der Umsetzung in den einzelnen Gesetzen hingewiesen.

Die erdrückenden Informationsmassen, die schon die RL und in deren Folge auch die einzelnen nationalen Gesetze mit sich bringen, werden so manchen Erwerber schon beim Durchlesen völlig überfordern. Diese übertriebene Regelungsdichte birgt damit sehr wohl auch einen gefährlichen Bumerangeffekt im Hinblick auf den Verbraucherschutz in sich.

Der Schutzbedürftigkeit des Timesharing-Erwerbers in seiner Rolle als Verbraucher eines Touristikproduktes wird in den nationalen Timesharing-Gesetzen Rechnung getragen. In Portugal und Spanien unterliegt der Vertrieb von Timesharing-Rechten einer weitgehenden staatlichen Kontrolle, wodurch ein präventiver Schutz der Timesharing-Interessenten gewährleistet wird.

In Österreich, Deutschland, Portugal und Frankreich unterliegen Timesharing-Verträge der Schriftform und haben eine unglaublich große Anzahl der gesetzlich vorgeschriebenen Angaben zu enthalten, die dem Verbraucher zu einer besseren Information verhelfen sollen.

Als großes Problem erscheint mir dabei auch, dass in einigen Mitgliedstaaten nicht vorgeschrieben wird, dass zwischen der Aushändigung der Informationsschrift, die in den für den Verbraucher entscheidenden Punkten zwingend Vertragsbestandteil des Nutzungsvertrages wird, und dem

---

[423] Martinek, NJW 1997, 1399.

Vertragsabschluss eine bestimmte Zeitspanne („cooling-off-Periode") verstreichen muss. Der Anbieter wird daher die Möglichkeit nutzen, seiner Informationspflicht erst unmittelbar vor Vertragsabschluss nachzukommen, mit dem für den Verbraucher gravierenden Nachteil, dass die angestrebte Überlegungsfrist nicht gegeben ist. So bleiben letzterem uU nur mehr 14 Tage oder weniger zum Rücktritt.

Eben diese Rücktrittsfrist erscheint (Österreich und Portugal: 14 Tage; Deutschland, Spanien und Frankreich gar nur zehn Tage) viel zu kurz, da gerade die durch die RL normierte Informationsflut eine längere Zeit der Überlegung in Anspruch nimmt und es sehr sinnvoll wäre, auch eine rechtskundige Beratung beizuziehen. Ziel dieser Frist soll es doch schließlich sein, aggressiven Vertriebsmethoden entgegenzuwirken, indem dem Erwerber die Möglichkeit verschafft werden soll, seine Entscheidung zu überdenken und sich gegebenenfalls vom Timesharing-Vertrag zu lösen, ohne dem persönlichen Einfluss des Anbieters ausgesetzt zu sein. Daher erscheint es vom verbraucherschutzrechtlichen Standpunkt aus sehr sinnvoll, diese Rücktrittsfrist zumindest auf vier Wochen auszudehnen, um dem Erwerber auch wirklich eine genaue Überprüfung seines abgeschlossenen Vertrages zu ermöglichen.[424]

Zudem wäre es mE nach sehr wünschenswert, die Belehrung über das Rücktrittsrecht drucktechnisch deutlich zu gestalten und vom Erwerber gesondert unterschreiben zu lassen. Der österreichische Gesetzgeber und auch weitere andere Mitgliedstaaten können in diesem Punkt das deutsche TzWrG zum Vorbild nehmen.

Dem Schutz des Timesharing-Interessenten vor Irreführung wird in den französischen, portugiesischen und deutschen Timesharing-Gesetzen Rechnung getragen.

Zum spTzWrG bleibt noch zu sagen, dass trotz aller Unebenheiten dieses Gesetzes und der Frage, inwieweit eine nur für die Zukunft geltende Limitierung der Rechtsform angesichts der kaum noch zu überbietenden Anzahl schon bestehender Anlagen und Rechtsformen überhaupt noch Bedeutung erlangen kann, die Umsetzung grundsätzlich als gelungen angesehen werden kann.[425]

Allerdings ein Punkt erscheint mir im spTzWrG etwas fragwürdig und gefährlich zu sein. Im Rahmen des Titels II des spTzWrG wird auf Geschäf-

[424] Perkmann, Timesharing-Richtlinie und Teilzeitnutzungsgesetz, 168.
[425] Schomerus, NJW 1999, 1070.

te, sofern sie „in der autonomen Region der Kanarischen Inseln durchgeführt werden, ein reduzierter Steuersatz angewandt, der nach der Gesetzgebung für die allgemeine indirekte kanarische Steuer vorgesehen ist.

Eine solche Steuerregelung mag in Spanien selbst gelten, vom europarechtlichen Standpunkt her erscheint mir diese Regelung richtlinienwidrig zu sein, da es nicht sein kann, dass in gewissen Regionen, die für den Tourismus nun wirklich nicht unbedeutet sind, eigene und günstigere Bestimmungen gelten. Hier besteht vom spanischen Gesetzgeber Erklärungsbedarf.

Die RL nun zu bewerten ist nicht einfach. Auf der einen Seite wird der eingeführte Mindeststandard eines Schutzes der Erwerber von Timesharing an Immobilien nicht nur diesen als Verbrauchern eines Touristikproduktes zu Gute kommen, sondern er wird sich auch auf die wirtschaftliche Entwicklung des europäischen Timesharing-Marktes positiv auswirken, da bis dato aufgrund mangelnder Regelungen im Timesharing-Bereich „viel schief" gelaufen ist.

Im Rahmen des Kommissionsberichtes über die Anwendung der Timesharing-Richtlinie nahm die Kommission intensiv Stellung über die Zukunft der Richtlinie.

Die Probleme, die Verbraucher hatten, bestanden auch nachher weiter. Von 4000 Beschwerden an Verbraucherberaterstellen betrafen 52% die Timesharing-Richtlinie. In den vorgebrachten Fällen ist nämlich hauptsächlich die Rede von einer einseitigen Vorgehensweise der Verkäufer, die nach Vertragsabschluss ihr vertraglichen Verpflichtungen abändern oder sie nicht erfüllen. Es handelt sich im wesentlichen darum, dass dem Erwerber andere jährliche Kosten verrechnet werden als ursprünglich im Vertrag vorgesehen, dass es dem Erwerber unmöglich ist, sein Weiterverkaufsrecht, obwohl dies vereinbart war, auszuüben, dass der Verkäufer den Bitten um Reservierung nicht nachgekommen ist und dass keine Eintragungen in den vorgesehenen Tausch- oder Weiterverkaufssystemen vorgenommen wurden.

Unsicher gestaltet sich die Situation des Erwerbers dadurch, dass oft Unternehmen eingreifen, denen nur die Verwaltung von Unternehmen obliegt und die von daher also formal beim Abschluss des ursprünglichen Vertrag überhaupt nicht Vertragspartei sind. Damit wird dem Erwerber die Geltendmachung seiner gesetzlichen oder vertraglichen Rechte noch zusätzlich erschwert. Zudem hat der überwiegende Teil der Mitgliedstaaten die Möglichkeiten zu besseren Bestimmungen, die durch Art 11 RL angeboten werden, nicht genutzt und demzufolge bleibt der Verbraucherschutz auf das in der RL vorgesehene Ausmaß beschränkt.[426]

Daher ist ein angemessener Verbraucherschutz eine wichtige Voraussetzung für die Marktdurchdringung des Produktes „Timesharing an Ferienimmobilien", denn das Vertrauen des Verbrauchers in diese Form der Urlaubsgestaltung spielt eine entscheidende Rolle für deren wirtschaftlichen Erfolg. Auf der anderen Seite hätte man sich ruhig zu einer detaillierteren Lösung und Ausformulierung der RL durchringen können: es hätte sich dann 1994 auch die zuständige EG-Kommissarin Scrivener in ihrer offiziellen Antwort auf die Anfrage eines Europaparlamentariers die Meldung vom „minimalistischen Ansatz der RL" sparen können[427], die sehr viel Unmut ausgelöst hatte.

Betrachtet man alle nun alle positiven und negativen Aspekte, so glaube ich doch, dass die RL dem Schutz des Verbrauchers sehr dienlich sein wird und die Mitgliedstaaten immer noch die Möglichkeit haben, aufgrund von Art 11 RL strengere Regelungen in Zukunft zu erlassen.

Und wer weiß, vielleicht gibt es ja in Zukunft bald eine Änderung der Timesharing-Richtlinie, die allen jetzigen Problemen und Schwierigkeiten vorbeugen wird und weitere Gerichtsverfahren minimieren wird.

---

[426] Bericht der Kommission über die Anwendung der RL 94/47/EG.

[427] Kappus, EWS 1996, 273; Vgl EuZW 1994, 67.

C Produkthaftungsrichtlinie[428]

I. Einleitung

Als dritte und letzte RL soll im Rahmen dieser Arbeit nun die Produkthaftungsrichtlinie und deren Umsetzung in einigen Mitgliedstaaten untersucht werden.

Die „Richtlinie des Rates vom 25. Juli 1985 zur Angleichung der Rechts- und Verwaltungsvorschriften der Mitgliedstaaten über die Haftung für fehlerhafte Produkte“ (85/374/EWG) ist vom Ministerrat der EG, also vom Gemeinschaftsgesetzgeber, erlassen und den Mitgliedstaaten am 30.7.1985 bekanntgegeben worden.[429]
Sie statuiert eine gemeinschaftsweite verschuldensunabhängige Haftung des Herstellers für Schäden, die dessen Produkt verursacht hat.

Die Mitgliedstaaten der EG sollten die RL bis zum 30.7.1988 in nationales Recht umsetzen. Dieser Termin wurde jedoch von den meisten EG-Staaten nicht eingehalten.

Der RL waren langjährige Diskussionen voran gegangen, in der die verschiedenen Interessen von Hersteller und Verbraucher aufeinander stießen.[430]
Die Vorarbeiten der Kommission auf dem Gebiet der Produkthaftung begannen 1968. Nach zwei Vorentwürfen legte die Kommission im Jahr 1976 dem Rat den Vorschlag einer RL vor. Nach Stellungnahmen des Wirtschafts- und Sozialausschusses der EG und des Europäischen Parlaments änderte die Kommission 1979 ihren ursprünglichen Vorschlag. Damit begann der Rat seine Arbeiten im Jahr 1980. Bis Juni 1081 wurde der geänderte Richtlinienvorschlag in drei Lesungen zügig beraten. Dabei zeigte sich, dass die rechtspolitischen Vorstellungen der Mitgliedstaaten, wie das künftige Produkthaftungsrecht ausgestaltet werden sollte, weit auseinander gingen. Um diese Divergenz zu überbrücken, legten die zuständigen Gremien dem Ministerrat im Herbst 1981 vier Grundfragen zur politischen Entscheidung vor:

---

[428] In diesem Abschnitt nur noch RL.
[429] Veröffentlicht wurde sie im Amtsblatt der EG, Nr. L 210/29 bis 33.
[430] Zur Geschichte der RL vgl genauer: Hollmann, Die EG-Produkthaftungsrichtlinie, DB 1985, 2389 ff; Taschner/Frietsch, 92.

- Auf welcher Grundlage soll das Haftungsrecht beruhen, auf Verschuldenshaftung oder verschuldensunabhängiger Haftung ?
- Sollen die „Entwicklungsrisiken“ ein- oder ausgeschlossen werden?
- Soll die Haftung der Höhe nach begrenzt sein ?
- Soll sich die RL auf Sachschäden der vorgeschlagenen Art erstrecken oder sich nur auf Körperschäden beschränken ?

In schwierigen Debatten, in denen sich jedoch auf allen Seiten der unbedingte Wille zeigte, zu einer gemeinschaftlichen Lösung zu kommen, zeichnete sich nach vier Jahren folgender Kompromiss ab:
Die Grundlage der Produkthaftung ist eine

- verschuldensunabhängige Haftung
- für Körper- und Sachschäden in dem von der Kommission vorgeschlagenem Umfang, letztlich jedoch mit einer Selbstbeteiligung des Geschädigten von 500 ECU.
- Die Haftung erstreckt sich grundsätzlich nicht auf „Entwicklungsrisiken“. Diese Einschränkung wurde jedoch als Haftungsausschlussgrund formuliert, dessen Voraussetzungen der Hersteller zu beweisen hat.
- Die verschuldensunabhängige Haftung ist grundsätzlich unbeschränkt. Die Mitgliedstaaten können jedoch die Haftung global mit mindestens 70 Millionen ECU beschränken. Eine Einzelfallbeschränkung ist ausgeschlossen.[431]

Ziel der RL sollte es sein, den unterschiedlichen Schutz des Verbrauchers vor Schädigungen seiner Gesundheit und seines Eigentums durch ein fehlerhaftes Produkt zu vereinheitlichen und den freien Warenverkehr innerhalb des gemeinsamen Marktes zu erleichtern[432], somit eine Angleichung der Rechtsvorschriften zu erreichen. Zu Beginn der Arbeiten der Kommission waren die Rechte in den einzelnen Mitgliedstaaten sehr unterschiedlich; in keinem jedoch gab es eine gesetzliche Regelung. Sah ein Recht eine Haftung eines Herstellers vor, so beruhte dies auf Rechtsprechungsrecht.

Somit war es von besonderer Wichtigkeit, auf dem Gebiet der Produkthaftung eine grundlegende gemeinsame Regelung vorzufinden, wobei die RL 85/374/EWG den ersten Schritt zur Rechtsangleichung darstellt.

---

[431] Taschner/Frietsch, 175.
[432] Baltl, Produkthaftung nach neuem EG-Recht, 1989, 37.

II. Die EG-Produkthaftungsrichtlinie

In Art 1 RL findet sich die Grundregel der Produkthaftung. Der Hersteller haftet für den durch sein fehlerhaftes Produkt verursachten Schaden. Die Vorschrift sagt nicht, dass der Schaden vorsätzlich oder fahrlässig verursacht worden sein muss. Daraus folgt, dass der Hersteller unabhängig vom Verschulden haftet.

Art 1 ist eine Grundvorschrift, auf der das Haftungssystem der RL aufbaut. Die RL nennt als Haftenden den Hersteller, ohne eine Einschränkung hinzuzufügen. Daraus folgt, dass jeder Hersteller haftbar gemacht werden kann, ganz gleich, ob er als natürliche oder juristische Person seinen gewöhnlichen Aufenthalt in einem EG-Mitgliedstaat oder in einem Drittland hat. Dasselbe gilt auch für den Geschädigten. Auch hier haftet der Hersteller jedem Geschädigten, gleichgültig, welche Staatsangehörigkeit der Geschädigte besitzt oder wo er seinen Wohnsitz oder gewöhnlichen Aufenthalt hat.

Die Gefährdungshaftung tritt in allen Mitgliedstaaten neben die Verschuldenshaftung in ihrer unterschiedlichen Anwendung, soweit der Anwendungsbereich der RL reicht. Sie verdrängt die Verschuldenshaftung nicht, da sie nicht ausschließliche Geltung beansprucht (siehe Art 13), beide Haftungsgründe gelten nebeneinander.[433]

Art 2 RL regelt den sachlichen Anwendungsbereich, in dem der Begriff „Produkt“ definiert wird. Unter Produkt wird dabei jede bewegliche Sache verstanden, wobei auch Elektrizität als ein Produkt im Sinne der RL gesehen wird. Als Produkt ausgenommen werden landwirtschaftliche Naturprodukte und Jagderzeugnisse, auch wenn sie einen Teil einer anderen beweglichen Sache bilden. Dieser Part wurde mit der RL 99/34/EG vom 10. Mai 1999 zur Änderung der RL 85/374/EWG geändert. In Punkt Neun der einleitenden Bemerkungen heißt es hier, dass „nach dem Grundsatz der Verhältnismäßigkeit es erforderlich und angemessen ist, landwirtschaftliche Erzeugnisse in die RL 85/374/EWG aufzunehmen, um die grundlegenden Ziele eines stärkeren Verbraucherschutzes und eines reibungslosen Funktionierens des Binnenmarktes zu verwirklichen.[434]

[433] Taschner/Frietsch, 175 ff.
[434] RL 99/34/EG, zu finden im Amtsblatt Nr L 141/20 vom 4.6.1999.

Art 3 RL gibt nicht eine Definition des „Herstellers“ im eigentlichen Sinn, sondern er legt den Kreis derjenigen Personen fest, die nach Art 1 RL haften. Dieser Kreis ist sehr weit gezogen, da er über den tatsächlichen Hersteller hinausgeht.

Unter dem Begriff Hersteller ist jene Person zu verstehen, die das Produkt in Art 2 RL geschaffen hat. Die Begriffe „Hersteller“ und „Produkt“ bedingen sich gegenseitig: Das Produkt weist in seiner Eigenart auf den Hersteller; dieser gibt ihm seine Wesensform. Ob der Hersteller eine natürliche Person ist oder ein Unternehmen, in welcher Rechtsform auch immer, ist ohne Belang. Wer unter Anleitung ohne Eigenverantwortung, also in abhängiger Stellung, tatsächlich herstellt, ist nicht Hersteller im Sinne dieser Vorschrift.

Neben diesem tatsächlichen Hersteller erwähnt die RL eine Reihe von Personen, die das Produkt nicht in dem beschriebenen Sinn „hergestellt“ haben, deren Beziehung zu ihm jedoch so eng ist, dass ihre Einbeziehung in die Haftung als Hersteller – aus im Einzelnen ganz unterschiedlichen Gründen – geboten ist.

Es ist dies einmal der „Als-ob“-Hersteller, der im wirtschaftlichen Verkehr den Eindruck erweckt, er sei Hersteller, obwohl er die Sache durch jemanden anderen, meist auf Weisung, hat anfertigen lassen. Es muss sich dabei eine andere Person als der tatsächliche Produzent „als Hersteller ausgeben“. Er ist in Art 3 Abs 1 zweiter Satzteil geregelt.

Art 3 Abs 2 macht den Importeur eines fehlerhaften Produktes haftbar. Er haftet wie der Hersteller, denn er gilt im Sinne der RL als deren Hersteller. Es haftet jedoch nicht jeder Importeur, sondern nur derjenige, der das fehlerhafte Produkt aus einem Drittland in die EU einführt. Grenzüberschreitende Warenbewegungen innerhalb der EU werden nicht erfasst. Eine Haftung des innergemeinschaftlichen Importeurs verbietet sich nach Gemeinschaftsrecht. Sie wäre eine Maßnahme gleicher Wirkung nach Art 28 EGV. Die Haftung des Importeurs tritt neben die des Herstellers, die davon unberührt bleibt.

Art 3 Abs 3 regelt den Fall der Schadensverursachung durch ein Produkt, dessen Hersteller nicht festgestellt werden kann. Ohne eine besondere Regelung ginge der Geschädigte in diesem Fall leer aus. Um dies zu vermeiden, nimmt der Gemeinschaftsgesetzgeber ersatzweise den oder die Lieferanten des Produktes in Anspruch. Auch der Lieferant kann sich jedoch von seiner Haftung befreien, indem er dem Geschädigten den

Importeur oder seinen Lieferanten benennt.[435] Dadurch ermöglicht er dem Geschädigten, den ihm haftenden Importeur in Anspruch nehmen zu können. Wird ein Produkt in der EU hergestellt, in ein Drittland exportiert und wieder reimportiert, ohne dass der (Re-)Importeur festgestellt werden kann, so gilt das Gleiche. Ist der (Re-)Importeur festgestellt, so haftet er neben dem Hersteller.

Nach dem lapidaren Wortlaut des Art 1 RL haftet der Hersteller eines Produktes „für den Schaden, der durch einen Fehler dieses Produktes verursacht worden ist". Keine Voraussetzung für die Verantwortlichkeit eines Herstellers ist, dass ihm eigenes oder Gehilfenverschulden zugerechnet werden kann. Es genügt, dass das von ihm hergestellte Produkt einen schadenskausalen Fehler aufweist, was der Geschädigte gemäß Art 4 RL zu beweisen hat.[436] Da diese Regel im Grundsatz mit allen Staaten gilt, wäre es an sich nicht erforderlich gewesen, sie in die RL aufzunehmen, sie hätte sich aus Art 1 iVm dem jeweiligen einzelstaatlichen Zivilprozessrecht ergeben.

In der Frage, in welchem Verhältnis mehrere Personen gegenüber dem Geschädigten haften, wenn ihre Haftung nach Art 1 iVm Art 3 begründet ist, entweder gesamtschuldnerisch oder als Teilschuld, hat sich der Gesetzgeber für eine gesamtschuldnerische Haftung entschieden. Es wäre für den Geschädigten unzumutbar, bei jedem Anspruchsgegner den auf diesen entfallenden Teil seines Schadenersatzes pro rata einzuklagen. Die RL regelt nicht die Rückgriffsrechte (Ausgleichsrechte) des Gesamtschuldners, der Schadenersatz geleistet hat, gegenüber den übrigen Gesamtschuldnern. Art 5 RL lässt die „einzelstaatlichen Rückgriffsrechte" unberührt. Gehören die Gesamtschuldner verschiedenen Staaten an, so regeln sich die Ausgleichsansprüche unter ihnen nach dem auf jeden einzelnen anwendbaren Recht. Dieses wird nach den Regeln des Kollisionsrechts des für die Geltendmachung dieser Ansprüche zuständigen Gerichts bestimmt.

Art 6 RL definiert den Fehler eines Produktes. Ein solcher liegt dann vor, wenn das Produkt „nicht die Sicherheit bietet, die man unter Berücksichtigung aller Umstände, insbesondere

- der Darbietung des Produktes,

[435] Hollmann, Die EG-Produkthaftungsrichtlinie, DB 1985, 2391f.
[436] Posch, Die EG-Produkthaftungsrichtlinie, RdW 1985, 299 ff.

- der Gebrauch des Produktes, mit dem billigerweise gerechnet werden kann,
- des Zeitpunktes, zu dem das Produkt in Verkehr gebracht wurde,

zu erwarten berechtigt ist.“

Das Subjekt der Sicherheitserwartungen wird mit dem Wort „man“ umschrieben. Damit kommt zum Ausdruck, dass es nicht auf die Sicherheitserwartungen des Geschädigten im konkreten Schadensfall ankommt, sondern auf die Allgemeinheit im Land der Verwendung und damit bei einem Schadensfall auf den das Projekt beurteilenden Richter dieses Landes als den Repräsentanten der Allgemeinheit. Der Fehlerbegriff des Art 6 umfasst alle Fehlerkategorien, somit den Fabrikations-, Konstruktions- und Instruktionsfehler. Die Einheitlichkeit der Regelung und die Vermeidung von Abgrenzungsschwierigkeiten ließ es geraten sein, für alle Fehlerkategorien die vom Verschulden losgelöste Haftung des Art 1 vorzusehen. Dies schließt nicht aus, dass bei der Beurteilung, ob eine Sache fehlerhaft war oder nicht, die Verschiedenartigkeit der Fehlerkategorien berücksichtigt wird. Auch ist es deutlich, dass gewisse Fragestellungen nur bei einer Fehlerkategorie auftreten können. So beruhen z.B. die Entwicklungsrisiken (Art 7e) ihrer Natur nach nur auf Konstruktionsfehlern, niemals denkbar wären sie bei Fabrikations- oder Instruktionsfehlern.[437]
Der erste für die Sicherheitserwartungen zu berücksichtigende Umstand ist die Darbietung des Produktes. Dabei gewinnt die Werbung große Bedeutung. Der Hersteller kann durch die Art und Weise seiner Werbung den Verwendungszweck seines Produktes eingrenzen oder erweitern oder zum anderen die Verbrauchererwartungen beeinflussen, indem er in übertriebener Weise Sicherheitsaspekte anpreist, wesentliche Eigenschaften nicht erwähnt oder auch eine vorsichtige „Understatement-Werbung“ betreibt.[438]

Ein weiteres Element des Fehlerbegriffes ist der vorhersehbare Produktgebrauch. Es erscheint legitim, dass der Benutzer beim bestimmungsgemäßen Gebrauch das zuvor beschriebene Sicherheitsmaß verlangen kann. Dabei ist der Hersteller im Eigeninteresse gefordert, Sicherheitsvorkehrungen technischer oder informativer Art für vorhersehbaren oder auch „üblichen“ Fehlgebrauch eines Produktes zu treffen.

---

437 Taschner/Frietsch, 296.
438 Hollmann, Die EG-Produkthaftungsrichtlinie, DB 1985, 2394.

Schließlich soll auch noch der Zeitpunkt des Inverkehrbringens berücksichtigt werden. Dieses wichtige Element erfährt nunmehr durch Art 6 Abs 2 RL eine Verdeutlichung, die keinen Zweifel mehr daran lässt, dass ein Produkt „nicht allein" deshalb als fehlerhaft angesehen werden kann, weil später ein verbessertes Produkt in den Verkehr gebracht wurde.[439]

Art 7 RL zählt die Gründe auf, die die Haftung des Herstellers ausschließen. Die Gründe sind abschließend aufgezählt, die Mitgliedstaaten können daher nicht weitere Gründe hinzufügen. Zu Art 7 tritt lediglich noch der Haftungsminderungs- oder Haftungsausschlussgrund des mitwirkenden Verschuldens des Geschädigten.

Zunächst ist die Haftung des Herstellers ausgeschlossen, wenn er beweist, dass er das Produkt nicht in Verkehr gebracht hat (Art 7 lit a).
Ebenfalls entlasten kann er sich, wenn der Fehler, der den Schaden verursacht hat, nicht vorlag, als das Produkt von ihm in den Verkehr gebracht wurde, oder dass dieser Fehler später entstanden ist (Art 7 lit b).
Er muss also ein gewisses Maß an Wahrscheinlichkeit für die Nichtexistenz des Fehlers zur Zeit des Inverkehrbringens begründen, wie es auch im englischen Text der RL heißt: „It is probable that the defect......did not exist....".[440]

Den Hersteller entlastet ferner der Beweis, dass er das Produkt weder für den Verkauf oder Vertrieb mit wirtschaftlichem Zweck hergestellt, „noch im Rahmen seiner beruflichen Tätigkeit hergestellt oder vertrieben hat" (Art 7 lit c).
Der Hersteller soll auch dann nicht haften, wenn „der Fehler darauf zurückzuführen ist, dass das Produkt verbindlichen hoheitlich erlassenen Normen entspricht" (Art 7 lit d), sowie der Beweis, dass der Fehler zum Zeitpunkt des Inverkehrbringens „nach dem Stand der Wissenschaft und Technik" nicht erkannt werden konnte (Art 7 lit e).

Mit der Aufnahme dieser Klausel wurde den Einwänden der europäischen Industrie Rechnung getragen und letztlich auch dem Vorschlag des Europäischen Parlaments, das die Haftung für „Entwicklungsrisiken" grundsätzlich aus der RL ausgeklammert wissen wollte, entsprochen. Das Argument der Kommission, dass Fälle einer Entwicklungsrisikenhaftung sehr selten seien und leichter vom Hersteller als vom Geschädigten getragen werden könnten, konnte sich nicht behaupten. Widerstrebend

---

[439] Hollmann, Die EG-Produkthaftungsrichtlinie, DB 1985, 2393.
[440] Hollmann, Die EG-Produkthaftungsrichtlinie, DB 1985, 2394.

musste das Europäische Büro der Verbraucherverbände (BEUC) der Aufnahme der Entlastungsmöglichkeit des Art 7 lit e zustimmen, da sich ein anderes Ergebnis in dieser heftigst umstrittenen Frage nicht erzielen ließ.

Eine letzte aufscheinende Entlastungsmöglichkeit steht den Herstellern von Teilprodukten offen. Sie entkommen der Haftung, wenn sie gemäß Art 7 lit f RL nachweisen, dass der Fehler durch die Konstruktion des Endproduktes oder durch Anleitungen des Endherstellers verursacht worden ist.[441] [442]

Nicht in allen Fällen wird der Schaden allein durch ein fehlerhaftes Produkt verursacht. Neben diese Schadensursache kann als weitere Ursache das Verhalten einer bestimmten Person treten. Dabei kommen einmal Dritte oder der Geschädigte selbst in Frage. Art 8 RL regelt das Verhältnis der Haftung des Herstellers zu diesen konkurrierenden Schadensursachen.
Art 8 Abs 1 bestimmt, dass die Mitverursachung des Schadens durch einen Dritten die Haftung des Herstellers nicht mindert. Für den Geschädigten kann es demnach gleichgültig sein, ob sein Schaden neben der Verursachung durch ein fehlerhaftes Produkt noch eine weitere Ursache hat, die in dem Verhalten eines Dritten liegt. Der Hersteller haftet ihm unabhängig hiervon auf den vollen Ersatz des Schadens.

Nach Art 8 Abs 2 kann die Haftung des Herstellers unter Berücksichtigung aller Umstände gemindert werden oder entfallen, wenn der Schaden durch einen Fehler des Produktes und zugleich durch Verschulden des Geschädigten oder einer Person, für die der Geschädigte haftet, verursacht worden ist. Hier wird also der in den Rechten der Mitgliedstaaten geltende Grundsatz übernommen, dass ein mitwirkendes Verschulden des Geschädigten zu einer Haftungsminderung oder einem Haftungsausschluss führen kann bzw bei einer Schadensaufteilung zu berücksichtigen ist.[443] Die RL stellt hier ausdrücklich auf das Verschulden des Geschädigten ab. Hierunter ist vorsätzliche oder fahrlässige Mitverursachung des Schadens zu verstehen. Es ist völlig gleichgültig, welche Schuldform, Vorsatz, grobe oder leichte Fahrlässigkeit, dem Geschädigten zum Vorwurf gemacht werden kann. Einbezogen wird jedoch nicht nur der Geschädigte, sondern auch jene Personen, für deren Verhalten der Geschädigte haftet.[444]

---

[441] Posch, Die EG-Produkthaftungsrichtlinie, RdW 1985, 301.
[442] Für genauere Details sehr zu empfehlen: Taschner/Frietsch, 186 ff.
[443] Hollmann, Die EG-Produkthaftungsrichtlinie, DB 1985, 2440.
[444] Taschner/Frietsch, 369f.

Art 9 RL sieht die Wiedergutmachung von Schäden vor, die durch Tod und Körperverletzungen verursacht werden. Zusätzlich soll der Schadensbegriff von Art 1 auch die Beschädigung oder Zerstörung einer anderen Sache als des fehlerhaften Produktes selbst umfassen, sofern diese Sache

- von einer Art ist, wie sie gewöhnlich für den privaten Ge- oder Verbrauch bestimmt ist, und
- von dem Geschädigten hauptsächlich zum privaten Ge- oder Verbrauch verwendet worden ist.

Zur Vermeidung einer allzu großen Zahl von Streitfällen gilt bei der Haftung für Sachschäden eine Selbstbeteiligung des Geschädigten von 500 ECU.
Art 9 Unterabsatz 2 lässt den Ersatz immaterieller Schäden außerhalb des Anwendungsbereiches der RL. Ob solche Schäden ersetzt werden oder nicht, entscheidet sich nach dem jeweils anwendbaren einzelstaatlichen Recht. Dieses entscheidet auch, was genau unter immateriellem Schaden zu verstehen ist.[445]

Nach Art 10 RL sollen die Mitgliedstaaten in ihren Rechtsvorschriften vorsehen, dass der aufgrund der RL gewährte Ersatzanspruch nach Ablauf einer Frist von drei Jahren ab dem Tage verjährt, an dem der Kläger von dem Schaden, dem Fehler und der Identität des Herstellers Kenntnis erlangt hat oder hätte erlangen müssen. Diese Vereinheitlichung der Verjährungsfrist in den Mitgliedstaaten soll der Harmonisierung sowohl im Interesse der Verbraucher als auch der Industrie dienen. Ein Zeitraum von drei Jahren wird in der Regel ausreichen, damit sich der Geschädigte die erforderlichen Kenntnisse verschafft, möglicherweise eine vergleichsweise Regelung anzustreben versucht und auch den Anspruch gegen den Hersteller geltend machen kann. Die Verjährungsfrist beginnt dabei erst zu laufen, wenn der Geschädigte alle zur Rechtsverfolgung erforderlichen Informationen hat, also sowohl den Schaden als auch den Fehler als auch die Identität des Herstellers kennt, oder wenn er diese Kenntnis den Umständen nach hätte haben müssen. Dies bedeutet, dass fahrlässige Unkenntnis sich zu seinem Nachteil auswirkt. Die Hemmung oder Unterbrechung der Verjährung richtet sich nach den Vorschriften der Mitgliedstaaten (Art 10 Abs 2 RL).[446]

---

[445] Taschner/Frietsch, 384.
[446] Hollmann, Die EG-Produkthaftungsrichtlinie, DB 1985, 2440.

Der Gemeinschaftsgesetzgeber hat den Schadenersatzanspruch aufgrund Art 1 RL zeitlich begrenzt. Die Begrenzung beträgt zehn Jahre. Sie ist in der Weise gestaltet, dass der Schadenersatzanspruch erlischt und nicht lediglich verjährt. Daher ist Art 11 in seinen Wirkungen sorgfältig von Art 10 zu unterscheiden. Während die Verjährung nur das allgemeine Mittel ist, den Schuldner vor ungerechtfertigter Verzögerung der Geltendmachung des Ersatzanspruches zu schützen, ist das in Art 11 RL vorgesehene Mittel des Erlöschens der (potentiellen) Haftung eine Regelung zum Schutz des Herstellers.[447] Sie beruht auf dem Gedanken, dass Produkte verbraucht werden, altern oder mit der Zeit gewissen Sicherheitsanforderungen nicht mehr genügen und gleichzeitig neue verbesserte Produkte auf den Markt gebracht werden. Angesichts dieser Sachlage wäre es unbillig, den Hersteller über einen gewissen Zeitraum hinaus mit einem sich stetig vergrößernden Schadensrisiko zu belasten. Das Erlöschen gilt nur für die durch diese Richtlinie begründeten Ersatzansprüche. Ansprüche aus anderen Rechtsgründen bleiben unberührt. Die Zehnjahresfrist beginnt mit dem Tag, an dem der Hersteller das Produkt in den Verkehr gebracht hat und gilt für jeden Hersteller iSv Art 3, also auch in den Fällen von Art 3 Abs 2 und 3.

Nach Art 12 RL kann die Haftung des Herstellers gegenüber dem Geschädigten nicht durch eine die Haftung begrenzende oder von der Haftung befreiende Klausel begrenzt oder ausgeschlossen werden. Damit formuliert Art 12 die Selbstverständlichkeit, dass die Produkthaftung im Verhältnis zu den Benutzern und Verbrauchern des Produktes zwingend ist. Die Freizeichnungsklausel bietet jedoch keinen Schutz, wenn der Schaden beim Endverbraucher oder einem Dritten eingetreten ist und dieser unabhängig von vertragsrechtlichen Beziehungen deliktsrechtliche Schadenersatzansprüche gegen den Hersteller oder Zulieferer geltend machen kann. Um einen wirksamen Verbraucherschutz zu geben, will Art 12 verschuldensunabhängige Haftung nicht zum Gegenstand der Vertragsfreiheit machen. Die Haftung des Herstellers gegenüber dem Geschädigten darf durch eine Vertragsklausel nicht abweichend geregelt werden.[448] Dies gilt für alle Vertragsbeziehungen zwischen Schädiger und Geschädigtem, also etwa zwischen Hersteller und Abnehmer oder Zulieferer und Endlieferer, sofern der Geschädigte jeweils unmittelbar und nicht nur durch die Inanspruchnahme seitens eines Dritten betroffen ist.[449] Die Vorschrift des Art 12 steht in einem Spannungsverhältnis zu dem Tatbestandsmerkmal der „Darbietung des Produkts“ in Art 6 Abs 1a, das

---

[447] Taschner/Frietsch, 428f.
[448] Erwägungsgründe Abl 1985, L 210, 30.
[449] Schlechtriem, VersR 1986, 1042.

als besonders zu berücksichtigender Umstand bei der Bestimmung der Fehlerhaftigkeit des Produkts von Bedeutung sein kann. Die Darbietung des Produkts darf nicht dazu missbraucht werden, die Haftung zu beschränken. Andererseits kann eine unzureichende Darbietung des Produkts wegen unterbliebener Aufklärung zu Qualifizierung des Produkts als fehlerhaft führen. Es ist dabei zu unterscheiden: Handelt es sich um ein Produkt, dessen Eigenschaften nur in der Hand eines Unkundigen gefährdend sind, ist es Pflicht des Herstellers, den Verwender auf die Eigenschaften aufmerksam zu machen. Unterlässt er dies, kann das schadenstiftende Produkt als fehlerhaft beurteilt werden. Hat der Geschädigte jedoch, durch den Hersteller auf die möglichen Gefährdungen durch unzulängliche Handhabung des Produkts aufmerksam gemacht, diese bewusst in Kauf genommen, haftet der Hersteller nicht.[450]

Einzelstaatliche Ansprüche aus anderen Rechtsgründen sollen nach Art 13 RL von dieser unberührt bleiben. Dies bedeutet, dass neben dem Deliktsanspruch der RL noch aus einer Vertragsbeziehung resultierende Ansprüche sowie solche deliktischer Art, die auf Verschulden des Herstellers beruhen, geltend gemacht werden. Unberührt von der RL bleiben auch dem Verbraucherschutz dienende spezialgesetzliche Regelungen, sofern diese bei Bekanntgabe der RL, also am 25.7.1985 bereits bestanden haben.[451]

Durch Art 14 schließt die RL die Haftung für Nuklearschäden aus ihrem Anwendungsbereich aus. Dabei handelt es sich um einen Sonderbereich, der national und international weitgehend einheitlich und abschließend geregelt ist.
Der Ausschluss ist an zwei Voraussetzungen geknüpft. Es muss sich zum einen um einen Schaden gemäß Art 9 RL handeln, der durch einen nuklearen Zwischenfall verursacht wurde. Zum anderen muss der Schaden Gegenstand einer Haftungsregelung durch internationale Übereinkommen sein, die von den Mitgliedstaaten ratifiziert wurden.[452]

---

[450] Taschner/Frietsch, 436f.

[451] Zu diesem Zeitpunkt bestand nur eine einzige besondere Haftungsregelung, nämlich die des deutschen „Gesetzes zur Neuordnung des Arzneimittelrechtes“ vom 24.8.1976. Dies bedeutet auch, dass das AMG in vollem Umfang unberührt bleibt.

[452] Dazu gehören: 1. das Pariser Übereinkommen vom 29.7.1960 über die Haftung gegenüber Dritten auf dem Gebiet der Kernenergie; 2. Zusatzübereinkommen vom 31.1.1963 zum Pariser Übereinkommen (sog. Brüsseler Übereinkommen); 3. Brüsseler Kernmaterial-Seetransport-Übereinkommen vom 17.12.1971 über die zivilrechtliche Haftung bei der Beförderung von Kernmaterial; 4.Brüsseler Reaktorschiffübereinkommen vom 25.6.1962 über die Haftung von Reaktorschiffen.

Art 15 RL ist ebenso wie Art 16 sehr spät in die RL eingefügt worden. Sie sind als wesentlicher Bestandteil des Kompromisses zwischen sehr unterschiedlichen Vorstellungen und Zielen der Mitgliedstaaten politischer Natur. Sie enthalten drei Ausnahmen von den grundsätzlichen Entscheidungen der RL, die landwirtschaftlichen Naturprodukte und Jagderzeugnisse aus dem Anwendungsbereich auszuschließen (Art 2), keine Haftung für die Entwicklungsrisiken vorzusehen (Art 7e) und die Haftung nicht summenmäßig zu begrenzen.

Art 15 Abs 1 a erlaubt es den Mitgliedstaaten, landwirtschaftliche Naturprodukte und Jagderzeugnisse in die Haftung des Art 1 einzubeziehen. Dieser Teil wurde durch das Erlassen der RL 1999/34/EG[453] wieder gestrichen. Art 15 Abs 1 b ermöglicht es, durch Verzicht auf Art 7e eine Haftung für die Entwicklungsrisiken einzuführen. Art 16 Abs 1 erlaubt, die Haftung summenmäßig global mit einem Betrag von nicht weniger als 70 Millionen ECU für serienmäßig eingetretene Körperschäden und Schäden infolge des Todes zu begrenzen. Beide Artikel beinhalten jedoch auch gleichartige Verfahren, die nach Ablauf von zehn Jahren nach der Bekanntgabe der RL zu einer Aufhebung der Ausnahmen führen sollen, Art 15 Abs 3 und Art 16 Abs 2.[454]

Art 17 regelt die Frage, von welchem Zeitpunkt an der Hersteller nach dem Haftungssystem der RL haftet. Der Gemeinschaftsgesetzgeber hat auf den Tag abgestellt, an welchem das jeweilige einzelstaatliche Gesetz zur Umsetzung der RL in dem in Frage stehenden Mitgliedstaat in Kraft getreten ist. Dies entspricht dem Gesetzgebungsverfahren in der Gemeinschaft. Wichtig und entscheidend ist, dass es auf das Inkrafttreten jedes einzelnen Gesetzes ankommt, d.h. der deutsche Hersteller haftet z.B. erst von jenem Zeitpunkt an, an dem das deutsche Umsetzungsgesetz in Kraft getreten ist.

Die RL verwendet an zwei Stellen, Art 9 Abs 1b und Art 16 Abs 1 den Begriff der Rechnungseinheit „ECU" zur Bezeichnung einer bestimmten Geldsumme. Dies machte es notwendig, diesen Begriff zu definieren. Daher verweist Art 18 Abs 1 Satz 1 auf Art 1 der VO Nr 3180/78, die die Rechnungseinheit ECU im Verhältnis zu den damaligen Währungen der damaligen Mitgliedstaaten regelt. Als Gegenwert bestimmt Abs 1 Satz 2 den Betrag, der am 25.7.1985, dem Tag der Annahme der RL galt.[455]

---

[453] RL 1999/34/EG vom 10.5.1999 in Abl 1999, L 141/20.
[454] Taschner/Frietsch, 216f; Posch, Die EG-Produkthaftungsrichtlinie, RdW 1985, 299 ff.
[455] Vgl auch Taschner/Frietsch, 406.

Inflation höhlt jede Wertangabe in absoluten Ziffern aus. Daher wurde in Abs 2 eine Revisionsklausel vorgesehen. Auf Vorschlag der Kommission prüft der Gemeinschaftsgesetzgeber alle fünf Jahre und ändert gegebenenfalls die in dieser RL festgelegten Beträge. Die RL legt zwar nicht fest, wann die Kommission zum ersten Mal den Rat zur Prüfung veranlassen soll. Hier gilt dasselbe, was zur allgemeinen Berichtspflicht der Kommission in Art 21 gesagt ist (siehe unten): Die erste Prüfung erfolgte fünf Jahre nach Ablauf der Umsetzungsfrist, also 1993.

Wie jede andere RL war auch die Produkthaftungsrichtlinie in einzelstaatliches Recht umzusetzen. Zu diesem Zweck „erlassen die Mitgliedstaaten die erforderlichen Rechts- und Verwaltungsvorschriften". Art 19 entspricht der allgemein üblichen Standardformel für Richtlinien. Um die Kontrolle der Umsetzung zu ermöglichen, verpflichtet die RL in Abs 1 Satz 2 jeden Mitgliedstaat, die Kommission unverzüglich von dem Erlass des Umsetzungsgesetzes zu informieren.

Art 20 RL verpflichtet weiters die Mitgliedstaaten, der Kommission „den Wortlaut der wichtigsten innerstaatlichen Rechtsvorschriften" mitzuteilen, wobei dies kein einmaliger Akt ist, sondern sich auch auf Gesetzesentwürfe erstrecken muss.

Nach dem Wortlaut von Art 21 hat der Gemeinschaftsgesetzgeber die Kommission verpflichtet, die Verwirklichung des in der RL niedergelegten Rechtes der Produkthaftung und dessen Entwicklung in der Gemeinschaft zu beobachten, dem Rat alle fünf Jahre zu berichten und gegebenenfalls Vorschläge zur Anpassung der RL zu unterbreiten. Art 22 RL regelt schließlich als Normadressaten noch die Mitgliedstaaten, womit eine Direktwirkung der RL für jeden einzelnen EG-Bürger ausscheidet.

III. Die österreichische Rechtslage

1. Allgemeines

Lange Zeit wurden die haftungsrechtlichen Vorschriften des ABGB[456] zur alleinigen Grundlage für Ersatzansprüche der Opfer fehlerhafter Produkte verwendet.
Seit 1. Juli 1988 steht nunmehr als eine das ABGB ergänzende Anspruchsgrundlage das „Bundesgesetz vom 21. Jänner 1988 über die Haftung für ein fehlerhaftes Produkt (Produkthaftungsgesetz)"[457] in Kraft, das die RL zunächst mit erheblichen Abweichungen autonom nachvollzog und das aus Anlass der Beteiligung Österreichs am Europäischen Wirtschaftsraum mit dem Inkrafttreten des EWR-Abkommens[458] in eine richtlinienkonforme Fassung gebracht wurde.[459]

Im Juni 1986 wurde ein Ministerialentwurf ausgearbeitet, der noch eine Integration des neuen Produkthaftungsrechtes in das ABGB durch Einfügung neuer Bestimmungen in §§ 1322 a – f vorsah. Nach einigen Diskussionen, in denen besonders die Vertreter der großen Interessensvertretungen ihren Einfluss geltend machen konnten, wurde am 21.10.1987 die Regierungsvorlage präsentiert. Nach weiterer Behandlung im Justizausschuss und geringfügigen Änderungen, erfolgte am 21.1.1988 die Beschlussfassung im Parlament. Allerdings enthielt diese Fassung doch einige Abweichungen von den Bestimmungen der RL, die größtenteils nicht sehr geglückt waren.[460] Tatsächlich verhinderten sie, dass das erklärte Ziel der Orientierung des österreichischen Gesetzes an der EG-Richtlinie, die Vermeidung von Wettbewerbsverzerrungen im Warenverkehr mit den wichtigsten Außenhandelspartnern sicherzustellen, erreicht wurde. Dies gelang erst durch das EWR-Anpassungsgesetz, das den ursprünglichen Text des PHG in wesentlichen Punkten abänderte. So wurde die „Importeurshaftung" neu geregelt, der Selbstbehalt bei Sachschäden richtlinienkonform angehoben, die Sachschadenhaftung auf Sachen begrenzt, die nicht unternehmerisch verwendet werden und die früher vorgesehene zehnjährige Verjährungsfrist in eine absolute Erlöschungsfrist umgewandelt. Eine weitere Änderung, die sich nur auf die

---

[456] Allgemeines Bürgerliches Gesetzbuch von 1811, das am 1.1.1812 in Kraft getreten ist.
[457] BGBl 1988/99.
[458] AbI/EG Nr L 1/1994, 1; in Österreich veröffentlicht in BGBl 1993/909.
[459] BGBl 1993/95.
[460] Auf diese Abweichungen wird in der Folge eingegangen werden, besonders hervorgehoben werden die §§ 2, 6, 9, 16 PHG.

(an sich durch die RL von der strengen Produkthaftung ausgenommene) landwirtschaftliche Urproduktion bezieht, brachte noch das Gentechnikgesetz.[461] [462]

2. Anpassung des PHG zu unterschiedlichen Zeitpunkten

2.1. Rechtslage bis zum Inkrafttreten des EWRA

Bei den Anpassungen an die jeweilige Rechtslage geht es vor allem um die Frage der Haftung der österreichischen Importwirtschaft. Während Art 3 Abs 2 der RL den Importeur als die Person definiert, die „ein Produkt zum Zweck des Verkaufs, der Vermietung, des Mietkaufs oder einer anderen Form des Vertriebs im Rahmen ihrer geschäftlichen Tätigkeit in die Gemeinschaft einführt", legte der österreichische Gesetzgeber fest, dass als Importeur „der inländische Unternehmer, der es (das Produkt) in das Inland eingeführt und hier in den Verkehr gebracht hat", anzusehen war. Diese Fassung galt bis 31.12.1993.

2.2. Rechtslage bis zum Eintritt in die EU

Nun wurde der Importeur dahingehend umformuliert, dass Importeur „der Unternehmer ist, der das Produkt zum Vertrieb in den europäischen Wirtschaftsraum eingeführt und hier in den Verkehr gebracht hat." Mit dem Inkrafttreten des EWRA am 1.1.1994 wurde die Importeurshaftung grundsätzlich auf jene Unternehmer verlagert, die das Produkt aus Drittstaaten in den EWR einführen.

2.3. Rechtslage vom EU-Beitritt Österreichs bis zum Inkrafttreten des LGVÜ

Durch den Eintritt Österreichs in die EU kam es bei gleichbleibendem Wortlaut des Gesetzes im PHG mit 1.1.1995 zu einem Rechtsschutzdefizit für den inländischen Geschädigten. Österreich nahm zwar an der EU teil, doch war dies weder mit dem Inkrafttreten des EuGVÜ noch des LGVÜ

[461] Bundesgesetz, mit dem Arbeiten mit gentechnisch veränderten Organismen, das Freisetzen und Inverkehrbringen von gentechnisch veränderten Organismen und die Anwendung von Genanalyse und Gentherapie am Menschen geregelt werden und das Produkthaftungsgesetz geändert wird, BGBl 1994/510; in Kraft seit 1. 1. 1995.
[462] Posch in: Graf von Westphalen, Produkthaftungshandbuch, Band 2, 2. Auflage, 624.

gekoppelt. Solange jedoch Österreich beide Übereinkommen nicht ratifiziert hatte, führte der mangelnde Einklang des österreichischen PHG mit dem internationalen Zivilverfahrensrecht doch zu massiven Rechtsschutzdefiziten für den österreichischen Geschädigten.

2.4. Rechtslage seit dem Inkrafttreten des LGVÜ

Das am 22.8.1996 im BGBl kundgemachte LGVÜ trat am 1.9.1996 in Kraft.

Für die Rechtsstellung der österreichischen Importunternehmen ist nach nunmehriger Rechtslage zwischen vier Fallgestaltungen zu differenzieren, je nachdem aus welchem Staat das (fehlerhafte) Produkt importiert wird.

- Wird eine Ware aus einem EWR-Drittstaat nach Österreich importiert, so haftet der österreichische Importeur für Produktfehler als EWR-Importeur nach § 1 Abs 1 Z 2 PHG.
- Wird ein Produkt aus einem EWR-Drittstaat über einen EU-Mitgliedstaat bzw. aus einem anderen EU-Produktionsstaat nach Österreich importiert, stellt sich die Frage, ob das LGVÜ auch EG-intern zur Anwendung kommt. Müsste man diese Frage verneinen, so würden hier weitere Rechtsschutzdefizite für den österreichischen Geschädigten vorliegen. Die Intention des LGVÜ ist ja die „Erweiterung des europäischen Jurisdiktionsgebietes" auf die EFTA-Staaten. EG-intern soll dies nach dem EuGVÜ zur Anwendung kommen. Es besteht für einen österreichischen Anwalt hier die Möglichkeit, dass er den ausländischen EWR-Importeur bzw. EWR-internen Produzenten in Österreich nach Art 5 Nr 3 LGVÜ klagen und das hier erreichte Urteil nach den Bestimmungen des LGVÜ im Heimatstaat der angeführten Person vollstrecken kann.[463]
- Besonders wichtig wird das LGVÜ gegenüber jenen Mitgliedstaaten, in denen zwar nicht das EuGVÜ, jedoch aber das LGVÜ in Kraft ist, weil die österreichische Ratifikation des LGVÜ eine Besserstellung des österreichischen Geschädigten zu den gerade genannten Staaten gewährleistet.
- Wird letztlich das Produkt aus einem EWR-Drittstaat über einen der verbleibenden EFTA-Staaten nach Österreich importiert[464], so haftet der österreichische Unternehmer nicht mehr nach § 17 PHG[465], da mit dem Inkrafttreten des LGVÜ der Importeursbegriff

---

[463] Riedler, WBl 1996, 431.

[464] Bzw. in einem dieser Staaten produziert.

[465] Dazu siehe später.

des § 17 PHG inhaltslos geworden ist. Die Norm kann als überflüssig ersatzlos gestrichen werden.

Es ergaben sich in der Folge durch die Ratifikation des EuGVÜ am 17.9.1998 diesbezüglich keine gravierenden Änderungen mehr. Das „Stammübereinkommen“ des bereits in Österreich geltenden LGVÜ galt ab 1.12.1998 im Verhältnis zu den Niederlanden und zu Dänemark, ab 1.1.1999 im Verhältnis zu Deutschland und zu Schweden.

3. Das österreichische Produkthaftungsgesetz (PHG)[466]

3.1. Die Haftpflichtigen

Auch im österreichischen PHG ist zwischen primär und subsidiär Haftpflichtigen zu unterscheiden.

3.1.1. Primär Haftpflichtige

Gemäß § 1 Abs 1 Z 1 PHG kommt der „Unternehmer“, der das Produkt „hergestellt und in den Verkehr gebracht hat“ als Haftpflichtiger in Frage. Dabei orientiert man sich an Art 1 RL. Unter den Herstellerbegriff des PHG fallen gemäß § 3 der Hersteller des Endproduktes, eines Grundstoffes oder eines Teilproduktes[467] sowie der „Quasi“- oder „Als-ob-Hersteller“, wobei dieser Begriff wie in Art 3 RL umschrieben wird. Nach § 1 Abs 1 Z 2 haftet ein österreichischer Importeur nur dann herstellergleich, wenn ein fehlerhaftes Produkt aus einem Nicht-EWR-Staat eingeführt wird. Warenverschiebungen innerhalb des EWR können keine Importeurshaftung auslösen.

3.1.2. Subsidiär Haftpflichtige

Gemäß § 1 Abs 2 PHG haftet, wenn der Hersteller eines in Österreich hergestellten Produktes oder der Importeur eines eingeführten Produktes nicht festgestellt werden kann, „jener Unternehmer, der das Produkt in den Verkehr gebracht hat“, wenn er nicht den Hersteller, den Importeur oder den Vorlieferanten innerhalb einer Frist nicht nennt. Wie die RL, so lässt

---

[466] Bundesgesetz vom 21.1.1988 über die Haftung für ein fehlerhaftes Produkt (Produkthaftungsge- setz) idF BGBl 1993/95, BGBl 1994/510.

[467] Sack, JBl 1989, 616.

auch das PHG offen, welche Anforderungen an das „Nennen" zu stellen sind und welche Frist als „angemessen" anzusehen ist.

3.2. Der zu ersetzende Schaden

Nach dem PHG wird für Personenschäden allgemein und seit 1.1.1994 für Schäden an „vom Produkt verschiedenen" körperlichen Sachen nur soweit gehaftet, als diese nicht von einem Unternehmer erlitten werden, der die Sache überwiegend in seinem Unternehmen verwendet hat. Eine Haftung für „reine Vermögensschäden" ist nicht vorgesehen. Ersatzfähig sind alle Personenschäden. Der Umfang der Haftung bei Körperverletzung, Gesundheitsschädigung oder Tötung richtet sich durch die Verweisung von § 14 PHG nach den Regeln der §§ 1325 ff ABGB. Der Ersatzanspruch des Produktopfers erstreckt sich auch auf das Schmerzensgeld, weil der Ersatz immateriellen Schadens im Rahmen der verschuldensunabhängigen Haftung vorgesehen ist. Seit 1.1.1994 beginnt die Ersatzpflicht von Schäden an körperlichen Sachen richtlinienkonform (Art 9 RL) erst bei Überschreiten eines Freibetrages von ATS 7.900,-- (500 ECU, § 2 PHG).[468]

§ 2 PHG erfasst die nach dem PHG zu ersetzenden Schäden in richtlinienkonformer Weise. Kritisch zu beurteilen ist der Unterschied zu Art 9 RL bei immateriellen Schadenspositionen, da in Österreich im Rahmen verschuldensunabhängiger Haftung auch für Schmerzensgeld gehaftet wird.

3.3. Die Anspruchsvoraussetzungen

Die Haftung nach dem PHG tritt dann ein, wenn ein Produkt, das einen Fehler hat und von einem Haftpflichtigen in Verkehr gebracht wird, Schaden an Personen oder Sachen stiftet. Was unter einem Produkt zu verstehen ist, regelt § 4 PHG, der sich dabei eng an Art 2 RL orientiert, wobei aufgrund der Änderung durch die RL 99/34/EG auch im österreichischen PHG die Grundlagen für die bisherigen Sonderregeln für land- und forstwirtschaftliche Naturprodukte entfallen.

Das galt bisher für die Bestimmung des § 4 zweiter Satz PHG, wonach solche Boden-, Viehzucht- und Fischereierzeugnisse sowie Wild vom Produktbegriff (und damit von der Produkthaftung) ausgenommen sind.

---

[468] Die ursprünglichen Abweichungen von der RL stellten eine Begünstigung der österreichischen Konsumenten und eine Benachteiligung der in Österreich niedergelassenen Produzenten gegenüber jenen in den EU-Staaten dar.

Für diese land- und forstwirtschaftlichen Naturprodukte ist in Zukunft nach dem PHG verschuldensunabhängig zu haften. Weiters entfallen mit der Änderung der RL und des PHG auch die Grundlagen für die Gegenausnahme des § 4 dritter Satz. Die Haftung für Naturprodukte tritt allgemein ein, sei es, dass sie „gentechnikfrei", sei es, dass sie gentechnische veränderte Produkte sind, gentechnisch veränderte Organismen enthalten oder aus solchen hergestellt, gezüchtet oder gewonnen worden sind.

Ein Produkt hat einen Fehler, wenn es die berechtigte Sicherheitserwartung eines verständlichen Verbrauchers enttäuscht. § 5 PHG folgt dabei Art 6 RL. Das entscheidende Kriterium der Verbrauchererwartung ist dabei an einem objektiven Maßstab zu messen, wie aus der Formulierung in § 5 PHG hervorgeht.[469] Die drei Abwägungsfaktoren – Darbietung, billigerweise erwartbarer Produktgebrauch, Zeitpunkt des Inverkehrbringens – sind auch im PHG nur demonstrativ aufgezählt.[470] Es kommt daher zu ähnlichen Fragen, wie sie auch bei einer Fehlerdefinition der RL gestellt wurden. So, ob der Preis ein berücksichtigenswerter Umstand wäre[471] oder ob gegebenenfalls eine Risiko-Nutzen-Abwägung oder das Vorhandensein eines leicht verfügbaren Alternativproduktes die Beurteilung der Fehlerhaftigkeit eines Produktes beeinflussen könnte. Durch die in Europa geführte Diskussion ist bekannt, dass die Gerichte bei der Fehlerhaftigkeit einen großen Entscheidungsspielraum vorfinden. Denn was unter den drei Abwägungsfaktoren zu verstehen ist, wird nach den jeweiligen Umständen des Einzelfalles einer Klärung bedürfen.[472]
§ 5 Abs 2 PHG übernimmt wortwörtlich Art 6 RL und stellt klar, dass die Tatsache des späteren Inverkehrbringens eines „verbesserten" Produktes noch keinen Schluss auf die Fehlerhaftigkeit eines konkreten Produktes zulässt.

Eine weitere Voraussetzung für die Haftung des Herstellers nach dem PHG ist das Inverkehrbringen des Produktes. Dieser Begriff wird zwar in der RL verwendet, ohne ihn hinreichend zu definieren. In § 6 PHG wird festgelegt[473], dass Inverkehrbringen ein Weitergeben eines Produkts von einem der als haftpflichtig in Frage kommenden Unternehmer an eine

---

469 Hill-Arning/Hoffmann, Produkthaftung in Europa, 1995, 140.
470 Posch in: Graf von Westphalen, Produkthaftungshandbuch, Band 2, 2. Auflage, 632.
471 Dies wird bei vergleichbaren Produkten einer Produktkategorie zu bejahen sein.
472 Ausführlich zu den mit der Feststellung der Fehlerhaftigkeit eines Produkts zusammenhängenden Fragen, Sack, JBl 1989, 623 ff.
473 Sack, JBl 1989, 695.

andere Person umschrieben wird. Diese Definition zeigt sich bei fehlerhaften Markenprodukten als zu eng.[474] Ein Problem entsteht auch, dass für unterschiedliche Adressaten[475] verschiedene Zeitpunkte für das Vorliegen eines Entlastungsgrundes nach § 8 Abs 2 PHG in Frage kommen. Auch die „Verjährung" oder das „Erlöschen" eines Ersatzanspruches ist bei den Haftpflichtigen unterschiedlich zu beurteilen. Somit erscheint es nicht nur auf österreichischer Ebene, sondern auch EU-weit erforderlich, eine passende Definition des „Inverkehrbringens" zu formen.

3.4. Beweislast und Entlastung

In der Regelung der Beweise folgt das österreichische PHG in seinen §§ 7f Art 7 RL. Man kann der Haftung nach § 7 PHG zunächst entgehen, wenn man beweist, dass man eine Sache nicht oder nicht als Unternehmer in Verkehr gebracht hat bzw. dass das Produkt zum Zeitpunkt des Inverkehrbringens fehlerfrei gewesen war. Der erste „Freibeweis" steht nur Herstellern oder Importeuren zu, der zweite auch Händlern. § 7 PHG setzt damit Art 7 lit a – c RL um, auch wenn dies auf den ersten Blick aufgrund terminologischer Abweichungen nicht gleich deutlich wird. Die Entlastungsmöglichkeiten des § 8 PHG entsprechen inhaltlich völlig, sprachlich nur teilweise den in Art 7 lit d – f RL geregelten.
Nach § 8 Z 1 PHG entfällt die Haftung, wenn „der Fehler auf eine Rechtsvorschrift oder behördliche Anordnung zurückzuführen ist". Damit verbleibt dem Opfer nur noch ein Amtshaftungsanspruch[476], doch auch nur dann, wenn dem Organ Rechtswidrigkeit und Verschulden vorzuwerfen wäre.

Die Entlastungsmöglichkeit, die Art 7 lit f RL für Teilehersteller vorsieht, ist in § 8 Z 3 PHG insofern vollständig normiert, als sie ausdrücklich auch auf den Hersteller von Grundstoffen abstellt.[477]

Zur Produkthaftung kam es nach § 8 Z 4 PHG dann nicht, wenn der Fehler ein land- und forstwirtschaftliches Naturprodukt betraf, das ein gentechnisch veränderter Organismus im Sinn des Gentechnikgesetzes ist und der in Anspruch Genommene diesen Organismus nicht selbst gentechnisch verändert hat. Dieser Haftungsausschluss war nach der

---

[474] Posch, WBl 1993, 102 ff; Posch in: Schwimann, ABGB-Praxiskommentar, Rdn 5 ff zu § 6 PHG.
[475] Hersteller, Importeur, Händler oder eine andere Person.
[476] Nach dem Amtshaftungsgesetz, BGBl 1949/20 idF BGBl 1985/104.
[477] Posch in: Graf von Westphalen, Produkthaftungshandbuch, Band 2, 2. Auflage, 635.

Änderung der Produkthaftungsrichtlinie europarechtlich nicht mehr gedeckt, zumal er weder auf Art 7 noch auf Art 15 Abs 1 lit a der RL gestützt werden kann. Unbillige Ergebnisse sind mit der Aufhebung dieses Haftungsausschlusses nicht verbunden, zumal dem Endhersteller – wie schon zu § 4 PHG ausgeführt – der Regress gegen den Hersteller des Grundstoffs offen steht. § 8 Z 4 PHG ist durch BGBl 1999/185 entfallen.

3.5. Solidarhaftung und Rückgriff

Nach dem PHG ist die Haftung mehrerer Personen immer eine Solidarhaftung. Somit geht § 10 PHG über § 1302 ABGB hinaus, der eine solidarische Haftung nur bei vorsätzlicher Schadenszufügung vorsieht bzw. dann, wenn sich die Anteile der fahrlässig Handelnden an der Beschädigung nicht bestimmen lassen. Mit Satz 2 des § 10 PHG, der normiert, dass die Haftung nicht dadurch gemindert wird, „dass auch andere nach anderen Bestimmungen für den Ersatz desselben Schadens haften", wird zum Einen Art 8 Abs 1 ordnungsgemäß umgesetzt, zum Anderen sollte klargestellt werden, dass der Regress der Sozialversicherung gemäß § 332 ASVG unberührt bleibt.[478]

Für den Regress unter den Haftenden, wodurch Art 8 Abs 1 erster Teilsatz und Abs 2 RL umgesetzt werden, sieht das Gesetz zwei Tatbestände vor: Zuerst § 12 Abs 1 PHG, der einem Ersatzpflichtigen, der bereits Schadenersatz geleistet hat die Möglichkeit bietet, Regress zu nehmen und schließlich noch § 12 Abs 2, der den Ausgleich unter mehreren Verursachern des Produktfehlers regelt. Dabei kann derjenige, der bereits Schadenersatz geleistet hat, von den anderen Regress nach den Umständen fordern, „wie weit der Schaden von dem einen oder dem anderen Beteiligten verschuldet oder durch die Herbeiführung eines Fehlers des Produkts verursacht worden ist". Ob Abs 1 oder Abs 2 zur Anwendung kommt, ist für den Umfang des Regressanspruches doch von entscheidender Bedeutung.[479] Weiters wichtig erscheint die Frage der Verjährungsfrist. Während in Österreich die 30jährige Verjährungsfrist für Regressansprüche gilt, stellt sich die Frage, ob nicht bei richtlinienkonformer Interpretation die Zehnjahresfrist des § 13 PHG für Regressansprüche gelten soll.[480] Durch das Wirksamwerden des LGVÜ wird sich die Frage, ob für den Regress des zur Haftung herangezogenen Importeurs

---

[478] Siehe dazu EB zu § 10, RV 272 BglNR 17.GP.

[479] Vgl dazu die Entscheidung des OGH 30.1.1996, ecolex 1996, 354, wo es um einen Regress nach § 12 Abs 1 PHG ging.

[480] Dafür spricht sich Welser aus, PHG-Kurzkommentar, Rdn. 3 zu § 12 PHG, Rdn. 10 zu § 13 PHG.

österreichisches Recht zur Anwendung kommt, nicht mehr sehr oft stellen. Ein solcher Anspruch könnte jedoch ohne Weiteres in Österreich eingeklagt werden.

3.6. Zehnjährige „Erlöschungsfrist"

Für Ersatzansprüche nach dem PHG gibt es eine dreijährige Verjährungsfrist, die § 1489 ABGB für Entschädigungsklagen vorsieht. Besagte Frist beginnt von dem Zeitpunkt an zu laufen, an dem der Geschädigte sowohl vom Schaden als auch der Person des Schädigers Kenntnis erlangt hat. Zusätzlich regelt § 13 PHG aufgrund von Art 11 RL eine zehnjährige Frist, nach deren Ablauf nach dem PHG bestehende Ersatzansprüche erlöschen, nachdem zuvor bis 1.1.1994 von einer Verjährungsfrist[481] die Rede war. Diese Frist ist bei richtlinienkonformer Auslegung[482] eine Präklusivfrist, also eine absolute Frist, bei der keine Hemmung oder Unterbrechung des Fristenlaufs in Betracht kommt.[483] Beachtenswert erscheint die Tatsache, dass eine unterschiedliche Berechnung der Erlöschungsfrist Platz greift, je nachdem, ob gegen Produzenten, Importeur oder letzten Inverkehrbringer des fehlerhaften Produkts vorgegangen wird. Möglich wäre nämlich gegen letzteren einen Ersatzanspruch noch innerhalb der zehnjährigen Frist zu erheben, sofern der Anspruch gegen die vom Händler benannten Hersteller, Importeur oder Vorlieferanten jedoch bereits erloschen ist.

3.7. Subsidiäre Geltung des ABGB und Unberührtbleiben sonstiger Ersatzansprüche

Durch § 14 PHG wird vom österreichischen Gesetzgeber klargestellt, dass bei einer Haftung auch der Anspruch auf Schmerzensgeld inkludiert ist. Dies ist durch Art 9 Abs 2 RL deshalb gedeckt, da aufgrund dessen Wortlautes, wonach „die Rechtsvorschriften der Mitgliedstaaten betreffend immaterielle Schäden" nicht berührt werden, den Mitgliedstaaten die Möglichkeit gegeben wird, den Verbraucher besser zu stellen. Somit ergibt es sich, dass in Österreich und Deutschland zwei verschiedene Positionen im Bereich des Schmerzensgeldersatzes bei Produkthaftungsgesetzen bezogen werden.

[481] Diese Bezeichnung wurde aufgegeben, da eine Verjährung eigentlich erst in dem Zeitpunkt zu laufen beginnt, in dem das Recht an sich schon hätte ausgeübt werden können, vgl dazu Welser, PHG-Kurzkommentar, § 13.
[482] Siehe dazu Art 11 RL in dieser Arbeit.
[483] Posch in: Schwimann, ABGB-Praxiskommentar, § 13 PHG.

Neben den allgemeinen schadenersatzrechtlichen Bestimmungen der §§ 1293 ff ABGB, bietet das PHG noch eine zusätzliche Anspruchsgrundlage. Für Schäden durch ein nukleares Ereignis gilt das PHG jedoch nicht, sofern diese „in einem von EFTA-Staaten und EG-Mitgliedstaaten ratifizierten internationalen Übereinkommen erfasst sind".[484] Was das Mitverschulden des Geschädigten betrifft, so verweist § 11 PHG auf § 1304 ABGB, der bei Mitverschulden, wenn sich das Verhältnis bestimmen lässt, anteilsmäßige Schadenstragung, ansonsten Schadenstragung zu gleichen Teilen anordnet. Bisher wurde die Frage eines Mitverschuldens des Geschädigten sehr opferfreundlich beurteilt.

Durch § 16 PHG, der die Pflicht zur Deckungsvorsorge regelt, werden Hersteller und Importeure von Produkten verpflichtet, durch Eingehen einer Versicherungsleistung oder einer anderen geeigneten Weise ihre Schadenersatzpflichten in einer Art und einem Ausmaß, das üblich erscheint, zu leisten.

In § 17 PHG findet sich eine Erweiterung zum Importeursbegriff des § 1 Abs 1 Z 2 PHG, der mit Inkrafttreten des LGVÜ in Österreich auch seine Gültigkeit bekommt.

3.8. Inkrafttreten des PHG (§ 19) und der EWR-Anpassungen (§ 19a)

In Bezug auf den Zeitpunkt des Inkrafttretens entwickelte sich die Bedeutung des Wortes „Inverkehrbringen" in § 19 PHG im einschlägigen Schrifttum zu einer der umstrittensten Fragen, wobei drei verschiedenen Auffassungen vertreten wurden:

So sollte mit „Inverkehrbringen" in § 19 PHG nach Welser[485] und Siegl das „erstmalige Inverkehrbringen durch den in- oder ausländischen Hersteller" überhaupt gemeint sein. Nach Andréewitch[486] soll das „erstmalige Inverkehrbringen im Inland" entscheiden. Dagegen vertrat vor allem vor dem Hintergrund der Legaldefinition des § 6 PHG Posch[487] und ihm folgend Reindl die Auffassung, dass § 19 PHG jedes Inverkehrbringen durch ein potentiell haftpflichtiges Glied der Absatzkette als beachtlich ansehe. Letztere Meinung entspricht der im deutschen Schrifttum zu § 16 des deutschen ProdHaftG und den Grundsätzen richtlinienkonformer Interpretation. Für die nach gleichem Muster formulierte Bestimmung des

---

[484] Atomhaftpflichtgesetz, BGBl 1964/117.
[485] Kurzkommentar Rdn 2 zu § 19.
[486] RdW 1988, 281.
[487] RdW 1988, 75 und RdW 1988, 378.

§ 19 a PHG über die zeitliche Geltung der durch das EWR-Anpassungsgesetz angeordneten Modifikationen gilt Analoges.[488]

3.9. Auslandsbeziehung in Produkthaftungsangelegenheiten

Österreichische Produzenten wurden schon oftmals beim Export fehlerhafter Produkte auch vor Inkrafttreten des PHG Adressaten von Schadenersatzansprüchen. Die Frage, welches Gericht in einem solchen Falle zuständig ist, hängt von den jeweiligen Zuständigkeitsregeln ab. In den Mitgliedsstaaten der EU gilt das EuGVÜ. Durch die Auslegung des Art 5 Z 3 EuGVÜ und des LGVÜ durch den EuGH werden in Zukunft Direktersatzansprüche von geschädigten Bürgern eines Mitgliedstaates der EG bzw. des EWR gegen den österreichischen Hersteller eines fehlerhaften Produktes in der Regel vor dem Gericht des Ortes des Schadenserfolges erhoben werden.

Was die Haftungsfragen bei Importprodukten betrifft, nahm das österreichische Höchstgericht dazu erstmals in der „Plattenwärme-austauscher"-Entscheidung[489] Stellung, immer vorausgesetzt, ein österreichisches Gericht erklärt sich da für zuständig.
Der OGH gelangte in der gegen den deutschen Hersteller geführten Klage zur Anwendbarkeit des österreichischen Rechts, da der deutsche Hersteller sein Produkt in Österreich vertrieben hatte und somit nach § 48 Abs 1 Satz 2 IPRG eine stärkere Beziehung zum österreichischen Recht anzunehmen war. Daher wird der OGH auch bei einem nach dem PHG zu beurteilenden Fall nicht anders entscheiden.

Nach dem seit 1.Juli 1988 geltenden Produkthaftungsrecht kam es zunächst seltener zu Ansprüchen gegen ausländische Hersteller als nach überliefertem Recht, da gemäß § 1 Abs 1 PHG jeder Importeur haftungsrechtlich dem Hersteller gleichgestellt war. Der österreichische Konsument, der durch ein importiertes Produkt Schaden erleidet, hat daher seinen Ersatzanspruch gegen den Importeur gerichtet.[490] [491]

3.10. Schlussbemerkung

Österreich setzte sein PHG am 1.Juli 1988 in Kraft, ohne jedoch Mitglied der Euro- päischen Gemeinschaften geworden zu sein. Das Gesetz nahm

---

488 Posch in: Graf von Westphalen, Produkthaftungshandbuch, Band 2, 2. Auflage, 637f.
489 IPRax 1988, 363.
490 Vgl dazu die öffentliche Entscheidungspraxis, mehr dazu siehe Anhang.
491 Posch in: Graf von Westphalen, Produkthaftungshandbuch, Band 2, 2. Auflage, 638.

zwar die RL als Vorbild, generell bestand jedoch keine Verpflichtung zu dessen Erlassung. Hauptgrund dafür war die enge Verflechtung mit den anderen EG-Mitgliedstaaten und die Vermeidung von Wettbewerbsverzerrungen im internationalen Handel.

Österreich gelang es zwar zeitlich die Pflichten, die von den EG-Staaten verlangt wurden, zu erfüllen[492], inhaltlich gab es jedoch erhebliche Abweichungen, die erst im Rahmen des Beitritts zum EWR und zur EU durch das EWR-Abkommen[493] bereinigt wurden, und das PHG in eine weitgehend richtlinienkonforme Fassung gebracht haben. Die ursprünglich vorgesehenen inhaltlichen Abweichungen von der RL, insbesondere in den §§ 1 Abs 1, 2, 9 PHG, hätten jedoch, wäre Österreich damals ein Mitgliedstaat gewesen, unweigerlich ein Vertragsverletzungsverfahren gemäß Art 226 EGV nach sich gezogen. Insofern war das PHG vor 1994 Ausdruck der angeblich typisch österreichischen Vorliebe für halbe Lösungen.
Auffällig ist die große Zahl von Entscheidungen[494], die vom österreichischen Höchstgericht auf der Grundlage des PHG ergangen sind, größtenteils noch vor dem Hintergrund der nicht gemeinschaftsrechtskonformen Urfassung des Gesetzes. Die Erklärung kann nicht darin gesehen werden, dass der Zugang zum Höchstgericht in Österreich besonders leicht wäre oder dass die österreichische Bevölkerung eine besonders ausgeprägte „litigious society“ bilden würde. Vielmehr ist die große Entscheidungsdichte auf die Bereitschaft der sozialpartnerschaftlich zusammengesetzten österreichischen Verbraucherschutzorganisation[495] zurückzuführen, Produktgeschädigte sachkundig zu beraten, allenfalls ihre Prozesskosten zu übernehmen und gegebenenfalls auch das ihr eingeräumte Verbandsklagerecht wahr zu nehmen.[496]

Somit sollen zum Abschluss nun noch drei Urteile zur Produkthaftung besprochen werden, die frei ausgewählt wurden, um dem Leser auch Einblicke in die österreichische Rspr gewähren zu können.

---

[492] Dies erscheint insofern positiv erwähnenswert, da in Staaten wie Frankreich, Deutschland, Spanien, Belgien und Holland keine zeitgerecht Umsetzung erfolgte.
[493] BGBl 1993, 95.
[494] Vgl dazu Posch in: Graf von Westphalen, Produkthaftungshandbuch, Band 2, 2.Auflage, 645.
[495] Verein für Konsumenteninformation – VKI.
[496] Posch in: Graf von Westphalen, Produkthaftungshandbuch, Band 2, 2. Auflage, 639.
[497] Namen sind selbstverständlich frei erfunden; LG Wels vom 8.9.1995, 6 Cg 180/94.

Herr Reiter[497] unternahm eine Fahrradtour, erstmals mit dem Enkel auf dem Kindersitz. Als es auf holpriger Strecke steil bergab ging, kam es zum Unfall, wobei Herr Reiter erheblich verletzt wurde. Da das Rad 15 Jahre Garantie auf Bruchsicherheit hatte und Herr Reiter es auch immer ordnungsgemäß gewartet hatte, ließ er die Trümmer von einem Sachverständigen untersuchen, der eine zu geringe Zugfestigkeit der Gabelholme konstatierte. Diese reiche zwar für das Fahren auf glatter Fahrbahn, nicht jedoch auf einer unebenen, bei der es zu Stößen auf die Holme kommt. Daraufhin klagte Herr Reiter den Importeur des Rades auf Schmerzengeld. Das Gericht stellte einen Produktionsfehler fest. Ein durchschnittlicher Benützer darf erwarten, dass sein Rad auch das Fahren auf unebener Fahrbahn mit einem Kind im Kindersitz aushält und nicht, dass man damit nur auf glatter, ebener Strecke fahren kann. Auch die 15jährige Garantie auf Bruchsicherheit hat erwarten lassen, dass der Rahmen besonders viel aushält.

In einer weiteren Entscheidung[498] griff Frau Geiger im Supermarkt nach einer Flasche Mineralwasser, die plötzlich explodierte. Sie wurde an der Hand verletzt und klagte die Mineralwasserfirma nach dem PHG. Die Firma berief sich darauf, dass sie ja die Flasche nicht selbst hergestellt habe und somit nicht dafür belangt werden könne. Das Erstgericht wies die Klage mit der Begründung ab, Frau Geiger habe die Ursache der Explosion nicht nachweisen können. Das Berufungsgericht sah dies jedoch anders. Natürlich sei das Mineralwasserunternehmen Hersteller des Produkts und habe hier die Sicherheitserwartungen nicht erfüllen können. Der Vorfall im Supermarkt sei Beweis genug. Auch hatte es die Firma verabsäumt, Beweise für eine sorgfältige Qualitätskontrolle vorzulegen und wurde zum Schadenersatz verurteilt.

In einer dritten Entscheidung[499] nahm Herr Müller, ein Radsportler, an einem Mountainbike-Rennen teil. Da brach der Lenker und Herr Müller stürzte. Vom Hersteller des Lenkers verlangte er Schmerzengeld und Ersatz für entgangenes Preis- und Sponsorengeld, war er doch an sicherer zweiter Stelle gelegen. Beim Prozess stellte sich heraus, dass der Lenker schon bei Tests und Unfällen als bruchgefährdet aufgefallen war, was auch der Herstellerfirma bekannt war. Das Verfahren ging durch drei Instanzen und kreiste um die Frage, ob der Hersteller vor der Verwendung als Rennlenker waren musste oder ob ein Spitzensportler auch

---

[498] LGZ Wien vom 24.7.1996, 35 R 402/96.
[499] OGH vom 28.4. 1998, 10 Ob 399/97t; Dabei ging es um ein Urteil in einer Rechtssache mit einem bekannten österreichischen Radsportler.

Materialexperte sein muss und weiß, dass ein Leichtlenker auch leicht bricht.

Keinesfalls entschied der OGH. Zwar ist es richtig, dass das unfallträchtige Modell nicht ausdrücklich für extreme Belastungen im Radsport geeignet war. Weil aber dem Hersteller bekannt war, dass dieser Lenker gerade von Mountainbike-Spitzensportlern für Rennen benutzt wird, hätte er mit erhöhten Belastungen rechnen und eine Warnung oder Rückrufaktion veranlassen müssen.

IV. Die deutsche Rechtslage

1. Allgemeines

In Deutschland wurde die RL am 15. Dezember 1989 in Form des Gesetzes über die Haftung für fehlerhafte Produkte (Produkthaftungsgesetz – ProdHaftG) umgesetzt.[500]
Die RL gab den Mitgliedstaaten drei Jahre Zeit, die RL umzusetzen, Deutschland war mit seiner Umsetzung ungefähr 1 ½ Jahre zu spät.[501]
Trotz der zahlreichen zwingenden Vorgaben der RL ist das ProdHaftG nationales deutsches Recht.

Wie bereits erwähnt, räumte die RL bei einigen Komplexen den Mitgliedstaaten ausdrücklich Optionen ein, denen jedoch die Bundesrepublik Deutschland nicht nachkam. Ausdrücklich vorbehalten war den Mitgliedstaaten, ob der Ersatz immaterieller Schäden als Schadenersatz bei Körperschäden in Betracht kommt, wie sich dies aus Art 9 Abs 2 RL ergibt. Deutschland verzichtete darauf, Schmerzensgeld als gesetzlichen Anspruch des Geschädigten im ProdHaftG zu verankern. Gemäß § 253 BGB ist es ausgeschlossen, sodass der Geschädigte auf die Voraussetzung des § 847 BGB insoweit beschränkt ist.

Die verspätete Umsetzung kann zu Schadenersatzansprüchen des Betroffenen gegen den säumigen Mitgliedstaat führen, jedoch unter Berücksichtigung der BGH-Judikatur zu § 823 BGB wohl nur in den Fällen, in denen eine Importeurhaftung gemäß § 4 Abs 2 ProdHaftG greift oder eine Händlerhaftung nach § 4 Abs 2 ProdHaftG zu bejahen ist. Denn die Importeurhaftung nach § 823 BGB ist tendenziell weniger weitreichend als die Importeurhaftung nach § 4 Abs 2 ProdHaftG. Ähnliches gilt auch für die Händlerhaftung im Rahmen von § 823 Abs 1 BGB.

---

[500] BGBl 1989 I 2198.
[501] Die RL hätte Ende Juli 1988 umgesetzt sein müssen.

2. Das Produkthaftungsgesetz – ProdHaftG

2.1. Die Haftung

Die Regeln des ProdHaftG verkörpern teilweise eine Gefährdungshaftung, wie in § 4 verankert, teilweise aber auch eine verschuldensunabhängige Haftung für fehlerhafte Produkte und zwar insoweit, als es auf die subjektive Zurechenbarkeit nicht ankommt. Es ist also gleichgültig, ob der nach § 4 ProdHaftG Haftende die einzelnen Tatumstände kannte, kennen oder verhindern konnte, die für das Entstehen des Produktfehlers ursächlich waren. Insbesondere ist es irrelevant, ob ihm subjektiv dieses Verhalten vorwerfbar ist.

Vergleicht man die Regeln der RL und des ProdHaftG, wird man unschwer feststellen können, dass die Regelungen der RL oftmals sogar wörtlich übernommen worden sind. § 1 S 1 entspricht sinngemäß Art 1 und Art 9a RL, § 1 S 2 ist dem Art 9b entnommen. § 1 Abs 2 stimmt mit Art 7 a – e RL überein, Art 7 f findet sich in § 1 Abs 3. Die in § 1 Abs 4 ProdHaftG enthaltene Beweislastregelung deckt sich mit der Regelung, die in Art 4 und 7 RL anzutreffen ist. Es wäre sicherlich sinnvoller gewesen, den gedanklichen Aufbau der RL beizubehalten und § 1 nicht zu überfrachten, da es sich im Grunde um Abweichungen im gedanklichen Aufbau, um abweichende Sprachregelungen, Klarstellungen oder auch Kürzungen bzw. Auslassungen handelt.[502]

Gemäß § 1 Abs 1 S 1 ProdHaftG ist der Hersteller verpflichtet, dem Geschädigten den Schaden zu ersetzen, der ihm durch den Fehler eines Produkts iSv § 3 entsteht, wenn das fehlerhafte Produkt einen Personen- oder Sachschaden verursacht. Eine besonders interessante Frage stellt sich darin, ob § 1 als Gefährdungshaftung oder verschuldensunabhängige Haftung zu qualifizieren ist. Kurz wurde dieses Thema bereits angerissen; darüber hinaus würde dies jedoch den hier vorliegenden Umfang dieser Arbeit sprengen.[503] Die einzelnen Haftungsausschlüsse des Art 7 a – f RL finden sich teilweise wortwörtlich übersetzt und daher auch korrekterweise umgesetzt in § 1 Abs 2 und 3 ProdHaftG wieder. Aus diesem Grund wird auf die einzelnen Haftungsausschlüsse im Weiteren nicht eingegangen. Abs 4 ProdHaftG regelt die Beweislast und entspricht somit den geltenden allgemeinen Regeln (Art 4 und 7 RL).

---

[502] Bartl, Produkthaftung nach neuem EG-Recht, 1989, 71.

[503] Nachzulesen in: Graf von Westphalen, Produkthaftungshandbuch, Band 2, 2. Auflage, 13 ff.

2.2. Das Produkt

In § 2 des ProdHaftG findet sich eine Legaldefinition des Produktes, die sich wiederum eng an Art 2 RL orientiert und lediglich redaktionelle Änderungen und Zusammenfügungen vornimmt. Ursprünglich waren die landwirtschaftlichen Produkte und die Jagdprodukte nicht im Begriff beinhaltet, wurden jedoch später eingefügt, um nun durch die neueste Richtlinienänderung wieder aus der Definition gestrichen zu werden.
Es handelt sich um eine bewegliche Sache, auch wenn sie einen Teil einer anderen beweglichen Sache oder einer unbeweglichen Sache bildet; auch Elektrizität ist inkludiert. Somit kann der Begriff „Produkt“ in § 2 nur ergänzend unter Berücksichtigung des Definitionsmusters von § 90 BGB ausgefüllt werden. Nach § 90 BGB sind Sachen nur „körperliche Gegenstände“. Der Oberbegriff „Gegenstände“ ist im BGB nicht definiert. Gegenstand ist alles, was Objekt von Rechten sein kann.[504] „Körperlichkeit“ bedeutet räumliche Ausdehnung, Festigkeit ist nicht erforderlich. Immerhin müssen die Sachen räumlich durch die eigene körperliche Begrenzung oder aber durch künstliche Mittel oder Behältnisse abgrenzbar sein.

Aufgrund der ausdrücklichen Erwägungen von Elektrizität in § 2 Satz 1 ProdHaftG steht fest, dass sie, obwohl keine „bewegliche“ Sache im Sinn von § 90 BGB, ein Produkt im Sinn von § 2 Satz 1 ProdHaftG ist.

Aus § 2 Satz 1 folgt unmittelbar, dass eine unbewegliche Sache kein Produkt ist. Die verschuldensunabhängige Haftung knüpft an der Vorstellung an, dass nur bewegliche Sachen die verschärfte Haftung für Personen- und Sachschäden auslösen, sofern diese fehlerhaft sind. Doch reicht es aus, wenn eine bewegliche Sache Teil einer unbeweglichen ist, wie der Wortlaut in § 2 Satz 1 klarstellt.
Landwirtschaftliche Produkte und Jagderzeugnisse, die in § 2 Satz 2 von der verschuldensunabhängigen Haftung ausdrücklich ausgenommen waren, wurden durch die Richtlinienänderung 99/34/EG dahingehend geändert, dass dafür in Zukunft verschuldensunabhängig zu haften ist.[505]

2.3. Der Produktfehler

Die Definition des Fehlerbegriffes in § 3 ProdHaftG ist das Kernstück der verschuldensunabhängigen Haftung, weil eine auf den Vorwurf des

[504] Vgl dazu Palandt-Kommentar, Rdn zu § 90 BGB; Münchner-Kommentar, Rdn zu § 90 BGB.
[505] Hill-Arning/Hoffmann, Produkthaftung in Europa, 1995, 56.

Verschuldens verzichtete Haftung keine sonstigen Haftungsvoraussetzungen aufweist. Im Bereich der verschuldensabhängigen Haftung des § 823 BGB handelt es sich stets darum, festzustellen, dass der jeweilige Hersteller eines fehlerhaften Produktes die von ihm zu erfüllenden Verkehrspflichten schuldhaft verletzt hat, indem er die im Einzelfall objektiv gebotene Sorgfalt außer acht gelassen, d.h. nicht diejenigen Maßnahmen getroffen hat, die im konkreten Fall zur Vermeidung bzw. zur Beseitigung einer Gefahr erforderlich und zumutbar sind.

Eine Gegenüberstellung von § 3 ProdHaftG und Art 6 RL zeigt, dass zwischen beiden Bestimmungen Einheitlichkeit besteht, sofern man von redaktionellen Abweichungen im deutschen Text absieht. Was die Tatbestandsmerkmale des § 3 betrifft, sei auf die Ausführungen von Art 6 RL und des österreichischen PHG verwiesen, da sich im deutschen Gesetz keine diesbezüglichen Regelungen ergeben.

§ 3 Abs 2 ProdHaftG ist auf Art 6 Abs 2 RL zurückzuführen. Die Einstufung reicht von „keine eigene Bedeutung" bis zu einer über die Klarstellung hinausgehenden Vorschrift.[506] Im Kern ging es in einer langen Diskussion darum, dem Hersteller die Haftung für die sogenannten Entwicklungsrisiken nicht aufzubürden. Der nationale Gesetzgeber sah keine Komplikationen, da er meinte, entscheidend sei der Moment, an dem das Produkt in Verkehr gebracht wird. Abzustellen ist auf das konkrete, den Schaden verursachende Produkt, für das die Sicherheitserwartung im Zeitpunkt des Inverkehrbringens maßgebend ist. Entspricht ein Produkt zu diesem Zeitpunkt den Sicherheitserwartungen, wird es nicht später dadurch fehlerhaft, dass sich in der Folgezeit die Erwartungen an das Maß der Sicherheit verschärft haben. Dies wird in Abs 2 klargestellt, obwohl sich Abs 2 nur auf den einzelnen bereits in Verkehr gebrachten Gegenstand bezieht. Er entlastet nicht den Hersteller von seiner Pflicht, während des Laufes der Serie diese neuen Erkenntnisse anzupassen.[507]

2.4. Die Anspruchsgegner

Gemäß § 4 Abs 1 S 1 ProdHaftG ist Hersteller – im Sinne dieses Gesetzes – der-jenige, der das Endprodukt, einen Grundstoff oder ein Teilprodukt „hergestellt" hat. § 4 Abs 1 S 1 entspricht der Regelung des Art 3 RL.

---

506 Taschner, Produkthaftung, Art 6, Rdn 9.
507 Bartl, Produkthaftung nach neuem EG-Recht, 1989, 203.

Ein Vergleich dieser beiden Bestimmungen ergibt, dass im Grunde lediglich redaktionelle Änderungen vorgenommen worden sind. Sachliche Änderungen liegen nicht vor. Auf Vorschlag des Bundesrates, dem sich die Bundesregierung in diesem Punkt anschloss, wurden Passagen in § 4 Abs 2 sowie Abs 3 S 1 ProdHaftG im Grunde auch lediglich klarstellend bearbeitet. Auch insofern ist keine Änderung eingetreten.[508] Im Kreis der haftpflichtigen Personen sind zunächst alle natürlichen und juristischen Personen betroffen, wobei je nach ihrer Betätigung grundsätzlich in Betracht kommen:

- Endprodukt-, Grundstoff- und Teilprodukthersteller,
- Quasi-Hersteller (Name, Warenzeichen etc),
- Importeur von Waren in den EWR-Bereich,
- Händler/Importeur bei fehlender Feststellbarkeit des Herstellers[509],
- Lieferant.

Tatsächlicher Hersteller ist derjenige, der bei rein tatsächlicher Betrachtung die Ware produziert. Dabei kann es sich um End- oder Teilprodukte handeln.
Weiters folgt, dass auch der Quasi-Hersteller wie ein tatsächlicher Hersteller haftet. Dadurch wird ein erheblicher Unterschied zur deliktsrechtlichen Produkthaftung bezeichnet, weil dessen verschuldensabhängige Haftung gemäß § 823 BGB davon abhängt, dass eine Verkehrspflicht schuldhaft verletzt wird. Nur, dass sich ein Dritter als Hersteller ausgibt, ohne dies zu sein, ist nach § 823 BGB irrelevant.

Die Person, die den Eindruck erweckt, sie sei Hersteller, haftet auch dementsprechend. Erforderlich ist nur, dass diese Person bewusst und gewollt beim Produktbenutzer den Eindruck erweckt, sie sei der tatsächliche Hersteller.

Auch der EWR-Importeur soll dem Geschädigten als zusätzlich Haftender zur Verfügung stehen und ihn daher der Mühe entheben, die Rechtsverfolgung außerhalb der EWR-Mitgliedstaaten aufzunehmen, um den tatsächlichen Hersteller zu belangen. Da der EWR-Importeur gemäß § 4 Abs 2 ProdHaftG wie der Hersteller haftet, folgt daraus, dass er – verschuldensunabhängig – auch für alle Fehler haftet, die etwaige Dritte vor dem Zeitpunkt gesetzt hatten, als das jeweilige Produkt in den Geltungsbereich des EWR – eben durch den Importeur – gebracht wurde.[510]

---

[508] Bartl, Produkthaftung nach neuem EG-Recht, 1989, 214.
[509] Taschner, Produkthaftung, Art 3, Rdn 2.
[510] Graf von Westphalen, Produkthaftungshandbuch, Band 2, 2.Auflage, 113.

Aus § 4 Abs 3 ProdHaftG folgt, dass auch der Lieferant verschuldensunabhängig für etwaige Produktschäden haftet, wenn und soweit er – bei Aufforderung des Geschädigten nicht in der Lage ist, den tatsächlichen Hersteller oder den Vorlieferanten bekanntzugeben. Ziel und Zweck der Lieferantenhaftung ist es, dem Geschädigten in jedem Fall einen Schuldner – im Rahmen einer Auffanghaftung – zur Verfügung zu stellen. Unter den in § 4 Abs 3 ProdHaftG aufgezählten Voraussetzungen – Nichtmitteilung des tatsächlichen Herstellers oder des Vorlieferanten trotz entsprechender Aufforderung durch den Geschädigten binnen Monatsfrist – haftet der Lieferant wie der Hersteller des fehlerhaften Produktes.[511]

2.5. Mehrheit von Ersatzpflichtigen

§ 5 ProdHaftG bestimmt, dass ein Gesamtschuldverhältnis zwischen mehreren Herstellern besteht, sofern diese „für denselben Schaden" „nebeneinander" zum Schadenersatz verpflichtet sind. Der Haftungsausgleich im Innenverhältnis vollzieht sich sodann nach näherer Maßgabe der zwischen den Beteiligten getroffenen Vereinbarungen, den Umständen sowie unter Berücksichtigung der anteiligen Schadensverursachung. Hilfsweise ist auf die Bestimmungen der §§ 421 bis 426 BGB zurückzugreifen. Der Geschädigte darf die Leistung nur ein Mal fordern. Erfüllt einer der nebenschuldnerisch haftenden Gesamtschuldner die gesamten Ansprüche des Geschädigten, dann wirkt dies gemäß § 422 BGB schuldbefreiend auch für alle übrigen. Der Haftungsausgleich im Innenverhältnis bleibt dennoch vorbehalten.

Art 5 RL normiert lediglich das gesamtschuldnerische Außenverhältnis und überlässt den Regress des in Anspruch genommenen Herstellers den einzelstaatlichen Vorschriften.[512]
Stellt man Art 5 RL und § 5 ProdHaftG erneut gegenüber, ist ersichtlich, dass der „Kern" des Art 5 übernommen worden ist. Gleichzeitig sind die Grundlagen des internen Ausgleichs nach nationalem Recht in die Bestimmung aufgenommen worden.[513]

---

[511] Taschner, Produkthaftung, Art 3, Rdn 23.
[512] Taschner, Produkthaftung, Art 5, Rdn 3.
[513] Bartl, Produkthaftung nach neuem EG-Recht, 1989, 240.
[514] Taschner, Produkthaftung, Art 8, Rdn 11.
[515] Taschner, Produkthaftung, Art 9, Rdn 1.

2.6. Mitverschulden – Haftungsminderung

§ 6 ProdHaftG enthält zwei Regelungen: Abs 1 enthält die Fragen des Mitverschuldens, Abs 2 behandelt das Verhältnis zwischen Ansprüchen aus dem ProdHaftG und sonstigen Ansprüchen.

Ein Vergleich zwischen § 6 ProdHaftG und Art 8 RL zeigt, dass die Konzeption unter Verweisung auf § 254 BGB im Grunde vollständig übernommen worden ist. Die RL brachte somit für die Bundesrepublik Deutschland anders als z.B. für nordische Staaten in diesem Punkt keine Probleme.[514] Die in § 6 ProdHaftG anzutreffende Verweisung auf die nationale Vorschrift des § 254 BGB ist vom Gemeinschaftsgesetzgeber auch gewollt. Die in der RL angeführte „Berücksichtigung aller Umstände" stellt im Rahmen des § 254 BGB eine Selbstverständlichkeit dar, die nicht ausdrücklich bzw. zusätzlich in § 6 ProdHaftG aufgenommen werden musste.

2.7. Umfang der Schadenersatzpflicht

Für den Umfang der Ersatzpflicht bei Tod und bei Körperverletzung enthalten die Bestimmungen der §§ 7 bis 11 ProdHaftG besondere Regelungen. Diese sind dadurch charakterisiert, dass Art 9 Satz 1 lit a RL den Grundsatz aufgestellt hat, dass der durch Tod und Körperverletzung „verursachte Schaden" zu ersetzen ist, ohne den Schadensbegriff im Einzelnen zu definieren.[515] Somit haben die §§ 7 – 11 nur deklaratorische Bedeutung. Ausgenommen ist jedoch, dass der Ersatz von Schmerzensgeld – entgegen der Regel des § 847 BGB – nicht begehrt werden kann. Auch Ersatz für entgangene Dienste, wie dies in § 845 BGB vorgesehen ist, kann nicht geleistet werden.
Aus der Gegenüberstellung von § 7 ProdHaftG und Art 9 RL folgt, dass der nationale Gesetzgeber den Inhalt des Schadensbegriffes konkretisiert hat, soweit die Haftung nach dem ProdHaftG in Betracht kommt.

§ 7 Abs 1 bestimmt, dass im Fall der Tötung Ersatz der Kosten einer versuchten Heilung sowie des Vermögensnachteils zu leisten ist, den der Getötete dadurch erlitten hat, dass während der Krankheit seine Erwerbsfähigkeit aufgehoben oder gemindert war oder vermehrte Bedürfnisse entstanden sind. Zusätzlich ist der ersatzpflichtige Hersteller verpflichtet, die Kosten der Beerdigung zu tragen.

§ 7 Abs 2 gewährt demjenigen, der gegenüber dem Getöteten aufgrund familienrechtlicher Beziehung unterhaltsberechtigt war und dem infolge der Tötung das Unterhaltsrecht entzogen wurde, einen eigenen Schadenersatzanspruch. Dieser setzt voraus, dass eine gesetzliche Unterhaltspflicht bestand, die sich aus den §§ 1360 ff, 1570 ff, 1601, 1615a ff, 1736 ff, 1754f ergibt. Die Höhe des Unterhaltsschadens wird dahin umschrieben, dass der Betrag zu leisten ist, den der Getötete während der mutmaßlichen Dauer seines Lebens zur Zahlung von Unterhalt aufzuwenden verpflichtet gewesen wäre.[516]

Auch in § 8 ProdHaftG, der den Umfang der Ersatzpflicht bei Körperverletzung regelt, hat der deutsche Gesetzgeber von der Möglichkeit Gebrauch gemacht, den Inhalt des Schadens zu konkretisieren. Der Umfang der Haftung läuft auch hier mit den deliktsrechtlichen Vorschriften parallel.[517]

Zu ersetzen ist nach deutschem Recht jeder unmittelbare und mittelbare Schaden, der durch die Körperverletzung verursacht worden ist.[518] Umschulungskosten sind ebenfalls grundsätzlich ersetzbar. Zu ersetzen ist ferner der Schaden, der durch eine zeitweise oder dauernde Aufhebung bzw. Minderung der Erwerbsfähigkeit eintritt. Maßgeblich ist ein verletzungsbedingter Einnahmeausfall. Ferner ist im Fall der Vermehrung der Bedürfnisse Ersatz zu leisten. Betroffen ist hier die schadensbedingte Folge erhöhten Aufwands für die persönliche Lebensführung.[519]
§ 8 gewährt dem Verletzten ebenso wie die vergleichbaren gesetzlichen Bestimmungen und § 842 BGB einen Anspruch auf Ersatz des Vermögensnachteiles, der ihm dadurch entstanden ist, dass in Folge der Verletzung zeitweise oder dauernd seine Erwerbsfähigkeit aufgehoben oder gemindert ist.

§ 9 ProdHaftG soll den Verbraucher im Fall der Körperverletzungen insbesondere auch davor schützen, dass der zu zahlende Betrag nicht

---

[516] Münchener Kommentar, Mertens, § 844, Rz 28.
[517] Münchener Kommentar, Mertens, § 843, Rz 6 ff.
[518] Dazu zählen z.B. die ärztlichen Behandlungskosten, Kosten eines Krankenhausaufenthaltes, Pflegekosten einschließlich des Verdienstausfalles der Ehefrau oder des Ehemanns, der seine (die ihre) selbstständige Arbeit aufgibt und die Pflege übernimmt, aber auch weitere Kosten zur Wiederherstellung der Gesundheit wie Kuren, Rehabilitation oder Kosten für notwendig werdende technische Hilfsmittel wie künstliche Glieder, Rollstuhl, Brille etc.
[519] Bartl, Produkthaftung nach neuem EG-Recht, 1989, 271f.

durch Fehlentscheidungen bzw. Geldentwertung verloren geht. Daher ist nach Abs 1 für die Zukunft grundsätzlich eine Geldrente zu entrichten. Nur bei Vorliegen eines wichtigen Grundes kann eine Kapitalabfindung verlangt werden.

§ 9 Abs 2 verweist auf die Bestimmungen § 843 Abs 2 bis 4 BGB, wo die Geldrente oder Kapitalabfindung detailliert geregelt ist und wo auf den § 760 BGB verwiesen wird, der wiederum die Vorauszahlung der Leibrente normiert.

§ 11 ProdHaftG übernimmt Art 9 lit b RL und regelt den Fall der Selbstbeteiligung bei Sachschäden. Voraussetzung der Haftungsbeschränkung ist das Vorliegen einer Sachbeschädigung. Weiters vorausgesetzt wird, dass die beschädigte Sache nur für den privaten Ge- oder Verbrauch bestimmt und hierzu hauptsächlich von dem Geschädigten verwendet worden ist. Darüber hinaus muss es sich um eine andere Sache handeln (vgl. § 1 Abs 1 S 2 ProdHaftG).
Selbstbeteiligung iSd RL sowie des § 11 ProdHaftG bedeutet, dass der Geschädigte in jedem Fall eine Sockelbetrag von 1.125,-- DM selbst zu tragen hat und lediglich einen diesen Betrag übersteigenden Schaden liquidieren kann.[520]

2.8. Haftungshöchstbetrag

Art 16 RL sieht vor, dass jeder Mitgliedstaat bestimmen kann, dass die Gesamthaftung des Herstellers für die Schäden „infolge von Tod und Körperverletzungen, die durch gleiche Artikel mit demselben Fehler verursacht wurden, auf den Betrag von nicht weniger als 70 Millionen ECU begrenzt wird". Die Ausübung dieser Option durch den deutschen Gesetzgeber, beruht auf der Rechtstradition, die in der Regel bei einer Gefährdungshaftung Höchstbeträge vorsieht.

Der in § 10 ProdHaftG nun erwähnte Höchstbetrag von 160 Millionen DM folgt aus der Umrechnung bezogen auf den Umrechnungskurs am 25.7.1985.

Art 16 Abs 2 RL sieht vor, dass zehn Jahre nach Bekanntgabe der RL, die Kommission dem Rat berichten solle, wie sich die Haftungsbegrenzung denn bewährt hätte. Es muss dabei untersucht werden, inwieweit der

[520] Dieser Betrag von 1.125,– DM entspricht den in Art 9 lit b genannten 500,– ECU. Der Betrag von 1.125,– DM errechnet sich nach Art 18 Abs 1 S 2 RL, die den Kurs des ECU auf 2,24575 DM festgesetzt hat (Abl EG vom 26.7.1985 Nr. C 186/5).

Industrie jener Staaten, die diese Option genutzt haben, Wettbewerbsvorteile erwachsen sind.

Unabhängig davon ist anzuführen, dass Art 18 Abs 2 RL dem Rat die Möglichkeit einräumt, alle fünf Jahre zu prüfen, ob die Beträge der RL unter Berücksichtigung der wirtschaftlichen und monetären Entwicklung in der Gemeinschaft noch adäquat sind. Somit kann auch der Haftungshöchstbetrag von 160 Millionen DM abgeändert werden. Daher wird durch § 17 ProdHaftG der Bundesminister für Justiz ermächtigt, durch Rechtsverordnung den Haftungshöchstbetrag ändern zu können. Wird durch Art 16 RL die Haftungshöchstgrenze aufgehoben, so ist auch der Justizminister ermächtigt, gemäß § 17 ProdHaftG § 10 ProdHaftG außer Kraft zu setzen.[521]

2.9. Verjährung – Erlöschen der Ansprüche

Ein Vergleich zwischen Art 10 RL und § 12 ProdHaftG zeigt, dass sich die deutsche Regelung vollständig an Art 10 RL anlehnt.
Die Verjährungsbestimmung von § 12 entspricht weitgehend der Verjährungsregelung von § 852 BGB. Die Verjährungsfrist beträgt also drei Jahre. Der Unterschied zwischen beiden Vorschriften besteht jedoch darin, dass § 852 BGB auf die Kenntnis vom Schaden und von der Person des Ersatzpflichtigen abstellt, während § 12 es ausreichend sein lässt, dass der Ersatzberechtigte von dem Schaden, dem Fehler und von der Person des Ersatzpflichtigen „Kenntnis hätte erlangen müssen".

Die BGH-Judikatur zu § 852 BGB geht davon aus, dass der Geschädigte so zu behandeln ist, als hätte er im Sinn von § 852 BGB volle Kenntnis der Umstände, sofern hinreichende Anhaltspunkte über die Person des Schädigers vorliegen, und der Ersatzpflichtige ohne große Mühe in der Lage gewesen wäre, in zumutbarer Weise sich Kenntnis von den restlichen Tatsachen zu verschaffen.[522]

Im Ergebnis folgt also daraus, dass der qualitative Unterschied zwischen § 852 BGB einerseits und § 12 ProdHaftG andererseits vernachlässigenswert ist.

Die Frist des § 12 Abs 1 ProdHaftG beginnt von dem Zeitpunkt zu laufen, in welchem der Ersatzberechtigte von dem Schaden, dem Fehler und der

---

[521] Graf von Westphalen, Produkthaftungshandbuch, Band 2, 2. Auflage, 144f.
[522] BGH, VersR 1988, 465.

Person des Ersatzpflichtigen Kenntnis erlangt hat oder hätte erlangen können. Für den Beginn der Verjährungsfrist ist also nicht der Zeitpunkt des Inverkehrbringens des Produktes maßgebend.

Gemäß § 12 Abs 2 ProdHaftG, der sich auf Art 10 Abs 2 RL bezieht, ist die Verjährung für Ansprüche nach dem ProdHaftG gehemmt, wenn zwischen dem Geschädigten und dem Ersatzpflichtigen Verhandlungen schweben, die das Ziel verfolgen, eine einvernehmliche Lösung der Schadenersatzfrage herbeizuführen.
§ 12 Abs 3 erklärt die Vorschriften über die Verjährung für anwendbar, wodurch die Vorschriften der §§ 195, 208f und 225 BGB Geltung erlangen.

Nach § 13 ProdHaftG erlischt der dem Geschädigten nach § 1 ProdHaftG zustehende Schadenersatzanspruch zehn Jahre nach dem Inverkehrbringen des Produktes durch den Hersteller. Die Vorschrift geht auf Art 11 RL zurück, dem sie auch sinngemäß entspricht. Allerdings konnte keine schlichte Verweisung auf die §§ 209 ff BGB vorgenommen werden, weil die Frist nach der RL eine absolute Frist ohne Möglichkeit der Hemmung bzw. der Unterbrechung darstellt.[523]

Der Tatbestand des Erlöschens wurde aus diesem Grund als erforderlich angesehen, weil es als „unbillig" betrachtet wird, „den Hersteller ungekürzt für Mängel eines Produkts haftbar zu machen".[524] Hintergrund war der Gedanke, dass Produkte rasch veraltern, dass sich die Sicherheitsbestimmungen verändern und dass Produkte dann auch verbraucht werden.[525]

Aus § 13 ProdHaftG ergibt sich, dass etwaige Ansprüche eines Geschädigten gemäß § 1 ProdHaftG erlöschen. Dabei handelt es sich um eine absolut zeitliche Grenze der Haftung gemäß § 1. Im Gegensatz zu § 12 ist § 13 keine Verjährungsvorschrift, sondern eine von Amtswegen zu beachtende Ausschlussfrist.[526] Die gesetzlichen Verjährungsvorschriften finden daher im Rahmen von § 13 keine Anwendung. Auch eine Wiedereinsetzung in den vorigen Stand kommt nicht in Betracht. Sobald die Zehnjahresfrist abgelaufen ist, ist für einen Rückgriff auf die §§ 223 ff ZPO kein Raum mehr.[527]

---

[523] Bartl, Produkthaftung nach neuem EG-Recht, 1989, 314.
[524] Erwägungsgründe Nr 11.
[525] Taschner, Produkthaftung, Art 11, Rdn 1.
[526] Münchener Kommentar, Cahn, § 13 ProdHaftG, Rz 2.
[527] Graf von Westphalen, Produkthaftungshandbuch, Band 2, 2. Auflage, 151 f.

Soweit im Zeitpunkt des Erlöschens der Schadenersatzanspruch gemäß § 1 Abs 1 ProdHaftG bereits anhängig gemacht ist, kommt ein Erlöschen gemäß § 13 Abs 1 S 2 ohnehin nicht mehr in Betracht. Somit muss vor Ablauf der Zehnjahresfrist der Anspruch im ordentlichen Verfahren oder im Mahnverfahren anhängig gemacht sein.

Gemäß § 13 Abs 2 ProdHaftG kommt ein Erlöschen auch nicht in Betracht, wenn der Schadenersatzanspruch rechtskräftig festgestellt ist, ein rechtsgeschäftliches Anerkenntnis vorliegt oder ein außergerichtlicher Vergleich abgeschlossen wurde. Für die daraus resultierenden Ansprüche gilt die allgemeine Frist des § 195 BGB.

2.10. Die Unabdingbarkeit

§ 14 ProdHaftG stellt – genauso wie Art 12 RL – ein umfassendes Verbot von Haftungsbegrenzungs- oder Haftungsfreizeichnungsvereinbarungen auf – gleichgültig, ob diese individualvertraglichen Ursprungs sind oder auf AGB beruhen.
Der Tatbestand von § 14 ProdHaftG erfasst nur Ansprüche auf Schadenersatz gemäß § 1 ProdHaftG. Es geht um die Rechtsbeziehung zwischen Geschädigtem und ersatzpflichtigem Hersteller.[528] Das Verbot gilt nicht nur im Verhältnis Hersteller – Verbraucher, sondern auch gegenüber Kaufleuten. Unberührt bleiben Ansprüche aus § 823 BGB und Regressansprüche zwischen den gesetzlich haftenden Herstellern, wie sie in § 5 ProdHaftG geregelt sind.[529]

Erwähnt wird nur das Verbot von Freizeichnungen und Haftungsbegrenzungen. Die gesetzliche Aussage bezieht sich unmittelbar auf Individualabreden und AGB-Klauseln und hat damit eine mittelbare vertragsrechtliche Relevanz. Von seinem Sinn und Zweck her, gleiche Wettbewerbsbedingungen in der EU zugunsten des Verbrauchers gegenüber dem Risiko von Produktschäden zu schaffen, müssen auch alle die Abreden eingeschlossen werden, die mittelbar dem Zweck dienen, den Verbotstatbestand von § 14 ProdHaftG zu unterlaufen.[530]

§ 14 Satz 2 erklärt alle entgegenstehenden Vereinbarungen für nichtig. Diese Bestimmung war zwar in Art 11 RL nicht ausdrücklich vorgesehen,

---

[528] Taschner/Frietsch, § 14 ProdHaftG, Rz 10.
[529] Taschner/Frietsch, § 14 ProdHaftG, Rz 12.
[530] Graf von Westphalen, Produkthaftungshandbuch, Band 2, 2. Auflage, 155.

sie ist jedoch im Interesse und zum Schutz des Benutzers oder Verbrauchers eines Produktes sehr wohl geboten.

2.11. Konkurrenz zu sonstigen Haftungsansprüchen

§ 15 ProdHaftG klärt in Abs 1 das Verhältnis zum Arzneimittelgesetz. Art 13 RL erlaubt nämlich, dass Ansprüche aufgrund einer besonderen Haftungsregelung durch die RL nicht beeinträchtigt werden. Am Tag des Inkrafttretens der RL gab es in Europa nur eine einzige derartige „besondere Haftungsregelung", nämlich das deutsche Arzneimittelgesetz. Beim Vergleich dieser beiden Normen fällt auf, dass die Bundesrepublik die Vorgabe der EG-Richtlinie nicht erfüllt, sondern eine für den Arzneimittelhersteller günstigere Regelung geschaffen hat.

Es ist nicht ganz klar erkennbar, warum der deutsche Gesetzgeber die Vorgabe von Art 13 RL nicht in § 15 ProdHaftG übernommen hat. Trotz erheblicher Bedenken wird man jedoch die Regelung in § 15 Abs 1 ProdHaftG letzten Endes nicht als Verstoß gegen die zwingende Vorgabe von Art 13 RL werten dürfen, denn der von der RL beabsichtigte Verbraucherschutz wird durch § 15 nur geringfügig hintangesetzt.
§ 15 Abs 2 bestimmt, dass Ersatzansprüche aus anderen Rechtsgründen unberührt bleiben. Diese Bestimmung entspricht der Vorgabe von Art 13 RL. §§ 16, 17 wurden bereits zuvor behandelt. In § 18 findet sich die in Deutschland übliche Berlinklausel und § 19 ProdHaftG regelt den Zeitpunkt des Inkrafttretens dieses Gesetzes.

Abschließend kann man zusammenfassend sagen, dass sich der deutsche Gesetzgeber bei der Umsetzung der RL sich grundsätzlich sehr eng an die Formulierung der RL gehalten hat, teilweise, sofern es mit dem nationalen Rahmen zu vereinbaren war, sogar wortwörtlich Paragraphen bzw. Absätze ins ProdHaftG übernommen hat. Somit ergibt sich auch keine Möglichkeit, den deutschen Gesetzgeber aufgrund falscher oder fehlender Umsetzung zu klagen.
Interessant ist die Tatsache, dass Deutschland ganz im Gegensatz zu Österreich, darauf verzichtet, Schmerzensgeld als gesetzlichen Anspruch des Geschädigten im ProdHaftG zu verankern, obwohl es durch Art 9 Abs 2 RL den Mitgliedstaaten ausdrücklich vorbehalten war, den Ersatz immaterieller Schäden als Schadenersatz bei Körperverletzungen zu gestatten oder auszuschließen.
Auch in Deutschland gibt es ähnlich wie in Österreich keine Haftung für Entwicklungsrisiken in Folge einer Verankerung eines Haftungsausschlusses.

Eine kleine Haftungslücke findet sich mE im Bereich der sogenannten Weiterfresserschäden. Die Haftung wird in diesen Fällen weiterhin nur nach den vom BGH zuerst in der bekannten Schwimmerschalter-Entscheidung[531] entwickelten Grundsätzen begründet werden können.[532] [533]

Trotz alledem ist dem deutschen Gesetzgeber eine zwar verspätete, aber doch sehr gute Umsetzung der RL gelungen, was sich auch darin zeigt, dass die angeblich zu erwartende Klageflut – seinerzeit wohl eher ein Scheinargument – nicht über die Industrie hereingebrochen ist.

Exkurs: Die Rechtsprechung des BGH zum Produkthaftpflichtrecht[534]

In Produkthaftpflichtprozessen geht es ständig um die Frage, ob durch ein fehlerbehaftetes Produkt eines der Rechtsgüter des § 823 BGB verletzt worden ist, meistens, ob eine Eigentumsverletzung eingetreten war. Fälle der Eigentumsverletzung sind solche, in denen durch ein fehlerhaftes Produkt andere Sachen beschädigt oder sonst in ihrer Substanz verletzt wurden. Dabei geht der BGH ständig wiederkehrend von einer Eigentumsverletzung des Geräteigentümers aus.

Immer wieder spielt auch die Frage des Weiterfresserschadens eine Rolle. Es geht darum, ob der Käufer einer zunächst gebrauchsfähigen Sache eine Eigentumsverletzung erleiden kann, wenn aufgrund eines an einem Einzelteil bestehenden Mangels andere Teile oder die Gesamtsache beschädigt oder zerstört werden. In einem Urteil aus dem Jahr 1999 musste der BGH in einem Fall wegen eines Torfsubstrates entscheiden, ob dem Kläger gegen den Hersteller des Substrats Schadenersatzansprüche gemäß § 823 BGB zustehen. Da das Substrat durch wachstumshemmende Stoffe verunreinigt wurde und daher auch eine Eigentumsverletzung durch den Substrathersteller vorlag, gab der BGH der Klage statt.[535]
Wichtig erscheinen mE auch Urteile im Bereich der Herstellerpflichten.
Mit Herstellerpflichten im Konstruktionsbereich befasste sich das OLG Schleswig. Es ging um eine Wasserrutsche, in der ein 50 cm langer und 6

---

531 Ausgangsfall: BGHZ 67, 359 ff (Schwimmerschalter). Vgl Hierzu Sack, Die Anwendbarkeit des Produkthaftungsgesetzes auf sog Weiterfresserschäden, WBl 1989, 8 ff; Welser, PHG, Rz 4 zu § 1.

532 Sack, WBl 1989, 8, 11; Welser, PHG, Rz 5 zu § 1.

533 Nadler/Müsgen, Lücken der Produkthaftungsgesetze – Lücken der Produkthaftung, WBl 1989, 233.

534 Anhand von Kullmann, NJW 1999, 96 ff; Kullmann, NJW 2000,

535 NJW 1999, 1228.

cm breiter Spalt dadurch entstanden ist, dass sich die untere Rutschenwanne und die obere Rutschenhaube verschoben haben. Grund dafür war eine falsche Berechnung des Herstellers. Der Kläger benutzte die Rutsche und riss sich einen Daumen ab. Der BGH sah darin einen Konstruktionsfehler, weil das Produkt seiner Konzeption nach unter dem gebotenen Sicherheitsstandard bleibt. Auch zu den Herstellerpflichten im Fabrikationsbereich nimmt dieses Urteil Stellung. Es folgte den Darlegungen des Sachverständigen, wonach ein Ausführungsfehler darin gelegen habe, dass die Beklagte beim Schneiden des Materials falsch vorgegangen ist.

Zu den Herstellerpflichten bei Instruktionsfehlern war beim BGH ein Revisionsverfahren in einem Saugflaschen-Fall[536] anhängig, in dem es um die Frage der Haftung wegen etwaiger unzureichender Warnhinweise ging. Der BGH bleibt in diesem Urteil bei seiner Rspr, dass die Verbraucher vor allen unbekannten Gefahren genügend gewarnt werden müssen. Er hat daher in dem Saugflaschen-Fall eine Pflicht des Herstellers bejaht, die Flaschen mit einem deutlichen Warnhinweis zu versehen, der unter klarer Herausstellung der drohenden Zahnschäden die Gefahren aufzeigt.

Die Haftung aus § 1 ProdHaftG spielt in Deutschland eine nur geringe Rolle. In einem Verfahren war darüber zu entscheiden, wann ein Produkt als fehlerhaft iSv § 3 ProdHaftG bezeichnet werden kann. Ein Fehler liegt dann vor, wenn das Produkt nicht die Sicherheit bietet, die unter Berücksichtigung aller Umstände erwartet werden kann. Der österreichische OGH konkretisiert diese Erwartung nach der Verkehrssitte des idealtypischen Produktbenützers.[537] Zur Frage, wie die Sicherheitserwartung bestimmt wird, traf das OLG Bamberg eine Entscheidung. Danach wird die berechtigte Sicherheitserwartung in den Fällen, in denen Geräte am Arbeitsplatz Verwendung finden, auch durch die Unfallverhütungsvorschriften der Berufsgenossenschaften bestimmt. Von einem Trockenofen, um den es in diesem Fall ging, darf danach keine Gefahr durch Explosionen ausgehen. Der BGH hat die Revision gegen dieses Urteil erwartungsgemäß nicht angenommen.

Fragen der Verjährung deliktsrechtlicher Schadenersatzansprüche sind im Jahr 1999 in einem Fall im Zusammenhang mit Holzschutzmittelprozessen an den BGH herangetragen worden. Dabei ging es darum, wann die für

[536] Urteil des BGH in NJW 1999, 2273.
[537] RdW 1999, 204.

den Beginn der Verjährung erforderliche Kenntnis vom Schaden und der Person des Ersatzpflichtigen bei Schädigung furch chemische Stoffe vorhanden ist. Das OLG Düsseldorf hatte entschieden, dass eine Person, die meint, durch solche Stoffe geschädigt worden zu sein, diese Kenntnis dann besitzt, wenn ein Arzt bei ihr aufgrund einer Blutuntersuchung hohe Konzentrationen von Wirkstoffen feststellt, die auch in dem verdächtigten Produkt enthalten waren, wenn dieses Produkt in der Wohnung dieser Person verwendet wurde und eine Untersuchung von in der Wohnung entnommenen Proben ergab, dass diese in erheblichem Umfang mit diesen Wirkstoffen belastet sind und der Geschädigte weder beruflich noch anderweitig mit diesen Stoffen in Berührung kam und ihm der Hersteller auch bekannt ist. Der BGH hat die Revision der Kläger nicht angenommen und daher die OLG-Entscheidung bestätigt.[538]

Es stellt sich die Frage, welches Recht bei Prozessen mit Auslandsberührung anzuwenden ist. Sofern die Parteien keine vertragliche Vereinbarung darüber getroffen haben, soll das sogenannte „Tatortrecht" oder Marktortrecht anzuwenden sein.
Bei einem vom OLG Düsseldorf entschiedenen Produkthaftungsfall mit der Feuerlöschanlage kam es auch darauf an, welches Recht nun anzuwenden sei. Das OLG konnte sich jedoch noch nicht durchringen, ausschließlich auf das Recht des Marktortes abzustellen. Auch geht es davon aus, dass mangels einer Rechtswahlvereinbarung und einer möglichen akzessorischen Anknüpfung an die Vertragshaftung in Rspr und L bezüglich des anzuwendenden Rechts überwiegend auf die Tatortregel abgestellt wird. Es erkennt auch, dass es streitig ist, ob es dabei auf den Ort der Herstellung, des Inverkehrbringens oder der Rechtsgutverletzung ankommt. Es meint aber, dass es dann, wenn der Kläger das deutsche Recht wählen wolle, genüge, wenn einer der genannten Anknüpfungspunkte für das deutsche Recht gegeben sei. Die Revision gegen dieses Urteil hatte der BGH nicht angenommen.[539] Einer näheren Begründung dieses Beschlusses bedurfte es nicht, da das Produkt sowohl in Deutschland hergestellt als auch in den Verkehr gebracht wurde und daher deutsches Recht anzuwenden war.

Dies waren jetzt einige Beispiele zur Rechtsprechung des BGH zum Produkthaftpflichtrecht, um sich auch von der praxisrelevanten Seite und der Anwendung der zuvor theoretisch behandelten Regelungen ein Bild machen zu können.

---

538 Beschluss vom 15.6.1999.
539 Beschluss von 14.12.1999.

V. Die Produkthaftung in Italien

1. Allgemeines

Mit dem „Decreto del Presidente della Repubblica", der Verordnung des italienischen Staatspräsidenten vom 24.Mai 1988, n. 224[540] hat Italien die RL in nationales Recht transformiert. Italien stand als Gründungsmitglied der EG eine dreijährige Frist zur Umsetzung offen, die eingehalten wurde, weil 1987 ein effektives Verfahren zur erleichterten Umsetzung von Richtlinienrecht eingeführt worden war.[541] Auf Grundlage der Art 76 und 87 der italienischen Verfassung wurde die Regierung ermächtigt, bestimmte EG-Richtlinien in Form von Präsidialdekreten umzusetzen, denen Gesetzeskraft zukommt. Somit konnte ein langwieriges parlamentarisches Gesetzgebungsverfahren vermieden werden.

Auffallend ist jedoch, dass es sich dabei um eine VO handelt und Italien derzeit der einzige Mitgliedstaat der EU ist, der die RL im Rahmen einer VO umgesetzt hat.
Es wurde nicht versucht, die RL in das Zivilgesetzbuch aufzunehmen, da eine Einarbeitung in den Codice Civile die kompakte Darstellung der nur wenigen deliktsrechtlichen Vorschriften überfrachtet hätte.[542] Zudem glaubte man, dass die Produkthaftung als geschlossene Materie im Zivilgesetzbuch einen nur schwer zu integrierenden Fremdkörper bilden würde.[543]

Grundsätzlich ist zu sagen, dass sich das DPR[544] eng an die Systematik und den Wortlaut der RL hält, in gewissen Bereichen jedoch sehr bemüht ist, inhaltlich genauere Präzisierungen zu schaffen. Interessant ist auch die Tatsache, dass Italien von keiner der durch die RL in den Art 15, 16 eingeräumten Optionen Gebrauch gemacht hat. Somit war bis zur RL 99/34/EG die Haftung für landwirtschaftliche Produkte grundsätzlich ausgeschlossen, ebenso ausgeschlossen war und ist die Haftung für die Entwicklungsfehler. Auch fehlt es an einer Haftungshöchstsumme für Personenschäden.

---

[540] Veröffentlicht in Supplemento ordinario alla Gazzetta Ufficiale, 23.6.1988, n. 146.
[541] Dabei handelt es sich um das Koordinierungsgesetz von 16.4.1987, n. 183.
[542] Petri, Produkthaftung in Italien, 146.
[543] Pauli, PHI 1986, 153 (156 ff).
[544] Abkürzung für: Decreto del Presidente della Repubblica.

2. Rechtslage vor dem DPR

Der Versuch, die Produkthaftung auf dem Codice Civile aufzubauen, stützte sich auf die allgemeinen Haftungsbestände des Vertrags- und Deliktsrechts.

2.1. Vertragliche Haftung

Bei der Haftung für eine mangelhafte Leistung hat der Käufer drei Arten von Ansprüchen:

- Die Gewährleistung für Mängel der verkauften Sache (Art 1490 – 1495 CC).
- Die Gewährleistung für die gute Gebrauchsfähigkeit der Sache (Art 1512 CC).
- Die Einstandspflicht des Verkäufers für das Fehlen von zugesicherten Eigenschaften.

Bei ersterem ist nur der Schadenersatzanspruch, der dem Käufer neben den Gewährleistungsrechtsbehelfen zusteht, geeignet, den Geschädigten zufriedenzustellen.
Art 1512 CC beinhaltet eine Einstandspflicht des Verkäufers für die Zusicherung, dass die Kaufsache oder ein bestimmter Teil einwandfrei funktioniere.[545] Dies ist deshalb wichtig, weil der Hersteller eine solche Garantie auch direkt dem Käufer geben kann, wodurch eine vertragliche Beziehung entsteht. Letzterer hat binnen 30 Tagen die Funktionsuntüchtigkeit der Sache anzuzeigen, jedenfalls aber binnen sechs Monaten nach Entdeckung der Funktionsstörung. Für Schäden, die durch einen Produktfehler verursacht wurden, steht dem Käufer neben Ersatzlieferung und Ausbesserung auch ein Schadenersatzanspruch zu.[546]

2.2. Deliktische Haftung

Da es nur sehr selten zu einer vertraglichen Verbindung zwischen Hersteller und Konsumenten kommt, hat das Deliktsrecht in diesem Bereich besondere Bedeutung.
Von Rspr und L wurden die Art 2043, 2049, 2050 und 2051 CC als Anspruchsgrundlagen herangezogen. Art 2043 CC beinhaltet die Generalklausel des deliktischen Schadenersatzrechts, wonach ein Anspruch nur bei einer Verletzung eines absolut geschützten Gutes durch

---

[545] Posch in: Graf von Westphalen, Produkthaftungshandbuch, Band 2, 2. Auflage, 544.
[546] Kandut, Zur Neuordnung der Produkthaftung in Italien, PHI 1988, 115.

ein fehlerhaftes Produkt in Betracht kommt. Die Beweislast dafür trägt der Geschädigte.

In Art 2050 CC wird eine Haftung für gefährliche Tätigkeiten normiert. Diese Vorschrift kehrt die Beweislast zugunsten des Geschädigten um, dieser muss nur beweisen, dass er durch eine gefährliche Tätigkeit geschädigt wurde, dem Schädiger obliegt der Beweis, alle geeigneten Sicherheitsmaßnahmen getroffen zu haben.[547]

Die deliktischen Ansprüche verjähren nach fünf Jahren ab dem Tag der Tat (Art 2947 CC) bzw. ab dem Schadenseintritt, wenn die beiden Ereignisse auseinanderfallen. Verstößt die Tat auch gegen ein strafrechtliches Verbot, so richtet sich die zivilrechtliche Verjährung nach der im Strafrecht vorgesehenen längeren Frist.[548]

In der italienischen Zivilrechtslehre wurde sodann verstärkt die Meinung vertreten, dass mit den Normen des CC im Bereich der Produkthaftung kein Auslangen zu finden sei. Daher ging man über, die Anforderungen an das Verschuldenserfordernis zu liberalisieren und begnügte sich oftmals mit der Annahme eines vermuteten oder objektiven Verschuldens. Einen nicht unbedeutenden Beitrag zur Begründung der Produkthaftung de lege lata leistete die italienische Rechtsprechung.

Die im folgenden behandelten Entscheidungen der Corte di Cassazione können als Grundsatzentscheidungen der Produkthaftung angesehen werden.

Im Spielzeugpistolenfall[549] hatte ein Achtjähriger die Schutztrommel der Pistole entfernt und wurde durch die Explosion einer Patrone verletzt. Es wurde geprüft, ob der Kausalzusammenhang zwischen dem Verhalten des Produzenten und dem Schadensereignis durch eine spätere „unerlaubte" Handlung unterbrochen wurde. In Frage kamen der unsachgemäße Gebrauch durch den Minderjährigen, die Verletzung der Aufsichtspflicht der Eltern und die Verantwortlichkeit des Herstellers. Da jedoch keinem der potentiellen Haftpflichtigen ein Verschulden angelastet werden konnte, blieb es bei der Produzentenhaftung. Begründet wurde diese damit, dass ein unsachgemäßer Gebrauch seiner Ware durch Minderjährige vorherzusehen war.

---

[547] Hill-Arning/Hoffman, Produkthaftung in Europa, 103f.
[548] Kandut, Zur Neuordnung der Produkthaftung in Italien, PHI 1988, 116.
[549] Corta di Cassazione, 21.10.1957, Nr 4004.

Das Gericht führte aus, dass jeden Produzenten die Pflicht träfe, eine Sorgfalt walten zu lassen, wie sie derjenigen eines Produzenten, der sich seiner Pflichten und der damit verbundenen Verantwortung bewusst ist, entspreche. Zur Begründung wurde Art 2043 CC herangezogen und die Frage, ob dem Hersteller Fahrlässigkeit zur Last falle, nach einem strengen objektiven Maßstab beurteilt. Diese Beurteilung des Vorliegens eines fahrlässigen Verhaltens in Verbindung mit einer Anhebung des geforderten Sorgfaltsmaßstabes nähert sich im Ergebnis einer Gefährdungshaftung.
Im Papierschneidefall[550] ließ das italienische Höchstgericht ein objektives Verschulden auch in einem Fall ausreichen, in dem es um den Ersatz eines Schadens eines Arbeiters ging, der durch eine automatische Papierschneidemaschine verletzt wurde, deren Schnittblätter nicht ordnungsgemäß abgedeckt waren. Hier schloss man aus der Verletzung eines Schutzgesetzes ohne weiteres auf ein Verschulden des Zuwiderhandelnden.
Im Waschmaschinenfall[551] stützte sich das italienische Höchstgericht auf Art 1512 CC. Der beklagte Verkäufer hatte der Käuferin einer Waschmaschine die Garantie gegeben, dass diese sich nicht öffnen ließe, solange das Waschprogramm läuft. Der Schutzmechanismus versagte jedoch. Der Klägerin hätte dies auffallen müssen, dennoch griff sie in die laufende Maschine und verletzte sich am Arm. Da sie sehr unvorsichtig gehandelt hat, wurde ihr Schadenersatzbegehren wegen überwiegenden Mitverschuldens abgewiesen.

In der italienischen L und Rspr lässt sich kein allgemeiner Grundsatz ableiten, der einer „italienischen Theorie der Produkthaftung" zugrundegelegt werden könnte. In Italien wurde kein einheitlicher Lösungsansatz de lege lata entwickelt, weshalb einem Teil der Lehre die generelle Regelung der Produkthaftung als besonders wünschenswert erschien.

3. Das DPR vom 24.5.1988, n. 224

Der italienische Gesetzgeber hat sich, wie bereits erwähnt, dafür entschieden, ein Sondergesetz (Verordnung) zu erlassen, das (die) die neuen Vorschriften aufzunehmen hat und nicht die Teile des Codice Civile, die die Haftung für deliktische Schäden und den Schadenersatz regeln, neu zu fassen.

---

[550] Corte di Cassazione, 10.11.1970, Nr 2337.
[551] Corte di Cassazione, 6.2.1978, Nr 545.

Große Eigenständigkeit bei der Übernahme der RL weist der in Italien angenommene Text überall dort auf, wo es galt, Vorschriften, die in der RL noch unbestimmt geblieben waren, zu präzisieren.

3.1. Haftungsvoraussetzungen, Produkt, Hersteller

Die Anspruchsgrundlage der neubegründeten Einstandspflicht ergibt sich aus Art 1 DPR. Danach haftet der Hersteller für den Schaden, der durch Fehler seines Produktes verursacht wurde. Die Formulierung entspricht der Tradition des italienischen Deliktsrechts, welches in seiner Generalklausel des Art 2043 CC auf eine Aufzählung der geschützten Rechtsgüter verzichtet.[552] Mit Art 1 DPR wird auch Art 1 RL ordnungsgemäß umgesetzt.

In Art 2 DPR wird der Begriff des Produktes definiert, wobei sich auch in diesem Fall die RL als Vorbild für die italienische Regelung zeigt. Die ausdrückliche Erwähnung der Elektrizität wäre in Anbetracht des Art 814 CC nicht notwendig gewesen, da gemäß Art 814 CC natürliche Energien, die wirtschaftlichen Wert haben, als bewegliche Sachen anzusehen sind.

Die italienische Regelung nimmt wie Art 2 RL landwirtschaftliche Boden- und Viehzuchterzeugnisse sowie Jagd- und Fischereierzeugnisse, die noch keiner Verarbeitung unterzogen wurden, von ihrem Anwendungsbereich aus. Durch die RL 99/34/EG, die Art 2 RL in diesem Punkt änderte, muss auch Italien diesbezüglich seine Verordnung ändern und dafür Sorge tragen, dass eben diese landwirtschaftlichen Erzeugnisse zukünftig als Produkte angesehen werden. Somit wird Art 2 Abs 3 DPR überflüssig.
Art 3 und 4 DPR bestimmen, gegen wen der Geschädigte Ansprüche geltend machen kann. Zu den Haftpflichtigen zählen neben den in Art 3 Abs 1 und 2 genannten tatsächlichen Herstellern auch der Quasi-Hersteller, der Importeur bzw. Quasi-Importeur (Art 3 Abs 4) und – subsidiär – auch der Lieferant des fehlerhaften Produktes (Art 4 DPR).[553]

Zunächst ist tatsächlicher Hersteller entsprechend der RL gemäß Art 3 Abs 1 DPR der Hersteller des Endproduktes, eines Teilproduktes und der Hersteller des Grundstoffes. Abs 2 stellt klar, dass als Hersteller von landwirtschaftlichen Erzeugnissen udgl. derjenige anzusehen ist, der sie

[552] Beispielsweise enthält § 1 des deutschen ProdHaftG eine Aufzählung der geschützten Rechtsgüter.

[553] Hill-Arning/Hoffman, Produkthaftung in Europa, 100.

einer Verarbeitung unterzogen hat.[554] In Abs 3 wird verdeutlicht, dass als Hersteller auch angesehen wird, wer sein Unterscheidungskennzeichen nur auf der Verpackung anbringt, die dazu bestimmt ist, das Produkt zu enthalten. Der letzte Absatz des Art 3 DPR ordnet schließlich richtlinienkonform die Gleichstellung desjenigen an, der in Ausübung einer kommerziellen Tätigkeit die Ware in den Binnenmarkt importiert, mit dem Hersteller. Allerdings geht diese Bestimmung insoweit über die Anordnung des Art 3 Abs 2 RL hinaus, als sie die Haftung auch zu Lasten desjenigen ausdehnt, der sich als Importeur ausgibt, indem er sein Unterscheidungszeichen auf der Ware anbringt.

Die subsidiäre Haftung des Lieferanten ist in Art 4 DPR geregelt, der Art 3 Abs 3 RL entspricht. Die italienische VO enthält eine differenzierte Regelung der Voraussetzungen und des Verfahrens der Benennung. Nach Abs 1 muss der Lieferant dem Geschädigten bei Aufforderung den Produzenten oder Vorlieferanten nennen, dies in Schriftform und unter Angabe des Produktes, des Ortes und des wahrscheinlichen Zeitpunktes des Erwerbes. Abs 3 legt die Vorgangsweise fest, wenn vor der Klagserhebung gegen den Lieferanten keine Anfrage nach Abs 1 erfolgte. Dem Beklagten steht dabei eine Frist von drei Monaten zur Benennung offen. Oftmals kann der Richter in Härtefällen eine weitere Frist von drei Monaten gewähren. Leistet der vom Lieferanten benannte Vormann einer Ladung Folge und bestreitet die Benennung nicht, kann der Lieferant aus dem Prozess entlassen werden. Liegen die Voraussetzungen von Abs 3 vor, kann der ehemals beklagte Lieferant die Verurteilung des Klägers zum Ersatz der Aufwendungen verlangen, die ihm durch die Vorladung entstanden sind.[555]

3.2. Produktfehler und Haftungsausschluss

Auch in Art 5 DPR hat der Gesetzgeber den Inhalt der RL vollständig übernommen und ihm einige Präzisierungen und Vervollständigungen hinzugefügt.

Art 5 Abs 2 DPR schliesst aus, dass ein Produkt nur deshalb fehlerhaft ist, weil „ein verbessertes Produkt irgendwann in Verkehr gebracht wurde". Die Bestimmung bezieht sich auf Fehler in der Konstruktion und im Design. Die Besonderheit im Vergleich zur RL (Art 6 Abs 2) ist darin zu sehen, dass das Adverb „später" durch die Redewendung „irgendwann"

---

[554] Eine solche Regelung findet sich weder im österreichischen PHG, noch im deutschen ProdHaftG.

[555] Kandut, Zur Neuordnung der Produkthaftung in Italien, PHI 1988, 120f.

(in qualunque tempo) ersetzt wurde. Der Sinn liegt darin, dass man zeigen wollte, dass die Produktion Waren mit unterschiedlichem Qualitätsniveau kennt, die dazu bestimmt sind, unterschiedliche Bedürfnisse zu befriedigen, sowohl unter dem Gesichtspunkt der Kosten als auch unter dem der Leistung.[556]

Schließlich stellt Abs 3 fest, dass ein Produkt dann fehlerhaft ist, wenn es nicht die Sicherheit bietet, die üblicherweise von den anderen Exemplaren dieser Serie geboten wird. Dadurch wollte man Schutz gegenüber dem Fabrikationsfehler gewähren.[557] Art 5 DPR gilt jedenfalls nur für die wichtigsten Beispiele von Fehlerhaftigkeit. Ein Produkt kann auch aus anderen Gründen nicht die erwartete Sicherheit bieten. Man muss dem Preis, allfälligen gesetzlichen Mindeststandards, dem Stand der Technik usw. Rechnung tragen.

Die Fälle, in denen die Haftung ausgeschlossen ist, sind in Art 6 DPR nach dem Vorbild der RL normiert mit der Erweiterung, dass in Italien die Haftung nicht nur dann ausgeschlossen ist, wenn das Produkt einer verbindlichen, hoheitlich erlassenen Norm entspricht, sondern auch dann, wenn der Fehler auf eine zwingende behördliche Anordnung zurückzuführen ist. Wesentlich ist in beiden Fällen, dass die Vorschrift zwingenden Charakter hat, dem Hersteller also kein Gestaltungsspielraum bleibt.[558] Auf unbestimmte Begriffe wie Unternehmensrisiko oder Unschuldsbeweis – dieser wird in Art 2050 CC allgemein geregelt – wird in Art 6 DPR verzichtet.

3.3. Inverkehrbringen, Beweislast und Mehrzahl von Verantwortlichen

Die Regelung der Produkthaftung beinhaltet in Art 7 DPR eine minutiöse Regelung der Voraussetzungen, unter denen ein Produkt als in Verkehr gebracht anzusehen ist und die Haftung des Herstellers eintritt. Zusammenfassend kann man sagen, dass eine Haftung besteht, wenn der Hersteller die Verfügungsgewalt über die Sache freiwillig aufgegeben hat. Hier ist die Übergabe an den Erwerber oder Benutzer, an deren Gehilfen, an den Transporteur oder Spediteur von Bedeutung. Die Vorschrift von Art 7 Abs 3 DPR dehnt den Begriff des Inverkehrbringens so weit aus, dass er auch den Erwerb im Rahmen eines Zwangsverkaufes erfasst. Die Haftung kann jedoch ausgeschlossen werden, wenn der Hersteller den Fehler zum Zeitpunkt der Pfändung oder durch schriftliche Benachrichtigung an den

---

[556] Posch in Graf von Westphalen, Produkthaftungshandbuch, Band 2, 2. Auflage, 558.
[557] Petri, Produkthaftung in Italien, 170.
[558] Vgl § 8 PHG in Österreich.

betreibenden Gläubiger und Hinterlegung des Schriftstückes in der Gerichtskanzlei innerhalb der folgenden 15 Tage ausdrücklich anzeigt.[559]

Die Verteilung der Beweislast in der VO entspricht jener der RL. Nach Art 8 Abs 2 DPR muss der Geschädigte den Schaden, den Fehler und den Kausalzusammenhang beweisen. Will sich dagegen der Hersteller auf Tatsachen berufen, die seine Haftung ausschließen, muss er dies ebenfalls beweisen, wobei Art 8 Abs 2 S 2 eine Erleichterung für den Verkäufer bringt. Macht der Hersteller den Haftungsausschlussgrund geltend, dass der Fehler bei Inverkehrbringen noch nicht vorhanden war, so genügt schon das Darlegen einer Wahrscheinlichkeit. Art 8 Abs 3 ermöglicht dem Richter dem Hersteller den Vorauserlag von Sachverständigenkosten aufzutragen, wenn es wahrscheinlich erscheint, dass der Schaden durch einen Fehler des Produktes verursacht wurde.[560] Art 9 Abs 1 DPR übernimmt aus Art 5 RL die Regel der passiven Solidarhaftung, also den Fall, dass mehrere Personen für den durch ein fehlerhaftes Produkt verursachten Schaden verantwortlich sind und dann gesamtschuldnerisch haften.

Eine besondere Regelung sieht Abs 2 vor. Im Rahmen des internen Rückgriffes wird der Schaden nach mehreren Parametern aufgeteilt. Zuerst nach dem Umfang des jedem einzelnen zurechenbaren Risikos, nach der Schwere eines vorhandenen Verschuldens und nach dem Ausmaß der daraus resultierenden Folgen. Für den Fall, dass sich der Anteil am Schaden nicht genau ermitteln lässt, soll im Zweifel eine Aufteilung „zu gleichen Teilen“ erfolgen.

3.4. Mitverschulden und ersatzfähige Schäden

Die Anordnungen des Art 10 DPR betreffen den Fall des Mitverschuldens des Geschädigten. Art 10 entspricht Art 8 Abs 2 RL, wonach der Richter die Herstellerhaftung nach dem Maß des Mitverschuldens mindern und für den Fall, dass den Geschädigten ein überwiegendes Verschulden trifft, die Haftung auch zur Gänze ablehnen kann. Letzteres kommt in Abs 2 zum Ausdruck.

Haftungsmindernd ist nach der RL auch ein Verhalten von Personen, für die der Geschädigte einzustehen hat, wobei sich der Kreis dieser

---

559 Posch in: Graf von Westphalen, Produkthaftungshandbuch, Band 2, 2. Auflage, 559.
560 Kandut, Zur Neuordnung der Produkthaftung in Italien, PHI 1988, 122.

Personen nach dem jeweiligen Recht bestimmt. Für Italien ist auch der Inhaber der Sache kraft positiver Anordnung zu diesem Kreis zu zählen.[561]

Art 11 DPR legt ebenso wie die RL nur den Umfang des zu ersetzenden Schadens fest. Die Frage, ob die Zahlung eines Schmerzensgeldes in Betracht kommt, richtet sich nach Art 2059 CC, der auf die „vom Gesetz geregelten Fälle" verweist. Danach besteht ein Anspruch auf Zahlung eines Schmerzensgeldes nur dann, wenn die Handlung den Tatbestand des Codice Penale[562] begründet. Abs 2 regelt den Selbstbehalt entsprechend der RL-Vorgabe mit Lira 750.000.[563]

3.5. Freizeichnungsverbot, Verjährung und Verwirkung

Die Regel des Art 12 DPR sieht in Übereinstimmung mit der RL die Nichtigkeitssank- tion für Klauseln vor, die die Haftung im Verhältnis zum Geschädigten beschränken oder aufheben. Art 12 stellt eine wichtige Neuerung in Italien dar, da die Freizeichnungsklauseln sonst nur dann verboten sind, wenn sie die Haftung für Vorsatz oder grobe Fahrlässigkeit ausschließen (Art 1229 CC). Unberührt bleiben Klauseln zwischen Produzenten, Importeur und Lieferanten. Nichtig sind außerdem Klauseln, die die Beweislast modifizieren, die Vermutung zufälliger Schadensverursachung aufstellen, oder Beschränkungen für den Gebrauch der Sache vorschreiben.[564]

In Befolgung der RL führt Art 13 Abs 1 DPR eine dreijährige Frist für die Verjährung der Schadenersatzklage ein. Das Recht verjährt nach einer Frist von drei Jahren ab dem Tag, an dem der Geschädigte von dem Schaden, dem Fehler und der Identität des Herstellers Kenntnis erlangt hat oder hätte erlangen müssen. Abs 2 legt den Beginn der Verjährung bei anwachsenden Schäden fest. Der ministerielle Bericht stellt hierzu klar, dass diese Vorschrift vor allem mit Rücksicht auf Fälle von schweren Personenschäden gedacht war, denen Symptome geringfügiger Natur vorangingen.[565] Man hielt es nicht für notwendig, zusätzlich noch die Regeln des CC zur Anwendung kommen zu lassen, wenn die VO nicht etwas Anderes bestimmt oder diese Regelungen mit ihm unvereinbar sind.

---

[561] Hill-Arning/Hoffmann, Produkthaftung in Europa, 101.
[562] Italienisches Strafgesetzbuch.
[563] Taschner, Umsetzung der RL, WBl 1991, 3.
[564] Posch in: Graf von Westphalen, Produkthaftungshandbuch, Band 2, 2. Auflage, 565.
[565] Posch in: Graf von Westphalen, Produkthaftungshandbuch, Band 2, 2. Auflage, 564.
[566] Kandut, Zur Neuordnung der Produkthaftung in Italien, WBl 1988, 124

Art 14 DPR regelt den Rechtsverlust nach Ablauf einer Frist von zehn Jahren ab dem Tag, an dem der Hersteller oder der Importeur das Produkt in den Verkehr gebracht hat. Gemäß Abs 2 kann der Ablauf dieser Präklusivfrist nur durch Einleitung eines Gerichtsverfahrens, einen Beitritt des Geschädigten im Konkursverfahren oder durch ein Anerkenntnis des Schädigers gehemmt werden. Abs 3 stellt noch klar, dass Handlungen, die den Fristablauf im Verhältnis zu einem der verantwortlichen Haftpflichtigen hemmen, keinen Einfluss auf das Verhältnis zu den anderen haben.[566]

3.6. Haftung nach anderen Gesetzesbestimmungen, Inkrafttreten, Schlussbemerkung

Weder schließen die Vorschriften der VO gemäß Art 15 RL Ansprüche des Geschädigten aufgrund anderer Vorschriften aus, noch begrenzen sie andere Ansprüche. Die Ansprüche aus der VO können mit vertraglichen und außervertraglichen Ansprüchen konkurrieren. Dies besonders dann, wenn den Verantwortlichen ein Verschulden trifft. In diesen Fällen kann sich der Geschädigte auch auf Art 2043 ff CC berufen. Dies erhöht zwar die Schwierigkeiten bei der Beweisführung, dafür entfallen aber einige Beschränkungen der VO (z.B. Selbstbehalt bei Sachschäden).[567]
Art 16 regelt schließlich noch den Zeitpunkt des Inkrafttretens mit dem 30.7.1988, wodurch es Italien im Gegensatz zu Deutschland gelungen ist, die von der EG gesetzte Frist einzuhalten.

Rückblickend betrachtet, hat sich auch Italien bei der Umsetzung der RL sehr eng an die Vorgaben gehalten. Wie in jedem anderen Mitgliedstaat nutzte auch Italien den Freiraum der RL aus, um einige speziell für Italien wesentliche Punkte herauszugreifen, um durch das DPR die Sicherheit in gewissen Bereichen weit über die Regelungen des CC hinaus zu verstärken. Auffallend ist vor allem, dass es Italien gelungen ist, die RL zeitgerecht umzusetzen.

Im Rahmen der Art der Umsetzung ist Italien auch der einzige Mitgliedstaat, der die RL durch eine VO umsetzte, wobei Italien weder Gebrauch von der Haftung für Entwicklungsrisiken, noch von der Möglichkeit eines Haftungshöchstbetrages für Personenserienschäden (ECU 70 Mio.) machte. Die ersten Anwendungen in der Rspr zeigen, dass die VO doch Klarheit in einen bis dato noch nicht sehr genau geregelten Bereich brachte.[568]

---

[567] Petri, Produkthaftung in Italien, 251.
[568] Siehe dazu Posch in: Graf von Westphalen, 566f.

VI. Die belgische Rechtslage

1. Allgemeines

Bis ins Jahr 1991 galten in Belgien nur die allgemeinen haftungsrechtlichen Bestimmungen des belgischen Code Civile/Burgerlijk Wetboek.[569] Die Produkthaftung ist in Belgien nicht in speziellen Vorschriften niedergelegt, sondern wurde - wie auch in Frankreich - von der Rspr entwickelt.

Belgien hat die RL durch das Transformationsgesetz vom 25. 2. 1991 umgesetzt.[570] Damit wurde die vorgesehene Frist des Gemeinschaftsgesetzgebers zur Umsetzung um mehr als zweieinhalb Jahre überschritten. Jedoch führte die Umsetzung der RL vor allem deshalb, weil die RL in ihrem Art 13 nationale Bestimmungen unberührt lässt und die bereits in Belgien vorhandenen Regeln über die der RL hinausgehen zu keiner wesentlichen Umgestaltung des Produkthaftungsrechtes.

2. Weitergeltendes Recht

2.1. Vertragliche Haftung

Die Art 1641 – 1649 CC/BW über die Mängelhaftung beim Kaufvertrag bilden die Basis der vertraglichen Produkthaftung. Die zentrale Vorschrift des Art 1641 besagt, dass der Verkäufer für verborgene Mängel der verkauften Sache Gewähr zu leisten hat, wenn diese sie unbrauchbar machen oder den Gebrauch derart einschränken, dass der Käufer die Sache überhaupt nicht oder nur zu einem geringeren Preis gekauft hätte. Fehlerhaft ist auch ein Produkt, das nicht die Sicherheit biotot, die man erwarten könne. Der Mangel muss also verborgen sein. Somit bestimmt auch Art 1642 CC/BW, dass der Verkäufer nicht haftet, wenn der Käufer den Mangel kannte.[571] Art 1644 räumt dem Käufer das Recht ein, zwischen Wandlung und Minderung des Kaufpreises zu wählen. Art 1645 verpflichtet den Verkäufer einer Sache zum Schadenersatz, wenn dieser den Mangel kannte und dem Käufer nicht offenbart hatte. Die

---

569 Im folgenden nur mehr CC/BW.

570 Das Gesetz (Loi relative à la responsabilité du fait des produits dangereux/Wet betreffende deansprakelijk-heid voor prokukten met gebreken) ist veröffentlicht im belgischen Staatsblatt (Moniteur belge/Belgisch Staatsblad) vom 22.März 1991.

571 Kocks, PHI 1990, 186.

Schadenersatzleistung umfasst neben Personen- und Sachschäden auch Vermögensschäden. Kannte der Verkäufer den Mangel nicht, ist er nach Art 1646 nur verpflichtet, den Kaufpreis und die anlässlich des Kaufes entstandenen Kosten zurückzuerstatten. Dazu zählen vor allem Beurkundungs- und Lieferkosten.[572] Die kurze Verjährungsfrist des Art 1648 wird üblicherweise nicht beachtet. Die Vorschrift spricht nur von einem kurzen Zeitraum, wo Ansprüche geltend gemacht werden können. Weder Beginn noch Laufzeit werden im Gesetz näher bestimmt. Den Parteien steht es frei, vertraglich eine Frist zu vereinbaren. Ist diese jedoch relativ kurz, dass in dieser Frist etwaige Mängel nicht festgestellt werden können, wird die Vereinbarung als unzulässige Freizeichnungsklausel verworfen.[573]

Vertragliche Haftungsausschluss- und Haftungsbegrenzungsklauseln sind unzulässig, wenn der Verkäufer den versteckten Mangel kennt, Art 1643. Infolge der Vermutung, dass der Hersteller und Verkäufer den Mangel kennt, sind vertragliche Haftungsbeschränkungen unzulässig und unwirksam. Im Einzelfall lassen Gerichte jedoch nicht überzogene Klauseln zu, wenn der Verkäufer den Käufer nicht betrogen hat oder den Mangel nicht entdecken konnte.[574]

2.2. Außervertragliche Haftung

Der Hersteller haftet Dritten - die nicht Käufer des fehlerhaften Produktes sind, sondern mit diesem nur zufällig in Berührung kommen - allein nach deliktsrechtlichen Grundsätzen. Je nach Fallkonstellation können geschädigte Dritte Ersatzansprüche auf der Grundlage der Verschuldenshaftung des Herstellers oder der verschuldensunabhängigen Haftung des Inhabers der Sache stellen.

2.2.1. Verschuldenshaftung des Herstellers

Nach Art 1382f CC/BW ist derjenige ersatzpflichtig, welcher durch sein schuldhaftes Verhalten einem Dritten einen Schaden zugefügt hat, wobei der Dritte den Schaden voll ersetzt erhält, wenn er den Nachweis seines Schadens, eines Verschuldens und eines ursächlichen Zusammenhanges zwischen diesen beiden erbringt. Verschulden iSv Art 1382 liegt dann vor, wenn die unerlaubte Handlung gleichzeitig einen Straftatbestand

---

572 Kocks in: Graf von Westphalen, 405.
573 Kocks in: Graf von Westphalen, 408f.
574 Hill-Arning/Hoffman, Produkthaftung in Europa, 37.

verwirklicht. Darüber hinaus trifft den Hersteller auch eine allgemeine Sorgfaltspflicht, bei deren Missachtung eine Schadenersatzpflicht beim kleinsten Fehler entstehen kann. Bei der Bestimmung dieser Sorgfaltspflicht hat der Hersteller auf all die Personen abzustellen, die mit seinem Produkt vernünftigerweise in Berührung kommen können. Verletzungen der Sorgfaltspflicht können in den verschiedensten Phasen des Produktions- und Verteilungssystems auftreten. Daher kommt der Kontroll- wie auch Informations- und Warnpflicht des Herstellers größte Bedeutung zu.[575]

2.2.2. Verschuldensunabhängige Sachhalterhaftung gemäß Art 1384 Abs 1 CC/BW

Im Rahmen der Sachhalterhaftung kommt es auf ein Verschulden der Sache nicht an. Diese faktische Gefährdungshaftung wurde im Wege der Annahme eines vermuteten Verschuldens entwickelt. Die Verschuldensvermutung kann widerlegt werden, wenn der Sachhalter nachweist, dass eine andere Ursache vorlag (höhere Gewalt, Fremdverschulden). Als Mangel im Sinne von Art 1383 gilt die atypische Beschaffenheit bzw. der anormale Zustand der Sache, die für Dritte eine Schadensgefahr darstellt. Inhaber einer Sache ist derjenige, der die Sachherrschaft über das Produkt ausübt. Kein Inhaber nach Art 1384 ist ein Untergebener, weil er das Produkt nicht für eigene Rechnung in Obhut nimmt. Art 1384 findet jedoch nur dann Anwendung, wenn sich der Schadensfall ereignet, bevor der Hersteller die Sache aus der Hand gegeben hat. Dies ist aber höchst selten, da der Produktschaden meist erst nach der Lieferung eintritt.[576]

2.3. Das belgische Produkthaftungsgesetz (PHG)[577]

Wie bereits erwähnt, hat die Umsetzung der RL das Produkthaftungsrecht nicht entscheidend verändert. Somit wird das PHG im Folgenden in aller Kürze beleuchtet.
Das Gesetz, das seit 1.4.1991 in Kraft ist, orientiert sich sehr an der Vorgabe der RL.

Umfasst ist nach Art 2 Abs 1 PHG als Produkt jede bewegliche körperliche Sache, auch wenn sie nur einen Teil einer Sache bildet oder von ihrem Zweck her unbeweglich wurde. Hierunter fallen Konsum- wie Investitions-

---

575 Kocks in: Graf von Westphalen, 409f.
576 Kandut, PHI 1990, 189.
577 Im folgenden abgekürzt PHG.

güter, End- wie Teilprodukte und Grundstoffe und Elektrizität, wobei das PHG keine Aussage trifft, ob auch Dienstleistungen erfasst werden. Der Produktbegriff ist wegen des Ziels der RL weit auszulegen, auch teilweise beruflich genutzte Produkte werden erfasst.

Gemäß Art 3 PHG ist mit Hersteller der Hersteller eines End- oder Teilproduktes oder eines Grundstoffes gemeint. Darüber hinaus auch noch jeder als Hersteller, der sich als solcher ausgibt, indem er seinen Namen, sein Warenzeichen oder ein anderes Zeichen auf dem Produkt anbringt.[578] Nach Art 4 Abs 1 haftet auch der gewerbsmäßige Importeur als Hersteller. Abs 2 lässt subsidiär auch den Lieferanten haften, wenn der Hersteller oder der Importeur nicht festgestellt werden können und der Lieferant diese auch nicht nennen möchte.[579]

Der Grundsatz der Gefährdungshaftung findet sich in Art 1 PHG, d.h. es besteht kein Verschuldenserfordernis. Die Haftung des Herstellers eines Produktes wird vor allem dadurch ausgelöst, dass ein Produktfehler den Schaden verursacht.
In Art 5 Abs 1 wird der Fehlerbegriff näher ausformuliert und hierbei zeigt sich eine wortwörtliche Übernahme aus der RL. Abs 2 stellt klar, dass ein Fehler nicht schon deshalb vorliegt, weil später ein verbessertes Produkt in Verkehr gebracht wurde.

Interessant erscheint mE Art 6 PHG, da der belgische Gesetzgeber den Begriff des „Inverkehrbringen" im Gegensatz zur RL definiert. Dies ist „die erste Handlung, aus der die Absicht des Herstellers erkennbar wird, dem Produkt die Bestimmung zu verleihen, die er ihm durch Übertragung auf einen Dritten oder durch Gebrauch zu dessen Vorteil zugedacht hat".[580]
Gemäß Art 7 PHG muss der Geschädigte den Fehler, den Schaden und den Kausalzusammenhang zwischen diesen beiden beweisen.[581]
Art 8 PHG gibt dem Hersteller die Möglichkeit, sich von seiner Haftungsverpflichtung zu entlasten, wobei auch hier festgestellt werden kann, dass sich das PHG sehr eng an der RL orientiert, da Art 8 PHG samt seiner sechs Entlastungsbeweise die wortwörtliche Übernahme von Art 7 RL ist.

Art 9 PHG enthält die Regelung über mehrere Ersatzpflichtige, wonach mehrere nach dem PHG Haftpflichtige immer als Gesamtschuldner haften,

---

[578] Die Formulierung von Art 3 RL wurde wortwörtlich übernommen.
[579] Dies alles entspricht im wesentlichen Art 3 Abs 2 und 3 RL.
[580] Weber, Produkthaftung im belgischen Recht, 212.
[581] Wortwörtliche Übernahme des Art 4 RL.

unbeschadet etwaiger Rückgriffsansprüche im Innenverhältnis. Aber auch hier zeigt sich erneut die völlige Identität zu Art 5 RL.

Gemäß Art 10 § 1 PHG gelten haftungsbegrenzende und haftungsbefreiende Klauseln des Herstellers gegenüber dem Geschädigten als unzulässig. Art 10 § 2 Abs 1 relativiert dies, wenn der Schaden sowohl durch einen Produktfehler als auch durch Verschulden des Geschädigten oder einer seiner Verantwortung unterstehenden Person verursacht worden ist[582]; d.h. der zu ersetzende Schaden mindert sich um den Teil, der vom Geschädigten selbst verschuldet wurde. Gemäß Art 10 § 2 Abs 2 greift dieser Haftungsauschluss dann nicht, wenn der Schaden sowohl durch einen Fehler als auch durch das Verhalten eines Dritten verursacht worden ist.

Allerdings stellt die Vorschrift des Art 10 § 2 Abs 1 PHG einen Systembruch dar, der auf Art 8 Abs 2 RL beruht. Darin wird dem Mitverschulden das schuldhafte Verhalten desjenigen gleichgestellt, dessen Verhalten der Geschädigte zu vertreten hat. Dies steht aber mit dem belgischen Haftungsrecht und insbesondere mit der Sachhalterhaftung in Widerspruch, wonach die Einrede des Mitverschuldens eines Aufsichtspflichtigen des Geschädigten den Ersatzpflichtigen nicht entlassen kann.

Auch wenn der oberste belgische Gerichtshof in mehreren grundlegenden Entscheidungen die gegenteilige Auffassung zu bevorzugen schien, halten die Tatrichter in dieser Fallkonstellation weiterhin an dem Prinzip der vollständigen Schadlosstellung fest.[583]

Nach Art 11 wird dem Geschädigten ein Anspruch auf Ersatz der Personenschäden gegeben. Dabei ist der Schmerzensgeldanspruch ausdrücklich beinhaltet. Sachschäden sind nur dann ersatzfähig, wenn sie für den privaten Gebrauch bestimmt sind und vom Geschädigten überwiegend privat ge- oder verbraucht wurden.

Der Ersatz des an dem fehlerhaften Produkt selbst entstandenen Schadens ist ausgeschlossen. Zunächst ist jedoch immer eine Selbstbeteiligung von 22.500,-- BEF in Abzug zu bringen. Schließlich darf der Schaden wegen Art 16 PHG nicht vor Inkrafttreten des Gesetzes verursacht worden sein.

---

[582] Kocks in: Graf von Westphalen, 421.
[583] Kocks in: Graf von Westphalen, 420.

Eine bislang unbekannte Haftungserleichterung stellt Art 12 PHG dar, wonach der Schadenersatzanspruch des Geschädigten gegen den Hersteller in zehn Jahren ab dem Zeitpunkt erlischt, zu dem das Produkt in den Verkehr gebracht wurde.

Der auf das PHG gestützte Anspruch verjährt in drei Jahren ab dem Tag, an dem der Geschädigte Kenntnis vom Schaden, vom Fehler und der Identität des Herstellers haben oder vernünftigerweise hätte haben müssen. Art 12 PHG entspricht im Wesentlichen bis auf einige kleine Änderungen Art 10, 11 der RL. Die Vorschriften der Art 2242 ff CC/BW hinsichtlich Unterbrechung und Hemmung der Verjährung sind auf diesen Anspruch anwendbar.

Art 13 PHG ist für Belgien sehr wichtig, da neben dem PHG demnach die allgemeinen Haftungsvorschriften anwendbar sind und somit das zuvor erklärte, gut ausgebildete belgische Haftungsrecht zur Anwendung kommt. Von den drei Optionen, Einwand des Entwicklungsrisikos, Haftungshöchstbetrag für Personenschäden und Einbeziehung landwirtschaftlicher Produkte ergibt sich für den belgischen Produzenten nur peripher die Möglichkeit eines Einwandes für Entwicklungsrisiken.[584]

Die Position des Geschädigten wird somit durch die Umsetzung der RL nur in wenigen Einzelfällen verbessert. Ihm steht zwar eine neue Anspruchsgrundlage gegen bestimmte als „Hersteller" Haftende zur Verfügung, die für ihn vorteilhaft sein wird, wenn er nicht in den Genuss der Sachhalterhaftung kommt.

Vor allem der geschädigte Dritte ist derjenige, für den die Tatsache, dass der belgische Gesetzgeber entsprechend der Vorgabe des Art 13 RL in seinem Art 13 PHG die Wahlmöglichkeit schafft, alternativ oder kumulativ sich für die neue verschuldensunabhängige Herstellerhaftung oder für das bisher verwendete Produkthaftungsrecht zu entscheiden, immensen Nutzen bringt.[585]

---

[584] Vgl Weber, Produkthaftung im belgischen Recht, 209 iVm 68f.
[585] Weber, Produkthaftung im belgischen Recht, 231.

VII. Rechtslage in Dänemark

1. Allgemeines

Die RL wurde in Dänemark durch das „Lov om produktansvar"[586] von 10.6.1989 umgesetzt. Das Gesetz gilt in nicht-vertraglichen Rechtsbeziehungen neben dem ungeschriebenen Deliktsrecht und dem Schadenersatzgesetz. Das außervertragliche Schadenersatzrecht Dänemarks basiert im Wesentlichen auf der Verschuldenshaftung, ohne dass jedoch eine zentrale Anspruchsgrundlage normiert ist.

Eine Besonderheit in Dänemark ist die sogenannte „Haeftelseansvar", eine Art Garantiehaftung, die von der Rspr entwickelt wurde und sich auch in § 10 PHG findet. Grundsatz dieser Regel ist, dass jedes Glied der Vertriebskette eines Produktes für Produktfehler haftet bzw. eintritt, die auf das vorhergehende Glied zurückzuführen sind.

2. Weitergeltendes Deliktsrecht

Das dänische Recht unterscheidet grundsätzlich zwischen der Haftung des Herstellers und der des Händlers.

2.1. Herstellerhaftung

Voraussetzung dafür ist, dass das Produkt fehlerhaft ist und diese Fehlerhaftigkeit auf einem Verschulden (culpa) des Herstellers beruht. Dabei werden Konstruktions-, Fabrikations-, Instruktions- und Systemfehler unterschieden.

Ein Konstruktionsfehler liegt vor, wenn das Produkt nicht in Übereinstimmung mit dem aktuellen technischen und wissenschaftlichen Kenntnisstand entwickelt und produziert wurde. Der Hersteller ist verpflichtet, bevor er ein neues Produkt entwickelt, alle verfügbaren Informationsquellen auszuschöpfen und muss gegebenenfalls eigene Untersuchungen durchführen. Nicht verantwortlich ist der Hersteller für die sogenannten Entwicklungsrisiken. Ein Beispiel für Produkthaftung aufgrund eines Konstruktionsfehlers bietet dieser Fall[587]:

---

[586] Das dänische Produkthaftungsgesetz, im folgenden nur mehr PHG genannt.
[587] Ugeskrift for Retsvaesen 1965, 319.

Eine Gasflasche wurde mit einem Sicherheitsventil ausgestattet, welches verhindern sollte, dass die Flasche zu sehr gefüllt werde. Eine Frau kaufte eine solche Flasche, stellte sie in die Küche, wo sie wegen zu starker Füllung explodierte, wobei die Frau verletzt wurde. Der Hersteller erklärte, er hafte nicht, weil die Flasche in Übereinstimmung mit verbindlichen hoheitlich erlassenen Normen konstruiert worden sei, die eine Ausrüstung von Gasflaschen mit Sicherheitsventilen nicht vorsahen. Sein Vorbringen beruhte also auf dem Argument, dass – da keine Pflicht bestand, Flaschen mit Sicherheitsventilen auszurüsten – ein fehlerhaftes Ventil kein Verschulden begründen könne. Das Gericht erlegte dem Hersteller die volle Haftung auf, da er die Pflicht gehabt hätte, zu schauen, dass die Flaschen ordnungsgemäß gefüllt werden. Die Tatsache, dass zwingende Vorschriften Sicherheitsventile nicht vorsahen, war diesbezüglich nicht von Bedeutung.

Ein Fabrikationsfehler liegt dann vor, wenn ein Produkt nicht aufgrund seiner Konstruktion, sondern durch einen Fehler bei der Herstellung fehlerhaft ist. Nur einzelne Stücke einer Serie weisen diesen Fehler auf. Der Hersteller haftet schon dann, wenn nur die Möglichkeit besteht, dass der Fehler durch einen fehlerhaften Produktionsablauf verursacht wurde, ebenso auch dann, wenn sich die Fehlerhaftigkeit auf den verarbeiteten Rohstoff zurückführen lässt. Hat er bei der Auswahl und Kontrolle der Rohmaterialien Genauigkeit walten lassen, kann er jedoch in diesen Fällen einer Haftung entgehen, in denen die Gerichte befinden, dass der Fehler nicht auf sein Verschulden zurückzuführen ist. Dies ist dann der Fall, wenn die Fehlerhaftigkeit des Produktes zwar durch die verwandten Ausgangsmaterialien verursacht wurde, aber eigentlich auf das Entwicklungsrisiko zurückzuführen ist. Konnte diese Fehlerhaftigkeit jedoch nicht vorausgesehen werden, weil der technologische und wissenschaftliche Kenntnisstand zu der gegebenen Zeit keinen Anlass gab, an deren Qualität zu zweifeln, dann haftet der Hersteller also nicht.[588] Hier ein Beispiel für den strengen Haftungsmaßstab im Bereich der Fabrikationsfehler[589]:

Ein Restaurant hatte selbstgebackenes Roggenbrot zusammen mit anderen Speisen zum Mitnehmen an Lehrer einer nahegelegenen Schule verkauft, die eine kleine Feier veranstalteten. Einer der Lehrer brach sich aufgrund eines miteingebackenen Steins einen Zahn heraus. Das

[588] Hill-Arning/Hoffman, Produkthaftung in Europa, 48.
[589] Ugeskrift for Retsvaesen 1986, 206.

Restaurant haftete für den Schaden, obwohl der Stein dieselbe Größe hatte wie die verarbeiteten Körner und daher schwer zu entdecken war.

Ein Instruktionsfehler liegt vor, wenn die dem Produkt beigefügten Instruktionen oder Gebrauchsanweisungen dieses fehlerhaft machen – so z.B., wenn die Gebrauchsanweisung für die richtige Anweisung des Produktes fehlerhaft ist oder ganz fehlt. Vor Gefahren, die dem durchschnittlichen Verbraucher bekannt sind, braucht der Hersteller nicht zu warnen. Auf die potentielle Gefährlichkeit für bestimmte Personengruppen muss auch dann hingewiesen werden, wenn das Risiko zwar statistisch gesehen sehr klein ist, die individuelle Verletzungsgefahr jedoch sehr hoch. Konnte die Gefährlichkeit eines Produktes zum Zeitpunkt seines Inverkehrbringens nach dem Stand von Wissenschaft und Technik nicht entdeckt werden, handelt es sich um eine Entwicklungsrisiko, wofür nicht gehaftet wird. Ein Beispiel für die hohen Anforderungen an den Hersteller bezüglich seiner Instruktionspflichten[590]:

Ein Hersteller produzierte ein Chemikalie, die zum Entfernen von Rost geeignet war. Eine Firma benutzte dieses Produkt, um eine Schiffskabine vom Rost zu befreien. Die Chemikalie entwickelte bei ihrer Anwendung aus Chlorhydrat bestehende Dämpfe, die sämtliche Metallteile der Kabine zerfraßen. In der Gebrauchsanleitung stand, dass das Produkt eine besonders konzentrierte Säure enthalte. Sie warnte jedoch nicht davor, dass es andere Metallteile als die, auf die es aufgetragen wurde, zerstören könne. Der Hersteller haftete in diesem Fall aufgrund des fehlenden Warnhinweises.

2.2. Händlerhaftung

Die dänischen Gerichte haben jedoch nicht allein dem Hersteller eine Haftung auferlegt. Derjenige, der im normalen Geschäftsbetrieb fehlerhafte Produkte vertreibt, kann ebenso für dadurch entstandene Schäden haften, selbst wenn er sie nicht selbst hergestellt hat.[591] Diese Regelung gilt für jedes der Fehlerquelle nachfolgende Glied der Produktions- und Vertriebskette. Die Händlerhaftung entsteht, wenn die Herstellerhaftung feststeht. Der Geschädigte kann entweder vom Einen oder vom Anderen Schadenersatz verlangen. Der in Anspruch genommene Händler hat seinerseits ein Rückgriffsrecht gegen den Hersteller. Der Händler haftet selbstverständlich auch für eigenes

[590] Ugeskrift for Retsvaesen 1966, 794.
[591] Sinding, PHI 1990, 114.

Verschulden.[592] Die rechtliche Stellung des Zwischenhändlers vergleicht man oft mit demjenigen, der eine Garantieerklärung abgibt oder eine Bürgschaft übernimmt. Die Haftung des Händlers entsteht in dem Augenblick, in dem feststeht, dass der Hersteller haftet. Ist der Anspruch gegen den Hersteller jedoch nicht durchsetzbar – z.B. weil er verjährt ist, so geht auch der Anspruch gegen den Zwischenhändler ins Leere.[593]

3. Haftung nach dem Produkthaftungsgesetz

Das Gesetz gilt für Produkte, die seit seinem Inkrafttreten, also seit dem 10.6.1989, in den Verkehr gebracht wurden. Es gilt neben den übrigen vertraglichen und außervertraglichen Haftungsregeln und kann im Vorhinein nicht zum Nachteil des Verbrauchers abbedungen werden. Betrachtet man das dänische Produkthaftungsgesetz, fällt sofort auf, dass sich auch Dänemark bei der Umsetzung sehr eng an der RL orientiert hat.

Während § 1 PHG den Anwendungsbereich dieses Gesetzes wiedergibt, regelt § 2 den Schadensbegriff. Dabei wird der Ersatz sowie die Entschädigung von Personenschäden erfasst. Schäden an Sachen werden nur ersetzt, als sie an Sachen entstehen, die ihrer Art nach für einen nicht-wirtschaftlichen Zweck bestimmt sind und vom Geschädigten entsprechend verwendet werden. Das Gesetz greift also im Hinblick auf überwiegend wirtschaftlich genutzte Sachen nicht ein. Es spielt keine Rolle, ob die beschädigte Sache beweglich oder unbeweglich ist. Nach § 2 Abs 2 werden Schäden am Produkt selbst nicht erstattet. Hier sollen, so das Gesetz, kaufrechtliche Regeln eingreifen.

Ein Produkt ist gemäß § 3 Abs 1 PHG eine bewegliche Sache, sei sie verarbeitet oder unverarbeitet oder ein Naturprodukt, wobei auch Elektrizität beinhaltet ist.

§ 4 beschreibt die nach dem PHG Verantwortlichen und unterscheidet dabei zwischen Hersteller und Händler[594]. Zum Hersteller gehören daher neben dem Produzenten die Quasi-Hersteller und Importeure. Händler sind nach § 4 Abs 3 diejenigen, die ohne Hersteller zu sein, ein Produkt gewerbsmäßig in den Verkehr bringen.[595]

---

[592] Bloth in: Graf von Westphalen, 440.
[593] Hill-Arning/Hoffman, Produkthaftung in Europa, 50.
[594] Betrachte dazu die zuvor dargestellte Erläuterung.
[595] Bloth, Produkthaftung in Schweden, Norwegen und Dänemark, 124.

Nach § 5 ist ein Produkt dann fehlerhaft, wenn es nicht die Sicherheit bietet, die berechtigterweise erwartet werden kann. Die Beurteilungskriterien sind dieselben wie in der RL. Hinsichtlich des Zeitpunktes, auf den es bei der Würdigung der möglichen Fehlerhaftigkeit eines Produktes ankommt, geht die Tendenz in Dänemark dahin, den Zeitpunkt der Schadensentstehung, also nicht den der Inverkehrgabe, als Ausgangspunkt zu nehmen. Nur wenn sich die Anforderungen zwischen Inverkehrgabe und Schadensentstehung verschärft haben, ist der Zeitpunkt der Inverkehrgabe wichtig.[596] Als Inverkehrgabe wird der Vorgang aufgefasst, mit dem das Produkt aus der Kontrollsphäre des Herstellers gelangt, d.h. schon die Übergabe an einen selbständigen Transporteur oder an den Abnehmer, bzw. das nächste Glied in der Vertriebskette.

Gemäß § 6 Abs 1 hat „ein Hersteller den Schaden zu ersetzen, der durch den Fehler des Produktes verursacht worden ist, das von ihm hergestellt oder geliefert wurde". § 6 Abs 2 PHG legt ausdrücklich fest, dass dem Geschädigten die Beweisführung hinsichtlich des Schadens, des Produktfehlers und der Kausalität obliegt, wobei ausdrücklich darauf hingewiesen werden muss, dass den Gerichten die Möglichkeit verwehrt ist, die Beweislast umzukehren. Das Vorliegen eines Haftungsausschlussgrundes nach § 7 PHG hat der Hersteller zu beweisen. Die Beweisführung ist dem Hersteller für den Fall des Abs 2 erleichtert, wonach er den Beweis erbracht hat, wenn „angenommen werden kann", dass der Fehler zum Zeitpunkt der Inverkehrgabe des Produkts nicht vorlag.

Die in § 7 PHG aufgeführten Haftungsausschlussgründe entsprechen denen des Art 7 RL. Der dänische Gesetzgeber hat den Einwand des Entwicklungsfehlers zugelassen, sodass nach § 7 Abs 1 Nr 4 der Hersteller nicht haftet, „wenn er beweist, dass der Fehler nach dem Stand der Wissenschaft und Technik zu dem Zeitpunkt, in dem das Produkt in den Verkehr gebracht wurde, nicht erkannt werden konnte". Dem Hersteller steht somit auch im Rahmen diese Gesetzes der Einwand offen, der Schaden beruhe auf einem Entwicklungsrisiko. Es kommt auf das zugängliche Wissen an. Die durch den Hersteller vorzunehmenden Untersuchungen richten sich nach dem Charakter des Produkts und seiner voraussichtlichen Anwendung.

---

[596] Bloth in: Graf von Westphalen, 446f.

§ 8 regelt den Fall des Selbstbehaltes entsprechend der RL, wobei in Dänemark der Schadenersatzanspruch durch eine Selbstbeteiligung des Geschädigten in Höhe von 4.000 Kronen begrenzt ist.

§ 9 Abs 1 bestimmt, dass der Schadenersatz entfallen oder gemindert werden kann, sofern der Geschädigte den Schaden vorsätzlich oder fahrlässig mitverursacht hat. Diese Minderung kann sowohl Ansprüche auf Ersatz von Personenschäden, Ansprüche auf Ersatz von immateriellen und Sachschäden erfassen. Allgemeine Praxis in Dänemark ist, dass eine Minderung in der Regel nur vorgenommen wird, wenn der Mitverschuldensanteil zumindest ein Drittel beträgt. Darunter kommt eine Minderung nicht in Betracht.[597] Abs 2 bestimmt ausdrücklich, dass im Falle eines Sachschadens eine Minderung erst nach Abzug der Selbstbeteiligung vorgenommen wird. Es ist offensichtlich Praxis in Dänemark, dass eine Minderung erst dann in Betracht kommt, wenn der Mitverschuldensanteil mindestens 1/3 beträgt.

Wie bereits erwähnt, wurde in Dänemark in Produkthaftungsfällen eine Garantiehaftung entwickelt, wonach jedes Glied der Vertriebskette für die Haftung für Produkt-fehler garantiert, die auf ein vorhergehendes Glied zurückzuführen sind. In § 10 PHG hat der Gesetzgeber diese Regel im PHG festgeschrieben. Danach haftet „ein Zwischenhändler....im Rahmen der Produkthaftung unmittelbar gegenüber dem Geschädigten und dem späteren Zwischenhändler in der Vertriebskette". Als Händler haftet nach § 10 nur, wer gewerbsmäßig das Produkt in den Umlauf bringt, also nicht derjenige, der privat verkauft. Er steht nach § 10 für die Produkthaftung eines anderen ein, d.h. er haftet nicht nur nach dem PHG, sondern auch nach den allgemeinen Regeln. § 10 enthält auch eine Regressregel. Ein Händler haftet gegenüber einem späteren Glied in der Vertriebskette, d.h. ein nach § 10 PHG in Anspruch genommener Einzelhändler kann z.B. beim Importeur Rückgriff nehmen.[598]

§ 11 Abs 1 PHG regelt die gesamtschuldnerische Haftung mehrerer in Anspruch Genommener, wobei sich in Abs 2 eine Besonderheit findet, da sich die Haftung im Hinblick auf die Ursache des Produktfehlers, Kontrollmöglichkeiten des einzelnen Herstellers, bestehende Haftpflichtversicherungen und übrige Umstände verteilt. Nach § 11 Abs 3 tritt der Importeur oder Händler in die Ansprüche des Geschädigten ein, wenn er an ihn oder ein nachfolgendes Glied in der Absatzkette Ersatz

[597] Bloth, Produkthaftung in Schweden, Norwegen und Dänemark, 192.
[598] Bloth in: Graf von Westphalen, 450.

leistete. Nach § 12 sind diese Regressansprüche, die sich gegen alle vorhergehenden Glieder in Produktions- und Absatzkette richten, nicht abdingbar.[599] Der Anspruch besteht grundsätzlich in voller Höhe, kann aber entfallen oder gemindert werden, wenn der Importeur oder Händler an der Entstehung des Schadens schuldhaft mitwirkte oder ihn vergrößerte.

In § 13 findet sich die Regel, dass das Gesetz nicht den Zugang des Geschädigten zu den allgemeinen vertraglichen und außervertraglichen Haftungsregeln begrenzt.

§ 14 PHG umfasst thematisch sowohl Art 10 als auch Art 11 RL. In Abs 1 wird die Produkthaftung im Allgemeinen behandelt, wobei Ansprüche betroffen sind, die sich einerseits auf das PHG, andrerseits auch auf die von der Rspr entwickelten Grundsätze stützen. Ersatzansprüche für Produktschäden verjähren drei Jahre nach dem Tag, an dem der Geschädigte vom Schaden, vom Fehler und vom Namen und Aufenthaltsort des Herstellers Kenntnis erlangt hat. Zusätzlich findet sich in Abs 1 ein Verweis auf das Gesetz Nr 274 aus 1908 [600].

Abs 2 behandelt lediglich die Haftung nach dem PHG und besagt, dass Ansprüche zehn Jahre nach dem Tag, an dem der Hersteller das Produkt in den Verkehr gebracht hat, verfällt. Ein auf Richterrecht gestützter Anspruch wird von § 14 Abs 2 jedoch nicht erfasst. Für diesen gilt statt dessen die normale 20jährige Verjährungsfrist des dänischen Rechtes.[601]

In § 15 findet sich die Bestimmung über Atomschäden, in § 16 eine Ermächtigung für den Justizminister, bei zwischenstaatlichen Abkommen auf dem Gebiet der Produkthaftung Vorschriften festzusetzen. In den §§ 17, 18 finden sich Bestimmungen über das Inkrafttreten dieses Gesetzes.

---

599 Sinding, PHI 1990, 115.
600 Das sogenannte Verjährungsgesetz vom 22.12.1908, das besagt, dass die Verjährung unterbrochen wird, wenn der Anspruchsteller innerhalb eines bestimmten Zeitraumes rechtliche Schritte unternimmt – so z.B. wenn er klagt oder einen Antrag auf Eröffnung des Konkursverfahrens stellt.
601 Sinding, PHI 1990, 116.

Zusammenfassend bleibt festzuhalten, dass auch Dänemark die RL ordnungsgemäß umgesetzt hat. Dänemark verzichtet auf einen Haftungshöchstbetrag und auf eine Haftung für Entwicklungsrisiken, gestattet es dem Hersteller doch in § 7 Abs 1 Nr 4 den Einwand des Entwicklungsrisikos. Besonderheiten sind die Zulässigkeit der Geltendmachung von Schmerzensgeld und die Garantiehaftung in § 10 PHG. Das Gesetz ist jedoch nicht ganz so streng wie beispielsweise die Regelungen in Norwegen oder Finnland.

VIII. Rechtslage in Schweden

1. Allgemeines

Die schwedische Regierung verabschiedete am 17.12.1992 das Produkthaftungsgesetz, das am 1.1.1993 in Kraft trat. Schweden war zur Umsetzung der RL schon aufgrund des Beitrittes zur EU verpflichtet. Es gilt für Produkte, die nach seinem Inkrafttreten in den Verkehr gebracht wurden. Das Gesetz tritt neben das schwedische Schadenersatzgesetz von 2.6.1972.

2. Allgemeine Produkthaftung

2.1. Die vertragliche Haftung

Entscheidend für die vertragliche Haftung sind die seit 1.1.1991 geltenden neuen Kaufgesetze: so das Kaufgesetz und das Konsumentenkaufgesetz. Letzteres regelt Verkäufe von Gewerbetreibenden an private Verbraucher. Deckungsgleich sind beide Gesetze insoweit, als beide nicht den Verkauf von Grundstücken erfassen. Während das Konsumentenkaufgesetz jedoch nur für den Kauf beweglicher Sachen gilt, erfasst das Kaufgesetz auch Forderungen und Gebäude sowie deren Zubehör, wenn diese im Eigentum eines anderen als des Grundstückeigentümers stehen. Anwendung finden beide Gesetze auf Werklieferungsverträge.[602]

Bezüglich des zu ersetzenden Schadens unterscheiden sich beide Gesetze sehr voneinander. Ersatz von Personenschäden wird jedoch in beiden Gesetzen nicht gewährt. Unterschiede bestehen bei Sachschäden. Während das Kaufgesetz in § 67 Abs 1 ausdrücklich bestimmt, dass Schadenersatz für die Beschädigung einer anderen Sache als der Kaufsache nicht gewährt wird, heißt es in § 31 KKaufG, die Haftung des Verkäufers erstrecke sich auch auf Schäden, die aufgrund eines Fehlers der Kaufsache an anderen Sachen entstünden, die dem Käufer oder einem Mitglied seines Haushalts gehörten. Voraussetzung ist jedoch, dass die beschädigte Sache hauptsächlich zum privaten Ge- oder Verbrauch bestimmt ist.

---

[602] Bloth in: Graf von Westphalen, 651.

Übereinstimmend wird die Frage geregelt, wann eine Kaufsache mit einem Fehler behaftet ist. Im Grundsatz gilt (§ 17 KaufG, § 16 KKaufG) eine Ware dann als fehlerhaft, wenn sie hinsichtlich ihrer Art, Menge, Qualität oder anderer Eigenschaften oder ihrer Verpackung nicht mit dem übereinstimmt, was vertraglich vereinbart ist. Nicht nur ausdrückliche, sondern auch konkludente Absprachen gehören hierher. Sollten vertragliche Absprachen nicht vorliegen, so enthalten § 17 Abs 2 KaufG und § 16 Abs 2 KKaufG Kriterien, nach denen die Fehlerhaftigkeit einer Ware entschieden werden kann.

Die Schadenersatzhaftung nach beiden Gesetzen wird von der sogenannten Kontrollhaftung bestimmt. Dabei ist entscheidend, ob der schadensverursachende Umstand im Kontrollbereich des Verkäufers liegt. Beim Kaufgesetz gilt die Kontrollhaftung nur für indirekte Schäden, während sie im Konsumentenkaufgesetz, das zwischen direkten und indirekten Schäden nicht unterscheidet, auch für den Ersatz von Sachschäden gilt. Im Grundsatz gilt nach diesen Regeln, dass der Verkäufer verantwortlich ist, wenn er nicht nachweist, dass der Fehler auf Umständen außerhalb seiner Kontrolle beruht, und es billigerweise auch nicht erwartet werden kann, dass er bei Kaufabschluss mit diesen Umständen rechnen musste.

Beide Gesetze beinhalten ebenfalls Regeln, wonach der Schadenersatzanspruch des Käufers dann gemindert werden kann, wenn er seiner Schadensminderungspflicht nicht nachkommt. Da im Falle des KKaufG auch Sachschäden ersetzt werden können, kann hier der Schadenersatzanspruch, nach den Regeln des allgemeinen Schadenersatzrechtes, auch gemindert werden, wenn der Käufer den Schaden fahrlässig mitverursacht hat. Des weiteren ermöglichen beide Gesetze, den zu leistenden Schadenersatz zu mindern, wenn dies aus Billigkeitsgründen angemessen ist.

2.2. Die deliktische Haftung

2.2.1. Verschuldensunabhängige Haftung

In den letzten Jahren hatte der oberste schwedische Gerichtshof in einer Reihe von Entscheidungen über Produkthaftungsklagen einen geringeren Nachweis des Verschuldens ausreichen lassen. Erstmals 1989 verankerte er eine gesetzlich nicht geregelte Produkthaftung. Dabei ging es um ein durch Salmonellen verdorbenes Fertiggericht, dass die Kommune Stockholm als Betreiberin einer Zentralküche an 30 Schulen verteilte. Der im wesentlichen auf Schmerzensgeld gerichteten Klage einer Lehrerin gab das Gericht mit der Begründung statt, die Verantwortlichkeit der Betreiberin nach den Grundsätzen einer verschuldensunabhängigen Haftung liege in der Konsequenz der Verschärfung der Produkthaftung durch die Rspr in Fällen der Importeurshaftung, der Haftung des Endherstellers sowie der Garantiehaftung. Zusätzlich unterstützt wurden die Bestrebungen durch die internationale Entwicklung in Richtung einer verschuldensunabhängigen Haftung im Zusammenhang mit der RL.

Die Literatur zog daraus den Schluss, dass die Rspr eine nach Schadensarten differenzierte Lösung anstrebt. Personenschäden unterliegen der verschuldensunabhängigen Haftung, nicht aber Schäden an überwiegend wirtschaftlich genutzten Sachen. Ersatzfähig sind nur Personen- und Sachschäden, nicht aber reine Vermögensschäden, deren Ersatz nur nach vertragsrechtlichen Anspruchsgrundlagen verlangt werden kann. [603]

2.2.2. Verschuldenshaftung

Die Haftung des Herstellers für durch fehlerhafte Produkte verursachte Schäden stützt sich außerhalb des PHG in erster Linie auf das Deliktsrecht. Anspruchsgrundlage ist die sogenannte „Culpa-Regel", die im zweiten Kapitel § 1 des Schadenersatzgesetzes von 1972 kodifiziert ist. Danach hat derjenige, „der vorsätzlich oder fahrlässig einen Personen- oder Sachschaden verursacht, den Schaden zu ersetzen, wenn sich nicht etwas anderes aus dem Gesetz ergibt". Ein reiner Vermögensschaden wird nur ersetzt, wenn er durch eine strafbare Handlung verursacht wurde. Ob Fahrlässigkeit vorliegt, beurteilt sich u.a. danach, ob dem Betreffenden ein Verstoß gegen allgemeine Sorgfaltspflichten, die auch durch öffentlich-rechtliche Normen, Branchen- oder Berufsregeln definiert sein können, zur Last fallen.[604] Ähnlich wie das dänische Recht unterscheidet Schweden Konstruktions-, Fabrikations-, Instruktions- und Entwicklungsfehler. Daneben entwickelte sich noch zusätzlich der Begriff des Systemfehlers, der eigentlich kein Fehler ist, weil zwar mit der Verwendung des Produktes Gefahren verbunden sind, diese aber allgemein bekannt und akzeptiert sind. Dem Hersteller obliegen auch Produkthaftungsbeobachtungspflichten.[605]

---

[603] Bloth, Produkthaftung in Schweden, Norwegen und Dänemark, 60 ff.
[604] Bloth in: Graf von Westphalen, 656.
[605] Hill-Arning/Hoffman, Produkthaftung in Europa, 160.

Das Verschulden seiner Arbeitnehmer und Verrichtungsgehilfen wird dem Geschäftsherrn zugerechnet. Grundsätzlich haftet er auch für selbstständige Unternehmen, die für seine Rechnung Arbeiten ausführen, die ansonsten durch seine Angestellten vorgenommen werden.[606]

Die Anforderungen an die Sorgfaltspflichten des Herstellers werden nicht überdehnt. Der normale Gebrauch des Produktes ist ausschlaggebend: völlig zweckentfremdeten Gebrauch muss der Hersteller weder bei der Konstruktion noch bei der Instruktion berücksichtigen.[607]

Ein Personenschaden liegt vor, wenn die körperliche oder gesundheitliche Unversehrtheit eines Menschen beeinträchtigt wird. Nach Kap. 5 § 1 SEG, der auch für das Produkthaftungsgesetz gilt, hat der Geschädigte im Fall eines Personenschadens Anspruch auf Ersatz der Heilbehandlungskosten und anderen Ausgaben, des Verdienstausfalls, entgangenen Gewinns sowie Ersatz immaterieller Schäden. Letzteres, d.h. die Zahlung von Schmerzensgeld setzt kein Verschulden voraus, sondern ist auch im Fall verschuldensunabhängiger Haftung möglich.

Kap. 5 § 7 SEG bestimmt, welche Positionen bei Sachschäden ersetzbar sind: Der Wert der Sache, Reparaturkosten, Wertverlust, Verdienstausfall, entgangener Gewinn und andere Kosten infolge des Schadens.
Grundsätzlich trägt der Geschädigte die Beweislast für das Vorliegen der Tatsachen, die den von ihm geltend gemachten Anspruch beweisen. Von besonderem Interesse ist in den Fällen der Produkthaftung, ob und inwieweit dem Geschädigten Beweiserleichterungen im Hinblick auf die Kausalität und das Verschulden zu Teil werden.[608]

Für allgemein deliktische Schadenersatzansprüche gilt das Verjährungsgesetz, nach dessen § 2 eine Forderung zehn Jahre nach ihrer Entstehung verjährt, sofern der Lauf der Verjährungsfrist nicht unterbrochen wird, d.h. der Lauf der Verjährungsfrist beginnt mit der Inverkehrgabe bzw. Lieferung des Produkts, nicht mit dem Eintritt des Schadens. Der Ablauf der Verjährung wird zudem nicht nur durch gerichtliche, sondern schon durch schriftliche Geltendmachung unterbrochen.

---

[606] Bloth, PHI 1987, 210.
[607] Bloth, Produkthaftung in Schweden, Norwegen und Dänemark, 95.
[608] Bloth in: Graf von Westphalen, 660f.

3. Haftung nach dem Produkthaftungsgesetz

Das schwedische PHG gilt für alle Produkte seit seinem Inkrafttreten am 1.1.1993. Es gilt nicht exklusiv, sondern – entsprechend Art 14 der RL – neben anderen vertraglichen und außervertraglichen Haftungsbestimmungen. Vertragsbestimmungen, die die Haftung nach dem PHG einschränken, sind gemäß § 5 PHG ohne Wirkung.

Nach § 1 PHG wird Ersatz für Personenschäden gewährt. Nähere Bestimmungen zum Ersatz von Personenschäden enthält das Gesetz nicht. Insoweit gilt das 5.Kap. des Schadenersatzgesetzes. Der Geschädigte erhält somit auch nach den Bestimmungen des PHG Ersatz für ideelle Schäden, also Schmerzensgeld.

Produkte sind nach § 2 Abs 1 PHG bewegliche Sachen. Sie verlieren ihre Eigenschaft nicht dadurch, dass sie in andere bewegliche oder unbewegliche Sachen eingefügt oder in anderer Form deren Bestandteil wurden. Weiters ist es gleichgültig, ob das Produkt handwerklich oder industriell hergestellt wurde oder ob es sich um ein Naturprodukt handelt. Zusätzlich nahm der schwedische Gesetzgeber bereits von Beginn an von der Option Gebrauch, unverarbeitete landwirtschaftliche Natur- und Jagderzeugnisse in die Haftung einzubeziehen.[609] Daher musste auch Schweden im Rahmen der neuen Richtlinienänderung 99/34/EG keine Änderung im PHG vornehmen, sondern konnte die bisherige Regelung beibehalten.

Voraussetzung für die Haftung ist die Verursachung des zu ersetzenden Schadens durch einen Sicherheitsmangel. Dieser liegt nach § 3 PHG dann vor, wenn „das Produkt nicht so sicher ist, wie es billigerweise erwartet werden kann". Die Sicherheit ist nach seinem voraussehbaren Gebrauch und seiner Darbietung sowie mit Rücksicht auf Gebrauchsanweisungen, den Zeitpunkt seiner Inverkehrgabe sowie übrigen Umständen zu beurteilen. Die genannten Punkte stimmen somit im Wesentlichen mit Art 6 RL überein. Ausschlaggebend sind auch in Schweden allgemeine Erwartungen und nicht individuelle des Geschädigten oder Branchenkriterien. Unter Darbietung werden insbesondere Werbung, alle Angaben über das Produkt sowie die in § 3 ausdrücklich genannten Gebrauchsanweisungen verstanden. Der Gesetzgeber verweist darauf, dass auch die Wirkungslosigkeit eines Produktes als Sicherheitsmangel zu betrachten sei. In § 4 PHG findet sich

---

[609] Bloth in: Graf von Westphalen, 662.

die Regel, dass Schäden, die vom Atomgesetz[610] erfasst werden, auch dort geregelt werden. Gemäß § 5 PHG sind Vertragsbestimmungen, die die Haftung nach diesem Gesetz einschränken, ohne Wirkung.

Das schwedische Gesetz fasst in §§ 6, 7 alle am Herstellungs- und Vertriebsprozess Beteiligten unter dem Begriff „Schadenersatzpflichtige" zusammen. Hersteller ist nach § 6 Abs 1 Nr 1 derjenige, der ein Produkt hergestellt, erzeugt oder gewonnen hat, weiters auch derjenige, der über die Ausgestaltung des Produktes und damit über seine Sicherheit bestimmt. Im Rahmen der kompliziert ausgestalteten Importeurshaftung haftet derjenige, der ein Produkt in den EWR einführt, um es in den Verkehr zu bringen. Somit sind „interne Importe" vom Haftungsrisiko befreit. Eine Ausnahme besteht in dem Fall, in dem ein Import von einem EFTA in einen EU, von einem EU in einen EFTA oder von einem EFTA in einen EFTA-Staat stattgefunden hat. Als Quasi-Hersteller haftet derjenige, der das Produkt dadurch als sein eigenes vermarktet hat, dass er es mit seinem Namen, seiner Marke oder irgendeinem anderen unterscheidenden Kriterium versehen hat.[611] Schließlich bestimmt § 7 PHG, dass ein Lieferant seine Haftung vermeiden kann, wenn er innerhalb einer Frist von einem Monat, beginnend mit der Anspruchserhebung gegen ihn, dem Kläger die Person benennt, die das Produkt hergestellt, als ihr eigenes vermarktet oder ihm geliefert hat. Damit füllt das schwedische PHG den von der RL vorgegebenen unbestimmten Rechtsbegriff der „angemessenen Zeit" durch eine konkrete Frist aus.[612]

Nach § 8 PHG kann der Hersteller in bestimmten Fällen der Haftung entgehen. Die in § 8 genannten vier Fälle entsprechen den Tatbeständen des Art 7 lit a – e RL. Wichtig ist, dass der schwedische Gesetzgeber den Einwand des Entwicklungsrisikos zugelassen hat (§ 8 Nr 4 PHG). Die Haftung ist dann ausgeschlossen, wenn „der Sicherheitsmangel auf Grundlage des wissenschaftlichen und technischen Wissens zu dem Zeitpunkt der Inverkehrgabe des Produktes nicht erkennbar war".

Eine ausdrückliche Regelung der Beweislast – wie in Art 4 RL vorgesehen – fehlt im schwedischen Gesetz. Der Gesetzgeber wies aber darauf hin, dass es dem Anspruchssteller obliege, das Vorliegen der Voraussetzungen nachzuweisen. Hinsichtlich der Ausschlussgründe obliegt es dem Inanspruchgenommenen, den Beweis für ihr Vorliegen zu führen. Entsprechend Art 7 b RL verlangt das Gesetz jedoch im Hinblick auf den

---

[610] Atomgesetz 1968/45.
[611] Bloth, Produkthaftung in Schweden, Norwegen und Dänemark, 124 ff.
[612] Hill-Arning/Hoffman, Produkthaftung in Europa, 159.

Ausschlussgrund der „Fehlerfreiheit des Produkts bei Inverkehrgabe" lediglich, dass der Hersteller dies „wahrscheinlich macht" (§ 8 Nr 2).

Die Selbstbeteiligung bei Sachschäden beträgt gemäß § 9 PHG SEK 3.500. Der Ersatz immaterieller Schäden ist nicht vorgesehen. Weiters ist eine Haftungsminderung im Hinblick auf Mitverschulden des Geschädigten möglich, wobei jedoch unterschiedliche Regelungen für das PHG und das allgemeine Deliktsrecht gelten. Während nach § 10 PHG der Schadenersatz gemindert werden kann, wenn Mitverschulden auf Seiten des Geschädigten den Schaden mitverursacht hat, so unterscheidet das Schadenersatzgesetz in Kapitel 6 § 1 zwischen Personen- und Sachschäden. Nach Kapitel 6 § 3 SEG haften mehrere solidarisch, so weit sie für denselben Schaden verantwortlich sind. Diese Regelung greift unabhängig davon ein, ob der eine nach dem PHG, der andere nach dem SEG haftet.

§ 11 sieht einen Regressanspruch des Verkäufers für den Fall vor, dass er nach § 31 des Konsumentenkaufgesetzes[613] dem Käufer oder dessen Haushaltsangehörigen Schäden ersetzt hat, für die ein anderer, also z.B. ein Hersteller nach dem Produkthaftungsgesetz einzustehen hat. Solch eine Regel fehlt in der RL. Stellt also ein kaufrechtlicher Mangel, der zu einem Schaden führt, gleichzeitig einen Sicherheitsmangel dar, kann der Verkäufer Rückgriff nehmen. Dieser Anspruch ist gemäß § 5 PHG auch zwischen Kaufleuten nicht abdingbar. Problematisch ist dabei, dass sich der Verkäufer die Selbstbeteiligung des § 9 PHG anrechnen lassen muss, er selbst aber nach dem Konsumentenkaufgesetz gegenüber dem Käufer unbeschränkt haftet.[614]

Nach § 12 Abs 1 verjährt ein Schadenersatzanspruch drei Jahre, nach dem der Geschädigte Kenntnis davon erhalten hat oder hätte erhalten müssen, dass die Forderung geltend gemacht werden konnte. Kenntnis der Größe des Schadens ist nicht erforderlich. Die Kenntnis des Geschädigten muss sich auf das Vorliegen eines Schadens, eines Produktfehlers und des Verantwortlichen beziehen. Abs 2 legt eine absolute Verjährungsfrist fest. Danach verjährt ein Anspruch nach dem PHG spätestens zehn Jahre nach der Inverkehrgabe des schadensverursachenden Produktes durch den Verantwortlichen. Nach Abs 3 hat schließlich derjenige keinen Anspruch auf Schadenersatz, der nicht rechtzeitig Klage erhebt.[615]

---

[613] Konsumentenkaufgesetz 1990/932.
[614] Bloth in: Graf von Westphalen, 667f.
[615] Bloth, Produkthaftung in Schweden, Norwegen und Dänemark, 200f.

Zusammenfassend bleibt auch für Schweden zu sagen, dass die RL zeitlich wie auch inhaltlich ordnungsgemäß umgesetzt worden ist. Die in der RL angebotenen Optionen nahm Schweden nicht an, d.h. weder gibt es eine Möglichkeit, landwirtschaftliche Naturprodukte und Jagderzeugnisse von der Haftung auszunehmen, noch existiert eine Haftung für Entwicklungsrisiken, noch sieht das schwedische PHG einen Haftungshöchstbetrag für Personenserienschäden vor. Aber auch in Schweden führte das PHG zu keiner einschneidenden Haftung im Vergleich zu den allgemeinen Regelungen.

IX. Zusammenfassung

1. Bisherige Tendenzen

Grundlage in der Entwicklung des Rechtes der Produkthaftung in der EU ist die RL vom 25.7.1985. Die EG-, heute EU-Mitgliedstaaten hatten bis zum 30.7.1988 Zeit, die RL in nationales Recht umzusetzen, wodurch allein das neue harmonisierte Recht wirksam werden konnte. Zu den ursprünglich zehn, ab 1986 zwölf Mitgliedstaaten, sind 1995 Österreich, Schweden und Finnland hinzugetreten.

Vergleicht man nun formal die verschiedenen Umsetzungen, so muss festgestellt werden, dass Italien der einzige Staat in der EU ist, der die RL in Form einer VO (aber in Gesetzesrang) umgesetzt hat. Klar erklärt muss auch werden, dass die neu hinzugetretenen Mitglieder die RL erst mit Beitritt zum EWR umsetzen bzw an die RL anpassen mussten. Letzteres betraf vor allem Österreich, da hier bereits 1988 die RL umgesetzt wurde, jedoch 1993 das PHG richtlinienkonform gemacht wurde.

Betrachtet man nun die Umsetzungen in den Mitgliedstaaten, so ist zu sagen, dass sich die Staaten bei ihrer Umsetzung größtenteils sehr eng an den Wortlaut der RL gehalten haben, teilweise sogar die RL wortwörtlich übernommen haben. Kleinere Abweichungen von dem im allgemeinen Recht geltenden Haftungssystem bestehen durch die unterschiedliche Ausübung der Optionen durch einige Mitgliedstaaten. Dabei geht es vor allem um die Möglichkeit, für Entwicklungsrisiken zu haften, einen Haftungshöchstbetrag für Personenserienschäden (ECU 70 Millionen) festzusetzen und landwirtschaftliche Produkte in die Haftung einzubeziehen. Letzteres eine Regel, die aufgrund der Richtlinienänderung 99/34/EG nunmehr obsolet geworden ist, da seit 1999 landwirtschaftliche Produkte nicht mehr von der Haftung ausgenommen werden können.[616]

Eine verschärfte Haltung gilt in Luxemburg und Finnland, deren Rechte die landwirtschaftlichen Naturprodukte und die Entwicklungsrisiken einschließen. Eine gemilderte Haftung gilt in Deutschland, Portugal und Spanien, deren Rechte eine globale summenmäßige Haftungsbegrenzung in der durch die RL zugelassenen Mindesthöhe von ECU 70 Millionen vorsehen. Spanien schließt allerdings eine Haftung für Entwicklungsrisiken bei Arznei- und Lebensmittel ein, die zum Verkehr durch den Menschen

---

[616] Vergleiche dazu die Richtlinienänderung 99/34/EG in Abl L 141/20 von 10.Mai 1999.

bestimmt sind. Eine Zwischenstellung nehmen Griechenland und Schweden ein, die nur für landwirtschaftliche Produkte haften lassen.

Sehr wichtig erscheint mir auch die Regel von Art 9 Abs 2 RL zu sein, die es den Mitgliedstaaten freistellt und ihnen selbst überlässt, ob der Ersatz immaterieller Schäden als Schadenersatz bei Körperschäden in Betracht kommt. Österreich, Belgien und Dänemark gestatten einen Schmerzensgeldanspruch auch nach den jeweiligen Produkthaftungsgesetzen, Deutschland, Italien und Schweden verweisen dazu auf die allgemeinen Rechtsbestimmungen. Im übrigen haben die Mitgliedstaaten aufgrund Art 14 RL noch die Möglichkeit, neben dem Deliktsanspruch der RL weitere vertragliche und deliktische Ansprüche geltend zu machen.

Damit ist man in der EU zu einem gewissen Abschluss gekommen. Das Ziel – die Angleichung, nicht Vereinheitlichung des Rechtes der Produkthaftung ist erreicht. Die bestehenden Unterschiede gegenüber der Gesamtregelung fallen nicht ins Gewicht.[617]

Damit zeigt sich, dass das Grundproblem der Produkthaftung durch die Einführung einer verschuldensunabhängigen Haftung gelöst wird. Nicht mehr das Verhalten des Herstellers ist zurechenbarer Haftungsgrund, sondern der objektive Tatbestand der Schadensverursachung durch sozial nicht akzeptierte Produkteigenschaften.

Eine offene Frage scheint zu sein, ob der Hersteller auch dann haften soll, wenn die schädigende Sacheigenschaft nach dem Stand von Wissenschaft und Technik im Zeitpunkt der Herstellung von niemandem entdeckbar war – somit das Problem der Haftung von Entwicklungsrisiken. Eine solche Haftung wird überwiegend verneint, mit der Ausnahme der pharmazeutischen Produkte[618]. Da dieser Bereich der einzige ist, in dem der Fall praktisch wird, könnte eine einheitliche Lösung darin gefunden werden, dass man hier eine Haftung annimmt, sie für die übrigen Industriebereiche jedoch ebenso einheitlich ausschließt.[619]

---

[617] Taschner, PHI 1997, 69.
[618] Stichworte: deutsches Arzneimittelgesetz, Gentechnik.
[619] Taschner, PHI 1997, 74f.

2. Ausblick – Das Grünbuch der Europäischen Kommission[620]

Die Herausforderung dieser RL besteht darin, ein Höchstmaß positiver Auswirkungen für den Verbraucher zu gewährleisten (insbesondere eine möglichst gute Entschädigung der Opfer), gleichzeitig aber auch die Kosten auf einem angemessenen Niveau zu halten, um vor allem die Innovations- und Forschungskapazität der Industrie nicht zu beeinträchtigen. Wie die letzten Nahrungsmittelkrisen („Rinderwahn", „Dioxin") zeigten, gibt es aber das Nullrisiko nicht. Es muss sich jede Gesellschaft auf ein optimales, ihrer Entwicklung angepasstes, System verlassen, um die produktionsbedingten Schäden bei den Opfern bestmöglich wiedergutmachen zu können. Es ist daher unerlässlich zu prüfen, ob ein Instrument wie die RL 85/374/EWG in Anbetracht der neuen Risiken, denen die europäische Gesellschaft im Verlauf des neuen Jahrtausends gegenüberstehen wird, auch weiterhin diese Zielsetzung erfüllt.

Mit Hilfe eines neuen Grünbuches will die Europäische Kommission unter Mitwirkung interessierter Kreise die effektive Umsetzung der Vorschriften über die zivilrechtliche Haftung für fehlerhafte Produkte untersuchen und feststellen, wie sie sich auf die Funktionsweise des Binnenmarktes, den Verbraucherschutz und die Wettbewerbsfähigkeit europäischer Unternehmen auswirken. Unter wesentlich anderen Voraussetzungen als 1985 ist es unbedingt erforderlich zu erkennen, ob die RL weiterhin wirksam bleibt und falls nicht, weshalb und wie sie zu verbessern wäre. Auf diese Weise hätte das Grünbuch einen doppelten Zweck:

- Es ermöglicht Informationen zu erhalten, um die Anwendung vor Ort anhand der Erfahrungen der betroffenen Akteure zu bewerten (insbesondere der Industrie und der Verbraucher) und im Endeffekt festzustellen, ob sie ihre Zielsetzungen erfüllt.
- Weiters soll das Grünbuch die Reaktionen auf eine eventuelle Überarbeitung der schwierigsten Punkte der RL testen und feststellen, ob - wenn ja, was geändert gehört.

Erläutert werden sollen folgende Fragen:

- Umsetzungsmodalitäten für die Beweislast des Opfers

[620] Im Rahmen des Grünbuches der Kommission.

- Eventuelle Ausnahmeregelung bei „Entwicklungsrisiken" und Bewertung einer möglichen Streichung dieser Passagen
- Klausel für eine Haftungsbegrenzung und deren Rechtfertigung
- Zehnjahresfrist und Auswirkungen einer etwaigen Änderung
- Evaluierung der Möglichkeiten einer Versicherung von Risiken aus fehlerhafter Herstellung
- Bessere Information über die Lösung von Fällen in Zusammenhang mit fehlerhaften Produkten
- Haftung des Lieferanten
- Art der gedeckten Produkte und Schäden

Dabei ist der Kommission sehr daran gelegen, dass man sich bei diesem Vorgang an der Transparenz und Wirksamkeit der Ergebnisse orientiert. Um die Überlegungen und den Meinungsaustausch voranzubringen, möchte sie deshalb, dass sich die Antworten zu ihren Fragen auf Fakten statt auf einfache Grundsatzentscheidungen stützen. Somit bat die Kommission am 28.7.1999 alle Beteiligten, ihre schriftlichen Anmerkungen zu den Fragen im Grünbuch jeweils zu übermitteln. Dies sollte binnen vier Monaten geschehen.

Das Grünbuch soll dazu dienen, den Bericht über die Anwendung der RL über die Haftung von Herstellern vorzubereiten, der Anfang 2001 vorgesehen ist.[621]

Im Bericht 1995 hatte die Kommission abschließend festgestellt, dass erst wenig Lehren aus der Umsetzung der RL zu ziehen seien. Es gab auch sehr wenig Rspr auf diesem Gebiet. Aufgrund der 1995 vorliegenden Angaben hatte die Kommission keine Änderungen für notwendig befunden. Einige Aspekte der RL verlangten jedoch ständige Aufmerksamkeit. Dies galt z.B. für den Ausschluss von nicht verarbeiteten landwirtschaftlichen Erzeugnissen. Laut der anlässlich der BSE-Krise entstandenen RL 99/34/EG müssen die Staaten künftig die Bestimmungen von der RL auf unverarbeitete landwirtschaftliche Erzeugnisse anwenden. Die Kommission schlägt vor, zu ermitteln

- welche Auswirkungen die Anwendung der RL hat, ob sie mehr Vorteile als Kosten mit sich bringt, insbesondere auf der Ebene des Schutzes für die Opfer und der Kostenbelastung für die Unternehmen,

---

[621] Über informatives Befragen der Kommission; Alle fünf Jahre muss die Kommission gemäß Art 21 RL den Gemeinschaftsinstitutionen einen Bericht erstatten;

- wie und weshalb die RL diese Auswirkungen verursacht und
- welche Aspekte der RL änderungsbedürftig wären, wenn die sozialen Vorteile verstärkt und die Kosten auf einem vernünftigen Niveau gehalten werden sollen.

Um die Auswirkungen der RL zu beurteilen, sollen nicht nur die Fälle aufgezählt werden, die den nationalen Gerichten vorgelegt wurden oder zu denen sich der Gerichtshof äußern musste. Es geht vielmehr darum festzustellen, inwieweit die RL ihren Zielen gegenüber den verschiedenen beteiligten Sektoren nachkommt, ob sie den Wirtschaftsteilnehmern einen ausreichenden Rechtsschutz sichert, der den innergemeinschaftlichen Handel erleichtert, ob die Wettbewerbsfähigkeit der europäschen Unternehmen nicht durch die RL beeinträchtigt wird oder auch ob die Behörden und Verbraucherverbände die RL als nützliches Instrument für ihre Politik zugunsten der Opfer von fehlerhaften Produkten empfinden.

Weil die RL über die Herstellerhaftung im gesamten EWR gilt und auch Drittländern als Vorbild dient, beeinflusst sie das rechtliche Umfeld des inner- und außergemeinschaftlichen Handels. Daher würde die Kommission gerne wissen, wie die Beteiligten diese Auswirkungen anhand ihrer Erfahrungen seit 1985 beurteilen.
Aus diesem Grund stellte die Kommission im Rahmen des Grünbuches 19 Fragen, aufgrund deren Beantwortung sie möglichst viel über die Erfahrungen aller Institutionen mit der RL bekommt.[622]

[622] Alle Fragen nachzulesen im Grünbuch oder unter http://europa.eu.int/comm/internal_market/de/goods/liability/replies.htm.

3. Die Reaktionen aus den Mitgliedstaaten zum Grünbuch

Bei den Personen, die Anmerkungen übermittelt haben, können vier Gruppen unterschieden werden:

- Organisationen, die die Interessen der Verbraucher vertreten,
- die verschiedenen betroffenen Industriesektoren,
- Behörden der Mitgliedstaaten oder anderer europäischer Staaten,
- auf dem Gebiet der Produkthaftung spezialisierte Einrichtungen.

Im folgenden werden die Auswirkungen der RL in den Mitgliedstaaten aus Sicht der in dieser Arbeit behandelten Mitgliedstaaten, aus Sicht der europäischen Verbraucherschutzorganisation (BEUC) wie auch aus dem Blickwinkel des europäischen Handelsvertreters (Eurocommerce) besprochen.

In Österreich äußerte sich das Bundesministerium für Justiz zum Grünbuch und stellte fest, dass die RL in weiten Bereichen ein ausgewogenes Instrument bilde, das die Interessen der Wirtschaftsunternehmen einerseits und die Anliegen des Verbraucherschutzes andererseits in gleicher Weise berücksichtige. Die RL und das auf ihrer Grundlage erlassene österreichische PHG haben sich in der Praxis vielfach bewährt und einen sicheren Rechtsrahmen für Unternehmer und Verbraucher geschaffen. Bei einer Weiterentwicklung des Produkthaftungsrechts sei darauf zu achten, dass das durch die RL erzielte Gleichgewicht zwischen den Interessen der Hersteller und der Verbraucher nicht gestört werde. Gleichzeitig solle auch beachtet werden, dass die Beibehaltung des bisherigen Rechtszustandes in manchen Bereichen aufgrund der wirtschaftlichen, technischen und gesellschaftlichen Entwicklung zur Störung dieses Gleichgewichtes führen könne.

Eine Schwäche des Grünbuchs liege darin, dass es die rechtlichen und sozialen Realitäten in den Mitgliedstaaten nicht ausreichend berücksichtige. Des weiteren vernachlässige es die Wechselwirkungen zwischen der öffentlich-rechtlichen Produktsicherheit einerseits und der zivilrechtlichen Produkthaftung andererseits, da beide Bereiche in einem engen und in Wahrheit untrennbaren Zusammenhang stehen. Auch noch kritisch müsse vermerkt werden, dass die RL zwar einen wichtigen Beitrag zur Harmonisierung des Haftungsrechts bilde, dass ihre Auswirkungen jedoch wieder beschränkt seien, weil ihre Bestimmungen in die nationalen Haftungs- und Versicherungsrechte mit all deren Unterschieden und

Besonderheiten eingebettet sind. Dieser Umstand müsse bei der Weiterentwicklung der RL berücksichtigt werden. Vor allem in der Frage der Höhe des zu ersetzenden Schadens sei eine Rechtsangleichung wünschenswert und im Hinblick auf möglichst einheitliche Wettbewerbsbedingungen im Binnenmarkt wohl auch geboten.

Letztlich sei auch noch festgehalten, dass bestimmte Fälle nicht auf zivilrechtlicher Grundlage, sondern im Rahmen spezifischer Ausgleichs- und Entschädigungsfonds gelöst wurden. Nach Ansicht des BMfJ seien solche Fondlösungen, die bis dato nur auf wenige Staaten beschränkt sind, zu begrüßen, da sie den Geschädigten die Durchsetzung ihrer Ansprüche erleichtern, weil sie Nachteile für die beteiligten Unternehmen vermindern und im Interesse der öffentlichen Hand liegen. Man sollte jedoch überlegen, die Verzerrungen in den Wettbewerbsbedingungen durch einen einheitlichen Mindeststandard zu begleiten. Auch für solche Überlegungen würde eine anstehende Revision der RL Gelegenheit bieten.

Auch die deutsche Bundesregierung nahm zum Grünbuch Stellung und bemerkte, dass aus den beteiligten Kreisen kaum Daten über die Anwendung der RL vorlägen. Dasselbe gelte auch für die gerichtliche Praxis, in der die RL auch keine nennenswerte Bedeutung erlangt habe. Die Bundesregierung folgert daraus, dass in der deutschen Schadenspraxis das PHG keine wesentliche Rolle spiele.

Sie ist weiters der Auffassung, dass eine Harmonisierung des Produkthaftungsrechts nicht nur aus Gründen des Verbraucherschutzes, sondern auch unter Binnenmarktaspekten zu begrüßen sei. Die Frage, ob weitere Rechtsangleichungen geboten seien, ziele auf Behinderungen des Binnenmarktes ab, die durch nicht harmonisierte nationale Rechtsregeln entstehen können. Die Umsetzung der RL von 1985 wurde erst vor nicht allzu langer Zeit in allen Mitgliedstaaten abgeschlossen. Die angestrebte gemeinschaftsweite Rechtssicherheit durch einheitliche Rahmenbedingungen, auf die sich sowohl Wirtschaft als auch Verbraucher einstellen können, müsse sich erst noch konsolidieren. Eine Änderung der RL würde einen erneuten Umsetzungsprozess mit entsprechend langen Umsetzungsfristen auslösen, der der beabsichtigten Stabilität des Rechtsrahmens tendenziell abträglich wäre. Vor diesem Hintergrund muss die Frage, ob die RL zum abschließenden System für die Haftung für fehlerhafte Produkte werden sollte, verneint werden. Des weiteren spricht sich die Bundesregierung gegen eine Streichung des Art 13 RL aus, da es auch zukünftig zulässig sein muss, Ersatz für einen erlittenen Schaden nach verschiedenen Anspruchsgrundlagen einzufordern.

In der deutschen Gerichtspraxis fänden sich nur ganz wenige Urteile, die sich allein auf Ansprüche aus dem PHG stützen. Zumeist werde daneben die allgemeine deliktische Haftung als Anspruchsgrundlage herangezogen, die somit nach Auffassung der Bundesregierung nicht durch die RL, die ein sektoral begrenztes Regelungswerk darstellt, ausgeschlossen werden. Zuletzt gelte dies erst recht für eine etwaige vertragliche Haftung zwischen dem Verbraucher und seinem Vertragspartner. Es sei zu bezweifeln, ob es EU-rechtlich zulässig sei, eine Vertragshaftung neben einer Deliktshaftung auszuschließen. Ein Vorrang der Gefährdungshaftung vor vertraglicher Haftung wäre auch mit dem Grundsatz der Vertragsfreiheit nicht zu vereinbaren. Auch aus Gründen des Verbraucherschutzes sollte auf eine solche Beschneidung von Ansprüchen unbedingt verzichtet werden.

Für Italien äußerte sich die dortige Verbraucherschutzorganisation CCA (Comitato Consumatori Altroconsumo) und hob alle Verbraucherschutzrechte positiv hervor und meldete bei Regelungen, bei denen sich Probleme für die Verbraucher ergeben könnten, Bedenken an. So verlange er eine Abschaffung der Schwelle des Selbstbehaltes, wie sich dies in Italien selbst aus Sicht der Wirtschaftsunternehmen bereits bewährt habe, auch auf europäischem Niveau. Des weiteren fordere er in bezug auf die Beweislast, dass die Verbraucher nur mehr den Schaden beweisen müssen, beim Fehler und dem Zusammenhang zwischen Schaden und Fehler jedoch der Hersteller die Beweislast zu tragen habe. Würde man diesen und allen weiteren Forderungen des CCA zustimmen, würde sich mE ein Ungleichgewicht zugunsten der Verbraucher ergeben, da ein Hersteller bei jedem geringsten Fahler bereits haftbar gemacht werden könnte und dies kann auch nicht der Sinn einer fairen Regelung im Produkthaftungsrecht sein.

Für Belgien nahm einzig und allein die Unternehmervereinigung Stellung zum Grünbuch und forderte durchgehend durch den Schriftsatz und angereichert durch einige Beispiele eine Haftung für Dienstleistungen, da sie im Rahmen des Grünbuches dessen Anwendung auf Dienstleistungen vermisse, obwohl sich dies aus dem Konsumentenpolitischen Aktionsplan der Kommission für die Jahre 1999 – 2001 ergäbe. Zur RL sei bloß angeführt, dass die belgische Unternehmervereinigung sich ansonsten sehr zufrieden mit der RL zeige und nicht unbedingt eine Änderung der RL verlange, da sie glaube, die geltenden Regelungen seien völlig ausreichend.

Die dänische Verbraucherschutzorganisation zeigt sich auch grundsätzlich mit der RL sehr zufrieden, bringt aber auch einige Anmerkungen ein, die ihrer Ansicht nach zu einer Verbesserung beitragen würden. So ist sie der Meinung, dass der Bereich der Anwendbarkeit der RL nicht nur auf die Haftung eines Herstellers beschränkt sein solle, sondern auf alle Bereiche der Produktion und des Handels ausgedehnt werden müsse. Zudem verlange Dänemark immer schon eine Erweiterung der Haftung auch auf Dienstleistungen und unbewegliche Gegenstände. Auch die Frage, wann ein Produktfehler vorliege (Art 6 RL) sei nach Ansicht Dänemarks zu eng geregelt und bedürfe einer eingehenden Untersuchung. Ebenso scheint das Thema der Beweislast der dänischen Verbraucherschutzorganisation ein Dorn im Auge zu sein, da sich vor Gericht gezeigt habe, dass sich sowohl Schaden, als auch Fehler und ursächlicher Zusammenhang dieser beiden nur schwer feststellen lassen und der Verbraucher ungerechterweise oftmals leer ausgehe. Im Gegensatz zu Italien stelle sie jedoch keine Forderungen zu Änderungen auf, sondern bitte nur darum, dieses Problem einer eingehenden Diskussion zuzuführen. Des weiteren glaube sie auch, dass es erforderlich wäre, über die 500 ECU Selbstbeteiligung zu sprechen, da sie diese Schwelle für zu hoch erachte. Schließlich sei auch die zehnjährige Verjährungsfrist aus dänischer Sicht aus zwei Gründen unvernünftig. Zum einen, weil kein Zwang für Produzenten bestehe, auf das Datum der Produktion hinzuweisen, wodurch sich Verbraucher auch nicht vor eventuell bestehenden Fehlern in Acht nehmen können, zum anderen sei es nicht einzusehen, warum Produzenten eine Haftung verweigern können in Situationen, in denen entstandene Produktfehler vorsätzlichem Profitdenken zuzuschreiben seien. Auch darüber möge nach Ansicht der dänischen Verbraucherschutzorganisation noch diskutiert werden.

In Schweden äußerte sich die Industrievereinigung zum Grünbuch und versuchte vor allem herauszuarbeiten, dass an der Beweislast keine Änderungen zugunsten der Verbraucher vorgenommen werden dürfen, da dies das verbraucherschutzrechtliche Gleichgewicht durcheinanderbringen würde und den Produzenten sehr schaden könnte, da sie folglich die Beweislast zu tragen hätten.

Es wird festgestellt, dass die RL aus Sicht von Wirtschafts- und Verbraucherpolitik vernünftige Regelungen enthalte. Dies zeige sich auch in der geringen Anzahl von Schäden und Verletzungen, die durch defekte

Produkte auftreten. Sollten Änderungen vorgenommen werden, so würde dieses bereits erreichte Gleichgewicht massiv gestört werden.
Die schwedische Industrievereinigung ist daher der Meinung, die Kommission müsse eine Studie ausarbeiten, in der sie alle zivil- und öffentlich-rechtlichen Aspekte, die RL und auch alle Sicherheitsstandards einarbeite und einer Kosten-Nutzen-Analyse unterziehe, um anschließend auch ganz sicher zu sein, ob etwaige Änderungen einer bis dato so gut funktionierenden RL überhaupt notwendig seien.

Auch das BEUC[623], das europäische Verbraucherschutzbüro gab eine Stellungnahme zum Grünbuch ab. Es begrüßte den Versuch der Kommission, eine ernsthafte Überarbeitung der RL durchzuführen, bemängelte jedoch, dass in der RL viel zu wenig Schutz für Verbraucher herrsche und sei somit überzeugt, dass eine dringende Notwendigkeit bestehe, die RL zu verbessern.

Der Endbericht der Kommission Anfang 2001 solle vor allem Maßnahmen vorschlagen, die es ermöglichen, Opfer vernünftig zu entschädigen und Schäden zu kompensieren, z.B. durch verbindliche Versicherungen für Hersteller. Der Selbstbehalt von 500 ECU müsse unbedingt gesenkt werden, da es keinen Sinn mache, den Verbraucher für Produktfehler haften zu lassen. Auch erscheine dem BEUC die zehnjährige Verjährungsfrist viel zu gering, da es in gewissen Fällen einer Frist von zumindest 20 Jahren bedürfe, um bestimmten Produktfehlern vorzubeugen.

Zudem spreche man sich entschieden gegen Art 4 RL aus und verlange, dass vom Verbraucher nur mehr der Schaden und die Wahrscheinlichkeit eines Fehlers zu beweisen seien. Ebenso müsse der Hersteller im Falle eines Sachverständigengutachtens in erster Instanz die Gutachtenskosten zur Gänze übernehmen. Auch schlage man der Kommission vor, um dem Verbraucher noch mehr Sicherheit zu geben, ein Insolvenzschutzsystem, ähnlich dem von Art 7 Pauschalreiserichtlinie einzurichten für den Fall des Konkurses eines Unternehmens, wobei ein zwingendes Versicherungssystem am geeignetsten dafür erscheine.

Des weiteren möge für einen Verbraucher auch der Zugang zu Gerichten erleichtert werden durch die Einführung eines europaweiten Unterstützung durch speziell geschulte Verbraucherschutzbehörden, die zudem mit einer großen Datei ausgestattet werden müssen, in der sich jegliche Informa-

---

[623] Bureau Européen des Unions de Consommateurs.

tionen über defekte Produkte finden, sodass Konsumenten sofort und effektiv beraten werden können.

Auch erscheint es unabdingbar, neben beweglichen Dingen auch unbewegliches Eigentum und Dienstleistungen unter den Begriff „Produkte" zu bringen.
Wie man sieht, versucht also das BEUC wirklich alle Register des Verbraucherschutzes zu ziehen, wobei mE die eine oder andere Forderung übertrieben erscheint und zu einem großen Ungleichgewicht führen kann.

Schließlich äußerte sich auch noch EUROCOMMERCE, die internationale Handelsvertretung der Europäischen Union zum Grünbuch.
Was das erste Ziel des Grünbuchs betreffe, d.h. die Bewertung der Anwendung der RL vor Ort anhand der Erfahrungen der betroffenen Akteure, müsse Eurocommerce einräumen, dass es bislang auf diesem Gebiet nur wenige Erfahrungen gemacht habe (nur wenige Fälle pro Jahr), und dass eigentlich so oft wie möglich eine kommerzielle Lösung an jene Kunden geboten werde, die in die Geschäfte zurückkehren, um über ein fehlerhaftes Produkt zu klagen.

Hinsichtlich des zweiten Ziels des Grünbuchs, nämlich die Reaktion auf eine eventuelle Überarbeitung der schwierigsten Punkte der RL zu testen, geht Eurocommerce davon aus, dass eine Änderung der derzeitigen Vorschriften hinsichtlich der Beweislast nicht erforderlich ist, zudem sollte auch der Haftungsausschluss für Entwicklungsrisiken beibehalten werden. Wichtig erscheine zudem, die Haftungsober- und untergrenze von jeweils 70 Millionen ECU und 500 ECU solle nicht geändert werden, um Rechtsstreite nach US-amerikanischen Stil zu vermeiden.

Keine Änderung dürfe es auch bei der Haftungsfrist von zehn Jahren für den Hersteller ab dem Zeitpunkt geben, zu dem das Produkt in den Verkehr gebracht wurde. Weiters solle das derzeit von der RL geschaffene Gleichgewicht, bei dem die Haupthaftung beim Hersteller liege und der Lieferant nur in Ausnahmefällen in Anspruch genommen werden kann, unbedingt beibehalten werden.

Aus all diesen Gründen komme Eurocommerce zum Schluss, dass eine Änderung der gut funktionierenden RL derzeit nicht erforderlich erscheine.

Die Kommission rechnete damit, dass sie aus den gleichen Wirtschaftszweigen in den verschiedenen Mitgliedstaaten verschiedene Antworten erhält. Wie sich zeigte, ergab allein diese gezeigte Auswahl an Antworten zum Grünbuch unterschiedlichste Meinungen, ob es einer Reform der RL bedürfe oder nicht. Aufgrund dieser Antworten ist nun die Kommission gefragt, in ihrem Bericht zur RL, der Anfang 2001 veröffentlicht wird, richtungsweisende Vorschläge über die Zukunft der RL zu formulieren. Man darf also gespannt sein, zu welchen Entscheidungen die Kommission findet. Es könnte somit gut möglich sein, dass sich in den kommenden fünf Jahren das Produkthaftungsrecht dahingehend ändert, dass eine neue RL entworfen wird, oder aber zumindest die derzeit geltende RL entscheidende Änderungen erfährt.

D Rechtseinheit oder Rechtsvielfalt in Europa ?

1. Allgemeines

Eine systematische umfassende Vereinheitlichung des Privatrechts innerhalb der Europäischen Union wird derzeit weder von den zuständigen Organen der Union noch von den Mitgliedstaaten selbst betrieben. Im Gründungsvertrag wird die Harmonisierung des Privatrechts nicht ausdrücklich erwähnt und offiziell verfolgt die Europäische Kommission auch nicht die Schaffung eines einheitlichen europäischen Zivilgesetzbuchs. Auch wenn die Kommission dies derzeit nicht für notwendig erachtet, hat die Summe der unter dem Gesichtspunkt des Verbraucherschutzes angenommenen Richtlinien inzwischen einen Umfang und eine Bedeutung erreicht, die das Wort vom „neuen europäischen Vertragsrecht" vielleicht doch nicht ganz abwegig erscheinen lassen. Schließlich regeln die Richtlinien teilweise zentrale Bereiche des klassischen Vertragsrechts[624] mit weitreichender Bedeutung für den Rechtsalltag in einer Weise, die tief in die gewachsene Vertragsrechtskultur der Mitgliedstaaten eingreift. Dazu kommen noch gemeinschaftsrechtlich determinierte Sonderregelungen spezieller Privatrechtsbereiche wie des Bankenvertragsrechts[625], der Werbung und des Geschäftsabschlusses[626], des Reiserechts[627] und – den Regeln im Reiserecht in der Zielsetzung verwandt – schließlich des Teilnutzungsrechts an Immobilien[628].

Diese Aufzählung macht eines deutlich:
Die Verbraucherschutzgesetzgebung der Europäischen Gemeinschaft ist von erheblicher rechtlicher und wirtschaftlicher Relevanz und sie bietet das Bild eines Mosaiks mit blinden Stellen, eines Teppichs mit Löchern, wo erst bei näherer Betrachtung erkennbar wird, dass die verwendeten Steine von unterschiedlicher Qualität, die verwendeten Fasern von verschiedenen Stoffarten sind. Das Verbraucherleitbild der Einzelrege-

---

[624] Man denke nur an die Richtlinien über missbräuchliche Regeln in Verbraucherverträgen, zum Fernabsatz oder über Gebrauchsgütergarantien.
[625] Richtlinien über den Verbraucherkredit und über grenzüberschreitende Überweisungen.
[626] Richtlinien über irreführende Werbung und Haustürgeschäfte.
[627] Die hier behandelte Pauschalreiserichtlinie und die Verordnung über Flugreisen-Überbuchung.
[628] Die hier ebenfalls behandelte Timesharing-Richtlinie.

lungen ist durchaus unterschiedlich, auch die dem Verbraucher an die Hand gegebenen Rechte und Behelfe sind nicht kohärent, selbst die Berechung von Rücktrittsfristen variiert ohne Not von Richtlinie zu Richtlinie.

Wo findet sich nun ein einheitliches europäisches Verbraucherschutzrecht oder ist dies reine Zukunftsmusik in zehn oder 20 Jahren ?

2. Der Verbraucherbegriff

Der Begriff des Verbrauchers ist nicht strikt einheitlich in den einzelnen Richtlinien.[629] Überwiegend herrscht jedoch die Formulierung vor, dass es sich um eine natürliche Person handeln muss, die bei den von der jeweiligen Richtlinie erfassten Geschäften zu dem Zweck handelt, der nicht ihrer beruflichen oder gewerblichen Tätigkeit zugerechnet werden kann. Die Timesharing-Richtlinie nennt den Verbraucher Erwerber, behält aber ansonsten die genannte Formulierung bei, die Pauschalreiserichtlinie bezeichnet als Verbraucher schlicht „die Person, welche die Reise bucht oder zu buchen sich verpflichtet (Art 2 Z 4). Damit können wie gesehen auch Geschäftsreisende unter den Begriff gerechnet werden.

Der Verbraucherbegriff ist im Rahmen der jeweiligen Richtlinie wortlautgemäß eng anzulegen. So hat es der EuGH im Urteil Di Pinto[630] abgelehnt, die Anwendung auf ähnlich gelagerte Fälle – wie eine Transaktion zur Aufgabe einer gewerblichen Tätigkeit – auszudehnen. Er hat allerdings eine nationale französische Regelung – der Fall wurde von einem französischen Gericht vorgelegt – , die dies erlaubte, auch nicht verworfen.

Es ist jedoch darauf hinzuweisen, dass die Staaten die durch die Minimalklauseln eröffnete Möglichkeit genutzt haben, den Verbraucherbegriff auszudehnen und so den Kreis der geschützten Personen zu erweitern.

Inhaltlich zeichnet sich durch die Auslegung des EuGH in verschiedenen Vorlagefragen ein Verbraucherleitbild ab, das von einem aufgeklärten, gut informierten oder jedenfalls zur angemessenen Eigeninformation intellektuell und zeitlich in der Lage befindlichen Marktbürger ausgeht. So

---

[629] Vgl auch Lurger, Vertragliche Solidarität, 66 ff.
[630] EuGH Slg. 1991 I 1189.

sollen gemäß dem Urteil GB/INNO[631] an sich richtige, wenn auch für die Wahlentscheidung vielleicht wenig hilfreiche Informationen der Gewerbetreibenden nicht durch überprotektionistische, präventive Werbeverbote dem Verbraucher vorenthalten werden. Gemäß dem Urteil Mars[632] ist der Verbraucher sogar gehalten, objektiv unrichtige, gewissermaßen marktschreierische Werbeankündigungen auf Prospekten als solche zu erkennen und sich hiervon nicht beeinflussen zu lassen.

Angesichts der herausragenden Stellung, die der private Verbraucher in der einschlägigen Privatrechtsgesetzgebung einnimmt, darf man vielleicht die provokante Frage aufwerfen, ob nicht der zu privaten wirtschaftlichen Zwecken handelnde Marktbürger das Privatrechtsubjekt schlechthin im nicht-kommerziellen Wirtschaftsverkehr in der Union darstellt und etwaige weitere Kodifikationsbemühungen an seiner Stellung und Rolle anknüpfen sollen.

3. Rechtsquellen und Charakteristika des Gemeinschaftsprivatrechts

Im sogenannten Primärrecht findet sich Art 153 EGV, der speziell den Verbraucherschutz regelt und die Rechtsprechung des Gerichtshofs zu den Grundfreiheiten.

Im Sekundärrecht das sogenannte harmonisierte Gemeinschaftsprivatrecht[633], das auf nationaler Ebene üblicherweise mit der Europäisierung des Privatrechts assoziiert und diskutiert wird. Es handelt sich um Richtlinien und Verordnungen, die privatrechtliche Sachverhalte regeln und die von den Organen der Gemeinschaft aufgrund einer Kompetenznorm des EGV erlassen wurden.

Die spezifische Wirkung der beiden Rechtsquellen im Hinblick auf die europäische Integration lässt sich anhand des Begriffspaars positive und negative Integration verdeutlichen. Die Grundfreiheiten, die das Integrationsziel erreichen, indem sie Hindernisse im nationalen Recht abbauen und dadurch die Marktöffnung erzwingen, folgen der Negativ-Integration. Es sind Verbotsnormen, die von den Staaten ein Unterlassen fordern und Hindernisse für die vier Grundfreiheiten dadurch beseitigen,

---

[631] EuGH Slg. 1991 I 5941.
[632] EuGH Slg. 1995 I 1923.
[633] Klauer, Die Europäisierung des Privatrechts, 21.

dass sie bestimmte nationale Regeln für unzulässig erklären. Die Negativ-Integration stößt dort an ihre Grenzen, wo die Regeln des nationalen Rechts aus übergeordneten Gründen gerechtfertigt sind (Verbraucherschutz). Da setzt die Positiv-Integration durch das harmonisierte Recht an, wobei die Richtlinien und Verordnungen Sollvorgaben für die Staaten setzen und ein positives Tun fordern. Mit beiden Begriffen geht es um die Erreichung eines Zieles: nämlich um die Verwirklichung der Integrationsziele des Binnenmarktes und die Entwicklung eines europäischen Privatrechts.[634]

Die Rechtssetzung und Rechtsanwendung der Europäischen Gemeinschaft zwingen dazu, der Funktion von Privatrecht nachzugehen. Gemeinschaftsprivatrecht sei nicht einfach nur Privatrecht, sondern vielmehr ein Teil des Gemeinschaftsrechts und folglich auch denselben Zielen verpflichtet wie dieses.

Die hieraus resultierende Doppelfunktionalität des Gemeinschaftsprivatrechts bedeutet, dass dieses nicht nur der „Logik des Privatrechts", sondern auch der „Logik der Integration" verpflichtet ist. Somit muss auch das Gemeinschaftsprivatrecht darum bemüht sein, die sich stellenden privatrechtlichen Konflikte durch einen angemessenen Ausgleich zwischen den Interessen der betroffenen Privatrechtssubjekte zu lösen. Darüber hinaus ist das Gemeinschaftsrecht jedoch auch verpflichtet, binnenmarkttaugliche Lösungen zu entwickeln.

Diese Doppelfunktionalität verlangt daher, sowohl die eine als auch die andere Logik zu berücksichtigen und miteinander zu einer neuen Einheit zu verschmelzen. Somit wird das Gemeinschaftsprivatrecht genau zu dem, was es werden sollte, nämlich zu einer Herausforderung sowohl für die Rechtsanwender in den Mitgliedstaaten als auch für den Gerichtshof. Während die nationalen Gerichte die europäische Dimension des Gemeinschaftsprivatrechts akzeptieren lernen müssen, wird der Gerichtshof zu einer immer stärkeren Auseinandersetzung mit privatrechtlichen Argumentationsmustern gezwungen.[635]

---

[634] Siehe auch Reich, VuR 1999, 6f.

[635] Klauer, Die Europäisierung des Privatrechts, 25 ff.

4. Regelungsmechanismen zum Verbraucherschutz

Trotz des oben gezeigten „liberalistischen" Verbraucherleitbildes zeichnet sich das einschlägige Gemeinschaftsrecht durch eine ganze Reihe von vertraglichen Regelungsmechanismen aus, die dem Wildwuchs des freien Marktes einige sinnvolle Grenzen setzen.

Die meisten der Verbraucherschutzrichtlinien legen eine Reihe von positiven, dem jeweiligen Vertragsgegenstand entsprechende Informationspflichten fest. Den umfänglichsten Katalog über diese Pflichten enthält wohl die Pauschalreiserichtlinie.[636] Zunächst legt sie einmal fest, dass bei Verwendung eines Prospektes eine ganze Reihe von Detailangaben gemacht werden muss und dass diese Angaben grundsätzlich auch Vertragsinhalt werden (Art 2 Abs 2). Weitere Pflichten finden sich noch in Art 4 dieser Richtlinie. Aber auch Art 3 (iVm dem Anhang) Timesharing-Richtlinie legt eine ganze Reihe von Informationspflichten fest. Ebenso verlangen Art 4 Fernabsatzrichtlinie und Art 4 Verbraucherkreditrichtlinie Informationspflichten.

Über diese Informationspflichten hinaus, hat das Verbraucherprivatrecht zusätzlich noch in vielen Fällen eine besondere Überlegungsfrist eingeführt mit der Folge, dass der Verbraucher vom Vertrag ohne Angabe von weiteren Gründen zurücktreten kann. Ob es sich dabei um eine Kündigung, eine aufschiebende Bedingung oder welches Rechtsinstitut auch immer handelt, lässt das europäische Recht offen und überlässt die Rückabwicklung den Mitgliedstaaten. Solche Möglichkeiten existieren nach der Haustürgeschäftsrichtlinie (Art 5), der Timesharing-Richtlinie (Art 5) und der Fernabsatzrichtlinie (Art 6).

Ein weiteres Kennzeichen der Verbraucherschutzverträge ist die häufig zwingend vorgeschriebene Schriftlichkeit. Ebenso finden sich in den europäischen Verbraucherschutzgesetzen immer wieder Beweisregeln, auch typisch ist der zwingende Charakter der verbraucherrelevanten europäischen Gesetzgebungsakte. Auffallend ist auch, dass die neueren Richtlinien alle Sonderbestimmungen zur Frage des anwendbaren Rechts enthalten. Dies zeigt sich z.B. in Art 9 Timesharing-Richtlinie, aber auch in Art 6 der Richtlinie über die missbräuchlichen Vertragsklauseln.

---

[636] Vgl dazu ab S 20 dieser Arbeit.

5. Die Frage einer Harmonisierung und deren Verhältnis zu den nicht harmonisierten Teilen der nationalen Rechtsordnungen

Es ist ein Wesenszug der europäischen Harmonisierung der nationalen Rechtsordnungen, dass diese Harmonisierung in Einzelschritten vorangeht. Eine geschlossene und in sich abgestimmte Gesamtharmonisierung eines größeren, zusammenhängenden Rechtsgebietes fehlt also. Der Erlass einer Vielzahl thematisch begrenzter Richtlinien zum Verbraucherschutz trägt die Gefahr in sich, dass sich unnötige Divergenzen einschleichen.

Beispiele dafür bietet gerade auch die europäische Harmonisierung des Verbraucherschutzrechtes. Sehr auffällig, gerade wegen ihres technischen Charakters, ist z.B. die Bemessung der Fristen, welche dem Verbraucher für den Widerruf seiner Vertragserklärung bzw. für den Rücktritt von dem bereits geschlossenen Vertrag eingeräumt werden: sie variieren zwischen 7 Tagen, 7 Werktagen und 10 Tagen.[637] Wird der Verbraucher über das Widerrufsrecht nicht belehrt, so erlischt dieses spätestens nach drei Monaten, wobei der Beginn dieser Frist ganz unterschiedlich bestimmt wird. Die Berechnung dieser Divergenzen ist aber selbst dem europäischen Gesetzgeber zweifelhaft geworden, daher wird die Kommission prüfen müssen, ob es möglich und wünschenswert ist, die Berechnungsmethode für die Bedenkzeit in den derzeit geltenden Schutzvorschriften zu harmonisieren.[638] Ein offensichtlicher Nachteil der schrittweisen Harmonisierung ist auch, dass die nationalen Gesetzgeber und Rechtsanwender ständig in Atem gehalten werden durch die Notwendigkeit, neue, aber thematisch benachbarte Regeln in das nationale Recht umzusetzen und dabei ihren Sinn und ihren praktischen Nutzen zu erfassen.

Demgegenüber wäre es an sich wünschenswert, den Harmonisierungsbedarf für ein ganzes Rechtsgebiet wie das Verbraucherrecht zunächst zu sammeln und dann mithilfe einer einzigen umfassenden Richtlinie zunächst als europäisches Recht zu erlassen und anschließend ähnlich geschlossen in die nationalen Rechtsordnungen umzusetzen.

---

[637] RL über Haustürgeschäfte (Art 5), - über Fernabsatz (Art 6) und Timesharing-Richtlinie (Art 5).

[638] Erklärung von Rat und Parlament zu Art 6 Fernabsatzrichtlinie (Abl 1997 L 144, 28).

Man wird jedoch zugeben müssen, dass praktische und politische Notwendigkeiten die gegenwärtige, zersplitterte Form der europäischen Rechtsetzung wenn nicht rechtfertigen, so doch jedenfalls entschuldigen mögen. Zu verstehen ist einerseits, dass akute Schutzbedürfnisse der Verbraucher, die aus bestimmten Vertragspraktiken der Wirtschaft entstehen, möglichst rasch erfüllt werden sollten, ein Aufschub bis zu einer Gesamtkodifikation auch nur des vertraglichen Verbraucherschutzes wäre weder politisch vertretbar noch den Verbrauchern zuzumuten. Ein Vorteil der Zersplitterung liegt immerhin darin, dass die einzelnen Richtlinien intensiver mit Verbraucherverbänden und den oftmals speziellen Anbietern bestimmter Waren oder Dienstleistungen beraten werden können. Dies macht es möglich, die Richtlinien auf jeweils spezielle Bedürfnisse zuzuschneiden.

Sobald jedoch ein gewisser Abschluss der Gesetzgebung zum vertraglichen Verbraucherschutz abzusehen ist, sollte angestrebt werden, alle bisher erlassenen Richtlinien zu diesem Thema inhaltlich zu kodifizieren und formell in einem Instrument zu konsolidieren. Dies wäre auch hilfreich für die Beratung der zukünftigen Mitgliedstaaten, die auch verpflichtet sind, ihre nationale Gesetzgebung mit dem europäischen Rechtsstandard in Einklang zu bringen.[639]

Alle relevanten Richtlinien enthalten nur Mindeststandards, d.h. sie enthalten eine sogenannte Minimalklausel, die es den Mitgliedstaaten gestattet, bezüglich der behandelten Rechtsmaterien für den Verbraucher noch günstigere Regeln beizubehalten oder zu erlassen.

Dazu kann man die Frage aufwerfen, ob solche Klauseln dem Zweck der für die Regelung gewählten Rechtsgrundlagen zuwiderlaufen, sofern das volle Funktionieren des Binnenmarktes eine vollständige Harmonisierung verlangt. Mag diesem Argument abstrakt betrachtet einiges Gewicht zukommen, so muss man doch auch die übrige Systematik des EG-V betrachten. Seit Erlass der Einheitlichen Europäischen Akte erlaubt nämlich Art 95 Abs 4 EGV den Staaten, nach ihnen ungünstigen Mehrheitsentscheidungen höhere Standards ihrer nationalen Rechtsordnung beizubehalten.

Darauf bezogen sind Minimalklauseln nur eine besondere Ausgestaltung dieses Rechts zum Ausscheren und erhöht deren Aufnahme entschieden die Akzeptanzfähigkeit gemeinschaftsrechtlicher Vorschläge. Rat und

---

[639] Lurger, Vertragliche Solidarität, 99 ff.

Parlament haben als Gemeinschaftsgesetzgeber regelmäßig solche Klauseln verabschiedet und ihnen dadurch schon gewohnheitsrechtlichen Charakter verliehen. Außerdem sind sie durch den Unionsvertrag in Art 153 EGV sozusagen institutionalisiert worden.

Daneben stellt sich auch die Frage der Auswirkung solcher Klauseln auf den Grad des materiellen Harmonisierungseffektes. Wenn einer der wesentlichen Faktoren für die Berechtigung einer Harmonisierungsmaßnahme die Beseitigung von Wettbewerbsverzerrungen durch unterschiedliche rechtliche Regeln ist[640], so sieht sich diese Begründung zumindest „geschwächt", wenn neben dem Spielraum, den die Staaten ohnehin bei der Umsetzung von Richtlinien haben, ihnen auch noch die Möglichkeit verbleibt, weitergehende Regeln aufrechtzuerhalten oder zu erlassen. Diese Folge muss aber hingenommen werden, um die Akzeptanzprobleme bei Erlass einer neuen Regel zu überwinden.

Sie steht auch unter einem zweifachen Vorbehalt: Einmal müssen auch auf die Klauseln gestützte Bestimmungen den allgemeinen Regeln des EGV genügen. Sie stehen also unter dem allgemeinen Vorbehalt von Art 28 bzw Art 49 und müssen sich – gemäß der Rspr des EuGH – gegebenenfalls den Test von Angemessenheit und Erforderlichkeit gefallen lassen.

Zum zweiten wird man davon ausgehen können, dass alle einschlägigen Richtlinien einen festen Kern enthalten, bei dem weder der Umsetzungsspielraum relevant werden kann noch eine Erweiterung des Verbraucherschutzes denkbar ist. Diesen sollten die Mitgliedstaaten auch und gerade wenn es sich um unbestimmte Rechtsbegriffe handelt, nicht durch Textvarianten ihrer eigenen Wahl gewissermaßen entstellen. Alle diese Begriffe, die oftmals den Kern einer Regelung darstellen, sind damit rechtlich voll vergemeinschaftet. Sie können gegebenenfalls – namentlich im Verfahren nach Art 234 EGV – vom EuGH gemeinschaftseinheitlich ausgelegt werden.

In allen Rechtsordnungen führt die Umsetzung der europäischen Richtlinien in die Landesrechte der Mitgliedstaaten jedoch auch zu Wertungswidersprüchen und Systemschwierigkeiten gegenüber den nichtharmonisierten Teilen der nationalen Rechtsordnungen. Diese verschiedenen „Brüche" sind eine unvermeidliche Folge jeder europäischen Rechtsetzung. Denn Inhalt, Wertungen und Systematik der

---

640 So regelmäßig in den Erwägungsgründen der einschlägigen Richtlinien.

Richtlinien unterscheiden sich natürlich von den Inhalten, Wertungen und Systematiken der verschiedenen nationalen Rechtsordnungen. Sonst wäre europäische Rechtsetzung weder nötig noch gerechtfertigt.

Der europäische Gesetzgeber sollte sich jedoch bemühen, die Nachteile der zweigleisigen Rechtsordnung – durch die Gesetzgeber der Mitgliedstaaten einerseits und durch den ihnen übergeordneten europäischen Gesetzgeber andererseits – nach Möglichkeit abzumildern. Dies lässt sich dadurch erreichen, dass der europäische Gesetzgeber auf zu detaillierte Regeln verzichtet. Nach dem Geist von Art 249 EGV hat der europäische Gesetzgeber nur Regelungsziele vorzugeben. Form und Mittel zur Realisierung dieser Ziele sind dagegen den Mitgliedstaaten überlassen. Mit diesem Rezept werden zwar nicht inhaltliche und Wertungswidersprüche vermieden, wohl aber systematische Brüche abgemildert.

Speziell der europäische Verbraucherschutz ist jedoch so ausgestaltet, dass Wertungswidersprüche teilweise vermieden werden können. Im übrigen werden sie freilich bewusst angestrebt und können daher keinen Grund zur Klage bilden.

Dieses scheinbar paradoxe Ergebnis beruht darauf, dass die Richtlinien zum Verbraucherschutz, wie schon erwähnt, nur einen Mindeststandard verbindlich vorschreiben. Denn Ziel einer Richtlinie ist schließlich, niedrigere Standards der Staaten auf das von der Richtlinie vorgegebene Niveau anzuheben. Höhere Anforderungen, welche die Rechtsordnungen einzelner Staaten vorschreiben, werden nicht berührt, sondern können bestehen bleiben. Diese Begrenzung der Harmonisierung nach oben hat freilich beträchtliche Nachteile: Ökonomisch bleiben insoweit Verzerrungen des Wettbewerbs bestehen und wird kein Binnenmarkt hergestellt, und rechtlich bedarf es des Einsatzes des internationalen Privatrechts, um die maßgebende Rechtsordnung zu bestimmen. Ob die föderalistische Struktur der Gemeinschaft und damit das Subsidiaritätsprinzip diese Beschneidung der Harmonisierung verlangen und rechtfertigen, ist durchaus zweifelhaft.

Die oben erwähnte Zurücknahme der Regelungsdichte von Richtlinien hat freilich den Nachteil, der EG-Kommission die Prüfung, ob Richtlinien ordnungsgemäß in die nationalen Rechtsordnungen umgesetzt sind, zu erschweren. Bleibt letztere zweifelhaft, so muss der EuGH diesen Zweifel lösen. Dies mag in manchen Fällen diejenigen Mitgliedstaaten bevorzugen, die die Umsetzung in laxer Weise vorgenommen haben. Man muss zugeben, dass das Risiko solcher Umsetzungsdefizite durch den erwähnten Verzicht auf zu detaillierte Regeln vergrößert wird.

Es gilt daher, einen sinnvollen Ausgleich des europäischen Interesses an Harmonisierung bestimmter Regeln einerseits und der nationalen Interessen an der Wahrung der Einheit der Rechtsordnungen der Mitgliedstaaten andererseits zu finden. Ein präzises, allgemein gültiges Rezept lässt sich natürlich nicht geben.

6. Die Zukunft des europäischen vertraglichen Verbraucherschutzes

Wie bereits erwähnt, stellen die Richtlinien der EG zum Verbraucherschutz lediglich Mindeststandards auf, können also den Verbraucherschutz nicht voll harmonisieren. Damit wird weder für die Verbraucher, noch für die mit ihnen handelnden Geschäftsleute des Einzel- und Versandhandels sowie der Dienstleister ein binnenmarktkonformer Zustand mit vollharmonisiertem Recht geschaffen.

Die auf die Beseitigung von Defiziten beschränkte Teilharmonisierung des europäischen Verbraucherschutzes entspricht zwar der speziellen Handlungsermächtigung des Art 153 EGV. Die Begründungserwägungen einiger Richtlinien gehen jedoch erheblich darüber hinaus. Sie verweisen einerseits negativ auf anfallende Verzerrungen des Wettbewerbs aufgrund verschiedener nationaler Rechtsnormen und eine dadurch verursachte Abschottung der Märkte, andererseits aber positiv auf die Grundfreiheiten (im speziellen auf die Freiheit des Waren- und Dienstleistungsverkehrs) sowie die Herstellung des gemeinsamen bzw. Binnenmarktes auf dem konkreten Sektor.[641] Die Logik dieser durchaus einleuchtenden Erwägungen spricht jedoch eher gegen die Harmonisierung bloßer Mindeststandards, sondern vielmehr, um die erforderlichen positiven Ziele zu verwirklichen, für eine volle Harmonisierung.

Die gegenwärtige Praxis der Harmonisierung lediglich von Mindeststandards nötigt förmlich dazu, bei grenzüberschreitenden Verbrauchergeschäften das internationale Privatrecht einzuschalten, um die für den jeweiligen Verbrauchervertrag bzw. anliegenden Fall maßgebende Rechtsordnung zu finden. Es sieht zwar das Überein-

---

[641] Es ist sicher nicht zufällig, dass sich diese Begründungserwägungen in den weniger lokal gebundenen und auch etwas neueren Richtlinien wiederfinden.

kommen von Rom über das auf Schuldverträge anzuwendende Recht von 1980 einheitliche Kollisionsnormen vor, die Anwendung der besonderen Kollisionsnorm für Verbraucherverträge (Art 5) ist jedoch vor allem dann kompliziert, wenn sich die Parteien bereits für eine Rechtswahl entschieden haben. In diesem Fall bedarf es eines „Günstigkeitsvergleiches". Der Richter muss also feststellen, ob die von den Parteien gewählte Rechtsordnung oder die ohne Rechtswahl anzuwendende Rechtsordnung in concreto für den Verbraucher günstiger wäre.

Eine Lösung für ein einheitliches Verbraucherrecht, respektive einen Vertragsrechtskodex geben sowohl Lurger[642], als auch Klauer[643]. Letztere gibt am Ende ihrer Arbeit als Lösung für ein zukünftiges Gemeinschaftsprivatrecht drei Schlussfolgerungen, die sie vor allem aus der bisherigen Rechtsprechung des EuGH herleitet[644], wobei mir ihr zweiter Vorschlag, die Errichtung einer Datenbank, um die Verstärkung der Rechtsvergleichung voranzutreiben, in der die Rechtsprechung der nationalen Höchstgerichte und des EuGH zu Rechtsproblemen des harmonisierten Gemeinschaftsprivatrechts gesammelt wird und auf die die nationalen Gerichte ohne großen Aufwand und Kosten Zugriff haben sollten, äußerst interessant und als ein durchaus vernünftiger Ansatzpunkt erscheint.

Die künftige Entwicklung des vertraglichen europäischen Verbraucherschutzes liegt mE in zwei unterschiedlichen Bereichen.

Der eine Teil beschränkt sich auf Verbesserungsvorschläge im Rahmen des gegenwärtigen materiellen Bestandes und künftiger Erweiterungen der Richtlinien zum Verbraucherschutz. Dabei geht es vorrangig um eine materielle „Harmonisierung der Harmonisierung", wie etwa um eine gewisse Vereinheitlichung des „Widerrufsrechtswirrwarrs"[645] oder eine vernünftige Unterscheidung zwischen Widerruf einer einseitigen Erklärung und Rücktritt von einem abgeschlossenen Vertrag. Solch eine erreichte Harmonisierung würde im folgenden eine Konsolidierung des Stoffes aller einschlägigen Richtlinien und damit die erwünschte Transparenz und Konsistenz des europäischen Verbraucherrechtes nicht nur erheblich fördern, sondern darüber hinaus auch seine Außenwirkung erhöhen und seine Rezeption erleichtern.

---

642 Lurger, Vertragliche Solidarität, 116 ff.
643 Klauer, Die Europäisierung des Privatrechts, 435 ff.
644 Nachzulesen bei Klauer, Die Europäisierung des Privatrechts, 439.
645 So überspitzt bei Kappus, EWS 1996, 277.

Im zweiten Teil steht die gegenwärtige Methode der rechtlichen Regelung des europäischen Verbraucherschutzes zur Debatte.

Eine kritisch-negative Möglichkeit, die ganze Problematik zu durchleuchten, wäre die Ansicht, aufgrund der oben erwähnten Mängel die Harmonisierung des vertraglichen Verbraucherschutzes für nutzlos und wegen ihres großen Aufwandes sogar für schädlich zu erklären. Die Ansicht ist aber überspitzt und unrealistisch, da eine Abhilfe der Mängel nicht in der Abschaffung des gegenwärtigen Systems, sondern doch nur in seiner Verbesserung liegen kann.

Der Ansatz der geltenden Richtlinien zum Verbraucherschutz, einschließlich ihrer Minimalregelung, hat aber durchaus auch positive Aspekte. Der europäische Verbraucherschutz hat nützliche Anstöße zur Reform und Verbesserung der nationalen Rechtsordnungen zum Schutz der Verbraucher gegeben. Die Aufstellung von Mindeststandards ist insofern vernünftig, weil eine Einigung der Mitgliedstaaten auf ein hohes Niveau lange nicht möglich war. Ländern, die bereits ein hohes Schutzniveau erreicht haben, kann schließlich eine Rücknahme dieses Schutzes für Verbraucher nicht zugemutet werden. Die Regelung durch Mindeststandards lässt zwar Spielraum für Wettbewerbsverzerrungen, die jedoch mE wegen des Subsidiaritätsprinzips bewusst in Kauf genommen wurden.

Dritter Ansatzpunkt wäre die Behebung der Mängel der gegenwärtigen Rechtsetzungsmethode durch eine Vorwärtsstrategie, wodurch auf die Harmonisierung von Minimalstandards verzichtet wird. Letztere müsse in diesem Fall durch eine vollständige Harmonisierung, ja sogar durch eine Vereinheitlichung ersetzt werden.

Nach meiner Ansicht sind die letzten beiden Ansätze richtig. Gegenwärtig, so glaube ich, ist es jedoch noch nicht realistisch, ein einheitliches vertragliches Verbraucherschutzrecht für alle Mitgliedstaaten zu fordern, da die Niveauunterschiede und die Auffassungen noch zu stark divergieren. Jedoch für die Zukunft muss eine volle Vereinheitlichung angestrebt werden. Schließlich verlangt die volle Verwirklichung des Binnenmarktes auch ein einheitliches Verbraucherschutzrecht, sowohl vom Standpunkt der Verbraucher, die über die Grenzen ihres Heimatstaates hinaus in anderen Mitgliedstaaten kaufen oder Dienste in Anspruch nehmen wollen, als auch vom Standpunkt der Kaufleute, die Waren und/oder Dienstleistungen im gesamten Binnenmarkt zu möglichst gleichartigen Bedingungen anbieten wollen. Auch das vertragliche

Verbraucherschutzrecht muss darauf ausgerichtet sein, den uneingeschränkten Marktzutritt zu gewährleisten.

Für die Konzeption eines ins Auge zu fassenden künftigen Europäischen Zivilgesetzbuches lassen sich nun folgende Punkte herauskristallisieren:

- Trotz der Abweichungen vom wirtschaftlichen relevanten allgemeinen Vertragsrecht, die zur Erfüllung der Schutzfunktionen des Verbraucherschutzes erforderlich sind, bleibt die Verbindung mit dem Vertragsrecht sehr eng, da dieses sowohl historisch als auch dogmatisch den Ausgangspunkt des vertraglichen Verbraucherschutzes darstellt.
- Daher erscheint es von immenser Wichtigkeit, den Verbraucherschutz in einem künftigen Europäischen Zivilgesetzbuch zu regeln.
- Ein künftig voll vereinheitlichtes Recht des vertraglichen Verbraucherschutzes kann gleichsam den „sozialen Part“ eines künftigen Europäischen Zivilgesetzbuches darstellen.

Die Voraussetzungen sind geschaffen.

Nun liegt es einerseits am Gemeinschaftsgesetzgeber, im speziellen für den Verbraucherschutz an der Generaldirektion für Umwelt und Verbraucherschutz unter ihrem Kommissar David Byrne aus Irland, vernünftige Regelungen für ein einheitliches europäisches Verbraucherschutzrecht aufzustellen und andererseits an der Politik, den Regierungen der Mitgliedstaaten, die ebenfalls aufgerufen sein sollten, nicht nur die Kommission in ihrem Vorhaben tatkräftigst zu unterstützen und eigene Vorschläge einzubringen, sondern deren Aufgabe es auch sein muss, untereinander Harmonisierungsbestrebungen ihrer nationalen Rechtsordnungen durchzuführen, um somit in absehbarer Zeit das zu erreichen, was von vielen Europäern schon sehr lange gefordert wird:

Die Verwirklichung des Binnenmarktes durch die Errichtung eines europäischen Zivilgesetzbuches.

In diesem Sinne kann man gespannt sein, zu welchen Ergebnissen die Verantwortlichen gelangen werden, die Unterstützung der glühenden Europa-Verfechter ist ihnen gewiss.

Literaturverzeichnis

Apathy, Peter: Das neue Reisevertragsrecht, RdW 1994, 234.

Bartl, Harald: Produkthaftung nach neuem EG-Recht, Landsberg/Lech, 1989.

Bloth, Christian: Produkthaftung in Schweden, Norwegen und Dänemark, 1993.

Böhmer, Martin: Das deutsche Internationale Privatrecht des timesharing, Zweibrücken, 1993.

Bußjäger, Peter: Zur kompetenzrechtlichen Umsetzung der Staatshaftung in Österreich, ecolex 1997, 544.

Bydlinski, Michael: Reisevertragsrecht in: Schuhmacher, Verbraucherschutz in Österreich und in der EG, 1992, 211 ff.

Cabanas Trejo, Ricardo/Vestweber, Ursula: Time-sharing in Spanien, RIW 1999, 516 ff.

Deisl, Andreas: Verbraucherschutz durch österreichisches und europäisches Verfahrensrecht, Salzburg, 1999.

Deixler-Hübner, Astrid: Konsumentenschutz, Wien, 1996.

Dessulemoustier-Bovekercke, Isabelle: Die Regelung des Pauschalreisevertrages, JAP 1993/94, 251.

Dessulemoustier-Bovekercke, Isabelle: KSchG-Novelle – Lücken und Tücken im Lichte der EU, AnwBl 1994, 669.

Dessulemoustier-Bovekercke, Isabelle: Schadenersatz wegen Nichtumsetzung von Richtlinien, JAP 1996/97, 181.

Diettrich, Robert/Tades, Helmut (Hrsg): Das Allgemeine Bürgerliche Gesetzbuch, 34.Auflage, Wien, 1994.

Dorner, Christian: Die Effizienz des Reisesicherungssystems im Lichte der bisherigen Entwicklungen, in: Konsumentenpolitisches Jahrbuch 1994 – 1995, Verbraucherrecht – Verbraucherpolitik, Band 15 (Wien 1996).

Emmerich, Volker: Time-Sharing-Verträge und Verbraucherkreditverträge, JuS 2000, 602f.

Enthofer, Ruth in: Mayer, Gottfried (Hrsg): Konsumentenpolitisches Jahrbuch 1996 – 1997, 219.

Europäische Kommission: Bericht über die Durchführung der Richtlinie 90/314/EWG über Pauschalreisen in den innerstaatlichen Rechtsvorschriften der EG-Mitgliedstaaten, August 1999.

Europäische Kommission: Bericht über die Anwendung der Richtlinie 94/47/EG zum Schutz der Erwerber im Hinblick auf bestimmte Aspekte von Verträgen über den Erwerb von Teilzeitnutzungsrechten an Immobilien, Oktober 1999.

Europäische Kommission: Grünbuch der Kommission über die zivilrechtliche Haftung für fehlerhafte Produkte vom 28.7.1999.

Feil, Erich: Teilzeitnutzungsgesetz, Eisenstadt, 1998.

Fellner, Gernot: Entwurf für ein Teilzeitwohnungseigentumsgesetz, NZ 1998, 129.

Fellner, Gernot: Time-Sharing in Österreich, NZ 1997, 276.

Foidl, Daniela: Gewährleistungsansprüche bei Reiseveranstaltungsverträgen, 1999.

Führich, Ernst: Das neue Reiserecht nach der Umsetzung der EG-Pauschalreise-Richtlinie, NJW 1994, 2446.

Führich, Ernst: Reiserecht, Heidelberg, 1995.

Führich, Ernst: Zur Umsetzung der EG-Pauschalreiserichtlinie in deutsches Reisevertragsrecht, EuZW 1993, 351.

Graf von Westphalen, Friedrich: Produkthaftungshandbuch, Band 2, 2. Auflage, Köln, 1999.

Graf, Georg/Gruber Michael: Gesetzliche Schuldverhältnisse, Bürgerliches Recht, Rechtsskriptum, Wien, 1995.

Graf, Georg: Die EU-Vorgaben auf dem Gebiet des Verbraucherschutzes, in: Koppensteiner, Österreichisches und europäisches Wirtschaftsprivatrecht, Teil 8/I, Wien, 1997.

Graziani-Weiss, Wolfgang: Reiserecht in Österreich, Wels, 1995.

Hayböck, Gerwin: Timesharing: Probleme des neuen Teilzeitnutzungsrechtes, Wbl 1997, 221.

Heiss, Helmut/Rudisch, Bernhard: Anmerkungen zum neuen Teilzeitnutzungsgesetz, ecolex 1997, 238.

Hellmann, Wolfgang G.: Die Multipropriété in Frankreich, Frankfurt, 1989.

Hildenbrand, Thomas/Kappus, Andreas/ Mäsch, Gerald: Time-Sharing und Teilzeit-Wohnrechtegesetz, Stuttgart, München, Hannover, Berlin, Weimar, Dresden, 1997.

Hildenbrand, Thomas: Vertragsgestaltung und Verbraucherschutz im Timesharing-Vertragsrecht, Frankfurt, Berlin, Bern, New York, Paris, Wien, 1997.

Hill-Arning, Susanne/Hoffman, William C.: Produkthaftung in Europa, Heidelberg, 1995.

Hödl, Sascha Oliver: Das System der gemeinschaftsrechtlichen Staatshaftung nach dem Urteil Dillenkofer, WBl 1996, 472.

Hollmann, Hermann: Die EG-Produkthaftungsrichtlinie, DB 1985, 2389 (1.Teil) und DB 1985, 2439 (2.Teil).

Huff, Martin W.: Europäisches Reiserecht, RRa 1998, 131 ff.

Jäckl-Hutmacher, Christine/Tonner, Klaus: Mehr Urlaubsbeweglichkeit durch Time-Sharing , VuR 1994, 9.

Jayme, Erik: Timesharing-Verträge im Internationalen Privat- und Verfahrensrecht, IPRax 1995, 234.

Jesser, Helga/Kiendl, Doris: Time-Sharing in Österreich – Die Umsetzung der EG-Richtlinie über Teilzeitnutzungsrechte, WoBl 1997, 11 (1.Teil) und 67 (2.Teil).

Kandut, Gabriele: Zur Neuordnung der Produkthaftung in Italien, PHI 1990, 114.

Kappus, Andreas: EU-Time-Sharing-Richtlinie und deutsche Umsetzungsgesetzgebung, EWS 1996, 273.

Kessler, Jürgen: European Consumer Law, VuR 1999, 415.

Kilches, Ralph: Immaterieller Schadenersatz bei Pauschalreisen ?, RdW 1999, 125.

Klagian, Wilhelm: Die Staatshaftung nach Gemeinschaftsrecht, ZfRV 1997, 6.

Klauer, Irene: Die Europäisierung des Privatrechts, Baden-Baden, 1998.

Klauser, Alexander: EuGVÜ und EVÜ in Kraft getreten, ecolex 1998, 903.

Knoblechner, Martina: Time-Sharing im Europäischen Kontext, Salzburg, 1998.

Kocks, Christoph: Grundzüge des belgischen Produkthaftungs- und Gewährleistungsrechts, PHI 1990, 182.

Kohlegger, Gerhard: Ein Vergleich zwischen EuGVÜ und LGVÜ, ÖJZ 1999, 41.

Koziol, Helmut/Welser, Rudolf: Grundriss des bürgerlichen Rechts, Bd I[10], 1995.

Kullmann, Hans-Josef: Die Rechtsprechung des BGH zum Produkthaftpflichtrecht in den Jahren 1998 – 2000, NJW 2000, 1912 ff.

Lindner, Beatrix: Time-sharing, Kommentare und Berichte, VuR 1995, 122.

López Sánchez, Manuel-Angel: Neuentwicklungen im spanischen Verbraucherschutzrecht, VuR 1995, 437 ff.

Lurger, Brigitta: Vertragliche Solidarität, Baden-Baden, 1998.

Martinek, Michael: Das neue Teilzeit-Wohnrechtegesetz – missratener Verbraucherschutz bei Time-Sharing-Verträgen, NJW 1997, 1393.

Martinek, Michael: Das Teilzeiteigentum an Immobilien in der Europäischen Union, ZEuP 1994, 470.

Martinek, Michael in: Grabitz, Eberhard/Hilf, Meinhard: Das Recht der Europäischen Union, Beck-Verlag, München 1999, Loseblattsammlung, A 13.

Martinelli, Alessandro: Die Haftung bei Pauschalreisen im schweizerischen, französischen und deutschen Recht, Basel, 1997.

Mäsch, Gerald: Die Time-Sharing-Richtlinie, EuZW 1995, 8.

Mayrhofer, Heinrich: Anmerkungen zur Umsetzung der EG-Pauschalreiserichtlinie in das KSchG, ZfRV 1995, 229.

Messiner, Friedrich: Die Haftung des Reiseveranstalters für die Verschmutzung der oberen und mittleren Adria, ZVR 1989, 289.

Micklitz, Hans W.: Die Haftung des Staates für die verspätete Umsetzung der Pauschalreiserichtlinie, RRa 1996, 239.

Micklitz, Hans W.(Hrsg.): Rechtseinheit oder Rechtsvielfalt in Europa, Baden-Baden, 1996.

Münchener Kommentar zum Bürgerlichen Gesetzbuch, 3. Auflage, Band 4 und 6, 1997.

Nadler, Andreas/Müsgen, Thomas: Lücken der Produkthaftungsgesetze – Lücken der Produkthaftung, WBl 1989, 232.

Neises, Reiner: Zur Umsetzung der Time-Sharing-Richtlinie in Frankreich, NZM 1999, 338 ff.

Neumann, Manfred: Zur Novellierungsbedürftigkeit des Reisevertragsrechtes, ZRP 1998, 20 ff.

Novacek, Erich: Schadenersatz wegen Nichtumsetzung von EG-Recht, RdW 1997, 270.

Palandt, Bürgerliches Gesetzbuch Kommentar, 55. Auflage, 749.

Perkmann, Johannes: Timesharing-Richtlinie und Teilzeitnutzungsgesetz, Salzburg, 1999.

Petri, Stephan: Produkthaftung in Italien, Heidelberg, 1998.

Pittl, Raimund, Gedanken zur Time-Sharing-Richtlinie der EG und zum Eigentum auf Zeit, WoBl 1995, 208.

Posch, Willibald: Die EG-Produkthaftungsrichtlinie, RdW 1985, 299.

Posch, Willibald: Zur EWR-bedingten Anpassung des Produkthaftungsgesetzes an das Produkthaftungsrecht der EG, WBl 1992, 215.

Reich, Norbert: Verbraucherpolitik und Verbraucherschutz im Vertrag von Amsterdam, VuR 1999, 3.

Richter, Wolfgang: Die Praxis des Insolvenzschutzes bei Pauschalreisen, RRa 2000, 131f.

Riedler, Andreas: Der Reisevertrag, ecolex 1994, 149.

Riedler, Andreas: PHG und Luganer und Brüsseler Gerichtsstands- und Vollstreckungsübereinkommen, WBl 1996, 428.

Riedler, Andreas: Rechtsschutzdefizit im PHG durch den Wandel des Importeursbegriff infolge des Eintritts Österreichs in die EU, WBl 1995, 99.

Riedler, Andreas: Importeurshaftung nach altem und neuem PHG, JBl 1999, 471 ff.

Rudolf, Claudia: Rechtsprechungsübersicht: Reiserecht, ecolex 1994, 155.

Rummel, Peter: Kommentar zum ABGB samt Nebengesetzen, 2.Aufl, Wien, 1992.

Sack, Rolf: Das Verhältnis der Produkthaftungs-Richtlinie der EG zum nationalen Produkthaftungsrecht, DAR 1988, 109.

Sack, Rolf: Das Verhältnis der Produkthaftungsrichtlinie der EG zum nationalen Produkthaftungsrecht, VersR 1988, 439.

Sack, Rolf: Probleme des Produkthaftungsgesetzes unter Berücksichtigung der Produkthaftungs-Richtlinie der EG, JBl 1989, 615 (1.Teil) und 695 (2.Teil).

Schalch, Stefan: Time-Sharing an Ferienimmobilien, Zürich, 1990.

Schlechtriem, Peter: Angleichung der Produkthaftung in der EG, VersR 1986, 1042.

Scholz, Rupert (Hrsg.): Europäische Integration – „Schon eine Union der Rechts"?, Essen, Köln, 1996.

Schomerus, Andreas: Das spanische Teilzeit-Wohnrechtegesetz, NJW 1999, 1067.

Schomerus, Andreas: Time-Sharing in Spanien, Frankfurt, 1999.

Schomerus, Andreas: Time-Sharing-Verträge in Spanien im Lichte der EG-Richtlinie über den Erwerb von Teilnutzungsrechten an Immobilien, NJW 1995, 359.

Schomerus, Andreas: Direktanwendung der Time-Sharing-Richtlinie 94/47/EG durch spanische Gerichte, NZM 1998, 465 ff.

Schomerus, Andreas: Das spanische Teilzeit-Wohnrechtegesetz, NZM 1999, 329 ff.

Schwimann, Michael: Praxiskommentar zum ABGB samt Nebengesetzen, 2.Aufl, Wien, 1997.

Sinding, Christian: Grundzüge der Produkthaftung in Dänemark, PHI 1990, 112.

Sousa, Maria Constanca Dias Urbano de: Das Timesharing an Ferienimmobilien in der EU, Baden-Baden, 1998.

Spruzina, Claus: Rechtliche Erscheinungsformen und Probleme des Time-Sharing in Österreich – Funktion eines künftigen Registers, ZMR 1998, 65.

Stabentheiner, Johannes: Das Teilnutzungsgesetz, Wien, 1999.

Stabentheiner, Johannes: Das Teilzeitnutzungsgesetz – Neue Regeln für Time-Sharing-Verträge, immolex 1997, 118.

Stabentheiner, Johannes: Probleme bei der Umsetzung zivilrechtlicher EU Richtlinien am Beispiel der Time-Sharing-Richtlinie, JBl 1997, 65.

Stiff, Manuel/Serrat, Josep-Maria: Die Umsetzung der Pauschalreise-richtlinie in Spanien und Deutschland, VuR 1999, 251.

Stix-Hackl, Christine: Pauschalreisen und „Staatshaftung" – eine unendliche Geschichte, AnwBl 1999, 470.

Stöhr, Karlheinz: Schadenersatzansprüche wegen verspäteter Umsetzung der EG- Pauschalreiserichtlinie, NJW 1999, 1063 ff.

Taschner, Hans-Claudius: Die Umsetzung der Produkthaftungsrichtlinie in einzelstaatliches Recht der Mitgliedstaaten der EG und die Reform des Produkthaftungsrechts in den EFTA-Staaten, WBl 1991, 1.

Taschner, Hans-Claudius: Internationale Entwicklung in der Produkt-haftung, insbesondere Stand der Umsetzung der EG-Richtlinie zur Produkthaftung, PHI 1997, 68.

Taschner, Hans-Claudius/Frietsch, Edwin: Produkthaftungsgesetz und EG-Produkthaftungsrichtlinie, München, 1990.

Tempel, Otto: Die Bemessung der Minderung der Vergütung in Reisevertragssachen, NJW 1985, 97.

Tempel, Otto: Informationspflichten bei Pauschalreisen, NJW 1996, 1625.

Tempel, Otto: Unzulässige Schematisierung der Reisepreisminderung, NJW 1985, 1885.

Tonner in: Münchener Kommentar[3], Band 4, 7. Abschnitt, 7. Titel, 1418 ff.

Tonner, Klaus: Das Recht des Time-Sharing an Ferienimmobilien, München, 1997.

Tonner, Klaus: Reiserecht in Europa, Berlin, 1992.

Tonner, Klaus: Urteil des EuGH in der Rechtssache Dillenkofer, VuR 1996, 396.

Tonner, Klaus in: Grabitz, Eberhard/Hilf, Meinhard: Das Recht der Europäischen Union, Beck-Verlag, München, Loseblattsammlung, A 12.

Tonner, Klaus: Theorie und Praxis des Insolvenzschutzes bei Pauschalreisen, EuZW 1999, 395 ff.

Tonner, Klaus: Das Schicksal von Zahlungen des Reisenden an das Reisebüro bei Insolvenz des Reisebüros oder des Reiseveranstalters, RRa 2000, 3 ff.

Tönnes, Wolf-Achim: Zivilrechtliche Gestaltungsmöglichkeiten bei Ferienwohnrechten, RIW 1996, 132.

Villotti, Elisabeth: Time-Sharing von Ferienwohnungen in Österreich, WoBl 1990, 149.

Weber, Michael: Produkthaftung im belgischen Recht, Karlsruhe, 1998.

Wieland, Peter H.: Das Recht der Pauschalreise in Deutschland und Österreich, Frankfurt, 1991.

Zechner, Alfons: Reisevertragsrecht, Wien, 1989.

Anhangsübersicht

- Pauschalreiserichtlinie (90/314/EWG) vom 13. Juni 1990 in Abl Nr L 158/59.
- BGBl 247/1993 vom 16. April 1993. (Neuregelung des KSchG)
- BGBl II 401/1998 vom 19. November 1998. (AusÜVRb)
- BGBl II 316/1999 vom 14. September 1999. (RSV)
- Deutsches BGBl I 1979, 509 vom 4. Mai 1979. (Regelung des Reisevertrages)
- Deutsches BGBl I 1994, 1322 vom 24. Juni 1994. (Neuregelung des Reisevertrages im BGB)

- Time-Sharing-Richtlinie (94/47/EG) vom 26. Oktober 1994 in Abl Nr L 280/83.
- BGBl I 32/1997 vom 27. März 1997. (TNG)
- Deutsches BGBl I 1996, 2154 vom 20.12.1996. (TzWrG)

- Produkthaftungsrichtlinie (85/374/EWG) vom 25. Juli 1985 in Abl Nr L 210/29.
- Änderung der Produkthaftungsrichtlinie (99/34/EG) vom 10. Mai 1999 in Abl Nr L 141/20.
- BGBl 99/1988 vom 12. Februar 1988. (PHG)
- BGBl 95/1993 vom 11. Februar 1993. (Anpassung des PHG an das EWR-Abkommen)
- Teil von BGBl I 185/1999 vom 19. August 1999. (Änderung des PHG)
- Deutsches BGBl I 1989, 2198 vom 15. Dezember 1989. (ProdHaftG)
- Italienische VO Nr 224 vom 24. Mai 1988.
- Dänisches Produkthaftungsgesetz Nr 371 vom 7. Juni 1989.

RICHTLINIE DES RATES

vom 13. Juni 1990

über Pauschalreisen

(90/314/EWG)

DER RAT DER EUROPÄISCHEN GEMEINSCHAFTEN —

gestützt auf den Vertrag zur Gründung der Europäischen Wirtschaftsgemeinschaft, insbesondere auf Artikel 100a,

auf Vorschlag der Kommission (1),

in Zusammenarbeit mit dem Europäischen Parlament (2),

nach Stellungnahme des Wirtschafts- und Sozialausschusses (3),

in Erwägung nachstehender Gründe:

Eines der Hauptziele der Gemeinschaft ist die Vollendung des Binnenmarktes, in dem der Fremdenverkehrssektor einen wichtigen Teil ausmacht.

Die Rechtsvorschriften der einzelnen Mitgliedstaaten über Pauschalreisen weisen zahlreiche Unterschiede auf, und die einzelstaatlichen Praktiken auf diesem Gebiet sind sehr unterschiedlich. Dies führt zu Hindernissen für den freien Dienstleistungsverkehr auf dem Gebiet der Pauschalreisen und zu Verzerrungen des Wettbewerbs zwischen den in den verschiedenen Mitgliedstaaten ansässigen Unternehmen des Reisegewerbes.

Gemeinsame Regeln für Pauschalreisen werden zur Beseitigung dieser Hindernisse und somit zur Verwirklichung eines gemeinsamen Dienstleistungsmarktes beitragen. Die in einem Mitgliedstaat ansässigen Unternehmen des Reisegewerbes werden ihre Dienstleistungen infolgedessen in anderen Mitgliedstaaten anbieten können, und die Verbraucher in der Gemeinschaft erhalten die Möglichkeit, in sämtlichen Mitgliedstaaten Pauschalreisen zu vergleichbaren Bedingungen zu buchen.

Unter Nummer 36 Buchstabe b) des Anhangs zu der Entschließung des Rates vom 19. Mai 1981 betreffend ein zweites Programm der Europäischen Wirtschaftsgemeinschaft für eine Politik zum Schutz und zur Unterrichtung der Verbraucher (4) wird die Kommission aufgefordert, Untersuchungen insbesondere über den Fremdenverkehr durchzuführen und gegebenenfalls geeignete Vorschläge zu unterbreiten; dabei soll sie deren Bedeutung für den Verbraucherschutz sowie die Auswirkungen der Unterschiede zwischen den Rechtsvorschriften der Mitgliedstaaten auf das ordnungsgemäße Funktionieren des Gemeinsamen Marktes berücksichtigen.

In der Entschließung vom 10. April 1984 zu einer Fremdenverkehrspolitik der Gemeinschaft (5) befürwortet der Rat die Initiative der Kommission, auf die Bedeutung des Fremdenverkehrs hinzuweisen, und nimmt Kenntnis von den ersten Überlegungen der Kommission zu einer Fremdenverkehrspolitik der Gemeinschaft.

Die Mitteilung der Kommission an den Rat „Neuer Impuls für die Politik zum Schutz der Verbraucher", die durch eine Entschließung des Rates vom 6. Mai 1986 (6) angenommen wurde, nennt in Absatz 37 unter den von der Kommission vorgeschlagenen Maßnahmen die Harmonisierung der Rechtsvorschriften für Pauschalreisen.

Dem Fremdenverkehr kommt eine ständig wachsende Bedeutung im Wirtschaftsleben der Mitgliedstaaten zu. Pauschalreisen bilden einen wichtigen Teil des Fremdenverkehrs. Dieser Zweig des Reisegewerbes in der Mitgliedstaaten würde zu stärkerem Wachstum und erhöhter Produktivität angeregt, wenn es ein Minimum an gemeinsamen Regeln gäbe, um diesen Wirtschaftszweig auf Gemeinschaftsebene zu strukturieren. Dies würde nicht nur den Bürgern der Gemeinschaft zugute kommen, die aufgrund dieser Regeln organisierte Pauschalreisen buchen, sondern würde auch Reisende au Drittländern anziehen, denen die Vorteile aus garantierte Mindestleistungen bei Pauschalreisen ein Anreiz wären

Die Vorschriften über den Verbraucherschutz weisen i den Mitgliedstaaten Unterschiede auf, die die Verbrauche eines Mitgliedstaats davon abhalten, Pauschalreisen i einem anderen Mitgliedstaat zu buchen.

Dies ist für die Verbraucher ein besonders starker Hinde rungsgrund, Pauschalreisen außerhalb ihres eigene Mitgliedstaates zu buchen und beeinflußt seine Entsche dung in diesem Falle mehr als bei dem Erwerb ander Dienstleistungen, da die besonderen Merkmale der b einer Pauschalreise zu erbringenden Dienstleistungen i allgemeinen die vorherige Zahlung größerer Geldbeträ voraussetzen und die Dienstleistungen in einem ander Staat als dem bewirkt werden, in dem der Verbrauch seinen Wohnsitz hat.

Der in dieser Richtlinie vorgesehene Schutz gilt auch f den Verbraucher, der einen Pauschalreisevertrag dur Abtretung erworben hat oder Mitglied einer Gruppe für die eine andere Person einen Pauschalreiseverti abgeschlossen hat.

Reiseveranstalter und/oder Reisevermittler müss verpflichtet sein sicherzustellen, daß die Beschreibung der von ihnen veranstalteten oder angebotenen Pausch

(1) ABl. Nr. C 96 vom 12. 4. 1988, S. 5.
(2) ABl. Nr. C 69 vom 20. 3. 1989, S. 120, und ABl. Nr. C 149 vom 18. 6. 1990.
(3) ABl. Nr. C 102 vom 24. 4. 1989, S. 27.
(4) ABl. Nr. C 165 vom 23. 6. 1981, S. 24.
(5) ABl. Nr. C 115 vom 30. 4. 1984, S. 1.
(6) ABl. Nr. C 118 vom 7. 3. 1986, S. 28.

reisen keine irreführenden Angaben enthalten und daß dem Verbraucher in den ihm zur Verfügung gestellten Reiseprospekten klare und genaue Informationen erteilt werden.

Der Verbraucher muß eine Abschrift der für die Pauschalreise geltenden Vertragsbedingungen erhalten. Zu diesem Zweck sollte vorgeschrieben werden, daß alle Vertragsbedingungen schriftlich oder in einer anderen dem Verbraucher verständlichen und zugänglichen Form festgehalten und ihm in Abschrift ausgehändigt werden.

Dem Verbraucher ist unter bestimmten Umständen die Möglichkeit einzuräumen, eine von ihm gebuchte Pauschalreise auf einen Dritten zu übertragen.

Die vertraglich festgelegten Preise dürfen grundsätzlich nicht geändert werden, es sei denn, die Möglichkeit einer Preiserhöhung oder -senkung ist im Vertrag ausdrücklich vorgesehen. Diese Möglichkeit ist jedoch an gewisse Bedingungen zu knüpfen.

Der Verbraucher muß unter bestimmten Umständen die Möglichkeit haben, von einer gebuchten Pauschalreise vor ihrem Antritt zurückzutreten.

Es ist klar festzulegen, welche Ansprüche der Verbraucher geltend machen kann, falls der Reiseveranstalter die Pauschalreise vor dem vereinbarten Abreisetermin storniert.

Falls dem Verbraucher nach Antritt einer Pauschalreise ein erheblicher Teil der vertraglich vereinbarten Leistungen nicht erbracht wird oder falls der Reiseveranstalter feststellt, daß er einen bedeutenden Teil dieser Leistungen nicht erbringen kann, muß er dem Verbraucher gegenüber bestimmte Verpflichtungen haben.

Der Veranstalter und/oder Vermittler, der Vertragspartei ist, hat gegenüber dem Verbraucher die Haftung für die ordnungsgemäße Erfüllung der sich aus dem Vertrag ergebenden Verpflichtungen zu übernehmen. Ferner haben der Veranstalter und/oder der Vermittler die Haftung für Schäden zu übernehmen, die dem Verbraucher aus der Nichterfüllung oder der mangelhaften Erfüllung des Vertrages entstehen, es sei denn, daß die bei der Ausführung des Vertrages festgestellten Mängel weder auf einem Verschulden ihrerseits noch auf einem Verschulden eines anderen Dienstleistungsträgers beruhen.

Wenn der Veranstalter und/oder der Vermittler die Nichterfüllung oder die mangelhafte Erfüllung von Leistungen, die Bestandteil der Pauschalreise sind, zu vertreten hat, sollte die Haftung gemäß den internationalen Übereinkommen über diese Leistungen beschränkt werden können, insbesondere gemäß dem Warschauer Übereinkommen von 1929 über den internationalen Luftverkehr, dem Berner Übereinkommen von 1961 über den Eisenbahnfrachtverkehr, dem Athener Übereinkommen von 1974 über den Seeverkehr und dem Pariser Übereinkommen von 1962 über die Haftung der Gastwirte. Bei anderen Schäden als Körperschäden sollte es auch möglich sein, die Haftung im Pauschalreisevertrag zu beschränken, allerdings nicht in unangemessener Weise.

Es sind Maßnahmen zur Unterrichtung des Verbrauchers und zur Regelung von Beanstandungen vorzusehen.

Sowohl dem Verbraucher als auch der Pausc branche wäre damit gedient, wenn der Reisever und/oder -vermittler verpflichtet wäre, Sicherhe den Fall der Zahlungsunfähigkeit oder des K nachzuweisen.

Die Mitgliedstaaten sollten die Möglichkeit ha den Bereich der Pauschalreisen strengere Vor zum Schutz der Verbraucher zu erlassen oder halten —

HAT FOLGENDE RICHTLINIE ERLASSEN:

Artikel 1

Zweck dieser Richtlinie ist die Angleichung der und Verwaltungsvorschriften der Mitgliedstaat Pauschalreisen (einschließlich Pauschalurlaubsrei Pauschalrundreisen), die in der Gemeinschaft oder zum Kauf angeboten werden.

Artikel 2

Im Sinne dieser Richtlinie bedeutet:

1. Pauschalreise: die im voraus festgelegte Verl von mindestens zwei der folgenden Dienstlei die zu einem Gesamtpreis verkauft oder zum angeboten wird, wenn diese Leistung länger Stunden dauert oder eine Übernachtung einsch
   a) Beförderung,
   b) Unterbringung,
   c) andere touristische Dienstleistungen, die Nebenleistungen von Beförderung oder Un gung sind und einen beträchtlichen T Gesamtleistung ausmachen.

   Auch bei getrennter Berechnung einzelner Leis die im Rahmen ein und derselben Pausc erbracht werden, bleibt der Veranstalter Vermittler den Verpflichtungen nach dieser Ri unterworfen.
2. Veranstalter: die Person, die nicht nur gele Pauschalreisen organisiert und sie direkt od einen Vermittler verkauft oder zum Verkauf anb
3. Vermittler: die Person, welche die vom Vera zusammengestellte Pauschalreise verkauft od Verkauf anbietet.
4. Verbraucher: die Person, welche die Pausc bucht oder zu buchen sich verpflichtet („der kontrahent"), oder jede Person, in deren Nam Hauptkontrahent sich zur Buchung der Pausc verpflichtet („die übrigen Begünstigten"), od Person, der der Hauptkontrahent oder ein übrigen Begünstigten die Pauschalreise abtri Erwerber").
5. Vertrag: die Vereinbarung, die den Verbraucher Veranstalter und/oder Vermittler bindet.

Artikel 3

(1) Die dem Verbraucher vom Veranstalte Vermittler gegebenen Beschreibungen einer Pa reise, ihr Preis und die übrigen Vertragsbedin dürfen keine irreführenden Angaben enthalten.

(2) Wenn dem Verbraucher ein Prospekt zur Verfügung gestellt wird, muß dieser deutlich lesbare, klare und genaue Angaben zum Preis und — soweit von Bedeutung — zu folgendem enthalten:

a) Bestimmungsort; Transportmittel, ihre Merkmale und Klasse;

b) Art, Lage, Kategorie oder Komfort und Hauptmerkmale der Unterbringung sowie ihre Zulassung und touristische Einstufung gemäß den Vorschriften des Gastmitgliedstaates;

c) Mahlzeiten;

d) Reiseroute;

e) allgemeine Angaben über Paß- und Visumerfordernisse für Staatsangehörige des bzw. der betreffenden Mitgliedstaaten und gesundheitspolizeiliche Formalitäten, die für die Reise und den Aufenthalt erforderlich sind;

f) absoluter Betrag oder Prozentsatz des Preises, der als Anzahlung zu leisten ist, und Zeitplan für die Zahlung des Restbetrages;

g) Hinweis darauf, ob für das Zustandekommen der Pauschalreise eine Mindestteilnehmerzahl erforderlich ist, und — wenn ja — Angabe, bis wann dem Verbraucher spätestens mitgeteilt wird, ob die Reise storniert wird.

Die in dem Prospekt enthaltenen Angaben binden den Veranstalter bzw. den Vermittler, es sei denn, Änderungen sind

— dem Verbraucher vor Abschluß des Vertrages klar mitgeteilt worden; im Prospekt ist ausdrücklich darauf hinzuweisen;

— später zwischen den Vertragsparteien vereinbart worden.

Artikel 4

(1) a) Der Veranstalter und/oder der Vermittler unterrichtet den Verbraucher vor Vertragsabschluß schriftlich oder in einer anderen geeigneten Form allgemein über die Paß- und Visumerfordernisse für Staatsangehörige des bzw. der betreffenden Mitgliedstaaten, insbesondere über die Fristen für die Erlangung dieser Dokumente sowie über gesundheitspolizeiliche Formalitäten, die für die Reise und den Aufenthalt erforderlich sind.

b) Der Veranstalter und/oder der Vermittler teilt dem Verbraucher schriftlich oder in einer anderen geeigneten Form rechtzeitig vor Beginn der Reise folgendes mit:

i) Uhrzeiten und Orte von Zwischenstationen und Anschlußverbindungen; Angabe des vom Reisenden einzunehmenden Platzes, z. B. Kabine oder Schlafkoje auf einem Schiff oder Schlafwagen- oder Liegewagenabteil im Zug;

ii) Name, Anschrift und Telefonnummer der örtlichen Vertretung des Veranstalters und/oder des Vermittlers oder — wenn nicht vorhanden — der örtlichen Stellen, die dem Verbraucher bei Schwierigkeiten Hilfe leisten können.

Falls solche Vertretungen oder Stellen nicht bestehen, sind dem Verbraucher auf jeden Fall eine Notrufnummer oder sonstige Angaben mitzuteilen, mit deren Hilfe er mit dem Veranstalter und/oder dem Vermittler Verbindung aufnehmen kann;

iii) bei Auslandsreisen und -aufenthalten Minderjähriger Angaben darüber, wie eine unmittelbare Verbindung zu dem Kind oder dem an seinem Aufenthaltsort Verantwortlichen hergestellt werden kann;

iv) Angaben über den möglichen Abschluß einer Reiserücktrittsversicherung oder einer Versicherung zur Deckung der Rückführungskosten bei Unfall oder Krankheit.

(2) Die Mitgliedstaaten stellen sicher, daß im Vertrag folgende Grundsätze beachtet werden:

a) Je nach der Natur der Pauschalreise umfaßt der Vertrag mindestens die im Anhang dieser Richtlinie aufgeführten Bedingungen.

b) Alle Bedingungen des Vertrages werden schriftlich oder in einer anderen dem Verbraucher verständlichen und zugänglichen Form festgelegt und sind ihm vor Vertragsabschluß zu übermitteln; er erhält eine Abschrift des Vertrages.

c) Die Bestimmung unter Buchstabe b) darf Buchungen und Vertragsabschlüssen, die zu einem späten Zeitpunkt oder „im letzten Augenblick" erfolgen, nicht entgegenstehen.

(3) Ist der Verbraucher daran gehindert, die Pauschalreise anzutreten, so kann er — nachdem er den Veranstalter oder Vermittler binnen einer vertretbaren Frist vor dem Abreisetermin hiervon unterrichtet hat — seine Buchung auf eine Person übertragen, die alle an die Teilnahme geknüpften Bedingungen erfüllt. Die Person, die ihre Pauschalreise überträgt, und der Erwerber sind gesamtschuldnerisch gegenüber dem Veranstalter oder Vermittler, der Vertragspartei ist, zur Zahlung des noch unbeglichenen Betrages sowie der gegebenenfalls durch diese Übertragung entstehenden Mehrkosten verpflichtet.

(4) a) Die vertraglich festgelegten Preise dürfen nicht geändert werden, es sei denn, daß der Vertrag die Möglichkeit einer Preiserhöhung oder -senkung ausdrücklich vorsieht und genaue Angaben zur Berechnung des neuen Preises enthält, bei der ausschließlich nachstehenden Änderungen Rechnung getragen werden darf: Änderungen

— der Beförderungskosten, darunter auch der Treibstoffkosten;

— der Abgaben für bestimmte Leistungen, wie Landegebühren, Ein- oder Ausschiffungsgebühren in Häfen und entsprechende Gebühren auf Flughäfen;

— der für die betreffende Pauschalreise geltenden Wechselkurse.

b) Der im Vertrag genannte Preis darf ab dem zwanzigsten Tag vor dem vereinbarten Abreisetermin nicht mehr erhöht werden.

(5) Sieht sich der Veranstalter vor der Abreise gezwungen, an einem der wesentlichen Bestandteile des Vertrages, zu denen auch der Preis gehört, eine erhebliche Änderung vorzunehmen, so muß er dies dem Verbraucher

so bald wie möglich mitteilen, um ihm die Möglichkeit zu geben, entsprechende Entscheidungen zu treffen, insbesondere die Möglichkeit,

— vom Vertrag ohne Verpflichtung zur Zahlung einer Vertragsstrafe zurückzutreten oder

— eine Zusatzklausel zum Vertrag zu akzeptieren, die die vorgenommenen Änderungen und ihre Auswirkung auf den Preis angibt.

Der Verbraucher unterrichtet den Veranstalter oder den Vermittler so bald wie möglich über seine Entscheidung.

(6) Wenn der Verbraucher gemäß Absatz 5 vom Vertrag zurücktritt oder wenn der Veranstalter — gleich aus welchem Grund, ausgenommen Verschulden des Verbrauchers — die Reise vor dem vereinbarten Abreisetag storniert, hat der Verbraucher folgende Ansprüche:

a) Teilnahme an einer gleichwertigen oder höherwertigen anderen Pauschalreise, wenn der Veranstalter und/oder der Vermittler in der Lage ist, ihm eine solche anzubieten. Ist die angebotene Pauschalreise von geringerer Qualität, so erstattet der Veranstalter dem Verbraucher den Preisunterschied; oder

b) schnellstmögliche Erstattung aller von ihm aufgrund des Vertrages gezahlten Beträge.

In diesen Fällen hat der Verbraucher gegebenenfalls Anspruch auf Entschädigung wegen Nichterfüllung des Vertrages, die gemäß den Rechtsvorschriften des betreffenden Mitgliedstaates vom Veranstalter oder Vermittler geleistet wird, es sei denn,

i) die Stornierung erfolgt, weil die Anzahl der Personen, die die Pauschalreise gebucht haben, nicht die geforderte Mindestteilnehmerzahl erreicht, und dem Verbraucher die Stornierung innerhalb der in der Beschreibung der Pauschalreise angegebenen Frist schriftlich mitgeteilt wurde oder

ii) die Stornierung erfolgt aufgrund höherer Gewalt, d. h. aufgrund ungewöhnlicher und unvorhersehbarer Ereignisse, auf die derjenige, der sich auf höhere Gewalt beruft, keinen Einfluß hat und deren Folgen trotz Anwendung der gebotenen Sorgfalt nicht hätten vermieden werden können; hierzu zählt jedoch nicht die Überbuchung.

(7) Wird nach der Abreise ein erheblicher Teil der vertraglich vereinbarten Leistungen nicht erbracht oder stellt der Veranstalter fest, daß er nicht in der Lage sein wird, einen erheblichen Teil der vorgesehenen Leistungen zu erbringen, so trifft der Veranstalter — ohne Preisaufschlag für den Verbraucher — angemessene andere Vorkehrungen, damit die Pauschalreise weiter durchgeführt werden kann, und zahlt dem Verbraucher gegebenenfalls eine Entschädigung, deren Höhe dem Unterschied zwischen dem Preis der vorgesehenen und der erbrachten Dienstleistungen entspricht.

Falls solche Vorkehrungen nicht getroffen werden können oder vom Verbraucher aus triftigen Gründen nicht akzeptiert werden, sorgt der Veranstalter — ohne Preisaufschlag für den Verbraucher — gegebenenfalls für eine gleichwertige Beförderungsmöglichkeit, mit der der Verbraucher zum Ort der Abreise oder an einen anderen mit ihm vereinbarten Ort zurückkehren kann, und entschädigt gegebenenfalls den Verbraucher.

Artikel 5

(1) Die Mitgliedstaaten treffen die erfor[...] Maßnahmen, damit der Veranstalter und/oder V[...] der Vertragspartei ist, gegenüber dem Verbrau[...] Haftung für die ordnungsgemäße Erfüllung der[...] lichen Verpflichtungen unabhängig davon übern[...] er selbst oder andere Dienstleistungsträge[...] Verpflichtungen zu erfüllen haben, wobei das R[...] Veranstalters und/oder Vermittlers, gegen ander[...] leistungsträger Rückgriff zu nehmen, unberühr[...]

(2) Die Mitgliedstaaten treffen hinsichtl[...] Schäden, die dem Verbraucher aus der Nicht[...] oder einer mangelhaften Erfüllung des [...] entstehen, die erforderlichen Maßnahmen, d[...] Veranstalter und/oder der Vermittler die Haftu[...] nimmt, es sei denn, daß die Nichterfüllung [...] mangelhafte Erfüllung weder auf ein Verschu[...] Veranstalters und/oder Vermittlers noch [...] Verschulden eines anderen Dienstleistungsträger[...] zuführen ist, weil

— die festgestellten Versäumnisse bei der Erfü[...] Vertrages dem Verbraucher zuzurechnen si[...]

— diese unvorhersehbaren oder nicht abw[...] Versäumnisse einem Dritten zuzurechnen sin[...] der Bewirkung der vertraglich vereinbarten L[...] nicht beteiligt ist;

— diese Versäumnisse auf höhere Gewalt ents[...] der Definition in Artikel 4 Absatz 6 Unte[...] Ziffer ii) oder auf ein Ereignis zurückzufüh[...] das der Veranstalter und/oder der Vermittler [...] Leistungsträger trotz aller gebotenen Sorgf[...] vorhersehen oder abwenden konnte.

In Fällen des zweiten und dritten Gedankenst[...] Unterabsatz 1 muß sich der Veranstalter [...] Vermittler, der Vertragspartei ist, darum bemüh[...] Verbraucher bei Schwierigkeiten Hilfe zu leiste[...]

Bei Schäden aufgrund der Nichterfüllung o[...] mangelhaften Erfüllung der nach dem Vertrag [...] deten Leistungen können die Mitgliedstaaten [...] daß die Entschädigung gemäß den international[...] einkommen über diese Leistungen beschränkt [...]

Bei Schäden, die nicht Körperschäden sind un[...] Nichterfüllung oder einer mangelhaften Erfül[...] nach dem Vertrag geschuldeten Leistungen [...] können die Mitgliedstaaten zulassen, daß die E[...] gung vertraglich eingeschränkt wird. Diese E[...] kung darf nicht unangemessen sein.

(3) Unbeschadet des Absatzes 2 Unterabsatz 4 [...] den Bestimmungen der Absätze 1 und 2 nicht d[...] Vertragsklausel abgewichen werden.

(4) Der Verbraucher muß jeden Mangel bei [...] lung des Vertrages, den er an Ort und Stelle fe[...] bald wie möglich schriftlich oder in einer ander[...] neten Form dem betreffenden Leistungsträger s[...] Veranstalter und/oder dem Vermittler mitteilen[...]

Auf diese Verpflichtung muß im Vertrag [...] deutlich hingewiesen werden.

Artikel 6

Im Fall einer Beanstandung bemüht sich der Veranstalter und/oder der Vermittler oder — wenn vorhanden — sein örtlicher Vertreter nach Kräften um geeignete Lösungen.

Artikel 7

Der Veranstalter und/oder Vermittler, der Vertragspartei ist, weist nach, daß im Fall der Zahlungsunfähigkeit oder des Konkurses die Erstattung gezahlter Beträge und die Rückreise des Verbrauchers sichergestellt sind.

Artikel 8

Die Mitgliedstaaten können in dem unter diese Richtlinie fallenden Bereich strengere Vorschriften zum Schutze des Verbrauchers erlassen oder aufrechterhalten.

Artikel 9

(1) Die Mitgliedstaaten treffen die erforderlichen Maßnahmen, um dieser Richtlinie spätestens am 31. Dezember 1992 nachzukommen. Sie unterrichten die Kommission unverzüglich davon.

(2) Die Mitgliedstaaten übermitteln der Kommission den Wortlaut der wesentlichen innerstaatlichen Rechtsvorschriften, die sie in dem unter diese Richtlinie fallenden Bereich erlassen. Die Kommission übermittelt diese den übrigen Mitgliedstaaten.

Artikel 10

Diese Richtlinie ist an die Mitgliedstaaten gerichtet.

Geschehen zu Luxemburg am 13. Juni 1990.

Im Namen des Rates

Der Präsident

D. J. O'MALLEY

P. b. b. Erscheinungsort Wien, Verlagspostamt 1030 Wien

2415

BUNDESGESETZBLATT

FÜR DIE REPUBLIK ÖSTERREICH

Jahrgang 1993 Ausgegeben am 16. April 1993 94. Stück

246. Bundesgesetz, mit dem das Familienlastenausgleichsgesetz 1967 geändert wird

Der Nationalrat hat beschlossen:

Artikel I

Das Familienlastenausgleichsgesetz 1967, BGBl. Nr. 376, zuletzt geändert durch das Bundesgesetz BGBl. Nr. 311/1992, wird wie folgt geändert:

1. Nach § 46 ist ein Abschnitt III a einzufügen, der lautet:

„Abschnitt III a

ADV-Verfahren

§ 46 a. (1) Im Verfahren zur Gewährung von Beihilfen nach diesem Bundesgesetz sind die Abgabenbehörden des Bundes berechtigt, die hiefür notwendigen personenbezogenen Daten der antragstellenden Personen (des Zahlungsempfängers), der im gemeinsamen Haushalt lebenden Ehegatten oder Lebensgefährten und der Kinder automationsunterstützt zu ermitteln und zu verarbeiten; das sind folgende Daten:

1. Namen, Titel, Anschrift und Telefonnummer,
2. Geburtsdatum und Versicherungsnummer gemäß § 31 des Allgemeinen Sozialversicherungsgesetzes,
3. Staatsbürgerschaft,
4. Familienstand und Geschlecht,
5. Beruf bzw. Tätigkeit,
6. Firmenbuchnummer, Namen und Anschrift des(r) Dienstgeber(s),
7. bezugnehmende Ordnungsbegriffe,
8. Art und Ausmaß der Beihilfe,
9. Anspruchs- und Berechnungsgrundlagen,
10. Art, Umfang und Stand der Verfahren,
11. Bescheide,
12. Fälligkeitsangaben,
13. Salden samt Aufgliederungen und Veränderungen,
14. Banken,
15. Kontonummern,
16. Zahlungsbeträge,
17. Vertreter, Zahlungsempfänger sowie die Art und Dauer der Vollmacht.

(2) Zur Überprüfung der Anspruchsvoraussetzungen ist

1. mit dem Hauptverband der österreichischen Sozialversicherungsträger ein automationsunterstützter Datenverkehr einzurichten, in dessen Rahmen dem Hauptverband der österreichischen Sozialversicherungsträger die Versicherungsnummer und die Namen der anspruchsberechtigten Personen, der im gemeinsamen Haushalt lebenden Ehegatten oder Lebensgefährten und der Kinder zu übermitteln sind; der Hauptverband der österreichischen Sozialversicherungsträger hat zu diesen Angaben zu übermitteln, ob
   a) die Versicherungsnummer und der Name mit den Angaben im Hauptverband der österreichischen Sozialversicherungsträger übereinstimmt und wenn nicht, die Angabe des zu der Versicherungsnummer gespeicherten Namens,
   b) und seit wann eine Meldung zur Sozialversicherung verzeichnet ist,
   c) in späterer Folge eine Meldung zur oder eine Abmeldung von der Sozialversicherung erfolgt,
   d) und seit wann Krankengeld und Wochengeld bezogen werden, die für die Gewährung von Beihilfen Voraussetzung sind;
2. eine Verknüpfung der in Abs. 1 genannten Daten mit den Einkommensteuer- und Lohnsteuerdaten (Art, Umfang und Stand der Verfahren, Berechnungs- und Bemessungs-

(2) Abs. 1 gilt nicht für die im § 12 a Abs. 2 Z 2 bis 4 genannten Rechtsgeschäfte."

5. Nach dem § 31 a werden folgende Bestimmungen samt Überschrift eingefügt:

„Reiseveranstaltungsvertrag

§ 31 b. (1) Die folgenden Bestimmungen gelten für Reiseveranstaltungen.

(2) In diesen Bestimmungen bedeutet:

1. Reiseveranstaltung: eine im voraus festgelegte Verbindung von mindestens zwei der folgenden Dienstleistungen, die zu einem Gesamtentgelt angeboten oder vereinbart wird:
   a) Beförderung,
   b) Unterbringung,
   c) andere touristische Dienstleistungen, die nicht bloß Nebenleistungen der Beförderung sind und die einen beträchtlichen Teil der Gesamtleistung ausmachen;

   diese Voraussetzung ist auch erfüllt, wenn einzelne Leistungen, die im Rahmen der selben Reiseveranstaltung erbracht werden, getrennt berechnet werden;
2. Veranstalter: eine Person, die nicht nur gelegentlich im eigenen Namen vereinbart oder anbietet, von ihr organisierte Reiseleistungen zu erbringen;
3. Reisender: eine Person, die den Vertrag oder einen Vorvertrag über Reiseleistungen schließt, jede weitere Person, in deren Namen jene Person den Vertrag eingeht, und jede Person, der eine dieser Personen ihre Ansprüche abtritt („der Erwerber").

§ 31 c. (1) Für die Zeit ab dem zwanzigsten Tag vor dem vereinbarten Abreisetermin darf eine Befugnis des Veranstalters, das im Reisevertrag festgelegte Entgelt zu erhöhen, nicht vereinbart werden. Im übrigen ist — abgesehen von den allgemeinen Grenzen der Zulässigkeit einer solchen Vertragsbestimmung — eine solche Vereinbarung nur zulässig, wenn sie bei Vorliegen der vereinbarten Voraussetzungen für eine Preiserhöhung auch eine Preissenkung vorsieht und genaue Angaben zur Berechnung des neuen Preises enthält, bei der ausschließlich Änderungen der Beförderungskosten, etwa der Treibstoffkosten, der Abgaben für bestimmte Leistungen, wie Landegebühren, Ein- oder Ausschiffungsgebühren in Häfen und entsprechende Gebühren auf Flughäfen, oder der für die betreffende Reiseveranstaltung anzuwendenden Wechselkurse Rechnung getragen werden darf.

(2) Ändert der Veranstalter — soweit ihm gesetzliche oder vertragliche Bestimmungen dieses Recht geben — vor der Abreise wesentliche Bestandteile des Vertrags, etwa auch den Preis, erheblich, so hat der Reisende die Wahl, die Vertragsänderung anzunehmen oder vom Vertrag zurückzutreten, ohne zur Zahlung einer Vertragsstrafe oder eines Reugeldes verpflichtet zu sein. Der Veranstalter hat dem Reisenden die Vertragsänderung unverzüglich zu erklären und ihn dabei über die bestehende Wahlmöglichkeit zu belehren; der Reisende hat sein Wahlrecht unverzüglich auszuüben.

(3) Ist der Reisende gehindert, die Reiseveranstaltung anzutreten, so kann er das Vertragsverhältnis auf eine andere Person übertragen, sofern diese alle Bedingungen für die Teilnahme erfüllt und die Übertragung dem Veranstalter binnen einer angemessenen Frist vor dem Abreisetermin mitgeteilt wird. Der Überträger und der Erwerber haften für das noch unbeglichene Entgelt sowie gegebenenfalls für die durch die Übertragung entstehenden Mehrkosten zur ungeteilten Hand.

§ 31 d. (1) Tritt der Reisende nach § 31 c Abs. 2 vom Vertrag zurück oder storniert der Veranstalter die Reiseveranstaltung vor dem vereinbarten Abreisetag aus einem anderen Grund als einem Verschulden des Reisenden, so kann dieser anstelle der Rückabwicklung des Vertrags durch Rückerstattung aller geleisteten Zahlungen dessen Erfüllung durch die Teilnahme an einer gleichwertigen anderen Reiseveranstaltung verlangen, sofern der Veranstalter zur Erbringung dieser Leistung in der Lage ist. Der Veranstalter kann dem Reisenden bei gleichbleibendem Entgelt auch eine höherwertige Reiseveranstaltung anbieten; wählt der Reisende eine geringerwertige Reiseveranstaltung, so hat ihm der Veranstalter den Unterschied zum Entgelt der ursprünglich vereinbarten Leistung zu vergüten.

(2) Neben dem Anspruch nach Abs. 1 hat der Reisende Anspruch auf Schadenersatz wegen Nichterfüllung des Vertrags, es sei denn,

1. die Stornierung erfolgt, weil die Anzahl der Personen, die die Reiseveranstaltung gebucht haben, nicht die geforderte Mindestteilnehmerzahl erreicht und dem Verbraucher die Stornierung innerhalb der in der Beschreibung der Reiseveranstaltung angegebenen Frist schriftlich mitgeteilt wurde, oder
2. die Stornierung erfolgt auf Grund höherer Gewalt, das heißt auf Grund ungewöhnlicher und unvorhersehbarer Ereignisse, auf die derjenige, der sich auf höhere Gewalt beruft, keinen Einfluß hat und deren Folgen trotz Anwendung der gebotenen Sorgfalt nicht hätten vermieden werden können; hiezu zählt jedoch nicht die Überbuchung.

§ 31 e. (1) Ergibt sich nach der Abreise, daß ein erheblicher Teil der vertraglich vereinbarten Leistungen nicht erbracht wird oder nicht erbracht werden kann, so hat der Veranstalter ohne zusätzliches Entgelt angemessene Vorkehrungen zu treffen, damit die Reiseveranstaltung weiter durchgeführt werden kann. Können solche Vorkehrungen nicht getroffen werden oder werden sie vom Reisenden aus triftigen Gründen nicht akzeptiert, so hat der Veranstalter ohne zusätzliches Entgelt gegebenenfalls für eine gleichwertige Möglichkeit zu sorgen, mit der der Reisende zum Ort der Abreise oder an einen anderen mit ihm vereinbarten Ort befördert wird. Im übrigen ist der Veranstalter verpflichtet, bei Nichterfüllung oder mangelhafter Erfüllung des Vertrags dem Reisenden zur Überwindung von Schwierigkeiten nach Kräften Hilfe zu leisten.

(2) Der Reisende hat jeden Mangel der Erfüllung des Vertrags, den er während der Reise feststellt, unverzüglich einem Repräsentanten des Veranstalters mitzuteilen, wenn ihm ein solcher bekanntgegeben wurde und dieser an Ort und Stelle ohne nennenswerte Mühe erreichbar ist und wenn ihn der Veranstalter schriftlich auf diese Obliegenheit und darauf hingewiesen hat, daß eine Unterlassung der Mitteilung die Gewährleistungsansprüche des Reisenden nicht berührt, sie ihm allerdings als Mitverschulden angerechnet werden kann (§ 1304 ABGB).

§ 31 f. (1) Die Pflicht des Veranstalters zum Ersatz eines Schadens an der Person kann nicht durch Vereinbarung ausgeschlossen oder beschränkt werden. § 6 Abs. 1 Z 9 — soweit er sich auf andere Schäden bezieht — und § 9 sind auch auf Verträge über Reiseveranstaltungen anzuwenden, die im übrigen dem I. Hauptstück nicht unterliegen.

(2) Soweit in Vereinbarungen von den §§ 31 a bis 31 e zum Nachteil des Reisenden abgewichen wird, sind sie unwirksam."

6. Nach § 41 wird folgender § 41 a eingefügt:

„§ 41 a. (1) Die Neufassung der §§ 3 Abs. 1, 16 Abs. 1 Z 1, 19 Z 2 und 26 b sowie die §§ 12 a, 26 c und 31 b bis 31 f treten mit demselben Zeitpunkt in Kraft wie das Abkommen über den Europäischen Wirtschaftsraum *), die §§ 31 b bis 31 f jedoch frühestens mit 1. Mai 1994.

(2) Die neuen Bestimmungen sind auf Verträge, die vor den im Abs. 1 genannten Zeitpunkten geschlossen worden sind, nicht anzuwenden."

*) Die Kundmachung des Abkommens und seines Inkrafttretens wird zu einem späteren Zeitpunkt erfolgen.

Klestil

Vranitzky

P. b. b. Erscheinungsort Wien, Verlagspostamt 1030 Wien

BUNDESGESETZBLATT

FÜR DIE REPUBLIK ÖSTERREICH

Jahrgang 1998 **Ausgegeben am 19. November 1998** **Teil II**

401. Verordnung: Ausübungsvorschriften für das Reisebürogewerbe [CELEX-Nr.: 390L0314]

401. Verordnung des Bundesministers für wirtschaftliche Angelegenheiten über Ausübungsvorschriften für das Reisebürogewerbe

Auf Grund des § 169 Abs. 1 Z 1 und des § 69 Abs. 2 der Gewerbeordnung 1994 (GewO 1994), BGBl. Nr. 194, zuletzt geändert durch das Bundesgesetz BGBl. I Nr. 30/1998, wird im Einvernehmen mit der Bundesministerin für Frauenangelegenheiten und Verbraucherschutz verordnet:

1. Abschnitt

Informationspflichten gemäß Art. 3 Abs. 2 und Art. 4 Abs. 1 und 2 der Richtlinie des Rates vom 13. Juni 1990 über Pauschalreisen (90/314/EWG)

Geltungsbereich

§ 1. (1) Die Bestimmungen dieses Abschnittes finden auf von Gewerbetreibenden veranstaltete oder vermittelte Pauschalreisen im Sinne des Art. 2 Z 1 der Richtlinie 90/314/EWG des Rates vom 13. Juni 1990 über Pauschalreisen, ABl. Nr. L 158 vom 23. Juni 1990, Seite 59, Anwendung.

(2) Unter einer Pauschalreise im Sinne der im Abs. 1 genannten Richtlinie ist zu verstehen: die im voraus festgelegte Verbindung von mindestens zwei der folgenden Dienstleistungen, die zu einem Gesamtpreis verkauft oder zum Verkauf angeboten wird, wenn diese Leistung länger als 24 Stunden dauert oder eine Übernachtung einschließt:

a) Beförderung,

b) Unterbringung,

c) andere touristische Dienstleistungen, die nicht Nebenleistungen von Beförderung oder Unterbringung sind und einen beträchtlichen Teil der Gesamtleistung ausmachen.

Prospektangaben

§ 2. (1) Bietet ein Gewerbetreibender auf Grund seiner Gewerbeberechtigung für das Reisebürogewerbe als Reiseveranstalter selbst oder über einen Vermittler die von ihm organisierten Pauschalreisen in entsprechend detaillierten Werbeunterlagen an, so haben diese deutlich lesbare, klare und genaue Angaben zu enthalten über

1. den Firmenwortlaut, die Firmenanschrift und den Produktnamen, soweit dieser im Firmenwortlaut nicht bereits enthalten ist,
2. die geltenden Geschäftsbedingungen nach Maßgabe des § 6,
3. den Reisepreis nach Maßgabe des § 9 Abs. 1 des Preisauszeichnungsgesetzes, BGBl. Nr. 146/1992, (Bruttopreis), die Höhe der zu leistenden Anzahlung als absoluter Betrag oder Prozentsatz des Reisepreises, die Fälligkeit des Restbetrages sowie allfällige Hinweise auf mögliche Preisänderungen, die sich nach dem Kalkulationsstichtag durch Erhöhung der Flughafentaxen, Sicherheitsgebühren, Landegebühren und Gebühren in Häfen ergeben können und
4. folgende Merkmale der angebotenen Reise, soweit sie für diese von Bedeutung sind:
   a) Bestimmungsort,
   b) Transportmittel (Art, Merkmale und Klasse),
   c) Unterbringung (Art, Lage, Kategorie oder Komfort und Hauptmerkmale sowie – soweit entsprechende Regelungen vorhanden – ihre Zulassung und touristische Einstufung),
   d) Mahlzeiten,
   e) Reiseroute,

f) Paß- und Visumerfordernisse für Angehörige jenes(r) Mitgliedstaates(en), in dem die Reise in detaillierten Werbeunterlagen angeboten wird, sowie über gesundheitsp Formalitäten, die für die Reise und den Aufenthalt erforderlich sind

g) eine für die Durchführung der Reise erforderliche Mindestteilnehmerzahl sowie di bis zu welchem Zeitpunkt vor dem Reisebeginn dem Reisenden die Erklärung zugegangen sein muß, daß die Teilnehmerzahl nicht erreicht wurde und die R durchgeführt wird.

(2) Abs. 1 gilt entsprechend, soweit Angaben über die veranstalteten Reisen in ei Reiseveranstalter zur Verfügung gestellten Bild- oder Tonträger enthalten sind.

Information vor Vertragsabschluß

§ 3. Gewerbetreibende, die Buchungen entgegennehmen, sind verpflichtet, den Reisend dieser seine auf den Vertragsabschluß gerichtete Willenserklärung (Buchung) abgibt, schriftlic einer anderen geeigneten Form über

1. Paß- und Visumerfordernisse für Angehörige des Mitgliedstaates, in dem die Reise wird,
2. die ungefähren Fristen zur Erlangung der Dokumente,
3. die gesundheitspolizeilichen Formalitäten, die für die Reise und den Aufenthalt erforder
4. den möglichen Abschluß einer Reiserücktrittskostenversicherung sowie einer Versich Deckung der Rückführungskosten bei Unfall oder Krankheit sowie
5. die geltenden Geschäftsbedingungen nach Maßgabe des § 6

zu informieren; soweit die in den Ziffern 2, 4 und 5 genannten Angaben bereits in Reiseveranstalter herausgegebenen und dem Reisenden zur Verfügung gestellten Werbe enthalten sind und zwischenzeitlich keine Änderungen erfahren haben, ist eine gesonderte In nicht erforderlich.

Reisebestätigung

§ 4. (1) Gewerbetreibende, die Buchungen entgegennehmen, sind verpflichtet, dem Reis oder unverzüglich nach Vertragsabschluß eine Bestätigung über den Reisevertrag (Reisebestäti übermitteln.

(2) Die Reisebestätigung hat, soweit dies nach der Art der Reise von Bedeutung ist, außer c Abs. 1 Z 3 genannten Angaben über den Reisepreis und die Zahlungsmodalitäten sowie Merkmale der Reise nach § 2 Abs. 1 Z 4 lit. b, c, d, e und g folgende Angaben zu enthalten:

1. Bestimmungsort (endgültiger Urlaubsort) und, wenn die Reise mehrere Aufenthalte un einzelnen Zeiträume und deren Termine;
2. Tag, geplante Zeit und Ort der Abreise sowie der Rückkehr;
3. Besuche, Ausflüge und sonstige im Reisepreis inbegriffene Leistungen;
4. Hinweise auf allfällige rechtlich zulässige Preisänderungen (§ 31c Abs. 1 des Kons schutzgesetzes in der Fassung des Bundesgesetzes BGBl. Nr. 247/1993) nach Vertragsab
5. Sonderwünsche des Reisenden, die zum Vertragsinhalt geworden sind;
6. Firmenwortlaut (Produktname) und Anschrift des Reiseveranstalters und gegebenenfa Versicherers;
7. Angaben im Sinne des § 31e Abs. 2 des Konsumentenschutzgesetzes in der Fass Bundesgesetzes BGBl. Nr. 247/1993 sowie Hinweise auf die für die Geltendmach Gewährleistungsansprüchen vom Reisenden einzuhaltende gesetzliche Frist.

(3) Gewerbetreibende, die Buchungen entgegennehmen, können ihre Verpflichtungen nac auch dadurch erfüllen, daß sie auf die in einer vom Reiseveranstalter herausgegebenen Reisenden zur Verfügung gestellten Werbeunterlage enthaltenen Angaben verweisen, soweit d Anforderungen der vorgenannten Absätze entsprechen.

(4) Wenn die Buchungserklärung des Reisenden weniger als sieben Tage vor Reisebeginn ab wird, sind die Absätze 1 bis 3 nur dann anzuwenden, wenn dies dem Gewerbetreibenden, der die entgegennimmt, zumutbar ist und die Angaben nach dem Charakter der Reise für diese von B sind. Der Reisende ist jedoch spätestens bei Antritt der Reise über die in Abs. 2 Z 7 beze Angaben zu unterrichten.

Information vor Beginn der Reise

§ 5. (1) Gewerbetreibende, die Buchungen entgegennehmen, sind verpflichtet, dem Reisenden schriftlich oder in einer anderen geeigneten Form rechtzeitig vor Beginn der Reise folgendes mitzuteilen:

1. Abfahrts- und geplante Ankunftszeiten des Haupttransportmittels, allfällige Zwischenaufenthalte und Anschlußverbindungen;
2. wenn der Reisende bei der Beförderung einen bestimmten Platz einzunehmen hat, diesen Platz;
3. Firmenname, Anschrift und Telefonnummer der örtlichen Vertretung des Reiseveranstalters oder – wenn nicht vorhanden – der örtlichen Stellen, die dem Reisenden bei Schwierigkeiten Hilfe leisten können; wenn auch solche Stellen nicht bestehen, sind dem Reisenden eine Notrufnummer oder sonstige Angaben mitzuteilen, mit deren Hilfe er mit dem Reiseveranstalter oder dem Reisevermittler Verbindung aufnehmen kann.

(2) Bei Auslandsreisen Minderjähriger ist der bei der Buchung angegebenen erziehungsberechtigten Person eine Kontaktadresse im Zielgebiet bekanntzugeben, über die eine unmittelbare Verbindung zu dem Minderjährigen oder dem während dessen Aufenthalt Verantwortlichen hergestellt werden kann.

(3) Eine besondere Mitteilung nach Abs. 1 ist nicht erforderlich, soweit die jeweilige Angabe bereits in der vom Reiseveranstalter herausgegebenen und dem Reisenden zur Verfügung gestellten detaillierten Werbeunterlage oder der Reisebestätigung enthalten ist und zwischenzeitlich keine Änderung erfahren hat.

2. Abschnitt

Anwendung von Geschäftsbedingungen und deren Aushändigung und Ersichtlichmachung

§ 6. (1) Gewerbetreibende, die auf Grund einer Gewerbeberechtigung für das Reisebürogewerbe als Veranstalter auftreten und ihre Leistungen in entsprechend detaillierten Werbeunterlagen anbieten, haben in diesen ersichtlich zu machen, ob sie die vom Fachverband der Reisebüros im Einvernehmen mit dem Reisebüro-Ausschuß des Kosumentenpolitischen Beirates beim Bundeskanzleramt empfohlenen Allgemeinen Reisebedingungen in ihrer letztgültigen Fassung zur Gänze, nur teilweise oder nicht anerkennen.

(2) Werden die Allgemeinen Reisebedingungen vom Veranstalter zur Gänze anerkannt, so genügt diesbezüglich ein Hinweis in den Werbeunterlagen im Sinne des Abs. 1.

(3) Anerkennt der Veranstalter die Allgemeinen Reisebedingungen nur teilweise oder nicht, so hat er in der jeweiligen Werbeunterlage im Sinne des Abs. 1 die abweichenden Bestimmungen wiederzugeben und sie den entsprechenden Bestimmungen der Allgemeinen Reisebedingungen gegenüberzustellen. Hinsichtlich jener Bestimmungen der Allgemeinen Reisebedingungen, die vom Veranstalter anerkannt werden, genügt ein diesbezüglicher Hinweis.

(4) Der Veranstalter hat dem Kunden vor Vertragsabschluß ein schriftliches Exemplar der im Fall eines Vertragsabschlusses zur Anwendung kommenden Geschäftsbedingungen auszuhändigen, sofern diese nicht bereits in der ausgefolgten Werbeunterlage zur Gänze abgedruckt sind.

(5) Erfolgt die Buchung einer Veranstalterleistung bei einem Vermittler, so trifft diesen die Pflicht nach Abs. 4.

(6) In jeder Betriebsstätte, die auf Grund einer Gewerbeberechtigung für das Reisebürogewerbe betrieben wird und in der der Verkehr mit Kunden des Reisebüros stattfindet, sind die Allgemeinen Reisebedingungen (Abs. 1) ersichtlich zu machen. Wenn der Gewerbetreibende die Allgemeinen Reisebedingungen nur teilweise oder nicht anerkennt, hat er in einer derartigen Betriebsstätte außerdem ersichtlich zu machen, welche Bestimmungen der Allgemeinen Reisebedingungen von ihm nicht anerkannt werden und welche Bedingungen anstelle der von ihm nicht anerkannten Bestimmungen der Allgemeinen Reisebedingungen gelten sollen.

3. Abschnitt

Fach- und Fremdensprachenkenntnisse bestimmter Arbeitnehmer

§ 7. (1) Gewerbetreibende haben in jenen Betriebsstätten, in denen das Reisebürogewerbe ausgeübt wird und in denen sie nicht selbst überwiegend tätig sind, mindestens einen fachkundigen Arbeitnehmer, der nach den Bestimmungen des Sozialversicherungsrechtes voll versicherungspflichtig ist, hauptberuflich zu beschäftigen.

(2) Eine Person ist jedenfalls dann fachkundig anzusehen, wenn sie durch Zeugnisse

1. die erfolgreich bestandene Lehrabschlußprüfung im Lehrberuf Reisebüroassistent oder

2. den erfolgreichen Abschluß einer höheren Schule oder
3. den erfolgreichen Abschluß einer Handelsschule oder einer Hotelfachschule oder
4. eine mindestens zweijährige fachliche Tätigkeit (§ 22 Abs. 2 GewO 1994) sowie

für den laufenden Geschäftsbetrieb ausreichende Kenntnisse einer Fremdsprache nachweist.

4. Abschnitt

Schlußbestimmung

§ 8. Mit dem Inkrafttreten dieser Verordnung tritt die Verordnung des Bundesminist wirtschaftliche Angelegenheiten über Ausübungsvorschriften für das Reisebürogewerbe, BGBl. N 1994, soweit sie noch in Geltung steht, außer Kraft.

Farnleitner

Verzeichnis häufig in Rechtsvorschriften verwendeter Abkürzungen

ABGB	Allgemeines bürgerliches Gesetzbuch	HGB	Handelsgesetzbuch
Abs.	Absatz	idF	in der Fassung
AktG	Aktiengesetz	JGG	Jugendgerichtsgesetz
AO	Ausgleichsordnung	JN	Jurisdiktionsnorm
ArbVG	Arbeitsverfassungsgesetz	KDV	Kraftfahrgesetz-Durchführungsverordnung
Art.	Artikel	KFG	Kraftfahrgesetz
ASVG	Allgemeines Sozialversicherungsgesetz	KO	Konkursordnung
AVG	Allgemeines Verwaltungsverfahrensgesetz	LGBl.	Landesgesetzblatt
BAO	Bundesabgabenordnung	lit.	litera (= Buchstabe)
BDG	Beamten-Dienstrechtsgesetz	MRG	Mietrechtsgesetz
BGBl.	Bundesgesetzblatt	Nr.	Nummer
B-VG	Bundes-Verfassungsgesetz	PatG	Patentgesetz
bzw.	beziehungsweise	RGBl.	Reichsgesetzblatt
dgl.	dergleichen	S	Seite, Schilling
DRAnz.	Deutscher Reichsanzeiger und Preußischer Staatsanzeiger	StGB	Strafgesetzbuch
dRGBl.	deutsches Reichsgesetzblatt	StGBl.	Staatsgesetzblatt
DSG	Datenschutzgesetz	StPO	Strafprozeßordnung
DVG	Dienstrechtsverfahrensgesetz	StVO	Straßenverkehrsordnung
EG ...	Einführungsgesetz ...	ua.	und andere, unter anderem
EGVG	Einführungsgesetz zu den Verwaltungsverfahrensgesetzen	UStG	Umsatzsteuergesetz
EO	Exekutionsordnung	VStG	Verwaltungsstrafgesetz
EStG	Einkommensteuergesetz	VV	verkürztes Verfahren
FinStrG	Finanzstrafgesetz	VVG	Verwaltungsvollstreckungsgesetz
F-VG	Finanz-Verfassungsgesetz	vH	vom Hundert (= Prozent)
GBG	Grundbuchgesetz	vT	vom Tausend (= Promille)
GBlÖ	Gesetzblatt für das Land Österreich	WEG	Wohnungseigentumsgesetz
gem.	gemäß	WGG	Wohnungsgemeinnützigkeitsgesetz
GesmbH	Gesellschaft mit beschränkter Haftung	WRG	Wasserrechtsgesetz
GewO	Gewerbeordnung	Z	Zahl, Ziffer
		zB	zum Beispiel
		ZPO	Zivilprozeßordnung

Druck der Österreichischen Staatsdruckerei AG

P. b. b. Verlagspostamt 1030 Wien WoGZ 213U

1515

BUNDESGESETZBLATT

FÜR DIE REPUBLIK ÖSTERREICH

Jahrgang 1999 Ausgegeben am 14. September 1999 Teil II

316. Verordnung: Reisebürosicherungsverordnung – RSV
[CELEX-Nr.: 390L0314]

316. Verordnung des Bundesministers für wirtschaftliche Angelegenheiten über die Umsetzung des Art. 7 der Richtlinie des Rates vom 13. Juni 1990 über Pauschalreisen (90/314/EWG) im österreichischen Recht (Reisebürosicherungsverordnung – RSV)

Auf Grund des § 169 Abs. 1 Z 2 und Abs. 2 der Gewerbeordnung 1994 (GewO 1994), BGBl. Nr. 194, zuletzt geändert durch das Bundesgesetz BGBl. I Nr. 59/1999, wird im Einvernehmen mit der Bundesministerin für Frauenangelegenheiten und Verbraucherschutz verordnet:

1. Abschnitt

Allgemeines

Geltungsbereich

§ 1. (1) Diese Verordnung regelt die Erstattung bezahlter Beträge und die Rückreise des Reisenden im Fall einer Pauschalreise im Sinne des Art. 2 Z 1 der Richtlinie 90/314/EWG des Rates vom 13. Juni 1990 über Pauschalreisen, ABl. Nr. L 158 vom 23. Juni 1990, Seite 59, im Fall der Insolvenz des Veranstalters der Pauschalreise.

(2) Diese Verordnung ist auf Veranstalter von Pauschalreisen (Veranstalter) mit Standort in Österreich anzuwenden.

(3) Insolvenz des Veranstalters der Pauschalreise ist in folgenden Fällen anzunehmen:
1. bei Eröffnung eines Konkursverfahrens oder Ablehnung eines solchen mangels Vermögens,
2. bei Eröffnung eines Ausgleichsverfahrens,
3. bei Zwangsvollstreckung, die nicht zur Befriedigung geführt hat, und
4. bei Eintritt von Ereignissen, die eine Betreibung als aussichtslos erscheinen lassen.

Begriffsbestimmungen

§ 2. Im Sinne dieser Verordnung sind:

1. **Pauschalreisen:**
   Die im voraus festgelegte Verbindung von mindestens zwei der folgenden Dienstleistungen, die zu einem Gesamtpreis verkauft oder zum Verkauf angeboten wird, wenn diese Leistung länger als 24 Stunden dauert oder eine Übernachtung einschließt:
   a) Beförderung,
   b) Unterbringung,
   c) andere touristische Dienstleistungen, die nicht Nebenleistung von Beförderung oder Unterbringung sind und einen beträchtlichen Teil der Gesamtleistung ausmachen.
2. **Veranstalter:**
   Gewerbetreibende, die Pauschalreisen erstellen und diese direkt oder über einen Vermittler anbieten.
3. **Vermittler:**
   Gewerbetreibende, die Buchungen für vom Veranstalter angebotene Pauschalreisen entgegennehmen.
4. **Buchender:**
   Eine Person, die den Vertrag oder einen Vorvertrag über Reiseleistungen schließt.

5. **Reisender:**
Eine Person, die den Vertrag oder einen Vorvertrag über Reiseleistungen schließt (Buchender), jede weitere Person, in deren Namen der Buchende den Vertrag eingeht, und jede Person, der eine dieser Personen ihre Ansprüche abtritt (Erwerber).

6. **Abwickler:**
Eine von 0 bis 24 Uhr erreichbare Stelle im Inland, die über die erforderliche personelle, technische und infrastrukturelle Ausstattung zur Schadensabwicklung verfügt, an die sich die Reisenden zu wenden haben und die im Auftrag des Versicherers oder Garanten die Abwicklung der Ansprüche der Reisenden übernimmt und die gegebenenfalls die für die Rückreise der Reisenden im Fall der Insolvenz erforderlichen Veranlassungen zu treffen hat.

2. Abschnitt

Abdeckung des Risikos

Allgemeines

§ 3. (1) Der Veranstalter hat sicherzustellen, daß dem Reisenden

1. erstattet werden:
   a) die bereits entrichteten Zahlungen (Anzahlungen, Restzahlungen und Vorauszahlungen gemäß § 4 Abs. 6), soweit die Reiseleistungen gänzlich oder teilweise infolge Insolvenz des Veranstalters nicht erbracht wurden, und
   b) die notwendigen Aufwendungen für die Rückreise, die infolge Insolvenz des Veranstalters entstanden sind, und
2. ein Abwickler gemäß § 2 Z 6 zur Verfügung steht, der gegebenenfalls die für die Rückreise des Reisenden im Fall der Insolvenz des Veranstalters erforderlichen Veranlassungen im Auftrag des Versicherers oder Garanten zu treffen hat.

(2) Sämtliche Ansprüche gemäß Abs. 1 sind nur dann zu befriedigen, wenn der Reisende diese innerhalb von acht Wochen ab Eintritt der im § 1 Abs. 3 genannten Ereignisse beim Abwickler angemeldet hat, es sei denn, der Reisende hat diese Frist ohne sein Verschulden versäumt. Die Frist zur Anmeldung der Ansprüche beginnt zu laufen, sobald einer der Tatbestände des § 1 Abs. 3 eingetreten ist.

(3) Die Abdeckung des Risikos gemäß Abs. 1 hat auf eine der folgenden Arten zu erfolgen:

1. durch Abschluß eines Versicherungsvertrages mit einem zum Geschäftsbetrieb in Österreich berechtigten Versicherer gemäß den §§ 4 und 5 oder
2. durch Beibringung einer unwiderruflichen und abstrakten Bankgarantie eines zum Geschäftsbetrieb in Österreich berechtigten Kreditinstitutes gemäß § 6 oder einer unwiderruflichen und abstrakten Garantieerklärung einer Körperschaft öffentlichen Rechts gemäß § 6.

Abdeckung des Risikos durch Versicherungsvertrag

Höhe der Versicherungssumme

§ 4. (1) Die Versicherungssumme hat unter Bedachtnahme auf § 3 Abs. 1 mindestens zu betragen:

1. Bei Veranstaltung von Pauschalreisen, die
   a) Beförderungen mit Flugzeugen im Linienverkehr oder mit Schiffen im Linienverkehr beinhalten, 5 vH des Umsatzes aus der Veranstaltertätigkeit im vorangegangenen Wirtschaftsjahr, jedenfalls jedoch 1 Million Schilling, wobei die jeweils höhere Versicherungssumme einzudecken ist,
   b) Beförderungen mit Flugzeugen im Charterverkehr oder mit Schiffen im Charterverkehr beinhalten, 7 vH des Umsatzes aus der Veranstaltertätigkeit im vorangegangenen Wirtschaftsjahr, jedenfalls jedoch 5 Millionen Schilling, wobei die jeweils höhere Versicherungssumme einzudecken ist,
   c) ausschließlich Beförderungen mit Bus oder Bahn oder keine Beförderungen beinhalten, 5 vH des Umsatzes aus der Veranstaltertätigkeit im vorangegangenen Wirtschaftsjahr, jedenfalls jedoch 1 Million Schilling, wobei die jeweils höhere Versicherungssumme einzudecken ist.
2. Bei Pauschalreisen, die Leistungen beinhalten, auf die unterschiedliche Prozentsätze gemäß Z 1 lit. a bis c zur Anwendung kommen, bestimmt sich die Versicherungssumme nach den Anteilen der einzelnen Leistungen am Gesamtumsatz.

(2) Die im Abs. 1 Z 1 lit. a und c genannten Mindestversicherungssummen von 1 Million Schilling verringern sich auf Mindestversicherungssummen von 250 000 S und die im Abs. 1 Z 1 lit. b genannte Mindestversicherungssumme von 5 Millionen Schilling verringert sich auf eine Mindestversicherungs-

summe von 1 Million Schilling, jeweils unter der Voraussetzung, daß die Teilnahme an einer Versicherungsgemeinschaft der Veranstalter gemäß § 8 nachgewiesen wird.

(3) Im ersten Jahr einer Veranstaltertätigkeit ist, soweit der Reiseveranstalter nicht Gegenteiliges beweist, von einem Jahresumsatz von 50 Millionen Schilling aus der beabsichtigten Veranstaltertätigkeit auszugehen.

(4) Bei beabsichtigter Steigerung oder Verringerung des Umsatzes aus der Veranstaltertätigkeit gegenüber dem vorangegangenen Wirtschaftsjahr um mehr als 5 vH ist der Ermittlung der Versicherungssumme der beabsichtigte Umsatz aus der Veranstaltertätigkeit im entsprechenden Wirtschaftsjahr unter sinngemäßer Anwendung des Abs. 1 zugrundezulegen.

(5) Übernimmt der Veranstalter Kundengelder als Anzahlung in Höhe von mehr als 10 vH des Reisepreises früher als zwei Wochen vor Reiseantritt, hat die Versicherungssumme in den Fällen des Abs. 1 Z 1 lit. a und c mindestens 7 vH des Umsatzes aus der Veranstaltertätigkeit im vorangegangenen Wirtschaftsjahr und in den Fällen des Abs. 1 Z 1 lit. b mindestens 9 vH des Umsatzes aus der Veranstaltertätigkeit im vorangegangenen Wirtschaftsjahr zu betragen. Kundengelder als Anzahlung oder als Restzahlung in Höhe von mehr als 20 vH des Reisepreises dürfen, ausgenommen den Fall des Abs. 6, nur Zug um Zug gegen Aushändigung der Reiseunterlagen an den Reisenden und nicht früher als zwei Wochen vor Reiseantritt übernommen werden.

(6) Abweichend von Abs. 5, dürfen auch Vorauszahlungen in Höhe von mehr als 20 vH des Reisepreises früher als zwei Wochen vor Reiseantritt übernommen werden, wenn

1. damit eine Verringerung des in den detaillierten Werbeunterlagen des Veranstalters ausgewiesenen Reisepreises verbunden ist (Gewährung eines Frühbucherbonus),
2. die Gewährung eines Frühbucherbonus einschließlich der damit verbundenen Verringerung des Reisepreises in den detaillierten Werbeunterlagen des Veranstalters gemäß § 7 Abs. 1 Z 4 ausdrücklich angekündigt ist,
3. der Veranstalter dem Bundesminister für wirtschaftliche Angelegenheiten über angebotene Reiseprodukte, die die Annahme von solchen Vorauszahlungen einschließen, gemäß § 9 Abs. 7 Meldung erstattet hat und
4. der durch die Übernahme von solchen Vorauszahlungen durch den Veranstalter jeweils akkumulierte Betrag in vollem Umfang abgesichert ist.

(7) Anzahlungen und Vorauszahlungen dürfen frühestens elf Monate vor dem vereinbarten Ende der Reise entgegengenommen werden.

Inhalt des Versicherungsvertrages

§ 5. Im Versicherungsvertrag ist vorzusehen, daß

1. auf diesen Vertrag österreichisches Recht anzuwenden ist;
2. dem Reisenden ein von der Innehabung des Versicherungsscheines (Polizze) unabhängiger, unmittelbarer Anspruch gegen den Versicherer einzuräumen ist;
3. sich der Versicherungsschutz auf alle Buchungen erstreckt, die während der Vertragsdauer bzw. der Nachhaftungsfrist gemäß Z 4 getätigt werden und bei denen die gebuchte Reise spätestens zwölf Monate nach Ablauf der Nachhaftungsfrist endet;
4. die Vertragsdauer mindestens zwölf Monate zu betragen hat und
   a) bei Beendigung eines befristeten Versicherungsvertrages durch Zeitablauf sich der Versicherungsschutz auch auf alle Buchungen zu erstrecken hat, die innerhalb eines Monats nach dem vertraglichen Endtermin des Versicherungsvertrages (Nachhaftungsfrist) getätigt wurden und bei denen die gebuchte Reise spätestens zwölf Monate nach Ablauf der einmonatigen Nachhaftungsfrist endet,
   b) bei Versicherungsverträgen, die auf unbestimmte Zeit abgeschlossen werden, der Vertrag nur unter Einhaltung einer zweimonatigen Kündigungsfrist, frühestens jedoch zum Ablauf des ersten Versicherungsjahres gekündigt werden kann. Der Versicherer hat dem Bundesminister für wirtschaftliche Angelegenheiten die Kündigung unverzüglich zu melden. Die Haftung des Versicherers bleibt jedoch noch zwei Monate nach Einlangen der Meldung beim Bundesminister für wirtschaftliche Angelegenheiten (Nachhaftungsfrist) bestehen und erstreckt sich auch auf alle Buchungen, die während dieser Nachhaftungsfrist getätigt werden. Die Haftung besteht jedoch nur für Buchungen, bei denen die gebuchte Reise spätestens zwölf Monate nach Ablauf der Nachhaftungsfrist endet,
   c) bei vorzeitiger Beendigung eines Versicherungsverhältnisses der Versicherer diesen Umstand unverzüglich dem Bundesminister für wirtschaftliche Angelegenheiten zu melden hat. Die

Haftung des Versicherers bleibt in diesem Fall noch zwei Monate nach Einlangen der Meldung beim Bundesminister für wirtschaftliche Angelegenheiten (Nachhaftungsfrist) bestehen und erstreckt sich auch auf alle Buchungen, die während dieser Nachhaftungsfrist getätigt werden. Die Haftung besteht jedoch nur für Buchungen, bei denen die gebuchte Reise spätestens zwölf Monate nach Ablauf der Nachhaftungsfrist endet;

5. der Versicherungsschutz bei Wechsel des Versicherers auch alle am Beginn des Wirksamwerdens des Versicherungsvertrages noch offenen Ansprüche von Reisenden gemäß § 3 Abs. 1 einschließt; die Haftung des bisherigen Versicherers erlischt mit dem Wirksamwerden eines neuen Versicherungsvertrages. Der Veranstalter hat den bisherigen Versicherer vom Wirksamkeitsbeginn eines neuen Versicherungsvertrages in Kenntnis zu setzen;
6. der Versicherer dem Bundesminister für wirtschaftliche Angelegenheiten über jede Änderung der Höhe der Versicherungssumme unverzüglich, spätestens jedoch acht Tage ab dieser Vertragsänderung, Meldung zu erstatten hat;
7. § 156 Abs. 3 des Versicherungsvertragsgesetzes 1958, BGBl. Nr. 2/1959, zuletzt geändert durch Art. XIII des Bundesgesetzes BGBl. I Nr. 140/1997, sinngemäß anzuwenden ist;
8. für den Fall, daß der Versicherer von der Verpflichtung zur Leistung dem Versicherungsnehmer gegenüber ganz oder teilweise frei ist, seine Verpflichtung gleichwohl in Ansehung des Dritten bestehen bleibt;
9. ein Umstand, der das Nichtbestehen des Versicherungsverhältnisses zur Folge hat, in Ansehung des Dritten erst mit Ablauf eines Monats, nachdem der Versicherer diesen Umstand dem Bundesminister für wirtschaftliche Angelegenheiten angezeigt hat, wirkt.

Abdeckung des Risikos durch Garantie (Bankgarantie oder Garantieerklärung einer Körperschaft öffentlichen Rechts)

§ 6. Im Garantievertrag hat sich der Garant zur Erbringung jener Leistungen zu verpflichten, die dem Reisenden aus einem dem § 5 entsprechenden Versicherungsvertrag zustehen. Die Garantiesumme bestimmt sich nach § 4.

Informationspflichten

§ 7. (1) Der Veranstalter hat in die von ihm verwendeten detaillierten Werbeunterlagen folgende Angaben deutlich sichtbar aufzunehmen:

1. die Nummer, unter der dieser in das Veranstalterverzeichnis gemäß § 9 Abs. 5 eingetragen wurde (Eintragungsnummer),
2. den Versicherer gemäß § 3 Abs. 3 Z 1 oder den Garanten gemäß § 3 Abs. 3 Z 2,
3. die Versicherungsscheinnummer (Polizzennummer) oder die Nummer der Garantie,
4. die Höhe der Übernahme von Kundengeldern als Anzahlung gemäß § 4 Abs. 5 und gegebenenfalls von Vorauszahlungen gemäß § 4 Abs. 6,
5. den Hinweis auf die Teilnahme an einer Versicherungsgemeinschaft der Veranstalter zur Abdeckung des Risikos gemäß § 8 oder im Fall der Nichtteilnahme an einer solchen Versicherungsgemeinschaft auf die erhöhte Versicherungssumme gemäß § 8,
6. den Abwickler gemäß § 2 Z 6 einschließlich Namen, Adresse, Telefonnummer und Telefaxnummer und
7. den Hinweis auf das Erfordernis, sämtliche Ansprüche bei sonstigem Anspruchsverlust innerhalb von acht Wochen ab Eintritt der in § 1 Abs. 3 genannten Ereignisse beim Abwickler anzumelden.

(2) Im Fall eines Wechsels des Versicherers (des Garanten) hat der bisherige Versicherer (Garant) dem Reisenden auf dessen Anfrage die Information gemäß Abs. 1 Z 2 zu erteilen. Im Fall eines Wechsels des Abwicklers hat der bisherige Abwickler die Information gemäß Abs. 1 Z 6 zu erteilen.

(3) Sofern Angaben gemäß Abs. 1 in die im Zeitpunkt des Inkrafttretens dieser Verordnung noch in Geltung stehenden oder in Druck befindlichen detaillierten Werbeunterlagen nicht aufgenommen werden können, sind diese in Ergänzungsblätter zu den detaillierten Werbeunterlagen aufzunehmen.

(4) Der Vermittler hat den Buchenden nachweislich über die Abdeckung des Risikos durch den Veranstalter gemäß § 3 Abs. 3 und gemäß § 8 in Kenntnis zu setzen. Der Vermittler hat dazu dem Buchenden die im Abs. 1 genannten Angaben zusammen mit der Reisebestätigung in schriftlicher Form auszuhändigen.

(5) Der Vermittler hat den Buchenden bei ausländischen Veranstaltern nachweislich in Kenntnis zu setzen über

1. den Sitzstaat des Veranstalters,

2. das Bestehen eines Sicherheitssystems und die Zugehörigkeit des Veranstalters zu diesem Sicherheitssystem,
3. das Nichtbestehen eines Sicherheitssystems.

Der Vermittler hat dazu dem Buchenden die genannten Angaben zusammen mit der Reisebestätigung in schriftlicher Form auszuhändigen.

(6) Erfolgt die Buchung der Pauschalreise ohne Inanspruchnahme eines Vermittlers direkt beim Veranstalter, hat der Veranstalter dem Buchenden die im Abs. 1 genannten Angaben zusammen mit der Reisebestätigung in schriftlicher Form auszuhändigen.

Teilnahme an einer Versicherungsgemeinschaft

§ 8. Der Veranstalter hat das Risiko, daß die gemäß § 4 eingedeckte Versicherungssumme oder die gemäß § 6 abgesicherte Garantiesumme zur Befriedigung der Forderungen der Reisenden dennoch nicht ausreichen, durch Teilnahme an einer Versicherungsgemeinschaft der Veranstalter, wobei die gemeinsam durch die Veranstalter eingedeckte Versicherungssumme 50 Millionen Schilling zu betragen hat, abzudecken. Im Fall der Nichtteilnahme eines Veranstalters an der Versicherungsgemeinschaft erhöhen sich für diesen die im § 4 genannten Prozentsätze jeweils um drei Prozentpunkte. In dem Vertrag über die Teilnahme an der Versicherungsgemeinschaft ist vorzusehen, daß der Versicherer das Ausscheiden des Veranstalters aus der Versicherungsgemeinschaft unverzüglich ab Kenntnis dem Bundesminister für wirtschaftliche Angelegenheiten zu melden hat.

3. Abschnitt

Veranstalterverzeichnis

§ 9. (1) Beim Bundesministerium für wirtschaftliche Angelegenheiten ist ein Verzeichnis der Veranstalter (Veranstalterverzeichnis) einzurichten.

(2) Das Veranstalterverzeichnis hat zu enthalten:
1. den Namen des Veranstalters, den Standort der Gewerbeberechtigung und die Standorte weiterer Betriebsstätten,
2. die Firma, die Firmenbuchnummer und den Produktnamen, sofern dieser nicht bereits im Firmenwortlaut enthalten ist,
3. die Nummer, unter der der Veranstalter in das Veranstalterverzeichnis gemäß Abs. 5 eingetragen wurde (Eintragungsnummer),
4. die Art und Höhe der Abdeckung des Risikos gemäß § 3 Abs. 3,
5. den Versicherer gemäß § 3 Abs. 3 Z 1 oder den Garanten gemäß § 3 Abs. 3 Z 2,
6. das Bestehen eines Versicherungsvertrages sowie die Teilnahme oder die Nichtteilnahme an einer Versicherungsgemeinschaft gemäß § 8,
7. den Abwickler gemäß § 2 Z 6,
8. gegebenenfalls die Übernahme von Anzahlungen in Höhe von mehr als 10 vH des Reisepreises früher als zwei Wochen vor Reiseantritt gemäß § 4 Abs. 5 und
9. gegebenenfalls die Übernahme von Vorauszahlungen in Höhe von mehr als 20 vH des Reisepreises früher als zwei Wochen vor Reiseantritt gemäß § 4 Abs. 6.

(3) Gewerbetreibende, die beabsichtigen, Pauschalreisen zu veranstalten, haben sich vor Aufnahme der Veranstaltertätigkeit in das Veranstalterverzeichnis eintragen zu lassen.

(4) Zur Eintragung in das Veranstalterverzeichnis hat der Veranstalter folgende Meldungen an den Bundesminister für wirtschaftliche Angelegenheiten zu erstatten und durch entsprechende Nachweise zu belegen:
1. das Bestehen einer Versicherung bei einem zum Geschäftsbetrieb in Österreich berechtigten Versicherer gemäß den §§ 4 und 5 oder einer Bankgarantie eines zum Geschäftsbetrieb in Österreich berechtigten Kreditinstitutes oder einer Garantieerklärung einer Körperschaft öffentlichen Rechts gemäß § 6,
2. a) den Umsatz aus der beabsichtigten Veranstaltertätigkeit im laufenden Wirtschaftsjahr,
   b) bei beabsichtigter Steigerung des Umsatzes aus der Veranstaltertätigkeit um mehr als 5 vH gegenüber der ursprünglichen Angabe den beabsichtigten Umsatz aus der Veranstaltertätigkeit im laufenden Wirtschaftsjahr und
3. a) Informationen über die Übernahme von Anzahlungen in Höhe von mehr als 10 vH des Reisepreises früher als zwei Wochen vor Reiseantritt gemäß § 4 Abs. 5 im laufenden Wirtschaftsjahr,

b) im Fall der Übernahme von Vorauszahlungen in Höhe von mehr als 20 vH des Reisepreises früher als zwei Wochen vor Reiseantritt gemäß § 4 Abs. 6 eine auf Monatsbasis erstellte Plankalkulation gemäß Abs. 7 über die Umsätze aus diesen Vorauszahlungen,

4. den Abwickler gemäß § 2 Z 6.

(5) Liegen die Voraussetzungen für die Eintragung in das Veranstalterverzeichnis gemäß Abs. 4 vor, hat das Bundesministerium für wirtschaftliche Angelegenheiten den Veranstalter innerhalb von vier Wochen ab Einlangen der im Abs. 4 genannten Meldungen in das Veranstalterverzeichnis einzutragen und von der erfolgten Eintragung in Kenntnis zu setzen. Gleichzeitig ist dem Veranstalter eine Nummer zuzuweisen, unter der dieser in das Veranstalterverzeichnis eingetragen wurde (Eintragungsnummer). Liegen die Voraussetzungen für die Eintragung in das Veranstalterverzeichnis gemäß Abs. 4 nicht vor, hat der Bundesminister für wirtschaftliche Angelegenheiten dies innerhalb von vier Wochen ab Einlangen der im Abs. 4 genannten Meldungen mit Bescheid festzustellen.

(6) Nach der Eintragung in das Veranstalterverzeichnis hat der Veranstalter bis spätestens 30. November jedes Kalenderjahres folgende Meldungen an den Bundesminister für wirtschaftliche Angelegenheiten zu erstatten und durch entsprechende Nachweise zu belegen:

1. das Bestehen einer Versicherung bei einem zum Geschäftsbetrieb in Österreich berechtigten Versicherer gemäß den §§ 4 und 5 oder einer Bankgarantie eines zum Geschäftsbetrieb in Österreich berechtigten Kreditinstitutes oder einer Garantieerklärung einer Körperschaft öffentlichen Rechts gemäß § 6,
2. a) den Umsatz aus der Veranstaltertätigkeit der letzten zwölf Monate und
   b) bei beabsichtigter Steigerung oder Verringerung des Umsatzes aus der Veranstaltertätigkeit gegenüber dem Umsatz der letzten zwölf Monate um mehr als 5 vH den Umsatz aus der Veranstaltertätigkeit im vorangegangenen Wirtschaftsjahr und den beabsichtigten Umsatz aus der Veranstaltertätigkeit im laufenden Wirtschaftsjahr,
3. Informationen über die Zahlungsmodalitäten gemäß § 4 Abs. 5,
4. die Teilnahme oder die Nichtteilnahme an einer Versicherungsgemeinschaft gemäß § 8 und
5. den Abwickler gemäß § 2 Z 6.

(7) Beabsichtigt der Veranstalter im folgenden Kalenderjahr die Übernahme von Vorauszahlungen in Höhe von mehr als 20 vH des Reisepreises früher als zwei Wochen vor Reiseantritt gemäß § 4 Abs. 6, hat er dem Bundesminister für wirtschaftliche Angelegenheiten bis spätestens 30. November des laufenden Kalenderjahres hierüber Meldung zu erstatten und dieser eine Plankalkulation anzuschließen. Die Plankalkulation ist auf Monatsbasis zu erstellen und hat die voraussichtlichen Umsätze aus diesen Vorauszahlungen zu enthalten. Abweichungen von den bekanntgegebenen Monatswerten um mehr als 5 vH sind dem Bundesminister für wirtschaftliche Angelegenheiten unverzüglich mitzuteilen.

(8) Der Veranstalter hat weiters unverzüglich folgende Meldungen an den Bundesminister für wirtschaftliche Angelegenheiten zu erstatten:

1. jede sich abzeichnende Änderung des Umsatzes aus der Veranstaltertätigkeit, die den zuletzt gemeldeten prognostizierten Jahresumsatz um 5 vH übersteigt, und
2. jeden Wechsel des Abwicklers gemäß § 2 Z 6.

(9) Wird die Dauer des Versicherungsvertrages oder der Garantie gemäß § 5 Z 4 oder die Teilnahme an einer Versicherungsgemeinschaft gemäß § 8 durch Zeitablauf oder Kündigung beendet, hat der Veranstalter dem Bundesminister für wirtschaftliche Angelegenheiten ein Monat vor Beendigung nachzuweisen, daß eine Neuabdeckung des Risikos gemäß § 3 Abs. 3 für die Zeit nach der Beendigung erfolgt ist.

(10) Ist die Abdeckung des Risikos durch den Veranstalter gemäß § 3 Abs. 3 nicht mehr gegeben oder liegen die Voraussetzungen für eine Eintragung in das Veranstalterverzeichnis nicht mehr vor, hat das Bundesministerium für wirtschaftliche Angelegenheiten die Eintragung in das Veranstalterverzeichnis unverzüglich zu löschen; dies ist mit Bescheid festzustellen.

(11) Das Bundesministerium für wirtschaftliche Angelegenheiten hat Auskünfte aus dem Veranstalterverzeichnis auf Verlangen jedermann zu erteilen.

4. Abschnitt

Kontrolle der Risikoabdeckung

Beirat

§ 10. (1) Beim Bundesministerium für wirtschaftliche Angelegenheiten ist ein Beirat aus sieben Mitgliedern einzurichten, dem die Kontrolle der Versicherungen und der Garantien gemäß § 3 Abs. 3 und der Teilnahme an einer Versicherungsgemeinschaft gemäß § 8 obliegt.

(2) Der Beirat hat insbesondere folgende Überprüfungen vorzunehmen:

1. die Plausibilität der durch den Veranstalter gemäß § 9 Abs. 4 Z 2 und Z 3 lit. b, gemäß § 9 Abs. 6 Z 2, gemäß § 9 Abs. 7 und gemäß § 9 Abs. 8 an den Bundesminister für wirtschaftliche Angelegenheiten gemeldeten Umsätze aus der Veranstaltertätigkeit und
2. die Höhe der Versicherungs- und Garantiesummen gemäß den §§ 4 und 6.

(3) Die Mitglieder des Beirates sind vom Bundesminister für wirtschaftliche Angelegenheiten auf die Dauer von zwei Jahren zu bestellen. Ein Mitglied des Beirates hat ein Beamter des Bundesministeriums für wirtschaftliche Angelegenheiten zu sein. Dieses Mitglied ist zum Vorsitzenden des Beirates zu bestellen. Vier der weiteren Mitglieder des Beirates sind auf Vorschlag des Fachverbandes der Reisebüros der Sektion Tourismus und Freizeitwirtschaft der Wirtschaftskammer Österreich zu bestellen, wobei zwei Mitglieder Veranstalter von Flugpauschalreisen und zwei Mitglieder Vermittler von Pauschalreisen zu sein haben. Das sechste und siebente Mitglied des Beirates sind auf Vorschlag des Fachverbandes der Versicherungsunternehmungen der Sektion Geld-, Kredit- und Versicherungswesen der Wirtschaftskammer Österreich zu bestellen, wobei ein Mitglied einschlägige Kenntnisse auf dem Gebiet des Versicherungs- oder Bankwesens aufzuweisen hat.

(4) Für jedes Mitglied des Beirates ist gleichzeitig mit dessen Bestellung auf die gleiche Art ein Ersatzmitglied zu bestellen.

(5) Der Beirat hat in regelmäßigen Zeitabständen, mindestens jedoch alle zwei Monate zusammenzutreten und dem Bundesministerium für wirtschaftliche Angelegenheiten über das Ergebnis seiner Beratungen zu berichten.

(6) Der Beirat hat eine Geschäftsordnung zu beschließen, in welcher die Art der Beschlußfassung und der Geschäftsgang so zu ordnen sind, daß die Erfüllung der dem Beirat gemäß Abs. 1 und 2 übertragenen Aufgaben sichergestellt ist.

(7) Der Veranstalter hat dem Bundesminister für wirtschaftliche Angelegenheiten auf Verlangen die zur Erfüllung der dem Beirat gemäß Abs. 1 und 2 übertragenen Aufgaben erforderlichen Auskünfte zu erteilen und die hiezu erforderlichen Nachweise beizubringen.

(8) Die Mitglieder des Beirates üben die Tätigkeit im Beirat ehrenamtlich aus.

(9) Die Mitglieder des Beirates haben über den Verlauf der Beratungen Verschwiegenheit zu bewahren.

5. Abschnitt

Schlußbestimmungen

§ 11. (1) Verstöße gegen die Vorschriften dieser Verordnung sind nach den Vorschriften der Gewerbeordnung 1994 zu bestrafen.

(2) Auch ein bloß einmaliger Verstoß des Veranstalters gegen die Bestimmungen der §§ 3 bis 6 kann bewirken, daß er die für die Ausübung des Gewerbes erforderliche Zuverlässigkeit gemäß § 87 Abs. 1 Z 3 GewO 1994 nicht mehr besitzt.

§ 12. Mit dem Inkrafttreten dieser Verordnung tritt die Verordnung des Bundesministers für wirtschaftliche Angelegenheiten über die Umsetzung des Art. 7 der Richtlinie des Rates vom 13. Juni 1990 über Pauschalreisen (90/314/EWG) im österreichischen Recht (Reisebürosicherungsverordnung – RSV), BGBl. II Nr. 10/1998, in der Fassung der Verordnung BGBl. II Nr. 118/1998 außer Kraft.

Farnleitner

Bundesgesetzblatt

Teil I

Z 5702 AX

1979	Ausgegeben zu Bonn am 10. Mai 1979	Nr. 23

Hinweis auf andere Verkündungsblätter

Gesetz zur Änderung des Bürgerlichen Gesetzbuchs (Reisevertragsgesetz)

Vom 4. Mai 1979

Der Bundestag hat das folgende Gesetz beschlossen:

Artikel 1

Änderung des Bürgerlichen Gesetzbuchs

Das Bürgerliche Gesetzbuch in der im Bundesgesetzblatt Teil III, Gliederungsnummer 400-2, veröffentlichten bereinigten Fassung, zuletzt geändert durch Artikel 4 des Gesetzes vom 16. August 1977 (BGBl. I S. 1577), wird wie folgt geändert:

1. Nach § 630 wird die Überschrift „Siebenter Titel. Werkvertrag" wie folgt ersetzt:

„Siebenter Titel
Werkvertrag und ähnliche Verträge
I. Werkvertrag"

2. Nach § 651 wird eingefügt:

„II. Reisevertrag

§ 651 a

(1) Durch den Reisevertrag wird der Reiseveranstalter verpflichtet, dem Reisenden eine Gesamtheit von Reiseleistungen (Reise) zu erbringen. Der Reisende ist verpflichtet, dem Reiseveranstalter den vereinbarten Reisepreis zu zahlen.

(2) Die Erklärung, nur Verträge mit den Personen zu vermitteln, welche die einzelnen Reiseleistungen ausführen sollen (Leistungsträger), bleibt unberücksichtigt, wenn nach den sonstigen Umständen der Anschein begründet wird,

daß der Erklärende vertraglich vorgesehene Reiseleistungen in eigener Verantwortung erbringt.

§ 651 b

(1) Bis zum Reisebeginn kann der Reisende verlangen, daß statt seiner ein Dritter an der Reise teilnimmt. Der Reiseveranstalter kann der Teilnahme des Dritten widersprechen, wenn dieser den besonderen Reiseerfordernissen nicht genügt oder seiner Teilnahme gesetzliche Vorschriften oder behördliche Anordnungen entgegenstehen.

(2) Der Reiseveranstalter kann vom Reisenden die durch die Teilnahme des Dritten entstehenden Mehrkosten verlangen.

§ 651 c

(1) Der Reiseveranstalter ist verpflichtet, die Reise so zu erbringen, daß sie die zugesicherten Eigenschaften hat und nicht mit Fehlern behaftet ist, die den Wert oder die Tauglichkeit zu dem gewöhnlichen oder nach dem Vertrage vorausgesetzten Nutzen aufheben oder mindern.

(2) Ist die Reise nicht von dieser Beschaffenheit, so kann der Reisende Abhilfe verlangen. Der Reiseveranstalter kann die Abhilfe verweigern, wenn sie einen unverhältnismäßigen Aufwand erfordert.

(3) Leistet der Reiseveranstalter nicht innerhalb einer vom Reisenden bestimmten angemessenen Frist Abhilfe, so kann der Reisende selbst Abhilfe schaffen und Ersatz der erforderlichen Aufwendungen verlangen. Der Bestimmung einer Frist bedarf es nicht, wenn die Abhilfe von dem Reiseveranstalter verweigert wird oder wenn die sofortige Abhilfe durch ein besonderes Interesse des Reisenden geboten wird.

§ 651 d

(1) Ist die Reise im Sinne des § 651 c Abs. 1 mangelhaft, so mindert sich für die Dauer des Mangels der Reisepreis nach Maßgabe des § 472.

(2) Die Minderung tritt nicht ein, soweit es der Reisende schuldhaft unterläßt, den Mangel anzuzeigen.

§ 651 e

(1) Wird die Reise infolge eines Mangels der in § 651 c bezeichneten Art erheblich beeinträchtigt, so kann der Reisende den Vertrag kündigen. Dasselbe gilt, wenn ihm die Reise infolge eines solchen Mangels aus wichtigem, dem Reiseveranstalter erkennbaren Grund nicht zuzumuten ist.

(2) Die Kündigung ist erst zulässig, wenn der Reiseveranstalter eine ihm vom Reisenden bestimmte angemessene Frist hat verstreichen lassen, ohne Abhilfe zu leisten. Der Bestimmung einer Frist bedarf es nicht, wenn die Abhilfe unmöglich ist oder vom Reiseveranstalter verweigert wird oder wenn die sofortige Kündigung des Vertrages durch ein besonderes Interesse des Reisenden gerechtfertigt wird.

(3) Wird der Vertrag gekündigt, so verliert der Reiseveranstalter den Anspruch auf den vereinbarten Reisepreis. Er kann jedoch für die bereits erbrachten oder zur Beendigung der Reise noch zu erbringenden Reiseleistungen eine nach § 471 zu bemessende Entschädigung verlangen. Dies gilt nicht, soweit diese Leistungen infolge der Aufhebung des Vertrags für den Reisenden kein Interesse haben.

(4) Der Reiseveranstalter ist verpflichtet, die infolge der Aufhebung des Vertrags notwendigen Maßnahmen zu treffen, insbesondere, falls der Vertrag die Rückbeförderung umfaßte, den Reisenden zurückzubefördern. Die Mehrkosten fallen dem Reiseveranstalter zur Last.

§ 651 f

(1) Beruht der Mangel der Reise auf einem Umstand, den der Reiseveranstalter zu vertreten hat, so kann der Reisende unbeschadet der Minderung oder der Kündigung Schadensersatz wegen Nichterfüllung verlangen.

(2) Wird die Reise vereitelt oder erheblich beeinträchtigt, so kann der Reisende auch wegen nutzlos aufgewendeter Urlaubszeit eine angemessene Entschädigung in Geld verlangen.

§ 651 g

(1) Ansprüche nach den §§ 651 c bis 651 f hat der Reisende innerhalb eines Monats nach der vertraglich vorgesehenen Beendigung der Reise gegenüber dem Reiseveranstalter geltend zu machen. Nach Ablauf der Frist kann der Reisende Ansprüche nur geltend machen, wenn er ohne Verschulden an der Einhaltung der Frist verhindert worden ist.

(2) Ansprüche des Reisenden nach den §§ 651 c bis 651 f verjähren in sechs Monaten. Die Verjährung beginnt mit dem Tage, an dem die Reise dem Vertrage nach enden sollte. Hat der Reisende solche Ansprüche geltend gemacht, so ist die Verjährung bis zu dem Tage gehemmt, an dem der Reiseveranstalter die Ansprüche schriftlich zurückweist.

§ 651 h

(1) Der Reiseveranstalter kann durch Vereinbarung mit dem Reisenden seine Haftung auf den dreifachen Reisepreis beschränken,

1. soweit ein Schaden des Reisenden weder vorsätzlich noch grob fahrlässig herbeigeführt wird, oder

2. soweit der Reiseveranstalter für einen dem Reisenden entstehenden Schaden allein wegen eines Verschuldens eines Leistungsträgers verantwortlich ist.

(2) Gelten für eine von einem Leistungsträger zu erbringende Reiseleistung gesetzliche Vorschriften, nach denen ein Anspruch auf Schadensersatz nur unter bestimmten Voraussetzungen oder Beschränkungen geltend gemacht werden kann, so kann sich auch der Reiseveranstalter gegenüber dem Reisenden hierauf berufen.

§ 651 i

(1) Vor Reisebeginn kann der Reisende jederzeit vom Vertrag zurücktreten.

(2) Tritt der Reisende vom Vertrag zurück, so verliert der Reiseveranstalter den Anspruch auf den vereinbarten Reisepreis. Er kann jedoch eine angemessene Entschädigung verlangen. Die Höhe der Entschädigung bestimmt sich nach dem Reisepreis unter Abzug des Wertes der vom Reiseveranstalter ersparten Aufwendungen sowie dessen, was er durch anderweitige Verwendung der Reiseleistungen erwerben kann.

(3) Im Vertrage kann für jede Reiseart unter Berücksichtigung der gewöhnlich ersparten Aufwendungen und des durch anderweitige Verwendung der Reiseleistungen gewöhnlich möglichen Erwerbs ein Vomhundertsatz des Reisepreises als Entschädigung festgesetzt werden.

§ 651 j

(1) Wird die Reise infolge bei Vertragsabschluß nicht voraussehbarer höherer Gewalt erheblich erschwert, gefährdet oder beeinträchtigt, so können sowohl der Reiseveranstalter als auch der Reisende den Vertrag kündigen.

(2) Wird der Vertrag nach Absatz 1 gekündigt, so finden die Vorschriften des § 651 e Abs. 3 Sätze 1 und 2, Abs. 4 Satz 1 Anwendung. Die Mehrkosten für die Rückbeförderung sind von den Parteien je zur Hälfte zu tragen. Im übrigen fallen die Mehrkosten dem Reisenden zur Last.

§ 651 k

Von den Vorschriften der §§ 651 a bis 651 j kann nicht zum Nachteil des Reisenden abgewichen werden."

Artikel 2

Berlin-Klausel

Dieses Gesetz gilt nach Maßgabe des § 13 Abs. 1 des Dritten Überleitungsgesetzes auch im Land Berlin.

Artikel 3

Inkrafttreten

Dieses Gesetz tritt am 1. Oktober 1979 in Kraft.

Die verfassungsmäßigen Rechte des Bundesrates sind gewahrt.

Das vorstehende Gesetz wird hiermit ausgefertigt und wird im Bundesgesetzblatt verkündet.

Bonn, den 4. Mai 1979

Der Bundespräsident
Scheel

Der Bundeskanzler
Schmidt

Der Bundesminister der Justiz
Dr. Vogel

Gesetz
zur Durchführung der Richtlinie des Rates vom 13. Juni 1990 über Pauschalreisen

Vom 24. Juni 1994

Der Bundestag hat das folgende Gesetz beschlossen

Artikel 1

Änderung des Bürgerlichen Gesetzbuchs

Das Bürgerliche Gesetzbuch in der im Bundesgesetzblatt Teil III, Gliederungsnummer 400-2, veröffentlichten bereinigten Fassung, zuletzt geändert durch Artikel 56 des Gesetzes vom 26. Mai 1994 (BGBl. I S. 1014), wird wie folgt geändert:

1. Dem § 651a werden die folgenden Absätze 3 bis 5 angefügt:

„(3) Der Reiseveranstalter kann den Reisepreis nur erhöhen, wenn dies mit genauen Angaben zur Berechnung des neuen Preises im Vertrag vorgesehen ist und damit einer Erhöhung der Beförderungskosten, der Abgaben für bestimmte Leistungen, wie Hafen- oder Flughafengebühren, oder einer Änderung der für die betreffende Reise geltenden Wechselkurse Rechnung getragen wird. Eine Preiserhöhung, die ab dem zwanzigsten Tag vor dem vereinbarten Abreisetermin verlangt wird, ist unwirksam. § 11 Nr. 1 des Gesetzes zur Regelung des Rechts der Allgemeinen Geschäftsbedingungen bleibt unberührt.

(4) Der Reiseveranstalter hat eine Änderung des Reisepreises nach Absatz 3, eine zulässige Änderung einer wesentlichen Reiseleistung oder eine zulässige Absage der Reise dem Reisenden unverzüglich nach Kenntnis von dem Änderungs- oder Absagegrund zu erklären. Im Falle einer Erhöhung des Reisepreises um mehr als fünf vom Hundert oder einer erheblichen Änderung einer wesentlichen Reiseleistung kann der Reisende vom Vertrag zurücktreten. Er kann statt dessen, ebenso wie bei einer Absage der Reise durch den Reiseveranstalter, die Teilnahme an einer mindestens gleichwertigen anderen Reise verlangen, wenn der Reiseveranstalter in der Lage ist, eine solche Reise ohne Mehrpreis für den Reisenden aus seinem Angebot anzubieten. Der Reisende hat diese Rechte unverzüglich nach der Erklärung durch den Reiseveranstalter diesem gegenüber geltend zu machen.

(5) Das Bundesministerium der Justiz wird ermächtigt, im Einvernehmen mit dem Bundesministerium für Wirtschaft durch Rechtsverordnung zum Schutz der Verbraucher bei Reisen Festsetzungen zu treffen, durch die sichergestellt wird, daß die Beschreibungen von Reisen keine irreführenden, sondern klare und genaue Angaben enthalten und daß der Reiseveranstalter dem Verbraucher die notwendigen Informationen erteilt. Zu diesem Zweck kann insbesondere bestimmt werden, welche Angaben in einem vom Veranstalter herausgegebenen Prospekt und in dem Reisevertrag enthalten sein müssen sowie welche Informationen der Reiseveranstalter dem Reisenden vor dem Vertragsabschluß und vor dem Antritt der Reise geben muß."

2. § 651b wird wie folgt gefaßt:

„§ 651b

(1) Bis zum Reisebeginn kann der Reisende verlangen, daß statt seiner ein Dritter in die Rechte und Pflichten aus dem Reisevertrag eintritt. Der Reiseveranstalter kann dem Eintritt des Dritten widersprechen, wenn dieser den besonderen Reiseerfordernissen nicht genügt oder seiner Teilnahme gesetzliche Vorschriften oder behördliche Anordnungen entgegenstehen.

(2) Tritt ein Dritter in den Vertrag ein, so haften er und der Reisende dem Reiseveranstalter als Gesamtschuldner für den Reisepreis und die durch den Eintritt des Dritten entstehenden Mehrkosten."

3. § 651f Abs. 1 wird wie folgt gefaßt:

„(1) Der Reisende kann unbeschadet der Minderung oder der Kündigung Schadensersatz wegen Nichterfüllung verlangen, es sei denn, der Mangel der Reise beruht auf einem Umstand, den der Reiseveranstalter nicht zu vertreten hat."

4. § 651h wird wie folgt geändert:

a) In Absatz 1 werden hinter dem Wort „Haftung" die Worte „für Schäden, die nicht Körperschäden sind," eingefügt.

b) In Absatz 2 werden die Worte „gesetzliche Vorschriften" durch die Worte „internationale Übereinkommen oder auf solchen beruhende gesetzliche Vorschriften" ersetzt.

5. § 651j wird wie folgt geändert:

In § 651j werden in Absatz 1 nach dem Wort „Vertrag" die Worte „allein nach Maßgabe dieser Vorschrift" eingefügt.

6. Nach § 651j wird folgender neuer § 651k eingefügt:

„§ 651k

(1) Der Reiseveranstalter hat sicherzustellen, daß dem Reisenden erstattet werden

1. der gezahlte Reisepreis, soweit Reiseleistungen infolge Zahlungsunfähigkeit oder Konkurses des Reiseveranstalters ausfallen, und

2. notwendige Aufwendungen, die dem Reisenden infolge Zahlungsunfähigkeit oder Konkurses des Reiseveranstalters für die Rückreise entstehen.

Die Verpflichtungen nach Satz 1 kann der Reiseveranstalter nur erfüllen

1. durch eine Versicherung bei einem im Geltungsbereich dieses Gesetzes zum Geschäftsbetrieb befugten Versicherungsunternehmen oder

2. durch ein Zahlungsversprechen eines im Geltungsbereich dieses Gesetzes zum Geschäftsbetrieb befugten Kreditinstituts.

(2) Der Versicherer oder das Kreditinstitut kann seine Haftung für die von ihm in einem Jahr insgesamt nach diesem Gesetz zu erstattenden Beträge jeweils für das erste Jahr nach dem 31. Oktober 1994 auf siebzig, für das zweite Jahr auf einhundert, für das dritte Jahr auf einhundertfünfzig und für die darauffolgende Zeit auf zweihundert Millionen Deutsche Mark begrenzen. Übersteigen die in einem Jahr von einem Versicherer oder einem Kreditinstitut insgesamt nach diesem Gesetz zu erstattenden Beträge die in Satz 1 genannten Höchstbeträge, so verringern sich die einzelnen Erstattungsansprüche in dem Verhältnis, in dem ihr Gesamtbetrag zum Höchstbetrag steht.

(3) Zur Erfüllung seiner Verpflichtung nach Absatz 1 hat der Reiseveranstalter dem Reisenden einen unmittelbaren Anspruch gegen den Versicherer oder das Kreditinstitut zu verschaffen und durch Übergabe einer von diesem Unternehmen ausgestellten Bestätigung (Sicherungsschein) nachzuweisen.

(4) Der Reiseveranstalter darf Zahlungen des Reisenden auf den Reisepreis außer einer Anzahlung bis zur Höhe von zehn vom Hundert des Reisepreises, höchstens jedoch fünfhundert Deutsche Mark vor der Beendigung der Reise nur fordern oder annehmen, wenn er dem Reisenden einen Sicherungsschein übergeben hat.

(5) Hat im Zeitpunkt des Vertragsschlusses der Reiseveranstalter seine Hauptniederlassung in einem anderen Mitgliedstaat der Europäischen Gemeinschaften oder in einem anderen Vertragsstaat des Abkommens über den Europäischen Wirtschaftsraum, so genügt der Reiseveranstalter seiner Verpflichtung nach Absatz 1 auch dann, wenn er dem Reisenden Sicherheit in Übereinstimmung mit den Vorschriften des anderen Staates leistet und diese den Anforderungen nach Absatz 1 Satz 1 entspricht; Absatz 4 gilt mit der Maßgabe, daß dem Reisenden die Sicherheitsleistung nachgewiesen werden muß.

(6) Die Absätze 1 bis 5 gelten nicht, wenn

1. der Reiseveranstalter nur gelegentlich und außerhalb seiner gewerblichen Tätigkeit Reisen veranstaltet,

2. die Reise nicht länger als 24 Stunden dauert, keine Übernachtung einschließt und der Reisepreis einhundertfünfzig Deutsche Mark nicht übersteigt,

3. der Reiseveranstalter eine juristische Person des öffentlichen Rechts ist."

7. Der bisherige § 651k wird § 651l und wie folgt geändert:

Die Angabe „651j" wird durch die Angabe „651k" ersetzt.

Artikel 2

Änderung der Gewerbeordnung

Nach § 147a der Gewerbeordnung in der Fassung der Bekanntmachung vom 1. Januar 1987 (BGBl. I S. 425), die zuletzt durch Artikel 5 des Gesetzes vom 6. Juni 1994 (BGBl. I S. 1170) geändert worden ist, wird folgender § 147b eingefügt:

„§ 147b

Verbotene Annahme
von Entgelten für Pauschalreisen

Ordnungswidrig handelt, wer

1. entgegen § 651k Abs. 4 des Bürgerlichen Gesetzbuchs ohne Übergabe eines Sicherungsscheins oder

2. entgegen § 651k Abs. 5 in Verbindung mit § 651k Abs. 4 des Bürgerlichen Gesetzbuchs ohne Nachweis einer Sicherheitsleistung

eine Zahlung des Reisenden auf den Reisepreis fordert oder annimmt. Die Ordnungswidrigkeit kann mit einer Geldbuße bis zu zehntausend Deutsche Mark geahndet werden."

Artikel 3

Übergangsvorschrift

Soweit in Reiseprospekten Allgemeine Geschäftsbedingungen enthalten sind, die mit den Vorschriften dieses Gesetzes nicht in Einklang stehen, können die Reiseprospekte bis zum 31. Dezember 1994 weiterhin verwendet werden, wenn ihnen eine berichtigte Fassung der Allgemeinen Geschäftsbedingungen beigefügt wird.

Artikel 4

Inkrafttreten

Artikel 1 Nr. 6 und Artikel 3 treten mit Wirkung für Reiseverträge, die nach dem 1. Juli 1994 abgeschlossen werden und nach denen die Reise nach dem 31. Oktober 1994 angetreten werden soll, am 1. Juli 1994 in Kraft. Die übrigen Vorschriften dieses Gesetzes treten am 1. November 1994 in Kraft.

Die verfassungsmäßigen Rechte des Bundesrates sind gewahrt.

Das vorstehende Gesetz wird hiermit ausgefertigt und wird im Bundesgesetzblatt verkündet.

Berlin, den 24. Juni 1994

Der Bundespräsident
Weizsäcker

Der Bundeskanzler
Dr. Helmut Kohl

Die Bundesministerin der Justiz
Leutheusser-Schnarrenberger

RICHTLINIE 94/47/EG DES EUROPÄISCHEN PARLAMENTS UND DES RATES

vom 26. Oktober 1994

zum Schutz der Erwerber im Hinblick auf bestimmte Aspekte von Verträgen über den Erwerb von Teilzeitnutzungsrechten an Immobilien

DAS EUROPÄISCHE PARLAMENT UND DER RAT DER EUROPÄISCHEN UNION —

gestützt auf den Vertrag zur Gründung der Europäischen Gemeinschaft, insbesondere auf Artikel 100a,

auf Vorschlag der Kommission ([1]),

nach Stellungnahme des Wirtschafts- und Sozialausschusses ([2]),

gemäß dem Verfahren des Artikels 189B des Vertrages ([3]),

in Erwägung nachstehender Gründe:

1. Die Unterschiede zwischen den einzelstaatlichen Rechtsvorschriften für Verträge über den Erwerb eines Teilzeitnutzungsrechts an einer oder mehreren Immobilien sind geeignet, das ordnungsgemäße Funktionieren des Binnenmarktes zu behindern sowie Wettbewerbsverzerrungen und eine Abschottung der einzelstaatlichen Märkte zu bewirken.

2. Zweck der vorliegenden Richtlinie ist es, eine minimale Grundlage an gemeinsamen Vorschriften auf diesem Gebiet zu schaffen, die das ordnungsgemäße Funktionieren des Binnenmarktes und damit auch den Schutz der Erwerber gewährleisten. Es genügt, wenn diese Vorschriften nur bestimmte Aspekte der Vertragsabschlüsse, nämlich die Information über die Vertragsinhalte und die Einzelheiten der Übermittlung dieser Information sowie die Verfahren und Einzelheiten des Rücktrittsrechts betreffen. Das geeignete Instrument zur Verwirklichung des angestrebten Ziels ist eine Richtlinie; die vorliegende Richtlinie beachtet somit das Subsidiaritätsprinzip.

3. Die Rechtsnatur der Rechte, die Gegenstand der unter diese Richtlinie fallenden Verträge sind, ist in den Mitgliedstaaten sehr unterschiedlich. Daher muß in zusammenfassender Weise auf diese unterschiedlichen Rechtsvorschriften Bezug genommen und eine ausreichend weit gefaßte Definition dieser Verträge vorgesehen werden, ohne daß dies eine Harmonisierung der Rechtsnatur der fraglichen Rechte auf Gemeinschaftsebene voraussetzt.

4. Diese Richtlinie soll weder regeln, inwieweit Verträge über die Teilzeitnutzung einer oder mehrerer Immobilien in den Mitgliedstaaten geschlossen werden können, noch die Rechtsgrundlagen dieser Verträge festlegen.

5. In der Praxis unterscheiden sich Verträge über den Erwerb eines Teilzeitnutzungsrechts an einer oder mehreren Immobilien von Mietverträgen. Dieser Unterschied wird unter anderem in der Zahlungsweise deutlich.

6. Es zeigt sich auf dem Markt, daß auch Hotels, Ferienanlagen und vergleichbare Wohnanlagen für Touristen von Vertragsabschlüssen wie denen, die diese Richtlinie erforderlich gemacht haben, betroffen sind.

7. Es ist wichtig, irreführende oder unvollständige Angaben bei der Information, die speziell den Verkauf von Teilzeitnutzungsrechten an einer oder mehreren Immobilien betrifft, zu unterbinden. Diese Information muß durch ein zusätzliches Schriftstück ergänzt werden, das jedem Interessenten auf Wunsch zur Verfügung gestellt werden muß. Die in dem ergänzenden Schriftstück enthaltenen Informationen müssen Bestandteil des Vertrages über den Erwerb von Teilzeitnutzungsrechten an einer oder mehreren Immobilien sein.

8. Zur Gewährleistung eines hohen Schutzes für den Erwerber und angesichts der besonderen Merkmale von Systemen zur Teilzeitnutzung von Immobilien muß der Vertrag über den Erwerb von Teilzeitnutzungsrechten an einer oder mehreren Immobilien betimmte Mindestangaben enthalten.

9. Um den Erwerber in diesem Bereich wirksam zu schützen, sind die von den Verkäufern gegenüber den Erwerbern einzuhaltenden Mindestverpflichtungen genau festzulegen.

10. Der Vertrag über den Erwerb eines Teilzeitnutzungsrechts an einer oder mehreren Immobilien muß in der oder einer zu den Amtssprachen der Gemeinschaft zählenden Sprache des Mitgliedstaats, in dem der Erwerber seinen Wohnsitz hat, oder des Mitgliedstaats, dessen Staatsangehöriger er ist, abgefaßt sein. Der Mitgliedstaat, in dem der Erwerber seinen Wohnsitz hat, kann jedoch vorschreiben, daß der Vertrag in seiner oder seinen zu den Amtssprachen der Gemeinschaft zählenden Sprache(n) abgefaßt ist. Es ist eine beglaubigte Übersetzung des Vertrages vorzusehen, damit die Formvorschriften des Mitgliedstaats, in dem die Immobilie belegen ist, erfüllt werden können.

([1]) ABl. Nr. C 299 vom 5. 11. 1993, S. 8.
([2]) ABl. Nr. C 108 vom 19. 4. 1993, S. 1.
([3]) Stellungnahme des Europäischen Parlaments (ABl. Nr. C 176 vom 28. 6. 1993, S. 95 und ABl. Nr. C 255 vom 20. 9. 1993, S. 70), bestätigt am 2. Dezember 1993 (ABl. Nr. C 342 vom 20. 12. 1993, S. 3), Gemeinsamer Standpunkt des Rates vom 4. März 1994 (ABl. Nr. C 137 vom 19. 5. 1994, S. 42), Beschluß des Europäischen Parlaments vom 4. Mai 1994, (noch nicht im Amtsblatt veröffentlicht); Gemeinsamer Entwurf des Vermittlungsausschusses vom 22. September 1994.

11. Um dem Erwerber die Möglichkeit zu geben, die sich aus geschlossenen Verträgen ergebenden Verpflichtungen und die damit zusammenhängenden Rechte besser zu beurteilen, ist ihm eine Frist einzuräumen, innerhalb deren er ohne Angabe von Gründen vom Vertrag zurücktreten kann, wobei die Tatsache berücksichtigt werden muß, daß die Immobilie vielfach in einem anderen Staat belegen ist und einem anderen Recht als dem des Staates des Erwerbers unterliegt.

12. Forderungen des Verkäufers nach Anzahlungen vor Ablauf der Frist, innerhalb deren der Erwerber ohne Angabe von Gründen vom Vertrag zurücktreten kann, können den Schutz des Erwerbers mindern. Anzahlungen vor Ablauf der genannten Frist sind folglich zu verbieten.

13. Bei Rücktritt von einem Vertrag über den Erwerb von Teilzeitnutzungsrechten an einer oder mehreren Immobilien, deren Kaufpreis vollständig oder teilweise durch einen Kredit abgedeckt ist, der dem Erwerber vom Verkäufer oder einem Dritten aufgrund einer Vereinbarung zwischen diesem und dem Verkäufer gewährt wird, ist es angezeigt, daß der Kreditvertrag entschädigungsfrei aufgelöst wird.

14. In einigen Fällen besteht die Gefahr, daß dem Verbraucher der in dieser Richtlinie vorgesehene Schutz vorenthalten wird, indem das Recht eines Drittlandes als das auf den Vertrag anwendbare Recht bestimmt wird. Daher sind Bestimmungen vorzusehen, die dieser Gefahr vorbeugen.

15. Es obliegt den Mitgliedstaaten, Maßnahmen zu erlassen, die darauf abzielen, die Erfüllung der Verpflichtungen des Verkäufers zu gewährleisten —

HABEN FOLGENDE RICHTLINIE ERLASSEN:

Artikel 1

Gegenstand dieser Richtlinie ist die Angleichung der Rechts- und Verwaltungsvorschriften der Mitgliedstaaten zum Schutz der Erwerber hinsichtlich bestimmter Aspekte von Verträgen, die unmittelbar oder mittelbar den Erwerb von Teilzeitnutzungsrechten an einer oder mehreren Immobilien („time-sharing") betreffen.

Diese Richtlinie betrifft nur folgende Aspekte der Bestimmungen über Vertragsabschlüsse:

— Information über die Vertragsinhalte und Einzelheiten der Übermittlung dieser Information;

— Verfahren und Einzelheiten des Rücktrittsrechts.

Unter Einhaltung der allgemeinen Bestimmungen des Vertrages behalten die Mitgliedstaaten die Zuständigkeit für die übrigen Aspekte, unter anderem die Festlegung der Rechtsnatur der Rechte, die Gegenstand der von dieser Richtlinie betroffenen Verträge sind.

Artikel 2

Im Sinne dieser Richtlinie bezeichnet der Ausdruck

— „Vertrag über den unmittelbaren oder mittelba Erwerb von Teilzeitnutzungsrechten an einer o mehreren Immobilien", im folgenden „Vertr genannt, einen Vertrag oder eine Gruppe v Verträgen mit einer Mindestlaufzeit von drei Jahr durch den (die) unmittelbar oder mittelbar geg Zahlung eines bestimmten Gesamtpreises ein din liches Recht oder ein sonstiges Nutzungsrecht einer oder mehreren Immobilien für ein bestimmten oder einen zu bestimmenden Zeitra des Jahres, der nicht weniger als eine Woche betrag darf, begründet oder übertragen wird oder ei entsprechende Übertragungsverpflichtung begrün wird;

— „Immobilie" das Wohngebäude als Ganzes oder d Teil eines Wohngebäudes, auf das/den sich das i Vertrag vorgesehene Recht erstreckt;

— „Verkäufer" jede natürliche oder juristische Person, c im Rahmen ihrer Berufsausübung durch die un diese Richtlinie fallenden Vertragsabschlüsse das i Vertrag vorgesehene Recht begründet, überträgt od zu übertragen sich verpflichtet;

— „Erwerber" jede natürliche Person, der das im Vertr vorgesehene Recht übertragen wird oder zu der Gunsten es begründet wird und die bei den un diese Richtlinie fallenden Vertragsabschlüssen f einen Zweck handelt, der als außerhalb ihrer Beruf ausübung liegend betrachtet werden kann.

Artikel 3

(1) Die Mitgliedstaaten sehen in ihren Rechtsvo schriften Maßnahmen vor, denen zufolge der Verkäuf verpflichtet ist, jedem Interessenten, der Information über die Immobilie(n) wünscht, ein Schriftstück ausz händigen, das außer einer allgemeinen Beschreibun dieser Immobilie(n) zumindest kurze, genaue Angabe über die im Anhang unter den Buchstaben a) bis g), und l) aufgeführten Punkte sowie einen Hinweis darüb enthält, wie weitere Informationen zu erhalten sind.

(2) Die Mitgliedstaaten sehen in ihren Rechtsvo schriften vor, daß alle Angaben nach Absatz 1, die in der in Absatz 1 genannten Schriftstück enthalten sei müssen, Bestandteil des Vertrages sind.

Ohne ausdrückliche Vereinbarung der Vertragsparteie dürfen Änderungen der in dem Schriftstück nach Absat 1 enthaltenen Angaben nur aufgrund von Umstände vorgenommen werden, auf die der Verkäufer keine Einfluß hat.

Änderungen dieser Angaben müssen dem Erwerber vc Abschluß des Vertrages mitgeteilt werden. In dem Vertra muß ausdrücklich auf diese Änderungen hingewiese werden.

(3) In jeder Werbung für die betreffende Immobilie is anzugeben, daß das in Absatz 1 genannte Schriftstüc erhältlich ist und wo es angefordert werden kann.

Artikel 4

Die Mitgliedstaaten sehen in ihren Rechtsvorschriften vor,

— daß der Vertrag, der der Schriftform bedarf, mindestens die im Anhang genannten Angaben enthalten muß,

— daß der Vertrag und das in Artikel 3 Absatz 1 genannte Schriftstück nach Wahl des Erwerbers in der oder einer zu den Amtssprachen der Gemeinschaft zählenden Sprache des Mitgliedstaats, in dem der Erwerber seinen Wohnsitz hat, oder des Mitgliedstaats, dessen Staatsangehöriger er ist, abgefaßt sein müssen. Der Mitgliedstaat, in dem der Erwerber seinen Wohnsitz hat, kann jedoch vorschreiben, daß der Vertrag auf jeden Fall zumindest in seiner oder seinen zu den Amtsprachen der Gemeinschaft zählenden Sprache(n) abgefaßt ist; und

— daß der Verkäufer dem Erwerber eine beglaubigte Übersetzung des Vertrages in der oder einer zu den Amtssprachen der Gemeinschaft zählenden Sprache des Mitgliedstaats aushändigen muß, in dem die Immobilie belegen ist.

Artikel 5

Die Mitgliedstaaten sehen in ihren Rechtsvorschriften folgendes vor:

1. Der Erwerber hat neben den Möglichkeiten, die ihm aufgrund der nationalen Rechtsvorschriften zur Vertragsungültigkeit offenstehen, folgende Rechte:

   — Er kann innerhalb von 10 Tagen nach Unterzeichnung des Vertrages durch beide Parteien oder nach Unterzeichnung eines verbindlichen Vorvertrags durch beide Parteien ohne Angabe von Gründen von dem Vertrag zurücktreten. Ist der zehnte Tag ein Sonn- oder Feiertag, wird die Frist bis zum folgenden ersten Arbeitstag verlängert.

   — Er kann innerhalb von drei Monaten nach Unterzeichnung des Vertrages durch beide Parteien oder nach Unterzeichnung eines verbindlichen Vorvertrags durch beide Parteien von dem Vertrag zurücktreten, wenn der Vertrag zu diesem Zeitpunkt nicht die unter den Buchstaben a), b), c), d) Nummern 1 und 2, h), i), k), l) und m) des Anhangs genannten Angaben enthält. Werden die genannten Angaben innerhalb von drei Monaten vorgelegt, so verfügt der Erwerber von diesem Zeitpunkt an gerechnet über die unter dem ersten Gedankenstrich genannte Rücktrittsfrist.

   — Macht der Erwerber von seinem Rücktrittsrecht binnen der unter dem zweiten Gedankenstrich vorgesehenen Frist von drei Monaten keinen Gebrauch und enthält der Vertrag nicht die unter den Buchstaben a), b), c) d) Nummern 1 und 2, h), i), k), l) und m) des Anhangs genannten Angaben, so verfügt der Erwerber vom Tag nach Ablauf der Frist an gerechnet über die unter dem ersten Gedankenstrich genannte Rücktrittsfrist.

2. Will der Erwerber die Rechte gemäß Nummer 1 wahrnehmen, so teilt er dies entsprechend den im Vertrag gemäß Buchstabe l) des Anhangs dargelegten Modalitäten vor Fristablauf, und so, daß dies entsprechend den nationalen Rechtsvorschriften nachgewiesen werden kann, der Person mit, deren Name und Anschrift zu diesem Zweck im Vertrag angegeben sind. Die Frist gilt als gewahrt, wenn die Mitteilung, sofern sie schriftlich erfolgt, vor Fristablauf abgesandt wird.

3. Macht der Erwerber von dem Recht gemäß Nummer 1 erster Gedankenstrich Gebrauch, so ist er gegebenenfalls nur zur Erstattung der Kosten verpflichtet, die nach den einzelstaatlichen Rechtsvorschriften aufgrund des Vertragsabschlusses und des Rücktritts vom Vertrag anfallen und die durch Rechtshandlungen entstanden sind, die unbedingt vor Ablauf des in Nummer 1 erster Gedankenstrich genannten Zeitraums vorgenommen werden müssen. Diese Kosten müssen im Vertrag ausdrücklich genannt sein.

4. Macht der Erwerber von dem Rücktrittsrecht gemäß Nummer 1 zweiter Gedankenstrich Gebrauch, so ist er zu keiner Erstattung verpflichtet.

Artikel 6

Die Mitgliedstaaten sehen in ihren Rechtsvorschriften vor, daß vom Erwerber vor Ablauf der in Artikel 5 Nummer 1 erster Gedankenstrich genannten Rücktrittsfrist keinerlei Anzahlungen geleistet werden dürfen.

Artikel 7

Die Mitgliedstaaten sehen in ihren Rechtsvorschriften folgendes vor:

— Wenn der Preis vollständig oder zum Teil durch einen vom Verkäufer gewährten Kredit finanziert wird oder

— wenn der Preis vollständig oder zum Teil durch einen Kredit finanziert wird, der dem Erwerber von einem Dritten aufgrund einer Vereinbarung zwischen dem Dritten und dem Verkäufer gewährt wird,

wird der Kreditvertrag entschädigungsfrei aufgelöst, falls der Erwerber von seinem Recht auf Rücktritt von dem Vertrag gemäß Artikel 5 Gebrauch macht.

Die näheren Bestimmungen für die Auflösung des Kreditvertrags werden von den Mitgliedstaaten festgelegt.

Artikel 8

Die Mitgliedstaaten sehen in ihren Rechtsvorschriften vor, daß eine Vertragsbestimmung, wonach der Erwerber auf die Wahrnehmung der ihm aufgrund dieser Richtlinie eingeräumten Rechte verzichtet oder wonach der Verkäufer von den ihm aus dieser Richtlinie erwachsenden Verpflichtungen entbunden wird, den Erwerber nach den Bedingungen ihrer innerstaatlichen Rechtsvorschriften nicht bindet.

Artikel 9

Die Mitgliedstaaten ergreifen die erforderlichen Maßnahmen, damit dem Erwerber unabhängig von dem jeweils anwendbaren Recht der durch diese Richtlinie gewährte Schutz nicht vorenthalten wird, wenn die Immobilie in dem Hoheitsgebiet eines Mitgliedstaats belegen ist.

Artikel 10

Die Mitgliedstaaten regeln die Folgen der Nichtbeachtung der Bestimmungen dieser Richtlinie.

Artikel 11

Diese Richtlinie läßt das Recht der Mitgliedstaaten unberührt, unbeschadet der ihnen aus dem Vertrag erwachsenden Verpflichtungen vorteilhaftere Vorschriften zum Schutz des Erwerbers in dem unter die Richtlinie fallenden Bereich zu erlassen oder beizubehalten.

Artikel 12

(1) Die Mitgliedstaaten erlassen die erforderlichen Rechts- und Verwaltungsvorschriften, um dieser Richtlinie spätestens 30 Monate nach ihrer Veröffentlichung im *Amtsblatt der Europäischen Gemeinschaften* nachzukommen. Sie setzen die Kommission unverzüglich davon in Kenntnis.

Wenn die Mitgliedstaaten Vorschriften nach Absatz 1 erlassen, nehmen sie in den Vorschriften selbst oder durch einen Hinweis bei der amtlichen Veröffentli auf diese Richtlinie Bezug. Die Mitgliedstaaten rege Einzelheiten der Bezugnahme.

(2) Die Mitgliedstaaten teilen der Kommissior Wortlaut der innerstaatlichen Rechtsvorschriften m sie auf dem unter diese Richtlinie fallenden (erlassen.

Artikel 13

Diese Richtlinie ist an die Mitgliedstaaten gerichı

Geschehen zu Straßburg am 26. Oktober 1994.

Im Namen des Europäischen Parlaments	*Im Namen Rates*
Der Präsident	*Der Präsic*
K. HÄNSCH	J. EEKHO·

ANHANG

Mindestangaben, die nach Artikel 4 in dem Vertrag enthalten sein müssen

a) Name und Wohnsitz der Vertragsparteien mit genauer Angabe der Rechtsstellung des Verkäufers zum Zeitpunkt des Vertragsabschlusses sowie Name und Wohnsitz des Eigentümers;

b) genaue Angabe der Art des im Vertrag vorgesehenen Rechts sowie eine Klausel mit Angabe der Bedingungen für die Ausübung dieses Rechts im Hoheitsgebiet der Mitgliedstaaten, in denen die Immobilie(n) belegen ist (sind), und mit der Angabe, ob diese Bedingungen erfüllt sind oder welche Bedingungen gegebenenfalls noch zu erfüllen sind;

c) genaue Beschreibung der Immobilie und ihrer Belegenheit, sofern sich das Recht auf eine bestimmte Immobilie bezieht;

d) bei einer im Bau befindlichen Immobilie

1. Angaben über den Stand der Bauarbeiten,
2. Angabe einer angemessenen Schätzung der Frist für die Fertigstellung der Immobilie,
3. wenn es sich um eine bestimmte Immobilie handelt, das Aktenzeichen der Baugenehmigung sowie Name und vollständige Anschrift der zuständigen Behörde(n),
4. Angaben über den Stand der Arbeiten an den gemeinsamen Dienstleistungen, die zur Nutzung der Immobilie erforderlich sind (Gas-, Strom-, Wasser- und Telefonanschluß),
5. Garantien für die ordnungsgemäße Fertigstellung der Immobilie und für die Rückzahlung aller getätigten Zahlungen für den Fall, daß die Immobilie nicht fertiggestellt wird, sowie gegebenenfalls Angabe der Durchführungsbestimmungen für diese Garantien;

e) Angabe der gemeinsamen Dienstleistungen (Licht, Wasser, Instandhaltung, Müllabfuhr), die dem Erwerber zur Verfügung stehen oder zur Verfügung stehen werden, sowie ihrer Nutzungsbedingungen;

f) Angabe der gemeinsamen Einrichtungen wie Schwimmbad, Sauna usw., zu denen der Erwerber gegebenenfalls Zugang hat oder erhalten wird, sowie gegebenenfalls der Zugangsbedingungen;

g) Grundsätze, nach denen Instandhaltung und Instandsetzung sowie Verwaltung und Betriebsführung der Immobilie erfolgen;

h) genaue Angabe des Zeitraums, innerhalb dessen das im Vertrag vorgesehene Recht ausgeübt werden kann, sowie gegebenenfalls die Geltungsdauer der vertraglich vereinbarten Regelung; Angabe des Zeitpunkts, ab dem der Erwerber das im Vertrag vorgesehene Recht in Anspruch nehmen kann;

i) Angaben zum Preis, den der Erwerber für die Ausübung des im Vertrag vorgesehenen Rechts zu entrichten hat; eine Schätzung des Betrages, den der Erwerber für die Nutzung der gemeinsamen Einrichtungen und der gemeinsamen Dienstleistungen zu zahlen hat; die Berechnungsgrundlage der Kosten für die Nutzung der jeweiligen Immobilie durch den Erwerber, der gesetzlichen Kosten (Steuern, Abgaben) sowie der zusätzlichen Verwaltungskosten (für Betriebsführung, Instandhaltung und Instandsetzung);

j) eine Klausel, nach der der Erwerb mit keinen anderen als den im Vertrag angegebenen Kosten, Lasten oder Verpflichtungen verbunden ist;

k) Angaben darüber, ob eine Beteiligung an einer Regelung über den Umtausch und/oder die Weiterveräußerung des im Vertrag vorgesehenen Rechts möglich ist, sowie Angabe der etwaigen Kosten, falls der Umtausch und/oder die Weiterveräußerung vom Verkäufer oder einem von ihm im Vertrag bezeichneten Dritten übernommen werden;

l) Informationen zum Recht auf Rücktritt vom Vertrag und Angabe der Person, der ein etwaiger Rücktritt mitzuteilen ist, sowie der Bedingungen für die Mitteilung; genaue Angaben zu Art und Höhe der Unkosten, die der Erwerber nach Artikel 5 Nummer 3 dieser Richtlinie erstatten muß, falls er von seinem Rücktrittsrecht Gebrauch macht; gegebenenfalls Angaben zu den näheren Bestimmungen für die Auflösung des mit dem Vertrag verbundenen Kreditvertrags, falls vom ersteren zurückgetreten wird;

m) Zeitpunkt und Ort der Unterzeichnung des Vertrages durch jede Vertragspartei.

P. b. b. Erscheinungsort Wien, Verlagspostamt 1030 Wien

167

BUNDESGESETZBLATT

FÜR DIE REPUBLIK ÖSTERREICH

Jahrgang 1997 **Ausgegeben am 27. März 1997** **Teil I**

32. Bundesgesetz: Teilzeitnutzungsgesetz – TNG
(NR: GP XX RV 574 AB 586 S. 64. BR: 5388 AB 5394 S. 623.)
[CELEX-Nr.: 394L0047]

32. Bundesgesetz über den Erwerb von Teilzeitnutzungsrechten an unbeweglichen Sachen (Teilzeitnutzungsgesetz – TNG)

Der Nationalrat hat beschlossen:

Geltungsbereich

§ 1. (1) Dieses Bundesgesetz gilt für Verträge, mit denen ein Verbraucher von einem Unternehmer (§ 1 KSchG) Teilzeitnutzungsrechte erwirbt.

(2) Andere Vorschriften, die für den Erwerber günstiger sind, bleiben unberührt. Soweit Vereinbarungen zum Nachteil des Erwerbers Abweichungen von den Bestimmungen dieses Bundesgesetzes vorsehen, sind sie unwirksam.

Begriffsbestimmungen

§ 2. (1) Teilzeitnutzungsrecht ist das für mindestens drei Jahre eingeräumte dingliche oder obligatorische Recht, ein Nutzungsobjekt wiederkehrend während eines begrenzten Zeitraums zu benützen (Nutzungsrecht). Das Recht kann an einem bestimmten Nutzungsobjekt oder in der Möglichkeit bestehen, aus mehreren Nutzungsobjekten nach Maßgabe allgemeiner Vergaberichtlinien wiederkehrend – gleichbleibend oder wechselnd – ein Nutzungsobjekt auszuwählen.

(2) Teilzeitnutzungsvertrag ist der Vertrag über den Erwerb eines Teilzeitnutzungsrechts gegen ein Gesamtentgelt, unabhängig von der für den Erwerb und das Recht gewählten Rechtsform, von der Rechtsform des Veräußerers, von einer allfälligen Beteiligung des Erwerbers am Veräußerer und von den das Nutzungsobjekt betreffenden Rechtsverhältnissen (Nutzungsvertrag).

(3) Nutzungsobjekt ist eine Wohnung, ein zu Wohn- oder Beherbergungszwecken dienendes Gebäude oder ein Teil derselben.

Informationsschrift

§ 3. (1) Der Veräußerer hat jedem, der von ihm Informationen über die angebotenen Nutzungsobjekte begehrt oder der über diese im Rahmen unmittelbarer Werbemaßnahmen – etwa bei einer Werbeveranstaltung – Werbematerial größeren Umfangs erhält, eine Informationsschrift auszufolgen, die enthält

1. besonders bedeutsame Angaben, nämlich
   a) den Namen und Wohnsitz oder Sitz des Veräußerers, den Namen und Wohnsitz oder Sitz des Eigentümers der Nutzungsobjekte sowie die Rechtsstellung des Veräußerers zu den Nutzungsobjekten;
   b) eine genaue Beschreibung des angebotenen Nutzungsrechts sowie der Voraussetzungen, die für seinen Erwerb und seine Ausübung nach dem Recht der Staaten, in dem die Nutzungsobjekte gelegen sind, vorliegen müssen, wobei anzugeben ist, inwieweit diese Voraussetzungen noch nicht erfüllt sind;
   c) sofern sich das Nutzungsrecht auf ein bestimmtes Nutzungsobjekt bezieht, eine genaue Beschreibung des Nutzungsobjekts, seiner Lage, seiner Ausstattung und seines Erhaltungszustands, das Jahr, in dem das Nutzungsobjekt errichtet wurde, und gegebenenfalls die nutzungsbezogenen Dienstleistungen (wie etwa Zimmerservice), die dem Erwerber zur Verfügung stehen sollen;
   d) bei im Bau befindlichen Nutzungsobjekten den Stand der Bauarbeiten und der Arbeiten an den Versorgungseinrichtungen, wie etwa Gas-, Elektrizitäts-, Wasser- und Telefonanschlüssen, sowie den voraussichtlichen Fertigstellungstermin;

e) das Gesamtentgelt für den Erwerb des Nutzungsrechts, die voraussichtlichen Aufwendungen, die vom Erwerber an nicht verbrauchsabhängigen Kosten für die Ver- und Entsorgung der Nutzungsobjekte, an Kosten für die Erhaltung der Nutzungsobjekte, für die Inanspruchnahme nutzungsbezogener und sonstiger Dienstleistungen und für die Benützung der Gemeinschaftseinrichtungen zu tragen sind, allfällige Instandhaltungsrücklagen und ihre Höhe sowie die Grundlagen (wie etwa die steuerlichen Einheitswerte oder Aufteilungsschlüssel) für die Berechnung der laufenden Kosten, die der Erwerber für die Benützung der Nutzungsobjekte zu entrichten hat (wie etwa Steuern und Gebühren oder Kosten der Bewirtschaftung, Erhaltung und Verwaltung der Liegenschaft);

f) einen Hinweis auf das Rücktrittsrecht gemäß § 6 und auf dessen zeitliche und formale Voraussetzungen unter Angabe von Name und Anschrift der Person, der gegenüber der Rücktritt zu erklären ist, sowie von Art und Höhe der im Fall eines Rücktritts nach § 6 Abs. 4 zu ersetzenden Kosten;

g) einen Hinweis auf das Rücktrittsrecht gemäß §§ 8 und 9 und auf dessen zeitliche und formale Voraussetzungen und

h) Angaben darüber, ob der Erwerber an einem Organisationssystem für den Tausch oder die Weitergabe des Nutzungsrechts teilnehmen kann, wie in einem solchen Organisationssystem der Tausch oder die Weitergabe im einzelnen vonstatten geht, ob dieses Organisationssystem vom Veräußerer oder von einem – diesfalls genau zu bezeichnenden – Dritten betrieben wird und mit welchen Kosten die Organisation des Tausches oder der Weitergabe durch den Veräußerer oder den Dritten verbunden ist;

2. sonstige Angaben, nämlich

a) die Ver- und Entsorgungseinrichtungen (wie etwa Gas-, Elektrizitäts-, Wasser- und Telefonanschlüsse oder Müllabfuhr) und die sonstigen Dienstleistungen (wie etwa Instandhaltung), die dem Erwerber zur Verfügung stehen sollen, und ihre Nutzungsbedingungen;

b) die Gemeinschaftseinrichtungen (wie etwa Schwimmbad oder Sauna), die dem Erwerber zur Verfügung stehen sollen, und ihre Nutzungsbedingungen;

c) die Grundsätze der Bewirtschaftung, Erhaltung und Verwaltung der Nutzungsobjekte;

d) bei im Bau befindlichen Nutzungsobjekten, sofern sich das Nutzungsrecht auf ein bestimmtes Nutzungsobjekt bezieht, den Namen und die Anschrift der zuständigen Baubehörde und das Aktenzeichen der Baugenehmigung sowie Angaben darüber, ob und gegebenenfalls welche Sicherheiten für die ordnungsgemäße Fertigstellung des Nutzungsobjekts und für die Rückzahlung von Vorausleistungen für den Fall unterbliebener Fertigstellung eingeräumt werden, und

e) Angaben darüber, ob und gegebenenfalls welche Beschränkungen für die Übertragung des Nutzungsrechts unter Lebenden oder von Todes wegen vorgesehen sowie ob und gegebenenfalls welche besonderen Zahlungen für diesen Fall zu entrichten sind.

(2) In jeder Werbung für ein Nutzungsrecht ist auf die in Abs. 1 genannte Informationsschrift hinzuweisen und anzugeben, an welcher Stelle sie angefordert werden kann.

Form und Mindestinhalte von Nutzungsverträgen

§ 4. (1) Nutzungsverträge müssen schriftlich und in der in § 5 Abs. 1 geforderten Sprache geschlossen werden. Auf die Unwirksamkeit des Nutzungsvertrags wegen Gebrauchs einer anderen Sprache kann sich nur der Erwerber berufen; dieses Recht erlischt nach Ablauf von zwei Jahren ab Beginn des Vertragsverhältnisses.

(2) Bei Abschluß eines Nutzungsvertrags werden die in § 3 Abs. 1 angeführten Angaben Vertragsbestandteil, soweit nicht die Vertragsteile unter Hinweis auf die Abweichung Änderungen ausdrücklich vereinbaren.

(3) Neben den in Abs. 2 angeführten Vertragsbestandteilen hat die Urkunde über den Nutzungsvertrag zu enthalten:

1. besonders bedeutsame Angaben, nämlich

a) das in einem Zeitraum oder in einem anderen Maßstab auszudrückende Ausmaß, in dem der Erwerber das Nutzungsrecht wiederkehrend auszuüben berechtigt ist;

b) den Zeitpunkt, ab dem das Nutzungsrecht erstmals ausgeübt werden kann;

c) die unbestimmte oder durch Vertragslaufzeit und Endtermin bestimmte Dauer des Nutzungsrechts und

d) die Zeit und den Ort der Unterzeichnung der Vertragsurkunde durch jede Vertragspartei;

2. sonstige Angaben, nämlich

a) den Namen und Wohnsitz des Erwerbers und
b) eine Zusage des Veräußerers, wonach der Erwerb des Nutzungsrechts für den Erwerber mit keinen anderen als den im Vertrag angegebenen Kosten, Verpflichtungen oder sonstigen Lasten verbunden ist.

(4) Der Veräußerer hat dem Erwerber eine Ausfertigung oder Abschrift der Vertragsurkunde auszufolgen.

Vertragssprache

§ 5. (1) Ist der Erwerber Angehöriger eines Vertragsstaats des EWR-Abkommens oder hat er in einem solchen Staat seinen Wohnsitz, so ist der Nutzungsvertrag nach seiner Wahl in der oder einer zu den Amtssprachen der Vertragsstaaten des EWR-Abkommens zählenden Sprache des Heimat- oder des Wohnsitzstaates abzufassen.

(2) Abs. 1 gilt entsprechend für die Informationsschrift nach § 3.

(3) Wurde die Vertragsurkunde über ein bestimmtes Nutzungsobjekt nicht in der oder einer zu den Amtssprachen der Vertragsstaaten des EWR-Abkommens zählenden Sprache des Vertragsstaats abgefaßt, in dem sich das Nutzungsobjekt befindet, so ist dem Erwerber auch eine beglaubigte Übersetzung der Vertragsurkunde in diese Sprache auszufolgen.

Rücktrittsrecht

§ 6. (1) Der Erwerber kann binnen vierzehn Tagen vom Nutzungsvertrag oder von einem darauf gerichteten Vorvertrag zurücktreten. Die Frist beginnt mit der Ausfolgung der Vertragsurkunde.

(2) Enthält die Vertragsurkunde eine der in § 3 Abs. 1 Z 1 und § 4 Abs. 3 Z 1 vorgesehenen besonders bedeutsamen Angaben nicht, so beginnt die vierzehntägige Rücktrittsfrist erst nach Ausfolgung einer Ergänzungsurkunde, die sämtliche fehlenden Angaben enthält, spätestens jedoch drei Monate nach Ausfolgung der zumindest die Hinweise auf das Rücktrittsrecht nach § 3 Abs. 1 Z 1 lit. f und g, § 4 Abs. 2 enthaltenden Vertragsurkunde.

(3) Der Rücktritt bedarf zu seiner Rechtswirksamkeit der Schriftform; eine Übermittlung der schriftlichen Erklärung durch Telekopie reicht aus. Es genügt auch, wenn der Erwerber die ihm ausgefolgte Vertragsurkunde mit einem Vermerk zurückstellt, der erkennen läßt, daß er das Zustandekommen oder die Aufrechterhaltung des Vertrags ablehnt. Für die Rechtzeitigkeit des Rücktritts genügt es, wenn die Erklärung innerhalb der Rücktrittsfrist abgesendet wird. Verstößt der Veräußerer gegen die ihn nach § 3 Abs. 1 Z 1 lit. f treffende Verpflichtung, dem Erwerber Name und Anschrift derjenigen Person bekanntzugeben, der gegenüber der Rücktritt zu erklären ist, so kann die Rücktrittserklärung im dargestellten Sinn auch an den vom Veräußerer Beauftragten, der an den Vertragsverhandlungen mitgewirkt hat, gerichtet werden.

(4) Tritt der Erwerber vom Vertrag zurück, so hat er dem Veräußerer die von diesem auf Grund des Vertragsabschlusses entrichteten Abgaben sowie die von diesem getragenen Kosten einer allenfalls erforderlichen Beglaubigung von Unterschriften und einer allenfalls erforderlichen Übersetzung der Vertragsurkunde zu ersetzen, soweit darauf gemäß § 3 Abs. 1 Z 1 lit. f und § 4 Abs. 2 in der Vertragsurkunde ausdrücklich hingewiesen wurde. § 4 KSchG gilt mit der Einschränkung, daß dem Veräußerer ein Anspruch auf ein angemessenes Entgelt für die Benützung des Nutzungsobjekts oder auf Ersatz der Kosten für dessen Benützung (§ 3 Abs. 1 Z 1 lit. e) nicht zusteht. Ist die ausgefolgte Vertragsurkunde im Sinn des Abs. 2 unvollständig, so ist jeglicher Kostenersatzanspruch des Veräußerers ausgeschlossen.

Annahme von Zahlungen des Erwerbers

§ 7. (1) Vor Ablauf von vierzehn Tagen nach Ausfolgung der Vertragsurkunde über den Nutzungsvertrag werden die mit dem Erwerber vereinbarten Zahlungen nicht fällig; der Veräußerer darf sie vor Fälligkeit weder fordern noch annehmen. Ist die ausgefolgte Vertragsurkunde im Sinn des § 6 Abs. 2 unvollständig, so beginnt die vierzehntägige Wartefrist erst nach Ausfolgung einer Ergänzungsurkunde, die sämtliche fehlenden Angaben enthält, spätestens jedoch drei Monate nach Ausfolgung der zumindest die Hinweise auf das Rücktrittsrecht nach § 3 Abs. 1 Z 1 lit. f und g, § 4 Abs. 2 enthaltenden Vertragsurkunde.

(2) Der Erwerber kann alle Zahlungen, die vom Veräußerer entgegen Abs. 1 angenommen wurden, zurückfordern. Der Veräußerer hat die angenommenen Beträge ab dem Zahlungstag mit einem Zinssatz von 6 vH über dem jeweils geltenden Zinsfuß für Eskontierungen der Oesterreichischen Nationalbank zu verzinsen.

Kreditweise Aufbringung des Entgelts

§ 8. (1) Werden die Mittel für das vom Erwerber auf Grund des Nutzungsvertrags zu leistende Entgelt ganz oder teilweise durch einen vom Veräußerer gewährten Kredit finanziert, so gilt ein vom Erwerber gemäß § 6 erklärter Rücktritt vom Nutzungsvertrag auch für den Kreditvertrag mit der Wirkung, daß zwar jeder Teil dem anderen die empfangenen Leistungen zurückzuerstatten hat, Ansprüche gegen den Erwerber auf Zahlung von Zinsen und Kosten jedoch ausgeschlossen sind. Der Erwerber hat dem Veräußerer die von diesem auf Grund der Kreditgewährung entrichteten Abgaben sowie die von diesem getragenen Kosten einer allenfalls erforderlichen Beglaubigung von Unterschriften zu ersetzen, soweit darauf im Kreditvertrag ausdrücklich hingewiesen wurde. Ansprüche gegen den Erwerber auf Zahlung sonstiger Kosten sind ausgeschlossen. Ist die ausgefolgte Vertragsurkunde über den Nutzungsvertrag im Sinn des § 6 Abs. 2 unvollständig, so ist jeglicher Kostenersatzanspruch des Veräußerers aus der Kreditgewährung ausgeschlossen.

(2) Werden die Mittel für das vom Erwerber auf Grund des Nutzungsvertrags zu leistende Entgelt ganz oder teilweise durch einen von einem Dritten gewährten Kredit finanziert und bilden der Nutzungs- und der Kreditvertrag für den Veräußerer und den Dritten eine wirtschaftliche Einheit (§ 18 KSchG), so kann sowohl der Erwerber als auch der Dritte auf Grund eines gemäß § 6 erklärten Rücktritts vom Nutzungsvertrag binnen drei Monaten ab Absendung dieser Rücktrittserklärung auch vom Kreditvertrag zurücktreten. Für die Form und die Rechtzeitigkeit des Rücktritts gilt § 6 Abs. 3 erster bis dritter Satz entsprechend. Die Rücktrittserklärung kann auch an den vom Dritten Beauftragten, der an den Vertragsverhandlungen mitgewirkt hat, gerichtet werden.

(3) Auf Grund eines Rücktritts vom Kreditvertrag nach Abs. 2 hat jeder Teil dem anderen die empfangenen Leistungen zurückzuerstatten; Ansprüche gegen den Erwerber auf Zahlung von Zinsen sind jedoch ausgeschlossen. Der Erwerber hat dem Dritten die von diesem auf Grund des Vertragsabschlusses entrichteten Abgaben sowie die von diesem getragenen Kosten einer allenfalls erforderlichen Beglaubigung von Unterschriften zu ersetzen, soweit darauf im Kreditvertrag ausdrücklich hingewiesen wurde. Ansprüche gegen den Erwerber auf Zahlung sonstiger Kosten sind ausgeschlossen. Ist die ausgefolgte Vertragsurkunde über den Nutzungsvertrag im Sinn des § 6 Abs. 2 unvollständig, so ist jeglicher Kostenersatzanspruch des Dritten ausgeschlossen.

Zusammenhängende Verträge

§ 9. (1) Bilden ein mit einem Dritten geschlossener Vertrag, der die Ausübung oder Verwertung des Nutzungsrechts betrifft und nicht ohnedies Bestandteil des Nutzungsvertrags im Sinn des § 2 Abs. 2 ist, und der Nutzungsvertrag für den Veräußerer und den Dritten eine wirtschaftliche Einheit (§ 18 KSchG), so kann sowohl der Erwerber als auch der Dritte auf Grund eines gemäß § 6 erklärten Rücktritts vom Nutzungsvertrag binnen drei Monaten ab Absendung dieser Rücktrittserklärung auch vom zusammenhängenden Vertrag zurücktreten. Für die Form und die Rechtzeitigkeit des Rücktritts gilt § 6 Abs. 3 erster bis dritter Satz entsprechend. Die Rücktrittserklärung kann auch an den vom Dritten Beauftragten, der an den Vertragsverhandlungen mitgewirkt hat, gerichtet werden.

(2) Auf Grund eines Rücktritts vom zusammenhängenden Vertrag hat jeder Teil dem anderen die empfangenen Leistungen zurückzuerstatten; Ansprüche gegen den Erwerber auf Zahlung von Zinsen sind jedoch ausgeschlossen. Der Erwerber hat dem Dritten die von diesem auf Grund des Vertragsabschlusses entrichteten Angaben sowie die von diesem getragenen Kosten einer allenfalls erforderlichen Beglaubigung von Unterschriften zu ersetzen, soweit darauf im zusammenhängenden Vertrag ausdrücklich hingewiesen wurde. Ansprüche gegen den Erwerber auf Zahlung sonstiger Kosten sind ausgeschlossen. Ist die ausgefolgte Vertragsurkunde über den Nutzungsvertrag im Sinn des § 6 Abs. 2 unvollständig, so ist jeglicher Kostenersatzanspruch des Dritten ausgeschlossen.

Grundbücherliche Sicherung

§ 10. (1) Zur Sicherung der den Erwerbern in den Nutzungsverträgen eingeräumten Nutzungsrechte an den Nutzungsobjekten einer bestimmten Teilzeitnutzungsanlage kann zugunsten eines Rechtsanwalts (einer Rechtsanwalts-Partnerschaft) oder eines Notars (einer Notar-Partnerschaft) als Treuhänder der Erwerber auf Antrag des Treuhänders auf der Liegenschaft, auf der sich die Anlage befindet, die Reallast des Betreibens der Teilzeitnutzungsanlage einverleibt werden. Zur Verfügung über eine solche Reallast ist allein der Treuhänder berechtigt.

(2) Zur Sicherung allfälliger Rückforderungsansprüche der Erwerber von Teilzeitnutzungsrechten an einer Liegenschaft kann zugunsten eines Rechtsanwalts (einer Rechtsanwalts-Partnerschaft) oder eines Notars (einer Notar-Partnerschaft) als Treuhänder der Erwerber auf Antrag des Treuhänders auf der Liegenschaft ein Pfandrecht einverleibt werden. Zur Verfügung über ein solches Pfandrecht und zu dessen Verwertung ist allein der Treuhänder berechtigt. Das Pfandrecht kann auch auf einen Höchstbetrag lauten, bis zu dem die Deckung reichen soll.

(3) Die Einverleibung eines Rechts nach Abs. 1 oder 2 bedarf einer Zustimmungserklärung des Liegenschaftseigentümers sowie einer Bestätigung des Veräußerers über die Bestellung des Antragstellers zum Treuhänder.

(4) Der Treuhänder hat jeden Erwerber in ein Verzeichnis der an der Liegenschaft Teilzeitnutzungsberechtigten einzutragen, den Eigentümer der Liegenschaft von dieser Eintragung zu verständigen und dem Erwerber eine Bestätigung über die Eintragung in das Verzeichnis auszuhändigen.

(5) Im Fall einer längerfristigen Verhinderung des Treuhänders hat das Bezirksgericht, in dessen Sprengel die Liegenschaft liegt, im Verfahren außer Streitsachen auf Antrag des Veräußerers oder eines Erwerbers einen anderen Treuhänder zu bestellen, sofern weder im Nutzungsvertrag für diesen Fall Vorsorge getroffen worden ist noch sich die Parteien des Nutzungsvertrags in angemessener Frist auf einen anderen Treuhänder einigen.

Nutzungsverträge mit Auslandsbezug

§ 11. (1) Befindet sich zumindest eines der von einem Nutzungsvertrag erfaßten Nutzungsobjekte in einem Vertragsstaat des EWR-Abkommens, so ist auf den Nutzungsvertrag, einen Kreditvertrag nach § 8 oder einen zusammenhängenden Vertrag nach § 9 das Recht des Staates anzuwenden, in dem der Erwerber seinen gewöhnlichen Aufenthalt hat, wenn der Vertrag im Zusammenhang mit einer in diesem Staat entfalteten, auf die Schließung solcher Verträge gerichteten Tätigkeit des Veräußerers, des Dritten oder der von diesen hiefür verwendeten Personen zustande gekommen ist; führt diese Verweisung nicht zum Recht eines Vertragsstaats des EWR-Abkommens, so ist das Recht jenes Vertragsstaats des EWR-Abkommens anzuwenden, in dem das Nutzungsobjekt gelegen ist. Dies gilt nicht, wenn auf Grund der Rechtswahl der Parteien oder sonstiger Regeln des internationalen Privatrechts ohnedies das Recht eines Vertragsstaats des EWR-Abkommens anzuwenden ist.

(2) Unbeschadet des auf einen Nutzungsvertrag, einen Kreditvertrag nach § 8 oder einen zusammenhängenden Vertrag nach § 9 nach Abs. 1 oder nach anderen Regeln des internationalen Privatrechts anzuwendenden Rechts hat der Erwerber jedenfalls die Rechte nach den §§ 6, 7 Abs. 2, §§ 8 und 9, wenn der Vertrag im Zusammenhang mit einer im Inland entfalteten, auf die Schließung solcher Verträge gerichteten Tätigkeit des Veräußerers, des Dritten oder der von diesen hiefür verwendeten Personen zustande gekommen ist.

Strafbestimmungen

§ 12. (1) Ein Veräußerer, der

1. es entgegen § 3 Abs. 1 unterläßt, eine Informationsschrift mit dem dort umschriebenen Inhalt und in der gemäß § 5 Abs. 1 und 2 vom Erwerber gewählten Sprache auszuhändigen,
2. es entgegen § 4 Abs. 4 unterläßt, dem Erwerber eine Ausfertigung oder Abschrift der Vertragsurkunde mit dem in § 4 Abs. 3 umschriebenen Inhalt und in der in § 5 Abs. 1 bestimmten Sprache auszufolgen,
3. es entgegen § 5 Abs. 3 unterläßt, dem Erwerber eine beglaubigte Übersetzung der Vertragsurkunde in die in § 5 Abs. 3 bestimmte Sprache auszufolgen,

begeht, sofern die Tat nicht den Tatbestand einer gerichtlich strafbaren Handlung erfüllt, eine Verwaltungsübertretung und ist mit einer Geldstrafe bis zu 20 000 S zu bestrafen.

(2) Ein Veräußerer, der Zahlungen entgegen § 7 Abs. 1 vereinbart, fordert oder entgegennimmt, begeht, sofern die Tat nicht den Tatbestand einer gerichtlich strafbaren Handlung erfüllt, eine Verwaltungsübertretung und ist mit einer Geldstrafe bis zu 100 000 S zu bestrafen.

Inkrafttreten

§ 13. Dieses Bundesgesetz tritt mit 1. April 1997 in Kraft. Es ist auf vor seinem Inkrafttreten geschlossene Nutzungsverträge nicht anzuwenden.

Vollziehung

§ 14. Mit der Vollziehung des Bundesgesetzes sind betraut:

1. der Bundeskanzler im Einvernehmen mit dem Bundesminister für Justiz hinsichtlich des § 12,
2. der Bundesminister für Justiz hinsichtlich der übrigen Bestimmungen.

Klestil

Klima

Bundesgesetzblatt

2153

Teil I G 5702

1996 Ausgegeben zu Bonn am 31. Dezember 1996 Nr. 70

Hinweis auf andere Verkündungsblätter

Die Anlagen 1 bis 5 zur Verordnung über die Leistungssätze des Unterhaltsgeldes, des Arbeitslosengeldes, des Altersübergangsgeldes, der Arbeitslosenhilfe, des Kurzarbeitergeldes und des Winterausfallgeldes für das Jahr 1997 (AFG-Leistungsverordnung 1997) vom 20. Dezember 1996 werden als Anlageband zu dieser Ausgabe des Bundesgesetzblatts ausgegeben. Abonnenten des Bundesgesetzblatts Teil I wird der Anlageband auf Anforderung gemäß den Bezugsbedingungen des Verlags übersandt.

Gesetz über die Veräußerung von Teilzeitnutzungsrechten an Wohngebäuden*) (Teilzeit-Wohnrechtegesetz – TzWrG)

Vom 20. Dezember 1996

Der Bundestag hat das folgende Gesetz beschlossen:

§ 1
Anwendungsbereich

(1) Dieses Gesetz gilt für Verträge über die Teilzeitnutzung von Wohngebäuden zwischen einer Person, die solche Verträge in Ausübung ihrer gewerblichen oder beruflichen Tätigkeit abschließt (Veräußerer), und einer natürlichen Person, die bei Vertragsabschluß außerhalb ihrer gewerblichen oder beruflichen Tätigkeit handelt (Erwerber).

(2) Vertrag über die Teilzeitnutzung von Wohngebäuden ist jeder Vertrag, durch den ein Veräußerer einem Erwerber gegen Zahlung eines Gesamtpreises das Recht verschafft oder zu verschaffen verspricht, für die Dauer von mindestens drei Jahren ein Wohngebäude jeweils für einen bestimmten oder zu bestimmenden Zeitraum des Jahres zu Erholungs- oder Wohnzwecken zu nutzen. Das Recht kann ein dingliches oder anderes Recht sein und insbesondere auch durch eine Mitgliedschaft in einem Verein oder einen Anteil an einer Gesellschaft eingeräumt werden.

(3) Das Recht kann auch darin bestehen, die Nutzung eines Wohngebäudes jeweils aus einem Bestand von Wohngebäuden zu wählen.

(4) Einem Wohngebäude steht ein Teil eines Wohngebäudes gleich.

§ 2
Prospekt; erforderliche Angaben

(1) Wer in Ausübung einer gewerblichen oder beruflichen Tätigkeit den Abschluß von Verträgen über die Teilzeitnutzung von Wohngebäuden anbietet, hat jedem, der Interesse bekundet, einen Prospekt auszuhändigen. Hat der Interessent seinen Wohnsitz in einem Mitgliedstaat der Europäischen Union, so muß der Prospekt in der Sprache dieses Staates abgefaßt sein. Ist er Angehöriger eines anderen Mitgliedstaates, so kann er statt des Prospekts in der Sprache seines Wohnsitzstaates einen solchen in der Sprache des Staates, dem er angehört, verlangen. Bestehen in einem der in den Sätzen 2 und 3 bezeichneten Staaten mehrere Amtssprachen der Europäischen Union, so kann der Interessent auch zwischen diesen Amtssprachen wählen.

(2) Der in Absatz 1 bezeichnete Prospekt muß eine allgemeine Beschreibung des Wohngebäudes oder des Bestandes von Wohngebäuden sowie die in § 4 Abs. 1 und 2 aufgeführten Angaben enthalten.

(3) Der Veräußerer kann vor Vertragsabschluß eine Änderung gegenüber den im Prospekt enthaltenen Angaben vornehmen, soweit dies auf Grund von Umständen erforderlich wird, auf die er keinen Einfluß nehmen konnte.

(4) In jeder Werbung für den Abschluß von Verträgen über die Teilzeitnutzung von Wohngebäuden ist anzugeben, daß der Prospekt erhältlich ist und wo er angefordert werden kann.

§ 3
Schriftform; erforderliche Angaben

(1) Der Vertrag über die Teilzeitnutzung von Wohngebäuden bedarf der schriftlichen Form, soweit nicht in anderen Vorschriften eine strengere Form vorgeschrieben ist. Hat der Erwerber seinen Wohnsitz in einem Mitgliedstaat der Europäischen Union, so ist der Vertrag in der Sprache dieses Staates abzufassen. Ist der Erwerber Angehöriger eines anderen Mitgliedstaates, so kann er statt der Sprache seines Wohnsitzstaates die Sprache des Staates, dem er angehört, wählen. Bestehen in einem der in den Sätzen 2 und 3 bezeichneten Staaten mehrere Amtssprachen der Europäischen Union, so kann der Erwerber als Vertragssprache auch zwischen diesen Amtssprachen wählen. § 125 des Bürgerlichen Gesetzbuchs gilt entsprechend.

(2) Ist der Vertrag vor einem deutschen Notar zu beurkunden, so gelten § 5 und § 16 des Beurkundungsgesetzes mit der Maßgabe, daß dem Erwerber eine beglaubigte Übersetzung des Vertrages in einer der in Absatz 1 Satz 2 bis 4 bezeichneten, von ihm zu wählenden Sprache auszuhändigen ist. § 125 des Bürgerlichen Gesetzbuchs gilt entsprechend.

(3) Die in dem in § 2 bezeichneten, dem Erwerber ausgehändigten Prospekt enthaltenen Angaben werden Inhalt des Vertrages, soweit die Parteien nicht ausdrücklich und unter Hinweis auf die Abweichung vom Prospekt eine abweichende Vereinbarung treffen. Solche Änderungen müssen dem Erwerber vor Abschluß des Vertrages mitgeteilt werden. Unbeschadet der Geltung der Prospektangaben gemäß Satz 1 muß die Vertragsurkunde die in § 4 Abs. 1 und 3 aufgeführten Angaben enthalten.

(4) Der Veräußerer hat dem Erwerber eine Vertragsurkunde oder Abschrift der Vertragsurkunde auszuhändigen. Er hat ihm ferner, wenn die Vertragssprache und die Sprache des Staates, in dem das Wohngebäude belegen ist, verschieden sind, eine beglaubigte Übersetzung des Vertrages in der oder einer zu den Amtssprachen der Europäischen Union zählenden Sprache des Mitgliedstaates auszuhändigen, in dem das Wohngebäude belegen ist. Die Pflicht zur Aushändigung einer beglaubigten Übersetzung entfällt, wenn sich das Nutzungsrecht auf einen Bestand von Wohngebäuden bezieht, die in verschiedenen Staaten belegen sind.

---

*) Dieses Gesetz dient der Umsetzung der Richtlinie des Europäischen Parlaments und des Rates vom 26. Oktober 1994 zum Schutz der Erwerber im Hinblick auf bestimmte Aspekte von Verträgen über den Erwerb von Teilzeitnutzungsrechten an Immobilien.

§ 4

Pflichtangaben

(1) Der in § 2 bezeichnete Prospekt und der Vertrag über die Teilzeitnutzung von Wohngebäuden müssen jeweils angeben:

1. Namen und Wohnsitz des Veräußerers des Nutzungsrechts und des Eigentümers des Wohngebäudes oder der Wohngebäude, bei Gesellschaften, Vereinen und juristischen Personen Firma, Sitz und Name des gesetzlichen Vertreters, sowie rechtliche Stellung des Veräußerers in bezug auf das oder die Wohngebäude;
2. die genaue Beschreibung des Nutzungsrechtes nebst Hinweis auf die erfüllten oder noch zu erfüllenden Voraussetzungen, die nach dem Recht des Staates, in dem das Wohngebäude belegen ist, für die Ausübung des Nutzungsrechtes gegeben sein müssen;
3. daß der Erwerber kein Eigentum und kein dingliches Wohn-/Nutzungsrecht erwirbt, sofern dies tatsächlich nicht der Fall ist;
4. eine genaue Beschreibung des Wohngebäudes und seiner Belegenheit, sofern sich das Nutzungsrecht auf ein bestimmtes Wohngebäude bezieht;
5. bei einem in Planung oder im Bau befindlichen Wohngebäude, sofern sich das Nutzungsrecht auf ein bestimmtes Wohngebäude bezieht,
   a) Stand der Bauarbeiten und der Arbeiten an den gemeinsamen Versorgungseinrichtungen wie zum Beispiel Gas-, Elektrizitäts-, Wasser- und Telefonanschluß;
   b) eine angemessene Schätzung des Termins für die Fertigstellung;
   c) Namen und Anschrift der zuständigen Baugenehmigungsbehörde und Aktenzeichen der Baugenehmigung; soweit nach Landesrecht eine Baugenehmigung nicht erforderlich ist, ist der Tag anzugeben, an dem nach landesrechtlichen Vorschriften mit dem Bau begonnen werden darf;
   d) ob und welche Sicherheiten für die Fertigstellung des Wohngebäudes und für die Rückzahlung vom Erwerber geleisteter Zahlungen im Falle der Nichtfertigstellung bestehen;
6. Versorgungseinrichtungen wie zum Beispiel Gas-, Elektrizitäts-, Wasser- und Telefonanschluß und Dienstleistungen wie zum Beispiel Instandhaltung und Müllabfuhr, die dem Erwerber zur Verfügung stehen oder stehen werden, und ihre Nutzungsbedingungen;
7. gemeinsame Einrichtungen wie Schwimmbad oder Sauna, zu denen der Erwerber Zugang hat oder erhalten soll, und gegebenenfalls ihre Nutzungsbedingungen;
8. die Grundsätze, nach denen Instandhaltung, Instandsetzung, Verwaltung und Betriebsführung des Wohngebäudes oder der Wohngebäude erfolgen;
9. den Preis, der für das Nutzungsrecht zu entrichten ist; die Berechnungsgrundlagen und den geschätzten Betrag der laufenden Kosten, die vom Erwerber für die in den Nummern 6 und 7 genannten Einrichtungen und Dienstleistungen sowie für die Nutzung des jeweiligen Wohngebäudes, insbesondere für Steuern und Abgaben, Verwaltungsaufwand, Instandhaltung, Instandsetzung und Rücklagen zu entrichten sind;
10. ob der Erwerber an einer Regelung für den Umtausch und/oder die Weiterveräußerung des Nutzungsrechtes in seiner Gesamtheit oder für einen bestimmten Zeitraum teilnehmen kann und welche Kosten hierfür anfallen, falls der Veräußerer oder ein Dritter einen Umtausch und/oder die Weiterveräußerung vermitteln.

(2) Der Prospekt muß außerdem folgende Angaben enthalten:

1. einen Hinweis auf das Recht des Erwerbers zum Widerruf gemäß § 5, Namen und Anschrift des Widerrufsempfängers, einen Hinweis auf die Widerrufsfrist und die schriftliche Form der Widerrufserklärung sowie darauf, daß die Widerrufsfrist durch rechtzeitige Absendung der Widerrufserklärung gewahrt wird. Gegebenenfalls muß der Prospekt auch die Kosten angeben, die der Erwerber im Falle des Widerrufs in Übereinstimmung mit § 5 Abs. 6 Satz 3 zu erstatten hat;
2. einen Hinweis, wie weitere Informationen zu erhalten sind.

(3) Der Vertrag muß zusätzlich zu den in Absatz 1 bezeichneten Angaben ferner angeben:

1. Namen und Wohnsitz des Erwerbers;
2. die genaue Bezeichnung des Zeitraums des Jahres, innerhalb dessen das Nutzungsrecht jeweils ausgeübt werden kann, die Geltungsdauer des Nutzungsrechtes nach Jahren und die weiteren für die Ausübung des Nutzungsrechtes erforderlichen Einzelheiten;
3. die Erklärung, daß der Erwerb und die Ausübung des Nutzungsrechtes mit keinen anderen als den im Vertrag angegebenen Kosten, Lasten oder Verpflichtungen verbunden ist;
4. Zeitpunkt und Ort der Unterzeichnung des Vertrages durch jede Vertragspartei.

§ 5

Widerrufsrecht

(1) Die auf den Abschluß des Vertrages gerichtete Willenserklärung des Erwerbers wird erst wirksam, wenn er sie nicht binnen einer Frist von zehn Tagen schriftlich widerruft.

(2) Zur Wahrung der Frist genügt die rechtzeitige Absendung des Widerrufs. Die Frist beginnt erst, wenn dem Erwerber die Vertragsurkunde oder eine Abschrift der Vertragsurkunde sowie eine schriftliche Belehrung über sein Recht zum Widerruf ausgehändigt wird. Die Belehrung muß Name und Anschrift des Widerrufsempfängers, einen Hinweis auf die schriftliche Form der Widerrufserklärung und darauf enthalten, daß die Widerrufsfrist durch rechtzeitige Absendung des Widerrufs gewahrt wird. Gegebenenfalls muß die Belehrung auch die Kosten angeben, die der Erwerber im Falle des Widerrufs gemäß Absatz 6 Satz 3 zu erstatten hat. Die Belehrung ist drucktechnisch deutlich zu gestalten und vom Erwerber gesondert zu unterschreiben. Wird der Erwerber nicht nach den Sätzen 2 bis 5 belehrt, so beginnt die Frist zur Ausübung des Widerrufsrechts abweichend von Satz 2 erst drei Monate nach Aushändigung einer Vertragsurkunde oder Abschrift der Vertragsurkunde.

(3) Ist dem Erwerber der in § 2 bezeichnete Prospekt vor Vertragsabschluß nicht oder nicht in der gemäß § 2 Abs. 1 Satz 2 bis 4 vorgeschriebenen Amtssprache der Europäischen Union ausgehändigt worden, so beträgt die Frist zur Ausübung des Widerrufsrechtes abweichend von Absatz 1 Satz 1 einen Monat.

(4) Fehlt im Vertrag eine der in § 4 Abs. 1 Nr. 1, 2, 3, 4, 5 Buchstabe a und b, Nr. 9 und 10 und Abs. 3 Nr. 1, 2 und 4 vorgeschriebenen Angaben, so beginnt die Frist zur Ausübung des Widerrufsrechtes abweichend von Absatz 2 Satz 2 erst, wenn dem Erwerber diese Angabe schriftlich mitgeteilt wird, spätestens jedoch drei Monate nach Aushändigung einer Vertragsurkunde oder Abschrift der Vertragsurkunde an den Erwerber.

(5) Ist streitig, ob und zu welchem Zeitpunkt dem Erwerber der Prospekt in der vorgeschriebenen Sprache, die Vertragsurkunde, eine Abschrift der Vertragsurkunde oder die Belehrung ausgehändigt worden ist oder eine vorgeschriebene, im Vertrag jedoch fehlende Angabe schriftlich mitgeteilt worden ist, so trifft die Beweislast den Veräußerer.

(6) Im Falle des Widerrufs ist jeder Teil verpflichtet, dem anderen Teil die empfangenen Leistungen zurückzugewähren. Eine Vergütung für geleistete Dienste sowie für die Überlassung der Nutzung von Wohngebäuden ist ausgeschlossen. Bedurfte der Vertrag der notariellen Beurkundung, so hat der Erwerber dem Veräußerer die Kosten der Beurkundung zu erstatten, wenn dies im Vertrag ausdrücklich bestimmt ist. In den Fällen der Absätze 3 und 4 entfällt die Verpflichtung zur Erstattung von Kosten; der Erwerber kann vom Veräußerer Ersatz der Kosten des Vertrages verlangen.

§ 6

Finanzierte Verträge

(1) Wird der Preis, den der Erwerber für das Nutzungsrecht zu entrichten hat, ganz oder teilweise durch einen Kredit des Veräußerers finanziert, so wird die auf den Abschluß des Kreditvertrages gerichtete Willenserklärung des Verbrauchers erst wirksam, wenn der Verbraucher den Vertrag über die Teilzeitnutzung des Wohngebäudes oder der Wohngebäude nicht gemäß § 5 widerruft. Im Falle des Widerrufs ist jeder Teil verpflichtet, dem anderen Teil die empfangenen Leistungen zurückzugewähren. Ansprüche auf Zahlung von Zinsen und Kosten gegen den Erwerber sind ausgeschlossen.

(2) Absatz 1 gilt entsprechend, wenn der Preis durch einen Dritten finanziert wird und der Vertrag über die Teilzeitnutzung von Wohngebäuden und der Kreditvertrag als wirtschaftliche Einheit anzusehen sind. Eine wirtschaftliche Einheit ist insbesondere anzunehmen, wenn der Kreditgeber sich bei der Vorbereitung oder dem Abschluß des Kreditvertrages der Mitwirkung des Veräußerers bedient. Ist der Kreditbetrag bei Wirksamwerden des Widerrufs dem Veräußerer bereits zugeflossen, so tritt der Dritte im Verhältnis zum Erwerber hinsichtlich der Rechtsfolgen des Widerrufs in die Rechte und Pflichten des Veräußerers ein.

§ 7

Anzahlungsverbot

Der Veräußerer darf Zahlungen des Erwerbers vor Ablauf von zehn Tagen nach Aushändigung der Vertragsurkunde oder einer Abschrift der Vertragsurkunde an den Erwerber nicht fordern oder annehmen. Für den Erwerber günstigere Vorschriften bleiben unberührt.

§ 8

Kollisionsregel

Unterliegt ein Vertrag über die Teilzeitnutzung von Wohngebäuden oder ein Vertrag zur Finanzierung des Erwerbs eines Teilzeitnutzungsrechts (§ 6) ausländischem Recht, so sind die Vorschriften dieses Gesetzes gleichwohl anzuwenden, wenn

1. das Wohngebäude im Hoheitsgebiet eines Mitgliedstaates der Europäischen Union oder eines Vertragsstaates des Abkommens über den Europäischen Wirtschaftsraum belegen ist oder
2. der Vertrag auf Grund eines öffentlichen Angebotes, einer öffentlichen Werbung oder einer ähnlichen geschäftlichen Tätigkeit zustandekommt, die der Veräußerer in einem Mitgliedstaat der Europäischen Union oder in einem anderen Vertragsstaat des Abkommens über den Europäischen Wirtschaftsraum entfaltet, und wenn der Erwerber bei Abgabe seiner auf den Vertragsschluß gerichteten Erklärung seinen Wohnsitz oder gewöhnlichen Aufenthalt in einem Mitgliedstaat der Europäischen Union oder in einem anderen Vertragsstaat des Abkommens über den Europäischen Wirtschaftsraum hat.

§ 9

Unabdingbarkeit; Umgehungsverbot

(1) Eine zum Nachteil des Erwerbers von den Vorschriften dieses Gesetzes abweichende Vereinbarung ist unwirksam.

(2) Dieses Gesetz ist auch anzuwenden, wenn seine Vorschriften durch anderweitige Gestaltungen umgangen werden.

§ 10

Änderung anderer Gesetze

(1) § 5 des Gesetzes über den Widerruf von Haustürgeschäften und ähnlichen Geschäften vom 16. Januar 1986 (BGBl. I S. 122), das durch Artikel 3 des Gesetzes vom 17. Dezember 1990 (BGBl. I S. 2840) geändert worden ist, wird wie folgt geändert:

1. Absatz 3 erhält folgende Fassung:

   „(3) Erfüllt ein Geschäft im Sinne des § 1 Abs. 1 zugleich die Voraussetzungen eines Geschäftes nach dem Teilzeit-Wohnrechtegesetz, so sind in bezug auf das Widerrufsrecht nur die Vorschriften des Teilzeit-Wohnrechtegesetzes anzuwenden."

2. Der bisherige Absatz 3 wird Absatz 4.

(2) An § 7 Abs. 5 des Verbraucherkreditgesetzes vom 17. Dezember 1990 (BGBl. I S. 2840), das durch Artikel 2 des Gesetzes vom 27. April 1993 (BGBl. I S. 509) geändert worden ist, wird folgender Satz 2 angefügt:

„Sie finden ferner keine Anwendung, wenn der Kreditvertrag der Finanzierung des Erwerbs eines Teilzeitnutzungsrechtes an einem Wohngebäude dient und mit dem Erwerbsvertrag eine wirtschaftliche Einheit bildet."

(3) § 34c der Gewerbeordnung in der Fassung der Bekanntmachung vom 1. Januar 1987 (BGBl. I S. 425), die zuletzt durch Artikel 4 des Gesetzes vom 7. August 1996 (BGBl. I S. 1246) geändert worden ist, wird wie folgt geändert:

1. Am Ende des Absatzes 5 Nr. 5 wird der Punkt durch einen Beistrich ersetzt.

2. Es wird folgende Nummer 6 eingefügt:

„6. Verträge, soweit Teilzeitnutzung von Wohngebäuden im Sinne des § 1 des Teilzeit-Wohnrechtegesetzes vom 20. Dezember 1996 (BGBl. I S. 2154) gemäß Absatz 1 Satz 1 Nr. 1 nachgewiesen oder vermittelt wird."

§ 11

Übergangsvorschrift

Dieses Gesetz findet keine Anwendung auf Verträge, die vor seinem Inkrafttreten geschlossen worden sind.

§ 12

Inkrafttreten

Dieses Gesetz tritt am ersten Tage des auf die Verkündung folgenden Monats in Kraft.

Die verfassungsmäßigen Rechte des Bundesrates sind gewahrt.

Das vorstehende Gesetz wird hiermit ausgefertigt und wird im Bundesgesetzblatt verkündet.

Berlin, den 20. Dezember 1996

Der Bundespräsident
Roman Herzog

Der Bundeskanzler
Dr. Helmut Kohl

Der Bundesminister der Justiz
Schmidt-Jortzig

RICHTLINIE DES RATES

vom 25. Juli 1985

zur Angleichung der Rechts- und Verwaltungsvorschriften der Mitgliedstaaten über die Haftung für fehlerhafte Produkte

(85/374/EWG)

DER RAT DER EUROPÄISCHEN GEMEINSCHAFTEN —

gestützt auf den Vertrag zur Gründung der Europäischen Wirtschaftsgemeinschaft, insbesondere auf Artikel 100,

auf Vorschlag der Kommission [1],

nach Stellungnahme des Europäischen Parlaments [2],

nach Stellungnahme des Wirtschafts- und Sozialausschusses [3],

in Erwägung nachstehender Gründe:

Eine Angleichung der einzelstaatlichen Rechtsvorschriften über die Haftung des Herstellers für Schäden, die durch die Fehlerhaftigkeit seiner Produkte verursacht worden sind, ist erforderlich, weil deren Unterschiedlichkeit den Wettbewerb verfälschen, den freien Warenverkehr innerhalb des Gemeinsamen Marktes beeinträchtigen und zu einem unterschiedlichen Schutz des Verbrauchers vor Schädigungen seiner Gesundheit und seines Eigentums durch ein fehlerhaftes Produkt führen kann.

Nur bei einer verschuldensunabhängigen Haftung des Herstellers kann das unserem Zeitalter fortschreitender Technisierung eigene Problem einer gerechten Zuweisung der mit der modernen technischen Produktion verbundenen Risiken in sachgerechter Weise gelöst werden.

Die Haftung darf sich nur auf bewegliche Sachen erstrecken, die industriell hergestellt werden. Folglich sind landwirtschaftliche Produkte und Jagderzeugnisse von der Haftung auszuschließen, außer wenn sie einer industriellen Verarbeitung unterzogen worden sind, die Ursache eines Fehlers dieses Erzeugnisses sein kann. Die in dieser Richtlinie vorzusehende Haftung muß auch für bewegliche Sachen gelten, die bei der Errichtung von Bauwerken verwendet oder in Bauwerke eingebaut werden.

Der Schutz des Verbrauchers erfordert es, daß alle am Produktionsprozeß Beteiligten haften, wenn das Endprodukt oder der von ihnen gelieferte Bestandteil oder Grundstoff fehlerhaft war. Aus demselben Grunde hat die Person, die Produkte in die Gemeinschaft einführt, sowie jede Person zu haften, die sich als Hersteller ausgibt, indem sie ihren Namen, ihr Warenzeichen oder ein anderes Erkennungszeichen anbringt, oder die ein Produkt liefert, dessen Hersteller nicht festgestellt werden kann.

Haften mehrere Personen für denselben Schaden, so erfordert der Schutz des Verbrauchers, daß der Geschädigte eine jede für den vollen Ersatz des Schadens in Anspruch nehmen kann.

Damit der Verbraucher in seiner körperlichen Unversehrtheit und seinem Eigentum geschützt wird, ist zur Bestimmung der Fehlerhaftigkeit eines Produkts nicht auf dessen mangelnde Gebrauchsfähigkeit, sondern auf einen Mangel an Sicherheit abzustellen, die von der Allgemeinheit berechtigterweise erwartet werden darf. Bei der Beurteilung dieser Sicherheit wird von jedem mißbräuchlichen Gebrauch des Produkts abgesehen, der unter den betreffenden Umständen als unvernünftig gelten muß.

Eine gerechte Verteilung der Risiken zwischen dem Geschädigten und dem Hersteller bedingt, daß es dem Hersteller möglich sein muß, sich von der Haftung zu befreien, wenn er den Beweis für ihn entlastende Umstände erbringt.

Der Schutz des Verbrauchers erfordert, daß die Haftung des Herstellers nicht durch Handlungen anderer Personen beeinträchtigt wird, die zur Verursachung des Schadens beigetragen haben. Ein Mitverschulden des Geschädigten kann jedoch berücksichtigt werden und die Haftung mindern oder ausschließen.

Der Schutz des Verbrauchers erfordert die Wiedergutmachung von Schäden, die durch Tod und Körperverletzungen verursacht wurden, sowie die Wiedergutmachung von Sachschäden. Letztere ist jedoch auf Gegenstände des privaten Ge- bzw. Verbrauchs zu beschränken und zur Vermeidung einer allzu großen Zahl von Streitfällen um eine Selbstbeteiligung in fester Höhe zu vermindern. Die Richtlinie berührt nicht die Gewährung von Schmerzensgeld und die Wiedergutmachung anderer seelischer Schäden, die gegebenenfalls nach dem im Einzelfall anwendbaren Recht vorgesehen sind.

Eine einheitlich bemessene Verjährungsfrist für Schadenersatzansprüche liegt sowohl im Interesse des Geschädigten als auch des Herstellers.

---

[1] ABl. Nr. C 241 vom 14. 10. 1976, S. 9, und ABl. Nr. C 271 vom 26. 10. 1979, S. 3.
[2] ABl. Nr. C 127 vom 21. 5. 1979, S. 61.
[3] ABl. Nr. C 114 vom 7. 5. 1979, S. 15.

Produkte nutzen sich im Laufe der Zeit ab, es werden strengere Sicherheitsnormen entwickelt, und die Erkenntnisse von Wissenschaft und Technik schreiten fort. Es wäre daher unbillig, den Hersteller zeitlich unbegrenzt für Mängel seiner Produkte haftbar zu machen. Seine Haftung hat somit nach einem angemessenen Zeitraum zu erlöschen, wobei ein rechtshängiger Anspruch jedoch nicht berührt wird.

Damit ein wirksamer Verbraucherschutz gewährleistet ist, darf es nicht möglich sein, die Haftung des Herstellers gegenüber dem Geschädigten durch eine Vertragsklausel abweichend zu regeln.

Nach den Rechtssystemen der Mitgliedstaaten kann der Geschädigte aufgrund einer vertraglichen Haftung oder aufgrund einer anderen als der in dieser Richtlinie vorgesehenen außervertraglichen Haftung Anspruch auf Schadenersatz haben. Soweit derartige Bestimmungen ebenfalls auf die Verwirklichung des Ziels eines wirksamen Verbraucherschutzes ausgerichtet sind, dürfen sie von dieser Richtlinie nicht beeinträchtigt werden. Soweit in einem Mitgliedstaat ein wirksamer Verbraucherschutz im Arzneimittelbereich auch bereits durch eine besondere Haftungsregelung gewährleistet ist, müssen Klagen aufgrund dieser Regelung ebenfalls weiterhin möglich sein.

Da die Haftung für nukleare Schäden in allen Mitgliedstaaten bereits ausreichenden Sonderregelungen unterliegt, können Schäden dieser Art aus dem Anwendungsbereich dieser Richtlinie ausgeschlossen werden.

Der Ausschluß von landwirtschaftlichen Naturprodukten und Jagderzeugnissen aus dem Anwendungsbereich dieser Richtlinie kann in einigen Mitgliedstaaten in Anbetracht der Erfordernisse des Verbraucherschutzes als ungerechtfertigte Einschränkung dieses Schutzes empfunden werden; deshalb müssen die Mitgliedstaaten die Haftung auf diese Produkte ausdehnen können.

Aus ähnlichen Gründen kann es in einigen Mitgliedstaaten als ungerechtfertigte Einschränkung des Verbraucherschutzes empfunden werden, daß ein Hersteller sich von der Haftung befreien kann, wenn er den Beweis erbringt, daß der Stand der Wissenschaft und Technik zu dem Zeitpunkt, zu dem er das betreffende Erzeugnis in der Verkehr gebracht hat, es nicht gestattete, die Existenz des Fehlers festzustellen. Die Mitgliedstaaten müssen daher die Möglichkeit haben, einschlägige Rechtsvorschriften, denen zufolge ein solcher Beweis nicht von der Haftung befreien kann, beizubehalten bzw. dahingehende Rechtsvorschriften zu erlassen. Werden entsprechende neue Rechtsvorschriften eingeführt, so muß jedoch die Inanspruchnahme einer derartigen Abweichung von einem gemeinschaftlichen Stillhalteverfahren abhängig gemacht werden, damit der Umfang des Schutzes in der Gemeinschaft möglichst in einheitlicher Weise erweitert wird.

In Anbetracht der Rechtstraditionen in den mei: Mitgliedstaaten empfiehlt es sich nicht, für verschuldensunabhängige Haftung des Herstellers e finanzielle Obergrenze festzulegen. Da es jedoch a andere Rechtstraditionen gibt, erscheint es mögl: den Mitgliedstaaten das Recht einzuräumen, v Grundsatz der unbeschränkten Haftung abzuweicl und für Todesfälle und Körperverletzungen, die du gleiche Artikel mit demselben Fehler verursa wurden, die Gesamthaftung des Herstellers begrenzen, sofern diese Begrenzung hoch genug an setzt wird, um einen angemessenen Schutz Verbraucher und ein einwandfreies Funktionieren Gemeinsamen Marktes sicherzustellen.

Mit dieser Richtlinie läßt sich vorerst keine vollst: dige Harmonisierung erreichen, sie öffnet jedoch c Weg für eine umfassendere Harmonisierung. Der : sollte von der Kommission daher regelmäßig ı Berichten über die Durchführung dieser Richtli. befaßt werden, denen gegebenenfalls entsprecher Vorschläge beizufügen wären.

Im Hinblick darauf ist es besonders wichtig, daß Bestimmungen der Richtlinie, die den Mitgliedstaa Abweichungen ermöglichen, nach einem ausreiche langen Zeitraum überprüft werden, sobald genüge praktische Erfahrungen über die Auswirkungen die Abweichungen auf den Verbraucherschutz und auf Funktionieren des Gemeinsamen Marktes gesamm worden sind —

HAT FOLGENDE RICHTLINIE ERLASSEN:

Artikel 1

Der Hersteller eines Produkts haftet für den Schad der durch einen Fehler dieses Produkts verursa worden ist.

Artikel 2

Bei der Anwendung dieser Richtlinie gilt als „Produl jede bewegliche Sache, ausgenommen landwirtscha liche Naturprodukte und Jagderzeugnisse, auch wei sie einen Teil einer anderen beweglichen Sache oc einer unbeweglichen Sache bildet. Unter „landwi schaftlichen Naturprodukten" sind Boden-, Tierzucl und Fischereierzeugnisse zu verstehen, ausgenomm Produkte, die einer ersten Verarbeitung unterzog wurden. Unter „Produkt" ist auch Elektrizität verstehen.

Artikel 3

(1) „Hersteller" ist der Hersteller des Endproduk eines Grundstoffs oder eines Teilprodukts sowie je Person, die sich als Hersteller ausgibt, indem sie ihr Namen, ihr Warenzeichen oder ein anderes Erke nungszeichen auf dem Produkt anbringt.

(2) Unbeschadet der Haftung des Herstellers gilt jede Person, die ein Produkt zum Zweck des Verkaufs, der Vermietung, des Mietkaufs oder einer anderen Form des Vertriebs im Rahmen ihrer geschäftlichen Tätigkeit in die Gemeinschaft einführt, im Sinne dieser Richtlinie als Hersteller dieses Produkts und haftet wie der Hersteller.

(3) Kann der Hersteller des Produkts nicht festgestellt werden, so wird jeder Lieferant als dessen Hersteller behandelt, es sei denn, daß er dem Geschädigten innerhalb angemessener Zeit den Hersteller oder diejenige Person benennt, die ihm das Produkt geliefert hat. Dies gilt auch für eingeführte Produkte, wenn sich bei diesen der Importeur im Sinne des Absatzes 2 nicht feststellen läßt, selbst wenn der Name des Herstellers angegeben ist.

Artikel 4

Der Geschädigte hat den Schaden, den Fehler und den ursächlichen Zusammenhang zwischen Fehler und Schaden zu beweisen.

Artikel 5

Haften aufgrund dieser Richtlinie mehrere Personen für denselben Schaden, so haften sie unbeschadet des einzelstaatlichen Rückgriffsrechts gesamtschuldnerisch.

Artikel 6

(1) Ein Produkt ist fehlerhaft, wenn es nicht die Sicherheit bietet, die man unter Berücksichtigung aller Umstände, insbesondere

a) der Darbietung des Produkts,

b) des Gebrachs des Produkts, mit dem billigerweise gerechnet werden kann,

c) des Zeitpunkts, zu dem das Produkt in den Verkehr gebracht wurde,

zu erwarten berechtigt ist.

(2) Ein Produkt kann nicht allein deshalb als fehlerhaft angesehen werden, weil später ein verbessertes Produkt in den Verkehr gebracht wurde.

Artikel 7

Der Hersteller haftet aufgrund dieser Richtlinie nicht, wenn er beweist,

a) daß er das Produkt nicht in den Verkehr gebracht hat;

b) daß unter Berücksichtigung der Umstände davon auszugehen ist, daß der Fehler, der den Schaden verursacht hat, nicht vorlag, als das Produkt von ihm in den Verkehr gebracht wurde, oder daß dieser Fehler später entstanden ist;

c) daß er das Produkt weder für den Verkauf oder eine andere Form des Vertriebs mit wirtschaftlichem Zweck hergestellt noch im Rahmen seiner beruflichen Tätigkeit hergestellt oder vertrieben hat;

d) daß der Fehler darauf zurückzuführen ist, daß das Produkt verbindlichen hoheitlich erlassenen Normen entspricht;

e) daß der vorhandene Fehler nach dem Stand der Wissenschaft und Technik zu dem Zeitpunkt, zu dem er das betreffende Produkt in den Verkehr brachte, nicht erkannt werden konnte;

f) wenn es sich um den Hersteller eines Teilproduktes handelt, daß der Fehler durch die Konstruktion des Produkts in welches das Teilprodukt eingearbeitet wurde, oder durh die Anleitungen des Herstellers des Produktes verursacht worden ist.

Artikel 8

(1) Unbeschadet des einzelstaatlichen Rückgriffsrechts wird die Haftung eines Herstellers nicht gemindert, wenn der Schaden durch einen Fehler des Produkts und zugleich durch die Handlung eines Dritten verursacht worden ist.

(2) Die Haftung des Herstellers kann unter Berücksichtigung aller Umstände gemindert werden oder entfallen, wenn der Schaden durch einen Fehler des Produkts und zugleich durch Verschulden des Geschädigten oder einer Person, für die der Geschädigte haftet, verursacht worden ist.

Artikel 9

Der Begriff „Schaden" im Sinne des Artikels 1 umfaßt

a) den durch Tod und Körperverletzungen verursachten Schaden;

b) die Beschädigung oder Zerstörung einer anderen Sache als des fehlerhaften Produktes — bei einer Selbstbeteiligung von 500 ECU —, sofern diese Sache

   i) von einer Art ist, wie sie gewöhnlich für den privaten Ge- oder Verbrauch bestimmt ist, und

   ii) von dem Geschädigten hauptsächlich zum privaten Ge- oder Verbrauch verwendet worden ist.

Dieser Artikel berührt nicht die Rechtsvorschriften der Mitgliedstaaten betreffend immaterielle Schäden.

Artikel 10

(1) Die Mitgliedstaaten sehen in ihren Rechtsvorschriften vor, daß der aufgrund dieser Richtlinie vorgesehene Ersatzanspruch nach Ablauf einer Frist von drei Jahren ab dem Tage verjährt, an dem der Kläger von dem Schaden, dem Fehler und der Identität des Herstellers Kenntnis erlangt hat odert hätter erlangen müssen.

(2) Die Rechtsvorschriften der Mitgliedstaaten über die Hemmung oder Unterbrechung der Verjährung werden durch diese Richtlinie nicht berührt.

Artikel 11

Die Mitgliedstaaten sehen in ihren Rechtsvorschriften vor, daß die dem Geschädigten aus dieser Richtlinie erwachsenden Ansprüche nach Ablauf einer Frist von zehn Jahren ab dem Zeitpunkt erlöschen, zu dem der Hersteller das Produkt, welches den Schaden verursacht hat, in den Verkehr gebracht hat, es sei denn, der Geschädigte hat in der Zwischenzeit ein gerichtliches Verfahren gegen den Hersteller eingeleitet.

Artikel 12

Die Haftung des Herstellers aufgrund dieser Richtlinie kann gegenüber dem Geschädigten nicht durch eine die Haftung begrenzende oder von der Haftung befreiende Klausel begrenzt oder ausgeschlossen werden.

Artikel 13

Die Ansprüche, die ein Geschädigter aufgrund der Vorschriften über die vertragliche und außervertragliche Haftung oder aufgrund einer zum Zeitpunkt der Bekanntgabe dieser Richtlinie bestehenden besonderen Haftungsregelung geltend machen kann, werden durch diese Richtlinie nicht berührt.

Artikel 14

Diese Richtlinie ist nicht auf Schäden infolge eines nuklearen Zwischenfalls anwendbar, die in von den Mitgliedstaaten ratifizierten internationalen Übereinkommen erfaßt sind.

Artikel 15

(1) Jeder Mitgliedstaat kann

a) abweichend von Artikel 2 in seinen Rechtsvorschriften vorsehen, daß der Begriff „Produkt" im Sinne von Artikel 1 auch landwirtschaftliche Naturprodukte und Jagderzeugnisse umfaßt;

b) abweichend von Artikel 7 Buchstabe e) in seinen Rechtsvorschriften die Regelung beibehalten oder — vorbehaltlich des Verfahrens nach Absatz 2 des vorliegenden Artikels — vorsehen, daß der Hersteller auch dann haftet, wenn er beweist, daß der vorhandene Fehler nach dem Stand der Wissenschaft und Technik zu dem Zeitpunkt, zu dem er das betreffende Produkt in den Verkehr brachte, nicht erkannt werden konnte.

(2) Will ein Mitgliedstaat eine Regelung nach Absatz 1 Buchstabe b) einführen, so teilt er der Kommission den Wortlaut der geplanten Regelung mit; die Kommission unterrichtet die übrigen Mitgliedstaaten hiervon.

Der betreffende Mitgliedstaat führt die geplante Regelung erst neun Monate nach Unterrichtung der Kommission und nur dann ein, wenn diese dem Rat in der Zwischenzeit keinen einschlägigen Änderungsvorschlag zu dieser Richtlinie vorgelegt hat. Bringt die Kommission jedoch innerhalb von drei Monaten nach der Unterrichtung dem betreffenden Mitgliedstaat nicht ihre Absicht zur Kenntnis, dem Rat einen derartigen Vorschlag zu unterbreiten, so kann der Mit staat die geplante Regelung unverzüglich einfü

Legt die Kommission dem Rat innerhalb genannten Frist von neun Monaten einen dera Änderungsvorschlag zu dieser Richtlinie vor, so der betreffende Mitgliedstaat die geplante Regelur einen weiteren Zeitraum von achtzehn Monaten der Unterbreitung dieses Vorschlags zurück.

(3) Zehn Jahre nach dem Zeitpunkt der Bek gabe dieser Richtlinie legt die Kommission den einen Bericht darüber vor, wie sich die Anwen des Artikels 7 Buchstabe e) und des Absatz Buchstabe b) des vorliegenden Artikels durch Gerichte auf den Verbraucherschutz und das Fun nieren des Gemeinsamen Marktes ausgewirkt hat Rat entscheidet under Berücksichtigung d Berichts nach Maßgabe des Artikels 100 des Vert auf Vorschlag der Kommission über die Aufhe des Artikels 7 Buchstabe e).

Artikel 16

(1) Jeder Mitgliedstaat kann vorsehen, daß Gesamthaftung des Herstellers für die Schäden in von Tod oder Körperverletzungen, die durch gle Artikel mit demselben Fehler verursacht wurden einen Betrag von nicht weniger als 70 Millionen begrenzt wird.

(2) Zehn Jahre nach dem Zeitpunkt der Beka gabe dieser Richtlinie unterbreitet die Kommis dem Rat einen Bericht über die Frage, wie sich c Haftungsbegrenzung durch diejenigen Mitgliedsta die von der in Absatz 1 vorgesehenen Möglich Gebrauch gemacht haben, auf den Verbrauchersc und das Funktionieren des Gemeinsamen Mar ausgewirkt hat. Der Rat entscheidet unter Berücks tigung dieses Berichts nach Maßgabe des Artikels des Vertrages auf Vorschlag der Kommission über Aufhebung des Absatzes 1.

Artikel 17

Diese Richtlinie ist nicht auf Produkte anwendbar, in den Verkehr gebracht wurden, bevor die in Art 19 genannten Vorschriften in Kraft getreten sind

Artikel 18

(1) Als ECU im Sinne dieser Richtlinie gilt Rechnungseinheit, die durch die Verordnung (EW Nr. 3180/78 (1), in der Fassung der Verordnung (EW Nr. 2626/84 (2), festgelegt worden ist. Der Gegenw in nationaler Währung ist bei der ersten Festsetzu derjenige, welcher am Tag der Annahme dieser Ric linie gilt.

(2) Der Rat prüft auf Vorschlag der Kommiss alle fünf Jahre die Beträge dieser Richtlinie ur Berücksichtigung der wirtschaftlichen und monetä Entwicklung in der Gemeinschaft und ändert di Beträge gegebenenfalls.

(1) ABl. Nr. L 379 vom 30. 12. 1978, S. 1.
(2) ABl. Nr. L 247 vom 16. 9. 1984, S. 1.

Artikel 19

(1) Die Mitgliedstaaten erlassen die erforderlichen Rechts- und Verwaltungsvorschriften, um dieser Richtlinie spätestens drei Jahre nach ihrer Bekanntgabe nachzukommen. Sie setzen die Kommission unverzüglich davon in Kenntnis (1).

(2) Das in Artikel 15 Absatz 2 vorgesehene Verfahren ist vom Tag der Bekanntgabe der Richtlinie an anzuwenden.

Artikel 20

Die Mitgliedstaaten teilen der Kommission den Wortlaut der wichtigsten innerstaatlichen Rechtsvorschriften mit, die sie auf dem unter diese Richtlinie fallenden Gebiet erlassen.

Artikel 21

Die Kommission legt dem Rat alle fünf Jahre einen Bericht über die Anwendung dieser Richtlinie vor und unterbreitet ihm gegebenenfalls geeignete Vorschläge.

Artikel 22

Diese Richtlinie ist an die Mitgliedstaaten gerichtet.

Geschehen zu Brüssel am 25. Juli 1985.

Im Namen des Rates

Der Präsident

J. POOS

(1) Diese Richtlinie wurde den Mitgliedstaaten am 30. Juli 1985 bekanntgegeben.

RICHTLINIE 1999/34/EG DES EUROPÄISCHEN PARLAMENTS UND DES RATES

vom 10. Mai 1999

zur Änderung der Richtlinie 85/374/EWG des Rates zur Angleichung der Rechts- und Verwaltungsvorschriften der Mitgliedstaaten über die Haftung für fehlerhafte Produkte

DAS EUROPÄISCHE PARLAMENT UND DER RAT DER EUROPÄISCHEN UNION —

gestützt auf den Vertrag zur Gründung der Europäischen Gemeinschaft, insbesondere auf Artikel 95,

auf Vorschlag der Kommission ([1]),

nach Stellungnahme des Wirtschafts- und Sozialausschusses ([2]),

gemäß dem Verfahren des Artikels 251 des Vertrags ([3]),

in Erwägung nachstehender Gründe:

(1) Die Produktsicherheit und der Ersatz der durch fehlerhafte Produkte verursachten Schäden sind zwingende gesellschaftliche Erfordernisse, die im Binnenmarkt sichergestellt sein müssen. Die Gemeinschaft hat diesen Erfordernissen mit der Richtlinie 85/374/EWG ([4]) sowie mit der Richtlinie 92/59/EWG des Rates vom 29. Juni 1992 über die allgemeine Produktsicherheit ([5]) entsprochen.

(2) Die Richtlinie 85/374/EWG hat eine gerechte Verteilung der Risiken, die einer modernen, hochtechnisierten Gesellschaft innewohnen, bewirkt. Sie hat somit einen angemessenen Ausgleich geschaffen zwischen den beteiligten Interessen, insbesondere zwischen dem Schutz der Gesundheit der Verbraucher, der Förderung der Innovation und der Entwicklung von Wissenschaft und Technik, der Sicherstellung eines unverzerrten Wettbewerbs und der Erleichterung des Handels auf der Grundlage eines harmonisierten Haftungsrechts. Die genannte Richtlinie hat auf diese Weise zu einer stärkeren Sensibilisierung der Wirtschaftsteilnehmer für die Produktsicherheit und die ihr beigemessene Bedeutung beigetragen.

(3) Die Richtlinie 85/374/EWG hat wegen der vorgesehenen Ausnahmeregelungen, insbesondere im Hinblick auf ihren Anwendungsbereich, der sich nicht auf unverarbeitete landwirtschaftliche Erzeugnisse erstreckt, keine vollständige Harmonisierung der Rechtsvorschriften der Mitgliedstaaten bewirkt.

(4) Die Kommission verfolgt die Umsetzung der Richtlinie 85/374/EWG und ihre Wirkungen, insbesondere im Hinblick auf den Verbraucherschutz und das Funktionieren des Binnenmarkts, worüber sie bereits einen ersten Bericht vorgelegt hat. Die Kommission hat insofern gemäß Artikel 21 der genannten Richtlinie einen zweiten Bericht über deren Anwendung vorzulegen.

(5) Die Einbeziehung landwirtschaftlicher Primärerzeugnisse in den Anwendungsbereich der Richtlinie 85/374/EWG wird zur Wiederherstellung des Vertrauens der Verbraucher in die Sicherheit der landwirtschaftlichen Erzeugung beitragen. Diese Einbeziehung entspricht den Anforderungen eines hohen Verbraucherschutzniveaus.

(6) Die Richtlinie 85/374/EWG muß daher geändert werden, um den rechtlich gebotenen Ersatz von durch fehlerhafte landwirtschaftliche Erzeugnisse verursachten Gesundheitsschäden zugunsten der Verbraucher zu erleichtern.

(7) Die vorliegende Richtlinie wirkt sich insofern auf das Funktionieren des Binnenmarkts aus, als sie dafür sorgt, daß der Handel mit landwirtschaftlichen Erzeugnissen nicht mehr durch unterschiedliche Regelungen über die Haftung des Herstellers beeinträchtigt wird.

(8) Der Grundsatz der verschuldensunabhängigen Haftung, der in der Richtlinie 85/374/EWG verankert ist, muß für alle Arten von Produkten einschließlich der landwirtschaftlichen Erzeugnisse im Sinne von Artikel 32 Satz 2 des Vertrags und der in Anhang II des Vertrags aufgeführten Erzeugnisse gelten.

(9) Nach dem Grundsatz der Verhältnismäßigkeit ist es erforderlich und angemessen, landwirtschaftliche Erzeugnisse in die Richtlinie 85/374/EWG aufzunehmen, um die grundlegenden Ziele eines stärkeren Verbraucherschutzes und eines reibungslosen Funktionierens des Binnenmarkts zu verwirklichen. Die vorliegende Richtlinie beschränkt sich gemäß Artikel 5 Unterabsatz 3 des Vertrags auf das für die Erreichung der verfolgten Ziele erforderliche Maß —

([1]) ABl. C 337 vom 7.11.1997, S. 54.
([2]) ABl. C 95 vom 30.3.1998, S. 69.
([3]) Stellungnahme des Europäischen Parlaments vom 5. November 1998 (ABl. C 359 vom 23.11.1998, S. 25), Gemeinsamer Standpunkt des Rates vom 17. Dezember 1998 (ABl. C 49 vom 22.2.1999, S. 1) und Beschluß des Europäischen Parlaments vom 23. März 1999 (noch nicht im Amtsblatt veröffentlicht). Beschluß des Rates vom 29. April 1999.
([4]) ABl. L 210 vom 7.8.1985, S. 29. Richtlinie geändert durch die Beitrittsakte von 1994.
([5]) ABl. L 228 vom 11.8.1992, S. 24.

HABEN FOLGENDE RICHTLINIE ERLASSEN:

Artikel 1

Die Richtlinie 85/374/EWG wird wie folgt geändert:

1. Artikel 2 erhält folgende Fassung:

   „*Artikel 2*

   Bei der Anwendung dieser Richtlinie gilt als ‚Produkt' jede bewegliche Sache, auch wenn sie einen Teil einer anderen beweglichen Sache oder einer unbeweglichen Sache bildet. Unter ‚Produkt' ist auch Elektrizität zu verstehen."

2. Artikel 15 Absatz 1 Buchstabe a) wird gestrichen.

Artikel 2

(1) Die Mitgliedstaaten erlassen und veröffentlichen die Rechts- und Verwaltungsvorschriften, die erforderlich sind, um dieser Richtlinie nachzukommen. Sie setzen die Kommission unverzüglich davon in Kenntnis.

Sie wenden diese Rechtsvorschriften ab dem 4. Dezember 2000 an.

Wenn die Mitgliedstaaten diese Vorschriften erlassen, nehmen sie in den Vorschriften selbst oder durch einen Hinweis bei der amtlichen Veröffentlichung auf diese Richtlinie Bezug. Die Mitgliedstaaten regeln die Einzelheiten der Bezugnahme.

(2) Die Mitgliedstaaten teilen der Kommission den Wortlaut der innerstaatlichen Rechtsvorschriften mit, die sie auf dem unter diese Richtlinie fallenden Gebiet erlassen.

Artikel 3

Diese Richtlinie tritt am Tag ihrer Veröffentlichung im *Amtsblatt der Europäischen Gemeinschaften* in Kraft.

Artikel 4

Diese Richtlinie ist an die Mitgliedstaaten gerichtet.

Geschehen zu Brüssel am 10. Mai 1999.

Im Namen des Europäischen Parlaments	*Im Namen des Rates*
Der Präsident	*Der Präsident*
J.M. GIL-ROBLES	H. EICHEL

P. b. b. Erscheinungsort Wien, Verlagspostamt 1030 Wien

1577

BUNDESGESETZBLATT

FÜR DIE REPUBLIK ÖSTERREICH

Jahrgang 1988 Ausgegeben am 12. Feber 1988 35. Stück

99. Bundesgesetz vom 21. Jänner 1988 über die Haftung für ein fehlerhaftes Produkt (Produkthaftungsgesetz)

Der Nationalrat hat beschlossen:

Haftung

§ 1. (1) Wird durch den Fehler eines Produkts ein Mensch getötet, am Körper verletzt oder an der Gesundheit geschädigt oder eine von dem Produkt verschiedene körperliche Sache beschädigt, so haftet für den Ersatz des Schadens

1. der Unternehmer, der es hergestellt und in den Verkehr gebracht hat,
2. der inländische Unternehmer, der es zum Vertrieb in das Inland eingeführt und hier in den Verkehr gebracht hat.

(2) Kann der Hersteller oder — bei eingeführten Produkten — der Importeur (Abs. 1 Z 2) nicht festgestellt werden, so haftet jeder Unternehmer, der das Produkt in den Verkehr gebracht hat, nach Abs. 1, wenn er nicht dem Geschädigten in angemessener Frist den Hersteller beziehungsweise — bei eingeführten Produkten — den Importeur oder denjenigen nennt, der ihm das Produkt geliefert hat.

§ 2. Der Schaden durch die Beschädigung einer Sache ist nur mit dem 5 000 S übersteigenden Teil zu ersetzen.

Hersteller

§ 3. Hersteller (§ 1 Abs. 1 Z 1) ist derjenige, der das Endprodukt, einen Grundstoff oder ein Teilprodukt erzeugt hat, sowie jeder, der als Hersteller auftritt, indem er seinen Namen, seine Marke oder ein anderes Erkennungszeichen auf dem Produkt anbringt.

Produkt

§ 4. Produkt ist jede bewegliche körperliche Sache, auch wenn sie ein Teil einer anderen beweglichen Sache oder mit einer unbeweglichen Sache verbunden worden ist, einschließlich Energie. Ausgenommen sind land- und forstwirtschaftliche Naturprodukte (das sind Boden-, Viehzucht- und Fischereierzeugnisse) und Wild, solange sie noch keiner ersten Verarbeitung unterzogen worden sind.

Fehler

§ 5. (1) Ein Produkt ist fehlerhaft, wenn es nicht die Sicherheit bietet, die man unter Berücksichtigung aller Umstände zu erwarten berechtigt ist, besonders angesichts

1. der Darbietung des Produkts,
2. des Gebrauchs des Produkts, mit dem billigerweise gerechnet werden kann,
3. des Zeitpunkts, zu dem das Produkt in den Verkehr gebracht worden ist.

(2) Ein Produkt kann nicht allein deshalb als fehlerhaft angesehen werden, weil später ein verbessertes Produkt in den Verkehr gebracht worden ist.

Inverkehrbringen

§ 6. Ein Produkt ist in den Verkehr gebracht, sobald es der Unternehmer, gleich auf Grund welchen Titels, einem anderen in dessen Verfügungsmacht oder zu dessen Gebrauch übergeben hat. Die Versendung an den Abnehmer genügt.

Beweislastumkehr

§ 7. (1) Behauptet ein Hersteller oder ein Importeur, die Sache nicht in den Verkehr gebracht oder nicht als Unternehmer gehandelt zu haben, so obliegt ihm der Beweis.

(2) Behauptet ein in Anspruch Genommener, daß das Produkt den Fehler, der den Schaden verursacht hat, noch nicht hatte, als er es in den Verkehr gebracht hat, so hat er dies als unter Berücksichtigung der Umstände wahrscheinlich darzutun.

Haftungsausschlüsse

§ 8. Die Haftung kann nicht durch den Mangel eines Verschuldens, sondern nur durch den Nachweis ausgeschlossen werden, daß

1. der Fehler auf eine Rechtsvorschrift oder behördliche Anordnung zurückzuführen ist, der das Produkt zu entsprechen hatte,
2. die Eigenschaften des Produkts nach dem Stand der Wissenschaft und Technik zu dem Zeitpunkt, zu dem es der in Anspruch Genommene in den Verkehr gebracht hat, nicht als Fehler erkannt werden konnten oder
3. — wenn der in Anspruch Genommene nur einen Grundstoff oder ein Teilprodukt hergestellt hat — der Fehler durch die Konstruktion des Produkts, in welches der Grundstoff oder das Teilprodukt eingearbeitet worden ist, oder durch die Anleitungen des Herstellers dieses Produkts verursacht worden ist.

§ 9. Die Ersatzpflicht kann im voraus weder für Personenschäden noch für solche Sachschäden ausgeschlossen oder beschränkt werden, die ein Verbraucher erleidet.

Solidarhaftung

§ 10. Trifft die Haftpflicht mehrere, so haften sie zur ungeteilten Hand. Ihre Haftung wird nicht dadurch gemindert, daß auch andere nach anderen Bestimmungen für den Ersatz desselben Schadens haften.

Mitverschulden des Geschädigten

§ 11. Trifft den Geschädigten oder jemanden, dessen Verhalten er zu vertreten hat, ein Verschulden, so ist § 1304 ABGB sinngemäß anzuwenden.

Rückgriff

§ 12. (1) Hat ein Ersatzpflichtiger Schadenersatz geleistet und ist der Fehler des Produkts weder von ihm noch von einem seiner Leute verursacht worden, so kann er vom Hersteller des fehlerhaften Endprodukts, Grundstoffs oder Teilprodukts Rückersatz verlangen. Sind mehrere rückersatzpflichtig, so haften sie zur ungeteilten Hand.

(2) Haben mehrere Haftende den Fehler mitverursacht, so richtet sich das Ausmaß des Anspruchs desjenigen, der den Schaden ersetzt hat, auf Rückersatz gegen die übrigen nach den Umständen, besonders danach, wie weit der Schaden von dem einen oder dem anderen Beteiligten verschuldet oder durch die Herbeiführung eines Fehlers des Produkts verursacht worden ist.

(3) Kann ein nach Abs. 1 oder 2 Rückersatzpflichtiger nicht festgestellt werden, so ist jeder Unternehmer rückersatzpflichtig, der das Produkt vor dem Rückersatzberechtigten in den Verkehr gebracht hat, wenn er nicht diesem in angemessener Frist den Hersteller oder denjenigen nennt, der ihm das Produkt geliefert hat.

Verjährung

§ 13. Sofern nach diesem Bundesgesetz bestehende Ersatzansprüche nicht früher verjähren, verjähren sie 10 Jahre nach dem Zeitpunkt, zu dem der Ersatzpflichtige das Produkt in den Verkehr gebracht hat.

Anwendung des ABGB

§ 14. Soweit in diesem Bundesgesetz nicht anderes bestimmt ist, ist auf die darin vorgesehenen Ersatzansprüche das Allgemeine bürgerliche Gesetzbuch anzuwenden.

Sonstige Ersatzansprüche

§ 15. (1) Bestimmungen des Allgemeinen bürgerlichen Gesetzesbuchs und anderer Vorschriften, nach denen Schäden in weiterem Umfang oder von anderen Personen als nach diesem Bundesgesetz zu ersetzen sind, bleiben unberührt.

(2) Dieses Bundesgesetz gilt nicht für Schäden durch ein nukleares Ereignis.

Deckungsvorsorge

§ 16. Hersteller und Importeure von Produkten sind verpflichtet, in einer Art und in einem Ausmaß, wie sie im redlichen Geschäftsverkehr üblich sind, durch das Eingehen einer Versicherung oder in anderer geeigneter Weise dafür Vorsorge zu treffen, daß Schadenersatzpflichten nach diesem Bundesgesetz befriedigt werden können.

Zuschläge

§ 17. Der Bundesminister für Justiz wird ermächtigt, durch Verordnung zu dem im § 2 festgesetzten Betrag einen Zuschlag festzusetzen, wenn und soweit dies notwendig ist, um diese Haftungsbegrenzung den geänderten wirtschaftlichen Verhältnissen anzupassen. Der sich daraus ergebende Betrag, bis zu dem ein Schadenersatzanspruch ausgeschlossen ist, ist in der Verordnung festzustellen. Der Betrag ist auf einen durch 100 teilbaren Schillingbetrag aufzurunden.

Übergangsbestimmung, Vollziehung

§ 18. Dieses Bundesgesetz tritt mit 1. Juli 1988 in Kraft.

§ 19. Dieses Bundesgesetz ist auf Schäden durch Produkte, die vor seinem Inkrafttreten in den Verkehr gebracht worden sind, nicht anzuwenden.

§ 20. Mit der Vollziehung dieses Bundesgesetzes ist der Bundesminister für Justiz betraut.

Waldheim

Vranitzky

94. Bundesgesetz, mit dem das Bundesgesetz über den erweiterten Schutz der Verkehrsopfer zur Anpassung an das EWR-Abkommen geändert wird

Das Bundesgesetz über den erweiterten Schutz der Verkehrsopfer, BGBl. Nr. 322/1977, in der Fassung des Bundesgesetzes BGBl. Nr. 291/1987, wird wie folgt geändert:

1. Im § 1 haben zu lauten:

a) Abs. 1:

„(1) Zur Erbringung von Leistungen nach diesem Bundesgesetz ist der Fachverband der Versicherungsunternehmen verpflichtet."

b) Abs. 4:

„(4) Der Fachverband der Versicherungsunternehmen hat gegen die Unternehmen, die das Haftpflichtrisiko für im Inland zum Verkehr zugelassene Fahrzeuge versichern, Anspruch auf Ersatz der nach diesem Bundesgesetz zu erbringenden Leistungen und eines angemessenen Verwaltungsaufwands. Diese Versicherer sind zur Beitragsleistung in demjenigen Verhältnis verpflichtet, in dem ihr Prämienaufkommen aus der Kraftfahrzeug-Haftpflichtversicherung für Fahrzeuge, die im Inland zum Verkehr zugelassen sind, zum gesamten Prämienaufkommen aller Versicherer aus dieser Versicherung steht."

2. Im § 2 werden

a) in den Abs. 1 und 2 die Wortfolge „die Tötung, die Körperverletzung oder die Gesundheitsschädigung einer Person" durch das Wort „Schäden" und das Wort „Kraftfahrzeug" jeweils durch das Wort „Fahrzeug" ersetzt;

b) der Abs. 3 durch folgende Bestimmungen ersetzt:

„(3) Der Fachverband der Versicherungsunternehmen kann einen Anspruch weder mit der Begründung ablehnen, ein Haftpflichtiger habe Ersatz zu leisten, noch mit der Behauptung, ein Haftpflichtversicherer habe einzutreten, wenn dieser seine Deckungspflicht bestreitet.

(4) Die Entschädigung umfaßt in allen Fällen des Abs. 1 Schäden durch Verletzung des Körpers oder der Gesundheit oder durch die Tötung einer Person, in den Fällen des Abs. 1 Z 1 und 3 auch solche durch Beschädigung einer Sache. Sachschäden sind jedoch nur zu ersetzen, soweit sie den Betrag von 3 000 S übersteigen."

3. Im § 3

a) wird im Abs. 1 Z 1 nach dem Wort „Gesundheitsschädigung" die Wortfolge „oder einen Sachschaden" eingefügt;

b) entfällt Abs. 2;

c) hat Abs. 3 zu lauten:

„(3) Personen, die zur Zeit des Schadenereignisses mit ihrem Willen in einem Fahrzeug befördert worden sind, erwerben keinen Entschädigungsanspruch, wenn sie wußten, daß auf dieses Fahrzeug die Voraussetzungen des § 2 Abs. 1 Z 1 oder 3 zutreffen."

4. Im § 4 Abs. 1

a) hat die Z 1 zu lauten:

„1. Personenschäden ohne unnötigen Aufschub der nächsten Polizei- oder Gendarmeriedienststelle zu melden,";

b) wird in der Z 2 der Ausdruck „Versicherungsunternehmungen" durch „Versicherungsunternehmen" ersetzt.

5. § 5 entfällt.

6. Im § 6 Abs. 1 und im § 7 wird jeweils der Ausdruck „Versicherungsunternehmungen" durch „Versicherungsunternehmen" ersetzt.

7. Nach § 8 wird folgender § 9 angefügt:

„§ 9. (1) § 1 Abs. 1 und 4, § 2, § 3 und § 4 Abs. 1 Z 1 in der Fassung des Bundesgesetzes BGBl. Nr. 94/1993 und die Aufhebung des § 5 durch dieses Bundesgesetz treten zu demselben Zeitpunkt in Kraft wie das Abkommen über den Europäischen Wirtschaftsraum *).

(2) Auf Unfälle, die sich vor dem Inkrafttreten ereignet haben, ist dieses Bundesgesetz ohne die Änderungen durch das im Abs. 1 genannte Bundesgesetz anzuwenden."

---

*) Die Kundmachung des Abkommens und seines Inkrafttretens wird zu einem späteren Zeitpunkt erfolgen.

Klestil

Vranitzky

95. Bundesgesetz, mit dem das Produkthaftungsgesetz zur Anpassung an das EWR-Abkommen geändert wird

Das Bundesgesetz über die Haftung für ein fehlerhaftes Produkt, BGBl. Nr. 99/1988, wird wie folgt geändert:

1. § 1 Abs. 1 Z 2 hat zu lauten:

„2. der Unternehmer, der es zum Vertrieb in den Europäischen Wirtschaftsraum eingeführt und hier in den Verkehr gebracht hat (Importeur)."

2. § 2 hat zu lauten:

„§ 2. Der Schaden durch die Beschädigung einer Sache ist nur zu ersetzen,

1. wenn ihn nicht ein Unternehmer erlitten hat, der die Sache überwiegend in seinem Unternehmen verwendet hat, und
2. überdies nur mit dem 7 900 S übersteigenden Teil."

3. § 9 hat zu lauten:

„§ 9. Die Ersatzpflicht nach diesem Bundesgesetz kann im voraus weder ausgeschlossen noch beschränkt werden."

4. § 13 hat samt Überschrift zu lauten:

„**Erlöschung**

§ 13. Sofern nach diesem Bundesgesetz bestehende Ersatzansprüche nicht früher verjähren, erlöschen sie zehn Jahre nach dem Zeitpunkt, zu dem der Ersatzpflichtige das Produkt in den Verkehr gebracht hat, es sei denn, der Geschädigte hat seinen Anspruch inzwischen gerichtlich geltend gemacht."

5. § 15 Abs. 2 hat zu lauten:

„(2) Dieses Bundesgesetz gilt nicht für Schäden durch ein nukleares Ereignis, die in einem von EFTA-Staaten und EG-Mitgliedstaaten ratifizierten internationalen Übereinkommen erfaßt sind."

6. § 17 hat zu lauten:

„§ 17. Als Importeur im Sinn des § 1 Abs. 1 Z 2 gilt überdies derjenige Unternehmer, der das Produkt zum Vertrieb von einem EFTA-Staat in die Europäische Wirtschaftsgemeinschaft oder von der Europäischen Wirtschaftsgemeinschaft in einen EFTA-Staat oder von einem EFTA-Staat in einen anderen EFTA-Staat eingeführt und hier in den Verkehr gebracht hat. Dies gilt ab dem Tag, an dem das Luganer Übereinkommen vom 16. September 1988 über die gerichtliche Zuständigkeit und die Vollstreckung gerichtlicher Entscheidungen in Zivil- und Handelssachen für einen EG-Mitgliedstaat oder einen EFTA-Staat in Kraft tritt, nicht mehr für diejenigen Staaten, die das Übereinkommen ratifiziert haben, insoweit auf Grund dieser Ratifikationen ein zugunsten des Geschädigten erwirktes nationales Urteil gegen den Hersteller oder den Importeur im Sinn des § 1 Abs. 1 Z 2 vollstreckbar ist."

7. Nach § 19 wird folgender § 19 a eingefügt:

„**§ 19 a.** (1) § 1 Abs. 1 Z 2, § 2, § 9, § 13, § 15 Abs. 2 und § 17 in der Fassung des Bundesgesetzes BGBl. Nr. 95/1993 treten zu demselben Zeitpunkt in Kraft wie das Abkommen über den Europäischen Wirtschaftsraum *).

(2) Die Neufassung dieser Bestimmungen ist auf Schäden durch Produkte, die vor dem im Abs. 1 genannten Zeitpunkt in Verkehr gebracht worden sind, nicht anzuwenden."

*) Die Kundmachung des Abkommens und seines Inkrafttretens wird zu einem späteren Zeitpunkt erfolgen.

Klestil

Vranitzky

Druck der Österreichischen Staatsdruckerei

P. b. b. Verlagspostamt 1030 Wien WoGZ 213U

1437

BUNDESGESETZBLATT
FÜR DIE REPUBLIK ÖSTERREICH

Jahrgang 1999 Ausgegeben am 19. August 1999 Teil I

185. Bundesgesetz: Fernabsatz-Gesetz
(NR: GP XX RV 1998 AB 2062 S. 180. BR: AB 6063 S. 657.)
[CELEX-Nr.: 397L0007, 397L0055, 398L0027, 399L0034]

185. Bundesgesetz, mit dem Bestimmungen über den Vertragsabschluß im Fernabsatz in das Konsumentenschutzgesetz eingefügt und das Bundesgesetz gegen den unlauteren Wettbewerb 1984 sowie das Produkthaftungsgesetz geändert werden (Fernabsatz-Gesetz)

Der Nationalrat hat beschlossen:

Artikel I

Änderungen des Konsumentenschutzgesetzes

Das Konsumentenschutzgesetz vom 8. März 1979, BGBl. Nr. 140, zuletzt geändert durch das Bundesgesetz BGBl. I Nr. 119/1998, wird wie folgt geändert:

1. Nach dem § 1 Abs. 4 wird folgender Abs. 5 angefügt:

„(5) Die Bestimmungen des I. und des II. Hauptstücks sind auch auf den Beitritt zu und die Mitgliedschaft bei Vereinen anzuwenden, wenn diese zwar von ihren Mitgliedern Beiträge oder sonstige Geldleistungen verlangen, ihnen aber nur eingeschränkte Mitgliedschaftsrechte einräumen und die Mitgliedschaft nicht geschäftlichen Zwecken dient."

2. Nach dem § 5 werden folgende §§ 5a bis 5j samt Überschrift eingefügt:

„Vertragsabschlüsse im Fernabsatz

§ 5a. (1) Die §§ 5c bis 5i gelten für Verträge, die unter ausschließlicher Verwendung eines oder mehrerer Fernkommunikationsmittel geschlossen werden, sofern sich der Unternehmer eines für den Fernabsatz organisierten Vertriebs- oder Dienstleistungssystems bedient.

(2) Fernkommunikationsmittel im Sinn des Abs. 1 sind Kommunikationsmittel, die zum Abschluß eines Vertrages ohne gleichzeitige körperliche Anwesenheit der Parteien verwendet werden können, insbesondere Drucksachen mit oder ohne Anschrift, Kataloge, Pressewerbungen mit Bestellschein, vorgefertigte Standardbriefe, Ferngespräche mit Personen oder Automaten als Gesprächspartnern, Hörfunk, Bildtelefon, Telekopie, Teleshopping sowie öffentlich zugängliche elektronische Medien, die eine individuelle Kommunikation ermöglichen, wie etwa die elektronische Post.

§ 5b. Die §§ 5c bis 5i sind nicht anzuwenden auf

1. Verträge über Finanzdienstleistungen, das sind insbesondere Wertpapierdienstleistungen, Versicherungen und Rückversicherungen, Bankdienstleistungen, Tätigkeiten im Zusammenhang mit Versorgungsfonds sowie Dienstleistungen im Zusammenhang mit Termin- oder Optionsgeschäften,
2. Verträge über den Bau und den Verkauf von Immobilien oder über sonstige Rechte an Immobilien mit Ausnahme der Vermietung,
3. Verträge, die unter Verwendung von Warenautomaten oder automatisierten Geschäftsräumen geschlossen werden, und
4. Versteigerungen.

§ 5c. (1) Der Verbraucher muß rechtzeitig vor Abgabe seiner Vertragserklärung über folgende Informationen verfügen:

1. Name (Firma) und ladungsfähige Anschrift des Unternehmers,
2. die wesentlichen Eigenschaften der Ware oder Dienstleistung,
3. den Preis der Ware oder Dienstleistung einschließlich aller Steuern,

Rechnungen, Korrekturangeboten oder ähnlichem zu werben oder diese Eintragungen auf solche Art unmittelbar anzubieten, ohne entsprechend unmißverständlich und auch graphisch deutlich darauf hinzuweisen, daß es sich lediglich um ein Vertragsanbot handelt."

4. § 29 Abs. 2 lautet:

„(2) Wer diesem Verbot oder den in den §§ 27, 28 und 28a ausgesprochenen Verboten zuwiderhandelt, begeht – sofern die Tat nicht den Tatbestand einer gerichtlich strafbaren Handlung erfüllt – eine Verwaltungsübertretung und ist von der Bezirksverwaltungsbehörde mit Geldstrafe bis zu 40 000 S zu bestrafen."

5. § 43 Abs. 1 lautet:

„(1) Mit der Vollziehung dieses Gesetzes sind die Bundesminister für wirtschaftliche Angelegenheiten, für Finanzen, für Land- und Forstwirtschaft und für Justiz betraut; hinsichtlich der Erlassung von Verordnungen gemäß § 32, soweit es sich um Lebensmittel, Verzehrprodukte und Zusatzstoffe handelt, jedoch im Einvernehmen mit dem Bundeskanzler."

6. Nach dem § 43 wird folgender § 44 angefügt:

„§ 44. (1) Die §§ 2 Abs. 1 bis 6, 28a, 29 Abs. 2 und 43 Abs. 1 in der Fassung des Bundesgesetzes BGBl. I Nr. 185/1999 treten mit 1. April 2000 in Kraft.

(2) § 14 in der Fassung des Bundesgesetzes BGBl. I Nr. 185/1999 tritt mit 1. Jänner 2001 in Kraft."

Artikel III

Änderungen des Produkthaftungsgesetzes

Das Produkthaftungsgesetz, BGBl. Nr. 99/1988, zuletzt geändert durch das Bundesgesetz BGBl. Nr. 510/1994, wird wie folgt geändert:

1. In § 4 entfallen der zweite und der dritte Satz.

2. In § 8

a) wird in der Z 3 das Wort „oder" *durch einen Punkt ersetzt und*

b) entfällt die bisherige Z 4.

3. In § 19a wird folgender Absatz angefügt:

„(3) Die §§ 4 und 8 in der Fassung des Bundesgesetzes BGBl. I Nr. 185/1999 treten mit 1. Jänner 2000 in Kraft. Die Neufassung dieser Bestimmungen ist auf Produkte, die vor dem 1. Jänner 2000 in Verkehr gebracht worden sind, nicht anzuwenden."

Artikel IV

Umsetzung

Mit diesem Bundesgesetz werden die Richtlinie 97/7/EG über den Verbraucherschutz bei Vertragsabschlüssen im Fernabsatz, ABl. Nr. L 144 vom 4. Juni 1997, S 19, die Richtlinie 97/55/EG zur Änderung der Richtlinie 84/450/EWG über irreführende Werbung zwecks Einbeziehung der vergleichenden Werbung, ABl. Nr. L 290 vom 23. Oktober 1997, S 18, die Richtlinie 98/27/EG über Unterlassungsklagen zum Schutz der Verbraucherinteressen, ABl. Nr. L 166 vom 11. Juni 1998, S 51, und die Richtlinie 99/34/EG zur Änderung der Richtlinie 85/374/EWG des Rates zur Angleichung der Rechts- und Verwaltungsvorschriften der Mitgliedstaaten über die Haftung für fehlerhafte Produkte umgesetzt.

Klestil

Klima

Druck der Print Media Austria AG (vormals Österreichische Staatsdruckerei AG)

Gesetz über die Haftung für fehlerhafte Produkte (Produkthaftungsgesetz – ProdHaftG)

Vom 15. Dezember 1989

Der Bundestag hat das folgende Gesetz beschlossen

§ 1

Haftung

(1) Wird durch den Fehler eines Produkts jemand getötet, sein Körper oder seine Gesundheit verletzt oder eine Sache beschädigt, so ist der Hersteller des Produkts verpflichtet, dem Geschädigten den daraus entstehenden Schaden zu ersetzen. Im Falle der Sachbeschädigung gilt dies nur, wenn eine andere Sache als das fehlerhafte Produkt beschädigt wird und diese andere Sache ihrer Art nach gewöhnlich für den privaten Ge- oder Verbrauch bestimmt und hierzu von dem Geschädigten hauptsächlich verwendet worden ist.

(2) Die Ersatzpflicht des Herstellers ist ausgeschlossen, wenn

1. er das Produkt nicht in den Verkehr gebracht hat,
2. nach den Umständen davon auszugehen ist, daß das Produkt den Fehler, der den Schaden verursacht hat, noch nicht hatte, als der Hersteller es in den Verkehr brachte,
3. er das Produkt weder für den Verkauf oder eine andere Form des Vertriebs mit wirtschaftlichem Zweck hergestellt noch im Rahmen seiner beruflichen Tätigkeit hergestellt oder vertrieben hat,
4. der Fehler darauf beruht, daß das Produkt in dem Zeitpunkt, in dem der Hersteller es in den Verkehr brachte, dazu zwingenden Rechtsvorschriften entsprochen hat, oder
5. der Fehler nach dem Stand der Wissenschaft und Technik in dem Zeitpunkt, in dem der Hersteller das Produkt in den Verkehr brachte, nicht erkannt werden konnte.

(3) Die Ersatzpflicht des Herstellers eines Teilprodukts ist ferner ausgeschlossen, wenn der Fehler durch die Konstruktion des Produkts, in welches das Teilprodukt eingearbeitet wurde, oder durch die Anleitungen des Herstellers des Produkts verursacht worden ist. Satz 1 ist auf den Hersteller eines Grundstoffs entsprechend anzuwenden.

(4) Für den Fehler, den Schaden und den ursächlichen Zusammenhang zwischen Fehler und Schaden trägt der Geschädigte die Beweislast. Ist streitig, ob die Ersatzpflicht gemäß Absatz 2 oder 3 ausgeschlossen ist, so trägt der Hersteller die Beweislast.

§ 2

Produkt

Produkt im Sinne dieses Gesetzes ist jede bewegliche Sache, auch wenn sie einen Teil einer anderen beweglichen Sache oder einer unbeweglichen Sache sowie Elektrizität. Ausgenommen sind landwirtsc Erzeugnisse des Bodens, der Tierhaltung, der Imk der Fischerei (landwirtschaftliche Naturprodukte), c einer ersten Verarbeitung unterzogen worden sir ches gilt für Jagderzeugnisse.

§ 3

Fehler

(1) Ein Produkt hat einen Fehler, wenn es ni Sicherheit bietet, die unter Berücksichtigung Umstände, insbesondere

a) seiner Darbietung,
b) des Gebrauchs, mit dem billigerweise gerechn den kann,
c) des Zeitpunkts, in dem es in den Verkehr ge wurde,

berechtigterweise erwartet werden kann.

(2) Ein Produkt hat nicht allein deshalb einen F weil später ein verbessertes Produkt in den V gebracht wurde.

§ 4

Hersteller

(1) Hersteller im Sinne dieses Gesetzes ist, we Endprodukt, einen Grundstoff oder ein Teilprodukt h stellt hat. Als Hersteller gilt auch jeder, der sich durc Anbringen seines Namens, seines Warenzeichens eines anderen unterscheidungskräftigen Kennzeicher Hersteller ausgibt.

(2) Als Hersteller gilt ferner, wer ein Produkt zum Z des Verkaufs, der Vermietung, des Mietkaufs oder anderen Form des Vertriebs mit wirtschaftlichem Zwe Rahmen seiner geschäftlichen Tätigkeit in den Geltu bereich des Vertrages zur Gründung der Europäis Wirtschaftsgemeinschaft einführt oder verbringt.

(3) Kann der Hersteller des Produkts nicht festge werden, so gilt jeder Lieferant als dessen Hersteller, e denn, daß er dem Geschädigten innerhalb eines Mo nachdem ihm dessen diesbezügliche Aufforderung z gangen ist, den Hersteller oder diejenige Person ben die ihm das Produkt geliefert hat. Dies gilt auch fü eingeführtes Produkt, wenn sich bei diesem die in Abs genannte Person nicht feststellen läßt, selbst wenn Name des Herstellers bekannt ist.

§ 5

Mehrere Ersatzpflichtige

Sind für denselben Schaden mehrere Hersteller einander zum Schadensersatz verpflichtet, so haft als Gesamtschuldner. Im Verhältnis der Ersatzpflichtigen zueinander hängt, soweit nichts anderes bestimmt ist, die Verpflichtung zum Ersatz sowie der Umfang des zu leistenden Ersatzes von den Umständen, insbesondere davon ab, inwieweit der Schaden vorwiegend von dem einen oder dem anderen Teil verursacht worden ist; im übrigen gelten die §§ 421 bis 425 sowie § 426 Abs. 1 Satz 2 und Abs. 2 des Bürgerlichen Gesetzbuchs.

§ 6

Haftungsminderung

(1) Hat bei der Entstehung des Schadens ein Verschulden des Geschädigten mitgewirkt, so gilt § 254 des Bürgerlichen Gesetzbuchs; im Falle der Sachbeschädigung steht das Verschulden desjenigen, der die tatsächliche Gewalt über die Sache ausübt, dem Verschulden des Geschädigten gleich.

(2) Die Haftung des Herstellers wird nicht gemindert, wenn der Schaden durch einen Fehler des Produkts und zugleich durch die Handlung eines Dritten verursacht worden ist. § 5 Satz 2 gilt entsprechend.

§ 7

Umfang der Ersatzpflicht bei Tötung

(1) Im Falle der Tötung ist Ersatz der Kosten einer versuchten Heilung sowie des Vermögensnachteils zu leisten, den der Getötete dadurch erlitten hat, daß während der Krankheit seine Erwerbsfähigkeit aufgehoben oder gemindert war oder seine Bedürfnisse vermehrt waren. Der Ersatzpflichtige hat außerdem die Kosten der Beerdigung demjenigen zu ersetzen, der diese Kosten zu tragen hat.

(2) Stand der Getötete zur Zeit der Verletzung zu einem Dritten in einem Verhältnis, aus dem er diesem gegenüber kraft Gesetzes unterhaltspflichtig war oder unterhaltspflichtig werden konnte, und ist dem Dritten infolge der Tötung das Recht auf Unterhalt entzogen, so hat der Ersatzpflichtige dem Dritten insoweit Schadensersatz zu leisten, als der Getötete während der mutmaßlichen Dauer seines Lebens zur Gewährung des Unterhalts verpflichtet gewesen wäre. Die Ersatzpflicht tritt auch ein, wenn der Dritte zur Zeit der Verletzung gezeugt, aber noch nicht geboren war.

§ 8

Umfang der Ersatzpflicht bei Körperverletzung

Im Falle der Verletzung des Körpers oder der Gesundheit ist Ersatz der Kosten der Heilung sowie des Vermögensnachteils zu leisten, den der Verletzte dadurch erleidet, daß infolge der Verletzung zeitweise oder dauernd seine Erwerbsfähigkeit aufgehoben oder gemindert ist oder seine Bedürfnisse vermehrt sind.

§ 9

Schadensersatz durch Geldrente

(1) Der Schadensersatz wegen Aufhebung oder Minderung der Erwerbsfähigkeit und wegen vermehrter Bedürfnisse des Verletzten sowie der nach § 7 Abs. 2 einem Dritten zu gewährende Schadensersatz ist für die Zukunft durch eine Geldrente zu leisten.

(2) § 843 Abs. 2 bis 4 des Bürgerlichen Gesetzbuchs ist entsprechend anzuwenden.

§ 10

Haftungshöchstbetrag

(1) Sind Personenschäden durch ein Produkt oder gleiche Produkte mit demselben Fehler verursacht worden, so haftet der Ersatzpflichtige nur bis zu einem Höchstbetrag von 160 Millionen Deutsche Mark.

(2) Übersteigen die den mehreren Geschädigten zu leistenden Entschädigungen den in Absatz 1 vorgesehenen Höchstbetrag, so verringern sich die einzelnen Entschädigungen in dem Verhältnis, in dem ihr Gesamtbetrag zu dem Höchstbetrag steht.

§ 11

Selbstbeteiligung bei Sachbeschädigung

Im Falle der Sachbeschädigung hat der Geschädigte einen Schaden bis zu einer Höhe von 1125 Deutsche Mark selbst zu tragen.

§ 12

Verjährung

(1) Der Anspruch nach § 1 verjährt in drei Jahren von dem Zeitpunkt an, in dem der Ersatzberechtigte von dem Schaden, dem Fehler und von der Person des Ersatzpflichtigen Kenntnis erlangt hat oder hätte erlangen müssen.

(2) Schweben zwischen dem Ersatzpflichtigen und dem Ersatzberechtigten Verhandlungen über den zu leistenden Schadensersatz, so ist die Verjährung gehemmt, bis die Fortsetzung der Verhandlungen verweigert wird.

(3) Im übrigen sind die Vorschriften des Bürgerlichen Gesetzbuchs über die Verjährung anzuwenden.

§ 13

Erlöschen von Ansprüchen

(1) Der Anspruch nach § 1 erlischt zehn Jahre nach dem Zeitpunkt, in dem der Hersteller das Produkt, das den Schaden verursacht hat, in den Verkehr gebracht hat. Dies gilt nicht, wenn über den Anspruch ein Rechtsstreit oder ein Mahnverfahren anhängig ist.

(2) Auf den rechtskräftig festgestellten Anspruch oder auf den Anspruch aus einem anderen Vollstreckungstitel ist Absatz 1 Satz 1 nicht anzuwenden. Gleiches gilt für den Anspruch, der Gegenstand eines außergerichtlichen Vergleichs ist oder der durch rechtsgeschäftliche Erklärung anerkannt wurde.

§ 14

Unabdingbarkeit

Die Ersatzpflicht des Herstellers nach diesem Gesetz darf im voraus weder ausgeschlossen noch beschränkt werden. Entgegenstehende Vereinbarungen sind nichtig.

§ 15

Arzneimittelhaftung;
Haftung nach anderen Rechtsvorschriften

(1) Wird infolge der Anwendung eines zum Gebrauch bei Menschen bestimmten Arzneimittels, das im Geltungsbereich des Arzneimittelgesetzes an den Verbraucher abgegeben wurde und der Pflicht zur Zulassung unterliegt oder durch Rechtsverordnung von der Zulassung befreit worden ist, jemand getötet, sein Körper oder seine Gesundheit verletzt, so sind die Vorschriften des Produkthaftungsgesetzes nicht anzuwenden.

(2) Eine Haftung aufgrund anderer Vorschriften bleibt unberührt.

§ 16

Übergangsvorschrift

Dieses Gesetz ist nicht auf Produkte anwendbar, die vor seinem Inkrafttreten in den Verkehr gebracht worden sind.

§ 17

Erlaß von Rechtsverordnungen

Der Bundesminister der Justiz wird ermächtigt, durch Rechtsverordnung die Beträge der §§ 10 und 11 zu ändern oder das Außerkrafttreten des § 10 anzuordnen, we soweit dies zur Umsetzung einer Richtlinie des Ra Europäischen Gemeinschaften auf der Grundlage d kel 16 Abs. 2 und 18 Abs. 2 der Richtlinie des Rat 25. Juli 1985 zur Angleichung der Rechts- und \ tungsvorschriften der Mitgliedstaaten über die Haftu fehlerhafte Produkte erforderlich ist.

§ 18

Berlin-Klausel

Dieses Gesetz gilt nach Maßgabe des § 13 Abs Dritten Überleitungsgesetzes auch im Land Berlin. R verordnungen, die aufgrund dieses Gesetzes er werden, gelten nach Maßgabe des § 14 des Dritten leitungsgesetzes auch im Land Berlin.

§ 19

Inkrafttreten

Dieses Gesetz tritt am 1. Januar 1990 in Kraft.

Die verfassungsmäßigen Rechte des Bundesrates sind gewahrt.

Das vorstehende Gesetz wird hiermit ausgefertigt und wird im Bundesgesetzblatt verkündet.

Bonn, den 15. Dezember 1989

Der Bundespräsident
Weizsäcker

Der Bundeskanzler
Dr. Helmut Kohl

Der Bundesminister der Justiz
Engelhard

Der Bundesminister für Wirtschaft
Haussmann

Italien: Die neue Produkthaftungsverordnung

Verordnung des Präsidenten der Republik vom 24. Mai 1988, Nr. 224.*

Art. 1.
Haftung des Herstellers

1 Der Hersteller haftet für den Schaden, der durch Fehler seines Produkts verursacht worden ist

Art. 2.
Produkt

1 Im Sinne der vorliegenden Bestimmungen ist jede bewegliche Sache ein Produkt, auch wenn sie Teil einer anderen beweglichen oder unbeweglichen Sache ist

2 Als Produkt ist auch die Elektrizität anzusehen

3 Ausgenommen sind landwirtschaftliche Boden- und Viehzuchterzeugnisse, Fischerei- und Jagderzeugnisse, die keiner Verarbeitung unterzogen wurden Unter Verarbeitung versteht man die Unterwerfung des Produkts unter eine Behandlung, die dessen typische Merkmale verändert oder ihm Substanzen hinzufügt. Der Verarbeitung sind, wenn sie industriellen Charakter haben, die Verpackung und jede andere Behandlung gleichgestellt, wenn sie die Kontrolle des Produkts durch den Konsumenten erschweren oder eine Sicherheitserwartung hervorrufen

Art. 3.
Hersteller

1 Hersteller ist der Hersteller des Endprodukts, eines Teilprodukts und der Hersteller des Grundstoffes

2 Hinsichtlich der landwirtschaftlichen Boden- und Viehzuchterzeugnisse, der Fischerei- und Jagderzeugnisse ist Hersteller, wer sie einer Verarbeitung unterzogen hat

3 Als Hersteller wird weiter angesehen, wer sich als solcher ausgibt, indem er seinen Namen, sein Warenzeichen oder ein anderes Erkennungszeichen auf dem Produkt oder seiner Verpackung anbringt

4 Der gleichen Haftung wie der Hersteller wird jeder unterworfen, der ein Produkt zum Zweck des Verkaufs, der Vermietung, des Mietkaufs oder einer anderen Form des Vertriebs im Rahmen einer geschäftlichen Tätigkeit in die Gemeinschaft einführt, und jeder, der sich als Importeur in die Europäische Gemeinschaft ausgibt, indem er seinen Namen, sein Warenzeichen oder ein anderes Erkennungszeichen auf dem Produkt oder seiner Verpackung anbringt

Art. 4.
Haftung des Lieferanten

1 Wenn der Hersteller nicht festgestellt werden kann, so wird der Lieferant, der das Produkt im Rahmen seiner geschäftlichen Tätigkeit vertrieben hat, der gleichen Haftung unterworfen, wenn er es unterlassen hat, dem Geschädigten innerhalb einer Frist von drei Monaten nach der Anfrage die Identität und die Anschrift des Herstellers oder der Person, die ihm das Produkt geliefert hat, zu benennen

2 Die Anfrage muß in Schriftform erfolgen und das Produkt angeben das den Schaden verursacht hat, den Ort und hinreichend annähernd den Zeitpunkt des Erwerbs, die Anfrage muß weiter das Angebot zur Begutachtung des Produkts enthalten, wenn dieses noch vorhanden ist

3 Wenn der Benachrichtigung von der das Verfahren einleitenden Handlung keine Anfrage nach Art Abs. 2 vorangegangen ist, kann der Beklagte die Benennung innerhalb der folgenden drei Monate vornehmen

4. In jedem Fall kann der Richter auf einen in der ersten mündlichen Verhandlung vor dem Erstgericht gestellten Antrag des Lieferanten eine weitere Frist von nicht mehr als drei Monaten für die in Abs 1 vorgesehene Benennung festlegen wenn die Umstände dies rechtfertigen

5. Der Dritte, der als Hersteller oder Vorlieferant benannt wird, kann zum Prozeß gemäß Art 106

* *Supplemento ordinario alla Gazetta Ufficiale, n 146 de 23 giugno 1988 — Serie generale*

der Zivilprozeßordnung geladen werden, und der beklagte Lieferant kann daraus entlassen werden, wenn die benannte Person zum Prozeß erscheint und die Benennung nicht bestreitet Unter den in Abs 3 vorgesehenen Voraussetzungen kann der Beklagte die Verurteilung des Klägers zum Ersatz der Aufwendungen verlangen, die ihm durch die Vorladung entstanden sind

6 Die Bestimmungen dieses Artikels finden auf das in die Europäische Gemeinschaft importierte Produkt Anwendung, wenn sich der Importeur nicht feststellen läßt, selbst wenn der Hersteller bekannt ist

Art. 5.
Fehlerhaftes Produkt

1 Ein Produkt ist fehlerhaft, wenn es nicht die Sicherheit bietet, die man unter Berücksichtigung aller Umstände, insbesondere

a) der Art und Weise, in der das Produkt in den Verkehr gebracht wurde, seiner Darbietung, seiner typischen Merkmale, der erteilten Anweisungen und Warnungen,

b) des Gebrauchs des Produkts, mit dem billigerweise gerechnet werden kann und der Verhaltensweisen, die man im Zusammenhang mit ihm billigerweise vorhersehen kann,

c) des Zeitpunkts, zu dem das Produkt in den Verkehr gebracht wurde, zu erwarten berechtigt ist

2 Ein Produkt kann nicht allein deshalb als fehlerhaft angesehen werden, weil irgendwann ein verbessertes Produkt in den Verkehr gebracht wurde

3 Ein Produkt ist fehlerhaft, wenn es nicht die Sicherheit bietet, die normalerweise von den anderen Stücken derselben Serie geboten wird

Art. 6.
Haftungsausschluß

1 Die Haftung ist ausgeschlossen

a) wenn der Hersteller das Produkt nicht in den Verkehr gebracht hat;

b) wenn der Fehler, der den Schaden verursacht hat, nicht vorhanden war, als das Produkt vom Hersteller in den Verkehr gebracht wurde;

c) wenn der Hersteller das Produkt weder für den Verkauf oder eine andere Form des Vertriebs mit wirtschaftlichem Zweck hergestellt noch im Rahmen seiner beruflichen Tätigkeit hergestellt oder vertrieben hat;

d) wenn der Fehler darauf zurückzuführen ist, daß das Produkt einer zwingenden rechtlichen Norm oder einer verbindlichen Anordnung entspricht,

e) wenn der Stand von Wissenschaft und Technik zu dem Zeitpunkt, zu dem der Hersteller das Produkt in den Verkehr brachte noch nicht erlaubte, das Produ fehlerhaft anzusehen.

f) im Fall eines Herstellers ode feranten eines Teilprodukts od nes Grundstoffes, wenn der Fe gänzlich durch die Konstruktior Produkts, in welches das Teilp dukt oder der Grundstoff einge beitet wurde, oder durch die Ü einstimmung dieser mit den A tungen des Herstellers, die er t nutzt hat, verursacht worden is

Art. 7.
Inverkehrbringen des Produl

1 Das Produkt ist in den Verk gebracht, sobald es dem Käufe dem Benutzer oder einer Hilfsp son dieser übergeben wurde, a wenn dies zur Ansicht oder Prc erfolgte

2. Das Inverkehrbringen erfol auch durch die Übergabe an d Transporteur oder Spediteur zu Transport an den Käufer oder c Benutzer

3. Die Haftung ist nicht ausge schlossen, wenn das Inverkehr gen einem Zwangsverkauf unte liegt, außer wenn der Schuldne den Fehler im einzelnen durch Erklärung an den Gerichtsbean bei der Pfändung oder durch e Schriftstück, das dem betreibe Gläubiger zur Kenntnis gebrach wurde und bei der Gerichtskan des Exekutionsrichters innerhal von zwei Wochen nach der Pfä dung hinterlegt wurde, angeze wird.

Art. 8.
Beweis

1 Der Geschädigte hat den Schaden, den Fehler und den ursächlichen Zusammenhang zwischen Fehler und Schaden zu beweisen

2 Der Hersteller hat die Tatsachen zu beweisen, die seine Haftung nach den Bestimmungen des Art 6 ausschließen können Fur den Ausschluß der Haftung gemäß Art 6 lit b) genügt es darzulegen, daß es unter Berücksichtigung der Umstände wahrscheinlich ist, daß der Fehler zum Zeitpunkt des Inverkehrbringens des Produkts noch nicht vorhanden war

3 Wenn es wahrscheinlich erscheint, daß der Schaden durch einen Fehler des Produkts verursacht wurde, kann der Richter anordnen, daß die Sachverständigenkosten durch den Hersteller bevorschußt werden

Art. 9.
Mehrzahl von Verantwortlichen

1 Wenn mehrere Personen für denselben Schaden verantwortlich sind, sind sie gesamtschuldnerisch auf Schadensersatz haftbar

2 Derjenige, der den Schaden ersetzt hat, hat einen Regreßanspruch gegen die anderen, dessen Maß sich nach der Größe des jedem einzelnen zurechenbaren Risikos, nach der Schwere des eventuellen Verschuldens und nach dem Ausmaß der sich daraus ergebenden Folgen bestimmt Im Zweifelsfall erfolgt die Aufteilung zu gleichen Teilen

Art. 10.
Verschulden des Geschädigten

1 Im Fall einer konkurrierenden schuldhaften Handlung des Geschädigten bestimmt sich der Schadensersatz nach den Bestimmungen des Art 1227 des Codice Civile

2 Der Schadensersatz wird nicht geschuldet, wenn der Geschädigte sich des Fehlers des Produkts und der Gefahr, die davon ausging, bewußt war und sich ihnen gleichwohl freiwillig ausgesetzt hat

3 Bei Sachschäden ist das Verschulden des Inhabers der Sache dem Verschulden des Geschädigten gleichgestellt

Art. 11.
Ersatzfähige Schäden

1 Ersatzfähig sind auf der Grundlage der Bestimmungen der vorliegenden Verordnung

a) der durch Tod oder Körperverletzung verursachte Schaden,

b) die Zerstörung oder Beschädigung einer anderen Sache als des fehlerhaften Produkts, wenn diese von einer Art ist, wie sie gewöhnlich für den privaten Gebrauch oder Verbrauch bestimmt ist, und von dem Geschädigten auch hauptsächlich so verwendet worden ist

2 Der Schaden an Sachen ist nı in dem Ausmaß zu ersetzen, das die Summe von siebenhundertfür zigtausend Lire übersteigt

Art. 12.
Freizeichnungsklauseln

1 Jede Vereinbarung, welche d in der vorliegenden Verordnung vorgesehene Haftung gegenübeı dem Geschädigten begrenzt odeı ausschließt, ist nichtig

Art. 13.
Verjährung

1 Der Schadensersatzansprucł verjährt in drei Jahren ab dem Ta an dem der Geschädigte von der Schaden, dem Fehler und der Id tität des Haftpflichtigen Kenntnis langt hat oder hätte erlangen mü sen

2 Im Fall eines Anwachsens d Schadens beginnt die Verjährun frist nicht vor dem Tag zu laufen, dem der Geschädigte von einem Schaden, dessen Schwere ausre chend ist, um eine Klageerhebu zu rechtfertigen, Kenntnis erlang hat oder hätte erlangen müssen

Art. 14.
Rechtsverlust

1 Der Schadensersatzanspruc erlischt nach Ablauf von zehn Ja ren ab dem Tag, an dem der He steller oder der Importeur in die

ropäische Gemeinschaft das Produkt, das den Schaden verursacht hat, in den Verkehr gebracht hat

2 Der Rechtsverlust wird nur verhindert durch ein gerichtliches Verfahren, außer wenn der Prozeß eingestellt wird, durch eine Anmeldung der Forderung in einem Konkursverfahren oder durch die Anerkennung des Anspruchs seitens des Haftpflichtigen

3 Die Handlung, die den Rechtsverlust im Verhältnis zu einem der Haftpflichtigen verhindert, hat keine Auswirkungen in bezug auf die übrigen Haftpflichtigen

Art. 15.
Haftung aufgrund anderer Rechtsvorschriften

1 Die Ansprüche, die dem Geschädigten aufgrund anderer Gesetze zustehen, werden durch die Bestimmungen der vorliegenden Verordnung weder ausgeschlossen noch beschränkt

2 Die Vorschriften der vorliegenden Verordnung sind nicht auf Schäden infolge eines nuklearen Zwischenfalls anwendbar, die durch das Gesetz vom 31 Dezember 1962, Nr. 1860, in der geänderten Fassung erfaßt werden

Art. 16.
Übergangsbestimmungen

1 Die Bestimmungen der vorliegenden Verordnung sind auf Produkte, die vor ihrem Inkrafttreten und jedenfalls vor dem 30 Juli 1988 in den Verkehr gebracht wurden, nicht anwendbar

Dänemark: Das neue Produkthaftungsgesetz

Gesetz Nr. 371 vom 7. Juni 1989 über die Produkthaftung*

Abschnitt 1

Anwendungsbereich des Gesetzes

§ 1. Das Gesetz gilt für die Haftung eines Herstellers und eines Zwischenhändlers für den Schaden, der durch einen Fehler des Produkts verursacht worden ist, das von ihm hergestellt oder geliefert wurde (Produktschaden)

Abschnitt 2

Definitionen

Schaden

§ 2. Das Gesetz umfaßt Schadensersatz und Entschädigung für Personenschaden sowie Schadensersatz für den Verlust eines Unterhaltsleistenden. Ferner umfaßt das Gesetz den Schadensersatz für Sachschäden in dem in Abs. 2 genannten Fall

Abs. 2 Sachschäden werden vom Gesetz umfaßt, wenn die betreffende Sache ihrer Art nach gewöhnlich für einen nicht-gewerblichen Zweck bestimmt ist und vom Geschädigten hauptsächlich dementsprechend verwendet wurde Das Gesetz umfaßt nicht Schäden an dem fehlerhaften Produkt selbst

Produkt

§ 3. Als Produkt gilt jede bewegliche Sache, ungeachtet, ob sie ein verarbeitetes oder ein Naturerzeugnis ist, und unabhängig davon, ob die Sache Teil einer anderen beweglichen oder unbeweglichen Sache ist. Die Vorschriften über Produkte umfassen auch Elektrizität.

Abs. 2 Das Gesetz umfaßt nicht unverarbeitete Erzeugnisse der Landwirtschaft, der Tierzucht, der Fischerei und der Jagd.

Hersteller und Zwischenhändler

§ 4. Unter Hersteller versteht man denjenigen, der ein End- oder Teilprodukt oder einen Grundstoff herstellt, denjenigen, der ein Naturprodukt erzeugt oder gewinnt sowie denjenigen, der sich durch Anbringen seines Namens, seines Warenzeichens oder eines anderen Kennzeichens als dessen Hersteller ausgibt

Abs. 2. Unter Hersteller versteht man weiterhin denjenigen, der im Rahmen seiner geschäftlichen Tätigkeit ein Produkt zum Zwecke des Weiterverkaufs, der Vermietung, des Mietkaufs oder einer anderen Form der Vermarktung in die EG einführt.

Abs. 3 Als Zwischenhändler wird derjenige angesehen, der gewerbsmäßig ein Produkt in den Verkehr bringt, auch wenn er nicht als Hersteller angesehen wird

Abs 4 Kann der Geschädigte bei einem in der EG hergestellten Produkt nicht feststellen, wer dieses hergestellt hat, oder kann der Geschädigte bei einem außerhalb der EG hergestellten Produkt nicht feststellen, wer dieses in die EG eingeführt hat, wird jeder Zwischenhändler als Hersteller angesehen

Abs. 5 Die Bestimmung in Abs 4 gilt nicht, wenn der Zwischenhändler innerhalb eines angemessenen Zeitraums dem Geschädigten Auskunft über Namen und Anschrift des Herstellers oder des Importeurs bzw. den Namen und die Anschrift desjenigen gibt, der dem Zwischenhändler das Produkt geliefert hat. Der Zwischenhändler kann den Geschädigten nicht an einen Haftpflichtigen verweisen, dessen Gerichtsstand sich außerhalb der EG befindet

Fehler

§ 5. Ein Produkt ist fehlerhaft, wenn es nicht die Sicherheit bietet, die zu Recht erwartet werden kann. Zur Beurteilung werden alle Umstände berücksichtigt, nämlich:

1) die Vermarktung des Produkts,

2) der Gebrauch des Produkts, mit dem billigerweise gerechnet werden kann, und

3) der Zeitpunkt, zu dem das Produkt in den Verkehr gebracht wurde

Abs. 2 Ein Produkt kann nicht allein deshalb als fehlerhaft angesehen werden, weil später ein verbessertes Produkt in den Verkehr gebracht wurde

* *Lovtidende A Nr 371, in Kraft getreten am 10. Juni 1989*

Das neue Produkthaftungsgesetz

Abschnitt 3

Haftung und Schadensersatz

Haftung

§ 6. Ein Hersteller hat den Schaden zu ersetzen, der durch einen Fehler des Produkts, das von ihm hergestellt oder geliefert wurde, verursacht worden ist.

Abs. 2 Der Geschädigte hat den Schaden, den Fehler und den ursächlichen Zusammenhang zwischen Fehler und Schaden zu beweisen

Haftungsbefreiungsgründe

§ 7. Der Hersteller haftet nicht wenn er beweist:

1) daß er das Produkt nicht in den Verkehr gebracht hat,

2) daß das Produkt von ihm im Rahmen seiner geschäftlichen Tätigkeit weder hergestellt, erzeugt oder gewonnen noch in den Verkehr gebracht wurde,

3) daß der Fehler darauf zurückzuführen ist, daß das Produkt verbindlichen, hoheitlich erlassenen Normen entspricht, oder

4) daß der vorhandene Fehler nach dem Stand der Wissenschaft und Technik zu dem Zeitpunkt, zu dem das Produkt in den Verkehr gebracht wurde, nicht erkannt werden konnte

Abs. 2. Weiterhin haftet der Hersteller nicht, wenn davon auszugehen ist, daß der Fehler, der den Schaden verursacht hat, nicht vorlag, als er das Produkt in den Verkehr brachte.

Abs. 3. Der Hersteller eines Teilprodukts haftet nicht, wenn er beweist, daß der Fehler auf die Konstruktion des Produkts, in welches das Teilprodukt eingearbeitet wurde, oder auf die Anleitungen dessen, der das Endprodukt hergestellt hat, zurückzuführen ist.

Sachschaden

§ 8. Bei der Bemessung des Ersatzes für Sachschäden wird ein Betrag von 4.000 kr abgezogen

Abs. 2 Der Justizminister kann die Betragsangabe in Abs. 1 zur Durchführung einer EG-Richtlinie ändern.

Mitverschulden

§ 9. Der Schadensersatz kann gemindert werden oder entfallen, wenn der Geschädigte den Schaden vorsätzlich oder fahrlässig mitverursacht hat

Abs. 2 Im Fall eines Sachschadens erfolgt die Herabsetzung wegen Mitverschuldens von demjenigen Betrag, der sich nach Abzug des in § 8 genannten Betrags ergibt

Abschnitt 4

Haftung des Zwischenhändlers

§ 10. Ein Zwischenhändler haftet im Rahmen der Produkthaftung unmittelbar gegenüber dem Geschädigten und dem späteren Z· schenhändler in der Vertriel

Abschnitt 5

Haftung mehrerer und Reg

§ 11. *Sind zwei oder mehr* sonen nach diesem Gesetz selben Schaden haftpflichti ten sie gesamtschuldnerisc

Abs. 2. Sind mehrere Pers als Hersteller gemäß § 4 Ab pflichtig, wird die Haftung, s hierüber keine Vereinbarun steht, zwischen diesen unte rücksichtigung der Ursache Fehlers, der Veranlassung u Möglichkeit für den einzelne steller, Kontrolle hinsichtlich Produkts auszuüben, der be den Haftpflichtversicherung der übrigen Umstände verte

Abs. 3. Derjenige, der als Z schenhändler oder als Herst gemäß § 4 Abs. 2 oder 4 der schädigten oder einem spät Zwischenhändler Schadens geleistet hat, tritt in die Ford des Geschädigten gegen frü Produktion und Vertrieb Bet ein. Der Regreßanspruch ka fallen oder herabgesetzt wer wenn der Regreßsuchende lich oder fahrlässig den Sch mitverursacht oder das Sch ausmaß vergrößert hat.

Abschnitt 6

Sonstige Bestimmungen

Unabdingbarkeit des Geset

§ 12. Durch vorherige Vereinbarung kann nicht zum Nachteil des Geschädigten oder desjenigen, der in die Forderung des Geschädigten eintritt, von diesem Gesetz abgewichen werden

Verhältnis zu allgemeinen Schadensersatzvorschriften

§ 13. Das Gesetz begrenzt nicht die Schadensersatzmöglichkeiten des Geschädigten nach den allgemeinen vertraglichen oder außervertraglichen Schadensersatzvorschriften gemäß den Bestimmungen, welche in der sonstigen Gesetzgebung oder auf deren Grundlage geregelt sind

Verjährung

§ 14. Der Ersatzanspruch für einen Produktschaden nach diesem Gesetz oder nach den allgemeinen vertraglichen oder außervertraglichen Schadensersatzvorschriften, vgl. § 13, verjährt drei Jahre nach dem Tag, an dem der Geschädigte vom Schaden, vom Fehler sowie vom Namen und Aufenthalt des betreffenden Herstellers Kenntnis erlangt hat oder hätte erlangen können. Im Hinblick auf die Hemmung oder Unterbrechung der Verjährung nach S. 1 gelten die Bestimmungen in § 2 S. 2 und § 3 des Gesetzes Nr. 274 vom 22. Dezember 1908.

Abs 2. Ist die Verjährung nicht nach den Vorschriften in Abs. 1 eingetreten, verfällt die Forderung zehn Jahre nach dem Tag, an dem der Hersteller das schadensverursachende Produkt in den Verkehr gebracht hat. Im Hinblick auf die Unterbrechung der Verjährung nach S. 1 gilt die Bestimmung in § 2 S. 2 des Gesetzes Nr. 274 vom 22. Dezember 1908. Die Bestimmungen in S. 1 und 2 für Ersatzansprüche für Produktschäden nach den allgemeinen vertraglichen und außervertraglichen Schadensersatzvorschriften des dänischen Rechts, vgl. § 13.

Atomschäden

§ 15. Das Gesetz gilt nicht für Schäden, die vom Gesetz Nr. 332 vom 19. Juni 1974 über den Ersatz für Atomschäden (nukleare Schäden) erfaßt werden.

§ 16. Der Justizminister kann Vorschriften für die Durchführung zwischenstaatlicher Abkommen über die Rechtswahl auf dem Gebiet der Produkthaftung festsetzen.

Abschnitt 7

Bestimmungen über Inkrafttreten usw.

§ 17. Das Gesetz tritt am Tag nach seiner Veröffentlichung im Gesetzblatt in Kraft.

Abs. 2 Das Gesetz gilt nicht, wenn das Produkt, das den Schaden verursacht hat, vor dem Inkrafttreten des Gesetzes vom Hersteller in den Verkehr gebracht wurde.

§ 18. Das Gesetz gilt nicht für die Faröer-Inseln und Grönland, kann aber durch königliche Anordnung für diese Landesteile mit den Abweichungen, die den besonderen Verhältnissen auf den Faröer-Inseln und in Grönland entsprechen, in Kraft gesetzt werden.

Salzburger Studien zum Europäischen Privatrecht

Herausgegeben von J. Michael Rainer

Band 1 Marc Herzog: Die Haftung des Gastwirts für eingebrachte Sachen des Gasts nach §§ 701 - 703 des Deutschen Bürgerlichen Gesetzbuchs. 1999.

Band 2 Andreas Reinhart: Familienplanungsschaden. Wrongful birth, wrongful life, wrongful conception, wrongful pregnancy. Eine rechtsvergleichende Untersuchung anhand des deutschen und des anglo-amerikanischen Rechts. 1999.

Band 3 Markus Frank: Untersuchungen zu den *Politika* des Aristoteles. 1999.

Band 4 Stefan Josef Schermaier: Der Gemeinschaftsrechtliche Staatshaftungsanspruch. Entwicklung, Perspektiven und Auswirkungen auf das österreichische Recht. 1999.

Band 5 Carmen Windhaber: Reiserecht in Österreich, Deutschland und Kanada. 2000.

Band 6 Korbinian Dietl: Unfallhaftung beim Expeditions- und Trekkingbergsteigen. Zugleich ein Beitrag zum Reiserecht für den Bereich der Bergreisen sowie zum Sporthaftungsrecht für den Bereich des Bergsports. 2000.

Band 7 Erich Jeroscheg: Eigentum an beweglichen Sachen. Französisches Recht und Rechtsvergleich. 2000.

Band 8 Thomas Tschaler: Das Moment der Gefahr als Element der Schadenszurechnung im System des Haftpflichtrechts. Eine rechtstheoretische Untersuchung der möglichen Schwächen gängiger Haftungsmodelle. 2000.

Band 9 Christian Hellenthal: Zulässigkeit einer supranationalen Fußball-Europaliga nach den Bestimmungen des europäischen Wettbewerbsrechts. 2000.

Band 10 Wolfgang Bengen: Die Systematik des Paragraph 823 I BGB im Deliktsrecht. Zugleich ein Beitrag zu den Verkehrspflichten. 2000.

Band 11 Gerhard Pöttler: Vergleichende Verbraucherschutzrichtlinienumsetzung in europäischen Mitgliedsstaaten. Anhand ausgewählter Beispiele der Pauschalreise-, Timesharing- und Produkthaftungsrichtlinie. 2001.

Peter Lang · Europäischer Verlag der Wissenschaften

Alexander Wolff

Eine Analyse der Gesetzesänderungen der §§ 651 a-l BGB vom 01. November 1994 in Bezug auf die Vorgaben der EU-Richtlinie 90/314/EWG vom 13. Juni 1990 zur Verwirklichung eines effektiven Verbraucherschutzes

Frankfurt/M., Berlin, Bern, Bruxelles, New York, Oxford, Wien, 2000.
XLI, 202 S.
Europäische Hochschulschriften: Reihe 2, Rechtswissenschaft. Bd. 2920
ISBN 3-631-36099-1 · br. DM 79.–*

Im Vordergrund der Untersuchung steht die Frage, inwieweit die Umsetzung der EU-Richtlinie 90/314/EWG in nationales Recht richtlinienkonform geschehen ist, verbunden mit einer Analyse, inwieweit der Verbraucherschutz tatsächlich in effektiver Weise erhöht wurde. Insbesondere werden auch die gesetzlich vorgesehenen Ausnahmetatbestände der Insolvenzsicherungspflicht einer kritischen Betrachtung unterzogen. Als Fazit stellt der Autor sowohl Gesetzesänderungsvorschläge als auch ein alternatives nationales Insolvenzsicherungsmodell vor.

Aus dem Inhalt: Umsetzung der EU-Richtlinie 90/314/EWG in nationales Recht · Änderungen der §§ 651 a-l BGB · Vertragsgestaltungsmöglichkeiten · Ausnahmen von der Insolvenzsicherungspflicht · Umsetzung der Richtlinie in exemplarisch ausgewählten EU-Mitgliedstaaten · Gesetzesänderungsvorschläge

Frankfurt/M · Berlin · Bern · Bruxelles · New York · Oxford · Wien
Auslieferung: Verlag Peter Lang AG
Jupiterstr. 15, CH-3000 Bern 15
Telefax (004131) 9402131
*inklusive Mehrwertsteuer
Preisänderungen vorbehalten